U0522400

中国社会科学院创新工程学术出版资助项目

归善斋《尚书》八训章句集解

上卷

尤韶华 ◎ 纂

SENTENTIAL VARIORUM ON BAXUN OF WAR IN SHANGSHU

中国社会科学出版社

图书在版编目(CIP)数据

归善斋《尚书》八训章句集解：全二册 / 尤韶华纂. —北京：中国社会科学出版社，2020.8

ISBN 978-7-5203-6214-6

Ⅰ.①归… Ⅱ.①尤… Ⅲ.①中国历史—商周时代②《尚书》—研究 Ⅳ.①K221.04

中国版本图书馆 CIP 数据核字(2020)第 054706 号

出 版 人	赵剑英
责任编辑	任　明
责任校对	郝阳洋
责任印制	郝美娜

出　　版	中国社会科学出版社
社　　址	北京鼓楼西大街甲 158 号
邮　　编	100720
网　　址	http://www.csspw.cn
发 行 部	010-84083685
门 市 部	010-84029450
经　　销	新华书店及其他书店

印刷装订	北京君升印刷有限公司
版　　次	2020 年 8 月第 1 版
印　　次	2020 年 8 月第 1 次印刷

开　　本	710×1000　1/16
印　　张	76.5
插　　页	2
字　　数	1132 千字
定　　价	680.00 元（全二卷）

凡购买中国社会科学出版社图书，如有质量问题请与本社营销中心联系调换
电话：010-84083683
版权所有　侵权必究

目 录

上 卷

自序 ··· 3

凡例 ··· 14

商书　伊训第四 ··· 16

　成汤既没，太甲元年 ·· 16

　伊尹作《伊训》、《肆命》、《徂后》 ································· 26

　《伊训》 ··· 29

　惟元祀十有二月乙丑，伊尹祠于先王 ······························ 33

　奉嗣王祗见厥祖 ··· 56

　侯、甸群后咸在 ··· 60

　百官总己，以听冢宰 ·· 62

　伊尹乃明言烈祖之成德，以训于王 ·································· 65

　曰：呜呼！古有夏先后，方懋厥德，罔有天灾 ················· 69

　山川鬼神，亦莫不宁 ·· 76

　暨鸟兽鱼鳖咸若 ··· 79

　于其子孙弗率，皇天降灾，假手于我有命 ······················· 82

　造攻自鸣条，朕哉自亳 ··· 85

　惟我商王，布昭圣武，代虐以宽，兆民允怀 ···················· 89

　今王嗣厥德，罔不在初 ··· 94

　立爱惟亲，立敬惟长，始于家邦，终于四海 ···················· 99

1

呜呼！先王肇修人纪，从谏弗咈，先民时若 ………………… 103
居上克明 ………………………………………………………… 117
为下克忠 ………………………………………………………… 121
与人不求备，检身若不及 ……………………………………… 124
以至于有万邦，兹惟艰哉 ……………………………………… 127
敷求哲人，俾辅于尔后嗣 ……………………………………… 130
制官刑，儆于有位 ……………………………………………… 135
曰：敢有恒舞于宫，酣歌于室，时谓巫风 …………………… 142
敢有殉于货色，恒于游畋，时谓淫风 ………………………… 145
敢有侮圣言，逆忠直，远耆德，比顽童，时谓乱风 ………… 148
惟兹三风十愆，卿士有一于身，家必丧 ……………………… 152
邦君有一于身，国必亡 ………………………………………… 155
臣下不匡，其刑墨，具训于蒙士 ……………………………… 158
呜呼！嗣王祗厥身，念哉 ……………………………………… 162
圣谟洋洋，嘉言孔彰 …………………………………………… 169
惟上帝不常，作善降之百祥，作不善降之百殃 ……………… 172
尔惟德罔小，万邦惟庆 ………………………………………… 175
尔惟不德罔大，坠厥宗 ………………………………………… 180
《肆命》………………………………………………………… 183
《徂后》………………………………………………………… 186

商书　太甲上第五 ………………………………………… 189
太甲既立不明 …………………………………………………… 189
伊尹放诸桐 ……………………………………………………… 196
三年复归于亳，思庸 …………………………………………… 200
伊尹作《太甲》三篇 …………………………………………… 203
《太甲上》……………………………………………………… 205
惟嗣王不惠于阿衡 ……………………………………………… 211
伊尹作书曰，先王顾諟天之明命，以承上下神祇 …………… 220
社稷宗庙，罔不祗肃 …………………………………………… 230

天监厥德，用集大命，抚绥万方 ··· 233
惟尹躬克，左右厥辟，宅师 ··· 236
肆嗣王丕承基绪 ··· 241
惟尹躬先见于西邑夏，自周有终，相亦惟终 ······················· 244
其后嗣王罔克有终，相亦罔终 ··· 251
嗣王戒哉，祗尔厥辟，辟不辟，忝厥祖 ····························· 254
王惟庸罔念闻 ··· 258
伊尹乃言曰：先王昧爽丕显，坐以待旦 ····························· 266
旁求俊彦，启迪后人 ·· 272
无越厥命以自覆 ·· 275
慎乃俭德，惟怀永图 ·· 278
若虞机张，往省括于度则释 ·· 288
钦厥止，率乃祖攸行 ·· 295
惟朕以怿，万世有辞 ·· 298
王未克变 ··· 301
伊尹曰：兹乃不义，习与性成 ··· 311
予弗狎于弗顺，营于桐宫，密迩先王，其训，无俾世迷 ········ 318
王徂桐宫居忧 ··· 322
克终允德 ··· 328

商书　太甲中第六 ·· 332
惟三祀十有二月朔 ··· 332
伊尹以冕服，奉嗣王归于亳 ·· 340
作书曰：民非后，罔克胥匡以生 ······································ 344
后非民，罔以辟四方 ·· 352
皇天眷佑有商，俾嗣王克终厥德，实万世无疆之休 ············· 355
王拜手稽首曰：予小子不明于德，自厎不类 ······················ 358
欲败度，纵败礼，以速戾于厥躬 ······································ 370
天作孽，犹可违；自作孽，不可逭 ··································· 373
既往背师保之训，弗克于厥初，尚赖匡救之德，图惟厥终 ······· 376

伊尹拜手稽首……379
曰：修厥身，允德协于下，惟明后……392
先王子惠困穷，民服厥命，罔有不悦……395
并其有邦厥邻，乃曰：徯我后，后来无罚……400
王懋乃德，视乃厥祖，无时豫怠……403
奉先思孝，接下思恭……408
视远惟明，听德惟聪……413
朕承王之休无斁……417

商书　太甲下第七……421
伊尹申诰于王曰：呜呼！惟天无亲，克敬惟亲……421
民罔常怀，怀于有仁……434
鬼神无常享，享于克诚……437
天位艰哉……441
德惟治，否德乱……444
与治同道，罔不兴；与乱同事，罔不亡……451
终始慎厥与，惟明明后……455
先王惟时懋敬厥德，克配上帝……459
今王嗣有令绪，尚监兹哉……467
若升高，必自下；若陟遐，必自迩……470
无轻民事，惟难……476
无安厥位，惟危……484
慎终于始……487
有言逆于汝心，必求诸道……491
有言逊于汝志，必求诸非道……500
呜呼！弗虑胡获？弗为胡成，一人元良，万邦以贞……503
君罔以辩言乱旧政……510
臣罔以宠利居成功……518
邦其永孚于休……521

下　卷

商书　咸有一德第八 …… 527

    伊尹作《咸有一德》…… 527

    《咸有一德》…… 534

    伊尹既复政厥辟 …… 537

    将告归，乃陈戒于德 …… 544

    曰：呜呼！天难谌，命靡常 …… 548

    常厥德，保厥位；厥德匪常，九有以亡 …… 553

    夏王弗克庸德，慢神虐民 …… 556

    皇天弗保，监于万方，启迪有命 …… 566

    眷求一德，俾作神主 …… 569

    惟尹躬暨汤，咸有一德，克享天心，受天明命 …… 572

    以有九有之师，爰革夏正 …… 578

    非天私我有商，惟天佑于一德 …… 581

    非商求于下民，惟民归于一德 …… 588

    德惟一，动罔不吉；德二三，动罔不凶 …… 591

    惟吉凶不僭，在人；惟天降灾祥，在德 …… 597

    今嗣王新服厥命，惟新厥德 …… 600

    终始惟一，时乃日新 …… 610

    任官惟贤材，左右惟其人 …… 614

    臣为上为德，为下为民 …… 624

    其难其慎，惟和惟一 …… 628

    德无常师，主善为师 …… 631

    善无常主，协于克一 …… 647

    俾万姓咸曰：大哉王言 …… 651

    又曰：一哉王心 …… 658

    克绥先王之禄，永底烝民之生 …… 661

    呜呼！七世之庙，可以观德 …… 664

万夫之长，可以观政 …………………………………………… 682
后非民罔使；民非后罔事 ……………………………………… 685
无自广以狭人，匹夫匹妇，不获自尽，民主罔与成厥功 …… 691
《沃丁》 ………………………………………………………… 695
沃丁既葬伊尹于亳 ……………………………………………… 695
咎单遂训伊尹事 ………………………………………………… 701
作《沃丁》 ……………………………………………………… 703
《咸乂》 ………………………………………………………… 706
伊陟相大戊 ……………………………………………………… 706
亳有祥桑谷，共生于朝 ………………………………………… 711
伊陟赞于巫咸，作《咸乂》四篇 ……………………………… 714
《伊陟》、《原命》 …………………………………………… 717
太戊赞于伊陟 …………………………………………………… 717
作《伊陟》、《原命》 ………………………………………… 721
《仲丁》 ………………………………………………………… 724
仲丁迁于嚣 ……………………………………………………… 724
作《仲丁》 ……………………………………………………… 728
《河亶甲》 ……………………………………………………… 731
河亶甲居相 ……………………………………………………… 731
作《河亶甲》 …………………………………………………… 734
《祖乙》 ………………………………………………………… 737
祖乙圮于耿 ……………………………………………………… 737
作《祖乙》 ……………………………………………………… 741

商书　高宗肜日第十五 …………………………………………… 745
高宗祭成汤，有飞雉升鼎耳而雊 ……………………………… 745
祖己训诸王 ……………………………………………………… 754
作《高宗肜日》、《高宗之训》 ……………………………… 757
《高宗肜日》 …………………………………………………… 760
高宗肜日，越有雊雉 …………………………………………… 764

祖己曰：惟先格王，正厥事	774
乃训于王，曰，惟天监下民，典厥义	780
降年有永有不永，非天夭民，民中绝命	786
民有不若德，不听罪，天既孚命，正厥德	790
乃曰：其如台	794
呜呼！王司敬民，罔非天胤，典祀无丰于昵	797
《高宗之训》	806

周书　旅獒第七 807

西旅献獒	807
太保作《旅獒》	812
《旅獒》	815
惟克商，遂通道于九夷八蛮	818
西旅厎贡厥獒	831
太保乃作《旅獒》，用训于王	834
曰：呜呼！明王慎德，四夷咸宾	837
无有远迩，毕献方物，惟服食器用	845
王乃昭德之致于异姓之邦，无替厥服	850
分宝玉于伯叔之国，时庸展亲	858
人不易物，惟德其物	861
德盛不狎侮	867
狎侮君子，罔以尽人心	877
狎侮小人，罔以尽其力	880
不役耳目，百度惟贞	882
玩人丧德，玩物丧志	888
志以道宁，言以道接	892
不作无益害有益，功乃成；不贵异物贱用物，民乃足	897
犬马非其土性不畜	904
珍禽奇兽不育于国	908
不宝远物，则远人格	912

所宝惟贤，则迩人安 …………………………………………… 916

呜呼！夙夜罔或不勤 …………………………………………… 919

不矜细行，终累大德 …………………………………………… 927

为山九仞，功亏一篑 …………………………………………… 930

允迪兹，生民保厥居，惟乃世王 …………………………… 934

《旅巢命》 …………………………………………………… 938

巢伯来朝 ……………………………………………………… 938

芮伯作《旅巢命》 …………………………………………… 942

周书　无逸第十七 ………………………………………… 945

周公作《无逸》 ……………………………………………… 945

《无逸》 ……………………………………………………… 955

周公曰：呜呼！君子所其无逸 ……………………………… 961

先知稼穑之艰难，乃逸，则知小人之依 …………………… 975

相小人，厥父母勤劳稼穑，厥子乃不知稼穑之艰难 ……… 981

乃逸乃谚，既诞，否则侮厥父母曰：昔之人无闻知 ……… 986

周公曰：呜呼！我闻曰：昔在殷王中宗 …………………… 990

严恭寅畏，天命自度 ………………………………………… 1006

治民祗惧，不敢荒宁 ………………………………………… 1009

肆中宗之享国七十有五年 …………………………………… 1012

其在高宗，时旧劳于外，爰暨小人 ………………………… 1016

作其即位，乃或亮阴，三年不言 …………………………… 1023

其惟不言，言乃雍，不敢荒宁 ……………………………… 1026

嘉靖殷邦，至于小大，无时或怨 …………………………… 1030

肆高宗之享国五十年有九年 ………………………………… 1034

其在祖甲，不义惟王，旧为小人 …………………………… 1037

作其即位，爰知小人之依，能保惠于庶民，不敢侮鳏寡 … 1049

肆祖甲之享国三十有三年 …………………………………… 1052

自时厥后立王，生则逸 ……………………………………… 1055

生则逸，不知稼穑之艰难 …………………………………… 1063

不闻小人之劳，惟耽乐之从 ………………………………… 1065
自时厥后，亦罔或克寿 …………………………………… 1068
或十年，或七八年，或五六年，或四三年 ……………… 1071
周公曰：呜呼！厥亦惟我周太王、王季，克自抑畏 …… 1074
文王卑服，即康功田功 …………………………………… 1088
徽柔懿恭，怀保小民，惠鲜鳏寡 ………………………… 1094
自朝至于日中昃，不遑暇食，用咸和万民 ……………… 1100
文王不敢盘于游田，以庶邦惟正之供 …………………… 1104
文王受命惟中身，厥享国五十年 ………………………… 1112
周公曰：呜呼！继自今嗣王 ……………………………… 1116
则其无淫于观、于逸、于游、于田，以万民惟正之供 … 1124
无皇曰：今日耽乐，乃非民攸训，非天攸若，时人丕则有愆 …… 1127
无若殷王受之迷乱，酗于酒德哉 ………………………… 1134
周公曰：呜呼！我闻曰：古之人犹胥训告，胥保惠，胥教诲 …… 1137
民无或胥诪张为幻 ………………………………………… 1150
此厥不听，人乃训之，乃变乱先王之正刑，至于小大 … 1153
民否则厥心违怨，否则厥口诅祝 ………………………… 1158
周公曰：呜呼！自殷王中宗及高宗及祖甲及我周文王，兹四人
迪哲 ……………………………………………………… 1162
厥或告之曰：小人怨汝詈汝，则皇自敬德 ……………… 1173
厥愆，曰：朕之愆，允若时，不啻不敢含怒 …………… 1178
此厥不听，人乃或诪张为幻，曰小人怨汝詈汝，则信之 …… 1181
则若时，不永念厥辟，不宽绰厥心，乱罚无罪，杀无辜 …… 1189
怨有同，是丛于厥身 ……………………………………… 1192
周公曰：呜呼！嗣王其监于兹 …………………………… 1196

上 卷

自　序

自始至终，敬民崇德

《归善斋〈尚书〉八训章句集解》，是《归善斋〈尚书〉章句集解》的第六册。第一册《归善斋〈尚书〉二典章句集解》、第二册《归善斋〈尚书〉三谟章句集解》，第三册《归善斋〈尚书〉十诰章句集解》、第四册《归善斋〈尚书〉别诰十篇章句集解》、第五册《归善斋〈尚书〉八誓章句集解》已分别于2014年、2015年、2016年、2017年、2018年出版。《归善斋〈尚书〉章句集解》，旨在汇集众家之解，以供读者探觅其善，以免限于一家之言。

一

《钦定四库全书》有五十余种《书》类著作，可分为以下几类。（一）基本上对《尚书》逐篇逐句解说，有（汉）孔氏传、（唐）陆德明音义、孔颖达疏《尚书注疏》，（宋）苏轼《书传》，（宋）林之奇《尚书全解》，（宋）史浩《尚书讲义》，（宋）夏僎《尚书详解》，（宋）时澜《增修东莱书说》，（宋）黄度《尚书说》，（宋）袁燮《絜斋家塾书钞》，（宋）蔡沈《书经集传》，（宋）黄伦《尚书精义》，（宋）陈经《尚书详解》，（宋）钱时《融堂书解》，（宋）魏了翁《尚书要义》，（宋）陈大猷《书集传或问》，（宋）胡士行《尚书详解》，（元）吴澄《书纂言》，（元）陈栎《书集传纂疏》，（元）许谦《读书丛说》，（元）董鼎《书传辑录纂注》，（元）朱祖义《尚书句解》，（明）王樵《尚书日记》，（清）库勒纳等撰《御制日讲书经解义》。（二）对各篇的某些章句考据解说，有（宋）金履祥《尚书表注》，（元）黄镇成《尚书通考》，（元）陈师凯《书蔡传旁通》，（元）王充耘《读书管见》，（元）陈悦道《书义断法》，（明）梅鷟《尚书考异》，（明）马明衡《尚书疑义》，（明）袁仁《尚书砭蔡编》，（明）陈泰交《尚书注考》，（明）陈第《尚书疏衍》，（清）王夫之《尚书稗疏》，（清）毛奇龄《尚书广听录》，（清）朱鹤龄《尚书埤传》，（元）王充耘《书义矜式》，（清）张英《书经衷论》，（清）孙之騄辑《尚书大传》，（清）蒋廷锡《尚书地理今释》。（三）只就数篇加以解说，有（清）李光地《尚书七篇解义》，（宋）杨简《五诰解》。（四）仅就单篇解说，有（宋）毛晃《禹贡指南》，（宋）程大昌《禹贡论》，（宋）傅寅《禹贡说断》，（清）朱鹤龄《禹贡长笺》，（清）胡渭《禹贡锥指》，（清）徐文靖《禹贡会笺》，（宋）胡瑗《洪范口义》，（宋）赵善湘《洪范统一》，（明）黄道周《洪范明义》，（清）胡渭《洪范正论》。此外，（清）阎若璩《古文尚书疏证》，（清）毛奇龄《古文尚书冤词》则论辩今古文《尚书》。以上著作，均或多或少表达作者的见解。（元）王天与《尚书纂传》，（明）刘三吾《书传会选》，（清）《书经大全》仅仅汇集相关解说。

这些著作起于汉唐，迄于明清，而以宋代居多，汉唐仅《尚书注疏》一部。文化是一种积淀，后人的著作征引前人的著作。越往后，征引越多。而后人对前人的征引，或褒，或贬，或认同，或质疑，或补充，可以从这些征引中看到《书》学的发展轨迹。其中汉唐二孔的《尚书注疏》和南宋蔡沈的《书经集传》最为重要。其他《书》类著述大多围绕《尚书注疏》、《书经集传》而作。唐宋时，《尚书注疏》立于官学，而元明清《书经集传》立于官学。《书经集传》为朱熹门人蔡沈受师命所作，部分书稿经朱熹审定。元明及清代前期《书》类著述，大多认同《书经集传》。元代吴澄《书纂言》、陈栎《书集传纂疏》、董鼎《书传辑录纂注》并辑录朱熹语录。晚清学者排斥宋学，重刊《十三经注疏》，以阮元主持校刻为善本。

《尚书》毕竟是为政之书，仅从字面训诂，难以准确理解。因而还需要从政治、法律、历史、礼乐、哲学、文学的角度予以探究，而这方面正是宋代《书》学以及元明学者之所长。四库本所载《书》类著述对《尚书》的解说涉及各个方面，尤其典章制度，律历器物，天文地理的源流考据，或繁或简。一些长篇解说，对于经文的理解大有裨益。经学数千年，不同的时代，不同的学者，不同的背景，不同的感悟，各自的思维方法、视觉角度、经历理念导致歧义。各家著述各有其善，即使是有一言之善也值得采用。

《书》类著述，以解说、考据《尚书》章句为宗旨。《归善斋〈尚书〉章句集解》，按照章句分解汇集，故题名为"章句集解"。《四库全书提要》及各自的序言，叙述各家著述的简要内容和《书》学发展的历史沿革，故列于篇首，以供参考。《古文尚书疏证》、《古文尚书冤词》未就章句作专门解说，拟将列于《归善斋〈尚书〉章句集解》篇末作为附录。《尚书纂传》、《书传会选》、《书经大全》未有独立见解，不予列入章句解说，以免重复。各家解说体例纷杂，分句分段各异，长短不一。《尚书注疏》最早，汉孔传分句最细，故以其为准，作为标题，列为目录。其余著述，依照各自章句的自然段落，归于其下，凡长于此句的，则于下文中注明见于何句。

二

《归善斋〈尚书〉章句集解》依据（唐）孔颖达的分类编纂而成。训是《尚书》十体之一。孔颖达说，"《伊训》一篇，训也。其《太甲》、《咸有一德》，伊尹训道王，亦训之类。《高宗肜日》与'训'序连文，亦训辞可知也。《旅獒》戒王亦训也。《无逸》戒王，亦训也"。孔颖达就"训"作了定义，"训道王"或"戒王"，即贤臣伊尹、祖己、召公、周公训诫太甲、高宗、武王、成王之词。所谓"《高宗肜日》与'训'序连文"，即"祖己训诸王，作《高宗肜日》、《高宗之训》"，《高宗肜日》在《高宗之训》之前。林之奇则认为"训，亦书之一体，有谆谆警戒之意。古人之所以遗后世，祖宗之所以诲其子孙，臣下之所以规谏其君者，皆有此名"，分为"古训"、"祖宗之训"、"人臣之训"，共计十六篇。孔颖达仅计"人臣之训"，故为八篇。

《归善斋〈尚书〉八训章句集解》分为上下两卷，前四篇为上卷，后四篇为下篇。

为使读者对《尚书》八训有所了解，就各家相关解说，概述如下。

《伊训》，（明）王樵指为"训书之始"。（汉）孔安国传"作训教道太甲"。（宋）蔡沈"太甲嗣位，伊尹作书训导之，史录为篇"。（宋）陈经"此篇，乃太甲即位之初年，伊尹首陈"。（元）朱祖义"太甲初即位，伊尹告以乃祖成汤之成德，故作是书"。（明）马明衡说，"一篇之中，只要大甲敦爱之实，去淫僻之风，以敬其身而已"。

《太甲》三篇，（唐）孔颖达解释说，"《伊训》、《肆命》、《徂后》与此三篇，及《咸有一德》，皆是伊尹戒太甲，不可同名《伊训》，故随事立称，以'太甲'名焉也"。（清）库勒纳则指，"太甲不明于德，伊尹屡训之不听，乃营宫于成汤陵墓。太甲居之，使知省改。后果悔悟，处仁迁义。伊尹迎之归亳，卒为令主。史臣述其事，及其训戒之词，为书三篇"。（元）陈栎《纂疏》，"或曰，上篇作于未迁桐宫之先，后二篇作于自桐宫归亳之后"。（清）张英，"三篇，皆史臣记伊尹之言，上篇之大旨在'俭德'；中篇之大旨在法祖；下篇之意则详告以致治保位之道，听言谋事之方，末又引起己去位辞宠之意"。

（明）王樵其说不同。"《太甲》三篇，虽皆记伊尹之训，而于太甲悔过之始终，备焉。"将三篇分为五节。

"惟嗣王不惠于阿衡，伊尹作书"，此一节也。"王罔念闻"，"伊尹又言"，此二节也。"王未克变""营宫于桐"，此三节也。"王徂桐宫居忧，克终允德"，此四节也。伊尹以冕服，迎归于亳，作以告，此五节也。以后则王与伊尹，相答之言。三篇本只一书，以四节以前，分为上篇内，具事之节次。中、下二篇则专记言尔。

《咸有一德》，（宋）蔡沈说，"伊尹致仕而去，恐太甲德不纯一，及任用非人，故作此篇，亦训体也。史氏取其篇中'咸有一德'四字，以为篇目"。（清）库勒纳，"伊尹当太甲迁善之后，而己将告归之时，作此书，勉太甲法成汤，以纯一其德也"。（清）张英则对此作总结，篇中"一德"为纲，而一德之中又有三义。"德无常师"一节，取善之道，修身之要；"任官惟贤才"一节，用人之要；"无自广以狭人"，听言之要。三者备，而人君之道全矣。大约语皆精微，较之《太甲》三篇更进一层。

《高宗肜日》，（宋）蔡沈，"高宗肜祭，有雊雉之异，祖己训王。史氏以为篇"。（元）朱祖义，"此篇，祖己作以训高宗，见君臣遇灾警戒之意"。蔡沈、朱祖义皆以为祖己训高宗。而（清）朱鹤龄引邹季友另有所说，"称'祖己曰'者，乃史臣之词，非祖己自作之书也。此必祖庚肜祭高宗之庙，而祖己谏之，故有'丰昵'之戒。词旨浅直，亦告少主语耳"。

《旅獒》，（宋）蔡沈，"西旅贡獒，召公以为非所当受，作书以戒武王，亦训体也，因以'旅獒'名篇"。（元）朱祖义，"武王受之，若未甚害，召公极言而力诫之诚，虑自此玩物而丧志，故作此书"。

《无逸》，孔颖达疏说，"此篇是成王始初即政，周公恐其逸豫，故戒之，使无逸，即以所戒名篇也"。（元）吴澄，"成王渐长，周公虑其嗜欲萌动，故作此书教戒"。（清）张英阐述七段文字各自的内容：首一段言君子以"无逸"为本，而其所以无逸者，在知稼穑之艰难。第二段言商之贤君，皆以"无逸"而致寿，其后嗣王，以不知"无逸"而"不克永年"也。第三段言周文王亦以"无逸"而致寿。第四段言今王当以文王为法，而以商纣为戒。第五段言诪张为幻之害。第六段言当勿听诪张之言，而以商三宗文王为法。第七段欲嗣王鉴于斯篇之意而不忘。"无逸"是一篇之旨，而"知小民稼穑之艰难"，又"无逸"之要。

概而言之，《尚书》八训，为商、周之书。前六篇出自《商书》，而其中五篇，《伊训》、《太甲》三篇、《咸有一德》，为伊尹训诫太甲，记其劝德始末。《伊训》是太甲即位初年，伊尹作训以其祖成汤之德告诫太甲。《太甲》三篇，记述太甲不听训导，不能明德，故而伊尹在成汤墓地营造宫殿，让太甲居住守孝三年。太甲终于悔悟信德，伊尹迎回亳都亲政，示意将还政退休归家。上篇在居桐宫之前，主旨是敬君道、慎俭德。中篇在归亳之后，主旨是修身，效法先祖德政。下篇主旨是致治保位，听言谋事之道。《咸有一德》记述伊尹临去之际，恐太甲德不纯一，及任用非人，重申劝诫，以"一德"为纲，告之修身取善、任官用人、听言纳谏之道。《高宗肜日》陈说遇灾警戒，祖己谏高宗，或祖庚，敬民修德。《旅獒》、《无逸》出自《周书》。《旅獒》，因召公认为武王不当收受所贡獒犬，而极力陈诫，虑其玩物而丧志。《无逸》讲说成王即政之初，周公恐其萌动逸豫之欲而加训导，劝诫成王效法商中宗、高宗、祖甲三宗及周文王，知民间之疾苦，不耽于逸乐。

三

"不忘初心"，具有丰厚的传统文化底蕴，源于《尚书》，其基本含义是，自始至终，敬民崇德，注重民生，百姓安居乐业，各有所依，国运昌盛，长治久安。总而言之，就八个字：始终如一，敬行德政。分而论之，德政由自万千善政。

根据目前查阅到的文献，最早提到"不忘初心"是唐代的白居易，"此证明所以表不忘初心而必果本愿也"，① 作为虔诚的佛教徒，表示将始终谨记在弥勒佛前所许的愿。继之，是南宋理学家王柏，"尚赖惠顾前好，不忘初心，以大公至正，成始成终之，是犹有余望也"。② 与之相应的，西汉经学家刘歆著有《遂初赋》。而东晋诗人孙绰亦有《遂初赋》。作为南宋四大家之一的诗人尤袤，同时也是藏书家，自号"遂初居士"，创建"遂初堂"藏书楼，撰有《遂初堂书目》一卷，在《四库全书》中常被引用。明代散文学家归有光《遂初堂记》称，"宋尤文简公尝爱孙兴公《遂初赋》，而以'遂初'名其堂，崇陵书匾赐之"。③ "不忘初心"，

---

① 《白氏长庆集》卷七十一《画弥勒上生帧记》。
② 《鲁斋集》卷八《答叶都仓书》。
③ 《震川集》卷十五。

或"遂初",在于自始至终,并非常人之所能,故《诗》曰,"荡荡上帝,下民之辟。疾威上帝,其命多辟。天生烝民,其命匪谌。靡不有初,鲜克有终"。①"靡不有初,鲜克有终"亦常被转引。

往前追溯,在《尚书》就有许多表述,尤其是八训。

"初"字。

《伊训》:今王嗣厥德,罔不在初。

《太甲中》:既往背师保之训,弗克于厥初,尚赖匡救之德,图惟厥终。

"始"字。

《伊训》:立爱惟亲,立敬惟长,始于家邦,终于四海。

《太甲下》:终始慎厥与,惟明明后。

慎终于始。

《咸有一德》:终始惟一,时乃日新。

"终"字。上述六条"初"和"始"字,有五条与"终"字相连,此外还有七个"终"字,共十二条。

《太甲上》:惟尹躬先见于西邑夏,自周有终,相亦惟终。其后嗣王罔克有终,相亦罔终。

王徂桐宫居忧,克终允德。

《太甲中》:皇天眷佑有商,俾嗣王克终厥德,实万世无疆之休。

《旅獒》:不矜细行,终累大德。

而查考以上逐条,有五条指向"德"字:"嗣厥德,罔不在初","弗克于厥初,尚赖匡救之德,图惟厥终","克终允德","克终厥德","终累大德"。可见,《尚书》所述,"初"、"始"在乎"终";"终始"在乎"德"。下文继续查考《尚书》八训关于"德"的论述:

《伊训》:伊尹乃明言烈祖之成德,以训于王。

古有夏先后,方懋厥德,罔有天灾。

敢有侮圣言,逆忠直,远耆德,比顽童,时谓乱风。

尔惟德罔小,万邦惟庆。尔惟不德罔大,坠厥宗。

---

① 《诗经·大雅·荡》。

《太甲上》：天监厥德，用集大命，抚绥万方。

慎乃俭德，惟怀永图。

《太甲中》：予小子不明于德，自厎不类。

修厥身，允德协于下，惟明后。

王懋乃德，视乃厥祖，无时豫怠。

视远惟明，听德惟聪。

《太甲下》：德惟治，否德乱。

先王惟时懋敬厥德，克配上帝。

《咸有一德》：将告归，乃陈戒于德。

常厥德，保厥位；厥德匪常，九有以亡。

夏王弗克庸德，慢神虐民。

眷求一德，俾作神主。

惟尹躬暨汤，咸有一德，克享天心，受天明命。

非天私我有商，惟天佑于一德。

非商求于下民，惟民归于一德。

德惟一，动罔不吉；德二三，动罔不凶。

惟吉凶不僭，在人；惟天降灾祥，在德。

今嗣王新服厥命，惟新厥德。

臣为上为德，为下为民。

德无常师，主善为师。

七世之庙，可以观德。

《高宗肜日》：民有不若德，不听罪，天既孚命，正厥德。

《旅獒》：明王慎德，四夷咸宾。

王乃昭德之致于异姓之邦，无替厥服。

人不易物，惟德其物。

德盛不狎侮。

玩人丧德，玩物丧志。

《无逸》：无若殷王受之迷乱，酗于酒德哉。

厥或告之曰：小人怨汝詈汝，则皇自敬德。

以上有"德"三十八处，加上前面五处，共四十三个"德"字。可以就此作一些分析。就类型而言，有民德，即"民有不若德，不听罪，天既孚命，正厥德"；有臣德，即"尚赖匡救之德"，"臣为上为德，为下为民"，"远耆德"，"视远惟明，听德惟聪"。而"惟尹躬暨汤，咸有一德"，则含君臣之德，"尹躬"为臣德，"暨汤"为君德。余者，皆为叙述君德。也就是说，《尚书》八训绝大多数用以表达君德，角度各不相同。

对"君德"行文进一步的查考，也可以类分。(1) 劝诫之词，"明言烈祖之成德，以训于王"，"将告归，乃陈戒于德"。(2) 德政关乎治乱兴亡，"尔惟德罔小，万邦惟庆。尔惟不德罔大，坠厥宗"，"德惟治，否德乱"，"常厥德，保厥位；厥德匪常，九有以亡"。(3) 无德败亡，"夏王弗克庸德，慢神虐民"，"无若殷王受之迷乱，酗于酒德哉"。(4) 天心民意归于德政，"天监厥德，用集大命，抚绥万方"，"惟尹躬暨汤，咸有一德，克享天心，受天明命"，"非天私我有商，惟天佑于一德"，"非商求于下民，惟民归于一德"，"明王慎德，四夷咸宾"，"王乃昭德之致于异姓之邦，无替厥服"，"人不易物，惟德其物"。(5) 勉行德政，"古有夏先后，方懋厥德，罔有天灾"，"先王惟时懋敬厥德，克配上帝"，"王懋乃德，视乃厥祖，无时豫怠"，"今嗣王新服厥命，惟新厥德"。(6) 德政与天灾，"德惟一，动罔不吉；德二三，动罔不凶"，"惟吉凶不僭在人，惟天降灾祥在德"。(7) 德行有缺，修身信德，"予小子不明于德，自厎不类"，"修厥身，允德协于下，惟明后"，"厥或告之曰：小人怨汝詈汝，则皇自敬德"。(8) 谨守俭约之德，"慎乃俭德，惟怀永图"。(9) 以善为德，"德无常师，主善为师"。(10) 不怠慢轻忽臣民，"德盛不狎侮"，"玩人丧德，玩物丧志"。(11) 倾听贤能之言，"视远惟明，听德惟聪"。(12) 慎终追远，"七世之庙，可以观德"。

综上所述，《尚书》八训，以商、周贤臣劝诫君主修德作为主轴。必须自始至终施行德政，国家才能长治久安。德政事关国家兴衰存亡，无德必然灭亡。天意民心归向德政。所以应当勉行德政，从而获得上天保佑，民众归心。德行有缺，上天将降灾示警，民众抱怨，应当修身信德。谨守俭约之德，以善为德，不怠慢轻忽臣民，倾听贤能之言，谨修德政，垂范后世。

《尚书》八训经文，列举了许多德政的实例。

《伊训》：惟我商王，布昭圣武，代虐以宽，兆民允怀。

《太甲上》：先王子惠困穷，民服厥命，罔有不悦，并其有邦厥邻，乃曰：徯我后，后来无罚。

《太甲中》：奉先思孝，接下思恭。

《太甲下》：惟天无亲，克敬惟亲；民罔常怀，怀于有仁。

无轻民事，惟难。

《无逸》：爰知小人之依，能保惠于庶民，不敢侮鳏寡。

无淫于观、于逸、于游、于田。

徽柔懿恭，怀保小民，惠鲜鳏寡。

对这些实例稍作分析归纳，大抵有四类。（1）重视民事，即《太甲下》：无轻民事，惟难。（2）轻刑薄赋节俭，即《伊训》：惟我商王，布昭圣武，代虐以宽，兆民允怀。《太甲上》：其有邦厥邻，乃曰：徯我后，后来无罚。《无逸》：无淫于观、于逸、于游、于田。（3）关怀弱势，即《太甲上》：先王子惠困穷，民服厥命，罔有不悦。《无逸》：爰知小人之依，能保惠于庶民，不敢侮鳏寡。徽柔懿恭，怀保小民，惠鲜鳏寡。（4）敬天思孝，即《太甲中》：奉先思孝，接下思恭。《太甲下》：惟天无亲，克敬惟亲；民罔常怀，怀于有仁。

《尚书》八训，还述及"敬"与"德"的关系，上文所述有：《太甲下》"先王惟时懋敬厥德，克配上帝"。《无逸》"厥或告之曰：小人怨汝詈汝，则皇自敬德"。这两则是"敬德"，其次是"敬长"、"敬天"，即《伊训》：立爱惟亲，立敬惟长，始于家邦，终于四海。《太甲下》：惟天无亲，克敬惟亲；民罔常怀，怀于有仁。在此之外，《尚书八训》出现"敬"字的还有，《高宗肜日》：王司敬民。另表达"敬"的，还有"祇"字，《伊训》：嗣王祇厥身，念哉；《太甲上》：嗣王戒哉，祇尔厥辟，辟不辟，忝厥祖；《无逸》：治民祇惧，不敢荒宁。"钦"字，《太甲上》：钦厥止，率乃祖攸行。"寅"字，《无逸》：严恭寅畏，天命自度。

《尚书》八训的《伊训》还提及导致家丧、国亡的"三风十愆"，及其处置方式：

制官刑，儆于有位。曰：敢有恒舞于宫，酣歌于室，时谓巫风。敢有殉于货色，恒于游畋，时谓淫风。敢有侮圣言，逆忠直，远耆德，比顽童,时谓乱风。惟兹三风十愆,卿士有一于身,家必丧。邦君有一于身,国必亡。臣下不匡,其刑墨,具训于蒙士。

即采用刑罚的方式,强制臣下匡救"卿士"、"邦君"失德无道之行。

与典、谟、诰、誓的"敬天"、"敬民"相比较,鉴于贤臣训诫君主之故,《尚书》八训,更着重于"敬德",凸出德政,而德政又以民事为重。因此,"敬德"是"敬民"的具体表现形式。而《尚书》八训最重要的特点是,反复重申"敬德",始终如一,慎始慎终。

以善待人,万善归于一德,穷则修身行善,达则善政安民。此亦归善之主旨耶。人皆行善,天下同善。

凡 例

一 编号

《钦定四库全书》有五十余种《书》类著作，可分为几类：（1）基本上对《尚书》逐篇逐句解说；（2）对各篇的某些章句考据解说；（3）只就数篇加以解说；（4）仅就单篇解说。

凡第一类的著述，悉列有编号，从 1 至 22，以便查考。其余各类均不编号，仅就其所涉及的章句，收录于第一类之后。

二 按语

各家解说体例纷杂，分句分段各异，长短不一。《尚书注疏》最早，汉孔传分句最细，故以其为准，作为标题，列为目录。其余著述，依照各自章句的自然段落，归于其下。

按语有两类，其一是各书自有按语，表明缺失，或残篇。

其二是编纂者按语，凡长于汉孔传分句的，则于下文中注明（归善斋按，见某句）。凡 1 至 22 编号著述有断句不同的，则注明（归善斋按，另见某句）。凡遇有阙篇，而原书未有按语的，注明（归善斋按，无此篇）。凡某句未有解说的，则注明（归善斋按，未解）。编号 13（宋）魏了翁《尚书要义》引用《尚书注疏》，凡有章句未引的，则注明（归善斋按，未引）。

三　引号

引号有两类，一是经查证的原文；一是容易歧义的字句，以引号分开。

标点符号非尽都确切，读者可能各有见解，仅供参考。

商书　伊训第四

成汤既没，太甲元年

1.（汉）孔氏传、（唐）陆德明音义、孔颖达疏《尚书注疏》卷七

序，成汤既没，太甲元年。

传，太甲，太丁子，汤孙也。太丁未立而卒，及汤没而太甲立，称元年。

疏，正义曰，成汤既没，其岁即太甲元年。

疏，传正义曰，太甲，太丁子，《世本》文也。此序以"太甲元年"继"汤没"之下，明是太丁未立而卒，太甲以孙继祖，故汤没，而太甲代立，即以其年称为元年也。周法以逾年即位，知此即以其年称元年者，此经云"元祀十有二月，伊尹祠于先王，奉嗣王祗见厥祖"；《太甲中》篇云"惟三祀十有二月朔，伊尹以冕服奉嗣王，归于亳"。二者皆云"十有二月"，若是逾年即位，二者皆当以正月行事，何以用"十二月"也。明此经"十二月"是汤崩之逾月，《太甲中》篇"三祀十有二月"是服阕之逾月，以此知汤崩之年，太甲即称元年也。舜禹以受帝终事，自取岁首遭丧嗣位，经无其文。夏后之世或亦不逾年也。顾氏云，殷家犹质，逾月

即改元年，以明世异，不待正月以为首也。商谓年为祀，序称"年"者，序以周世言之故也。据此经序，及《太甲》之篇，太甲必继汤后。而《殷本纪》云"汤崩，太子太丁未立而卒。于是乃立太丁之弟外丙，二年崩，别立外丙之弟仲壬，四年崩。伊尹乃立太丁之子太甲"，与经不同，彼必妄也。刘歆、班固不见古文，谬从《史记》。皇甫谧既得此经，作《帝王世纪》，乃述马迁之语，是其疏也。顾氏亦云，止可依经诰大典，不可用传记、小说。

《尚书注疏》卷七《考证》

《伊训》序"太甲元年"疏"汤没而太甲代立，即以其年称为元年也"。苏轼曰，本年改元，乱世事也，不容在伊尹而有之，不可以不辨。又曰，元祀十有二月者，太甲立之明年正月也。殷之正月，夏之十二月也。殷虽以建丑为正，犹以夏正数月，犹周公作《豳诗》于成王之世，而云"七月流火，九月授衣"皆夏正也。

2. （宋）苏轼《书传》卷七《商书·伊训第四》

成汤既没，太甲元年，伊尹作《伊训》、《肆命》、《徂后》。

《史记》，汤之子太丁未立而卒。汤崩，太丁之弟外丙立，二年崩，外丙之弟仲壬立，四年崩，伊尹乃立太丁之子太甲。太史公按《世本》，汤之后，二帝七年而后，至太甲，其迹明甚，不可不信。而孔安国独据经，臆度以为成汤没而太甲立，且于是岁改元，学者因谓太史公为妄，初无二帝，而太史公妄增之。岂有此理哉。经云"汤既没，太甲元年"者，非谓汤之崩在太甲元年也。伊尹称汤以训，故孔子叙书，亦以汤为首。殷道亲亲，兄死弟及。若汤崩舍外丙而立太丁之子，则殷道非亲亲矣，而可乎。以此知《史记》之不妄也。安国谓汤崩之岁而太甲改元不待明年者，亦因经文以臆也。经云"惟元祀十有二月"，"伊尹祠于先王，奉嗣王祗见厥祖"者，盖太甲立之明年正月也。正月而谓之十二月，何也？殷之正月，则夏之十二月也。殷虽以建丑为正，犹以夏正数月，亦犹周公作《豳诗》于成王之世，而云"七月流火，九月授衣"皆夏正也。《史记》秦始皇三十一年十二月，更名腊，曰嘉平夫腊，必建丑之月也。秦以十月为正，则腊当在三月，而云十二月，以是知古者，虽改正朔，然犹以夏正数月也。崩年改元，乱世之事，不容伊尹在而有之，不可以不辨。

3.（宋）林之奇《尚书全解》卷十五《商书》

成汤既没，太甲元年，伊尹作《伊训》、《肆命》、《徂后》。

《伊训》。

《孟子》曰，汤崩，太丁未立，外丙二年，仲壬四年，太甲颠覆汤之典刑。太史公曰，汤崩，太子太丁未立而卒，乃立太丁之弟外丙；外丙即位二年崩，立外丙之弟仲壬；仲壬即位四年崩，伊尹乃立太丁之子太甲，则是汤之后立外丙仲壬二世，而后太甲立。然而考于序文，则类夫太甲承汤之后，无有外丙、仲壬之二世者，故汉孔氏以谓太甲，太丁子，汤孙也。太丁未立而卒，及汤崩而太甲立，称元年。此亦无所依据，特顺序文而为此说耳。故苏氏以谓太史公按《世本》，成汤之后，二帝七年，而后太甲立，其迹明甚，不可不信。而孔安国独据经臆度，以为成汤没而太甲立，且于是岁改元年，学者因谓太史公为妄，初无二帝，而太史公妄增之，岂有此理哉？序云"成汤既没太甲元年"者，非谓汤之崩在太甲元年，盖伊尹称汤以训太甲，故孔子序书，亦以汤为首。殷道亲亲，兄死弟及。若汤崩，舍外丙、仲壬而立太丁之子，则殷道非亲亲矣。以此知太史公之不妄也。审如苏氏此言，则当从《孟子》所谓外丙二年，仲壬四年之言矣。而程氏又以谓，汤崩，太子太丁未立而死，外丙方二岁，仲壬方四岁，故立太甲，则是以二年、四年为年齿之年，不以为即位之年数也。此与汉孔氏同。而某尝窃谓，当从苏氏之说。盖殷人之传世，兄死则弟及。至于周，则父子相传。公仪仲子之丧，檀弓免焉，仲子舍其孙，而立其子，檀弓曰，何居，我未之前闻也。趋而就子服伯子于门右曰，仲子舍其孙而立其子何也？子服伯子曰，仲子亦犹行古之道也。昔者，文王舍伯邑考，而立武王，微子舍其孙腯而立衍也。夫仲子，亦犹行古之道也。子游问诸孔子，孔子曰，否，立孙，殷周之道其不同也。如此，微子舍其孙腯，而立弟衍者，用殷礼也。外丙、仲壬，太丁之弟也。以殷礼言之，有外丙、仲壬则不应舍之，而立太甲也。故苏氏之说为可信。此篇乃太甲初立之日，伊尹为祠于先王而奉之，以祗见厥祖明言烈祖之成德，以训于王，故序云"成汤既没太甲元年"，盖推本其所以作训之意也。夫书序其所以作篇之意而已，其所以作之之意，与寻常史家记迹，其体自有不同，苟于书序之言，而必以史官记载之体而求之"成汤既没太甲元年"，以为汤没而太甲立，若盘庚五迁，不以意而逆志，则是五迁皆在于盘庚之世，故当以苏氏、孟子之言为正。

篇内曰"元祀"，而序则曰"元年"者，殷曰祀，周曰年，此序疑出于周世之所纂定，故以年称之，亦如《太甲》之篇曰"惟三祀十有二月朔，伊尹以冕服，奉嗣王归于亳"，而其序则曰"三年复归于亳"，皆是周人之辞也。盖殷人之所谓祀，至周人称之，则皆以谓年。《说命》曰"王宅忧亮阴三祀"，而子张问于孔子，高宗亮阴三年不言。盖世代既殊，则其所称说亦异也。太甲始立，伊尹奉之以见于先王之庙，于是言其乃祖成汤之所以创业垂统，贻厥孙谋者，以告之，此篇之所以有作也。

4.（宋）史浩《尚书讲义》卷七《商书》

成汤既没，太甲元年，伊尹作《伊训》、《肆命》、《徂后》。

《孟子》曰，"汤终，太丁未立，外丙二年，仲壬四年，太甲颠覆汤之典刑"。按《史记》，太丁，汤子也，未立而卒。外丙，太丁之弟，未立而卒。仲壬，外丙之弟，复立四年而卒，伊尹乃立太丁之子太甲是矣。然而《孟子》止言其年者，方对国君，而叙商之子孙，其死亡之亟，亦人主所恶闻，故隐之也。而汉儒乃谓，成汤既没，太甲于次月即位改元，非也。故不得不辨。太甲，汤之长孙，继体而立，建元建国，礼也。伊尹既为上宰，受成汤付托之重，彼二君者享祚短促，不足有为，太甲受君，将以责其为君之德，于是作训三篇，亦大臣受遗，建立之本体也。《肆命》者，陈天命也。《徂后》者，监于往古明后也。二篇亡矣。

5.（宋）夏僎《尚书详解》卷十一《商书》

《伊训》。

成汤既没，太甲元年，伊尹作《伊训》。

此篇，盖太甲初即位，伊尹告以乃祖成汤之成德，故作是书也。谓之训者以其有谆谆儆戒之意也。此篇之序言"成汤既没，太甲元年，伊尹作《伊训》、《肆命》、《徂后》"，说者，多疑之。其所以疑者，盖《孟子》言，汤崩，太丁未立，外丙二年，仲壬四年，太甲颠覆汤之典刑；太史公言，汤崩，太子太丁未立而卒，乃立太丁之弟外丙，外丙即位二年而崩，后立外丙之弟仲壬，仲壬即位四年崩，伊尹乃立太丁之子太甲。是汤之后，立外丙、仲壬二世，而后太甲立。今此序乃言"成汤既没，太甲元年"，似类夫太甲即继成汤之后，无有外丙、仲壬二世者。所言不同如此，故说者多疑之。汉孔氏则谓，太甲，太丁子，汤孙也。太丁未立而卒，汤崩，太甲立，即称元年。唐孔氏亦谓，此序以太甲元年继汤没之下，明是汤没，太甲代立，即其年称元年。《殷本纪》与此不同者，必妄也。据二孔此说，则谓汤没，即立太甲，无有外丙、仲壬之说，非特《史记》为妄，而《孟子》之言亦不可信。至程氏则又欲附会《孟子》之言，乃谓汤崩，太丁未立而死，外丙方二岁，仲壬方四岁，故立太甲。陈少南推其说，按河南邵氏《皇极经世书》，叙尧即位以甲辰，至本朝嘉祐，历谱帝王世次。汤起乙未，太甲起戊申，不闻有外丙、仲壬。太史不知《孟子》之意。所谓二年、四年者，盖谓汤崩，太子卒，欲立外丙，而外丙生才二岁；欲立仲壬，而仲壬生才四岁。太丁二弟皆幼，故舍亲亲而立太甲。据程、陈二者之说，则亦汤后不曾立外丙、仲壬。《孟子》所谓二年、四年，是年齿也，不为即位之年数。其说，亦无异于孔氏。惟林少颖引苏氏之说为可信。苏氏谓，太史公按《世本》，成汤之后，二帝七年而后，太甲立，其迹明甚。安国据经臆度，谓汤没而太甲立，初无二帝，岂有此理。其序所以言"成汤既没，太甲元年"者，非谓汤崩在太甲元年也，盖伊尹称汤以训太甲，故孔氏序书，以汤为首耳。商道亲亲，兄死弟及，若汤崩舍外丙、仲壬而立太甲，则非亲亲矣。据苏氏之说，则以汤后实有外丙、仲壬二君。此言"成汤既没，太甲元年"，乃序书者推原伊尹作书之意，谓汤没后，太甲即位之始，伊尹称汤成德，以作训，故言"成汤既没"，即继以"太甲元年"，非谓汤崩之年，即太甲之元年也。此说极有理，故少颖广其说谓，殷人传世，兄死弟立，若太丁死而有弟外丙、仲壬不应舍之而立太甲。此篇乃太甲即位之日，伊尹奉之以祗见厥祖，因明言烈祖成德，以训于王，故序云"成汤既没，太甲元年"，盖推本所以作书之意也。夫《书序》，序所以为作书之意而已，与史家记述之体不同，苟必以史家记述之体求之，谓此言"成汤既殁太甲元年"，为汤殁而太甲立，则盘庚五迁之言，若不以意逆志，则是五迁皆在盘庚之世矣。故当以苏氏、《孟子》之言为正。少颖此说，极平正而有理，故特从之。若夫篇内言"元祀"，而序言"元年"者，唐孔氏谓，商曰祀，周曰年，《序》以周世言之也。盖孔子，周人，序书以年言之，如《太甲》篇内言"惟元祀十有二月朔"，其序则言"三年复归于亳"。又如《说命亮阴三年》，而子张则言"谅阴三年不言"，盖孔子序书，故从周称年也。此书盖汤死后，太甲即位年，伊尹作《伊训》、《肆命》、《徂后》三篇，以告之，故言伊尹作《伊训》、《肆命》、《徂后》。今只《伊训》尚存，余二篇经秦火而亡，故名虽存，而经则亡矣。

6. （宋）时澜《增修东莱书说》卷八《商书·伊训第四》

成汤既没，太甲元年，伊尹作《伊训》、《肆命》、《徂后》。惟元祀十有二月乙丑，伊尹祠于先王，奉嗣王祗见厥祖。侯、甸群后咸在，百官总己，以听冢宰。伊尹乃明言烈祖之成德，以训于王。

伊尹当太甲在丧之始而作训，乘其初心之虚也。商曰祀，周曰年。孔子，周人，故作序以"年"称。史官，商人，故作书以"祀"称。以十二月为正，伊尹奉嗣王祗见厥祖，正始之事，自古莫不以为重。舜受终于文祖，禹受命于神宗，况太甲中材，故伊尹尤以为谨，而史官纪叙，辞旨亦特严。伊尹逆知太甲资质未必可保，故于是时，作书以戒之。太甲终于欲败度，纵败礼，《书》若无益。然即位之初，祗见厥祖，侯、甸群后咸在，百官总己以听，此时太甲岂无悚然作新之意，虽有骄奢淫泆之行，至此必扫荡无余而虚心愿闻治道矣。此时以格言大训入其心，则其听之必笃，虽久而犹有余力。然则太甲既立，不免于昏迷，而终于克终允德，则训之之早故也。明言有着力之意，言之为有力矣。

7. （宋）黄度《尚书说》卷三《商书》

成汤既没，太甲元年，伊尹作《伊训》、《肆命》、《徂后》。

《史记》，汤崩，太子太丁未立而卒，于是立太丁之弟外丙；外丙即位三年崩，立外丙之弟仲壬；仲壬即位四年崩，伊尹立太丁之子太甲。太甲，汤嫡长孙，一曰祖甲。《孟子》，外丙二年，汤没六年，三易君。外丙，犹未终丧，而没岁月易相乱，恐疑后世，故序书称"太甲元年"，且以见迁桐，即元年事。《伊训》、《肆命》、《徂后》三书继作。太甲不受教而迁之。《太甲》序，太甲既立，不明与此相类。

8.（宋）袁燮《絜斋家塾书钞》卷五《商书》

成汤既没，太甲元年，伊尹作《伊训》、《肆命》、《徂后》。

太甲，太丁之子，汤之嫡孙也。太丁未立而死，仲壬、外丙其年尚幼，故二人不立，而立太甲。所谓外丙二年，仲壬四年，特岁数尔，二人实未尝立也。天下正统，当传于嫡。按《檀弓》，仲子舍其孙而立其子，子游问诸孔子。子曰，否，立孙，盖子死而传之嫡孙。此正统也。河南邵氏，叙历代纪年，无所谓外丙、仲壬者，以其非嫡，故不立，而二年、四年特岁数耳。

9.（宋）蔡沈《书经集传》卷三《商书》

（归善斋按，未解）

10.（宋）黄伦《尚书精义》卷十七

成汤既没，太甲元年，伊尹作《伊训》、《肆命》、《徂后》。

伊川曰，《孟子》之意，云外丙二年者，以为外丙年方二岁也；仲壬四年者，以为仲壬年方四岁也。汤方有天下，众心未定，乃立幼君其可乎？故伊尹舍外丙、仲壬而立太丁之子太甲，太甲乃汤之嫡长孙也。东莱曰，汤崩，以太丁、外丙、仲壬皆未立而卒，于是乃立汤之嫡孙。伊尹以太甲在丧次，便思垂训，乘其初之虚心故也。太甲此时，其心为何，如前虽有骄奢淫佚之行，至此必扫荡无余，而虚心愿闻治道矣。此时，格以大训，入其心，则其听之必笃，虽久而犹有余力。然则太甲既立，而昏迷，至后克终允德，其所以诲而为善，皆非浅浅者所可及，则其训之之早故也。

11.（宋）陈经《尚书详解》卷十三《商书》

成汤既没，太甲元年，伊尹作《伊训》、《肆命》、《徂后》。惟元祀十有二月乙丑，伊尹祠于先王，奉嗣王祇见厥祖，侯、甸群后咸在，百官总己，以听冢宰。伊尹乃明言烈祖之成德，以训于王。

孔子序书曰，成汤既没，太甲元年，伊尹作《伊训》、《肆命》、《徂后》。观此数句，即《春秋》正始之法。乾元万物资始之意也。太甲，太丁之子也。太丁未立而卒，故太甲以孙而继祖。《孟子》曰"汤崩，太丁未立，外丙二年，仲壬四年"，盖太丁未立而卒，外丙方年二岁，仲壬方年四岁，幼主不可立，则不得不以太甲继汤。太史公反以外丙立二年，仲壬立四年，则是汤崩之后更六年，而太甲始立，与经不合也。

"惟元祀十有二月乙丑，伊尹祠于先王"，商人以年为祀。叙书者，孔子也，周人，故曰"年"。作书者，商人，故曰"祀"。元祀，即逾年改元也。"十有二月"，即元祀之正月也。商人以建丑为正，故用十二月。曷为不言正月，盖商周虽用子丑之正，而亦不废夏时。盖夏时得四时之正。孔子语颜渊曰，行夏之时。汉班固知此意，故书汉元年冬十月人君嗣位，逾年必改元。此重事也，当国大臣，必以其事告于庙，秉笔史官必以其事书于囗，录始终之意。一年不二君，故不改于柩前定位之初，缘臣民之心不可旷年无君，故不得于三年丧毕之后，此常理也。先儒或谓十二月，即汤崩之逾月，甚失礼典之意。伊尹以当国大臣，主祀事，故祀先王奉嗣王，以祇见于祖。侯、甸之服，近王畿者也。诸侯咸在，百官总于天子，以听冢宰之命。伊尹于此时，知太甲非心未萌，恭敬诚恪之心未分，于是明言烈祖之成德，以耸动太甲，使知未即位之始，不可不谨，而乃祖之德，不敢忘也。烈祖，乃成汤。

12.（宋）钱时《融堂书解》卷五《商书·伊训》

成汤既没，太甲元年，伊尹作《伊训》、《肆命》、《徂后》。

此《伊训》、《肆命》、《徂后》三书之序也。唐虞曰载，夏曰岁，商曰祀，周曰年。孔子，周人也，故序以"年"书。孟子，亦周人也，故亦曰，汤崩，太丁未立，外丙二年，仲壬四年。太甲颠覆汤之典刑，盖谓汤既崩，太丁未立而卒，又其弟外丙方二岁，仲壬方四岁，故以太甲嫡孙嗣立耳。谓之太丁未立，则是已为储贰，况《书》谓太甲既立不明，则是未立之先，亦不为不明矣。伊尹安得舍嫡长，而立一孩孺乎？太史不悟年齿，遂谓外丙在位三年，仲壬在位四年。然则，太甲嗣位，当在汤崩七年之后，何故孔子序不曰仲壬既没，而曰"成汤既没，太甲元年"乎？先儒因是未免异同之论，是不信先圣之经，而徇后世记传之谬也，大不可，且不特先圣之经可考，而伊尹告太甲，凡五书，始末亦甚明。《伊训》首曰"惟元祀十有二月乙丑，伊尹祀于先王，奉嗣王祗见厥祖"，是太甲初立，侯、甸群后咸在，伊尹奉新君见于乃祖成汤之神位而告之也。若太甲在外丙、仲壬两君之后，则其初立时，有仲壬之几筵在，安得不告于新薨之君，而独见乃祖乎？《太甲上》篇"营于桐宫，密迩先王其训"，王徂桐宫居忧。桐宫，汤之墓也。往汤之墓侧而居忧位，是居汤之丧也。若丧仲壬，安得居汤之墓乎？其它如"惟我商王，布昭圣武"，即云"今王嗣厥德"；如"先王顾諟天之明命"，即云"嗣王丕承基绪"。伊尹诸书所称"先王"，皆汤也。如此类不一而足，辞无间隔，事理甚明。若一再传，皆短祚又皆伊尹所亲历，安得告太甲时，略无一语及之。太甲嗣汤而立，无可疑者。学者只当以圣经为证。《肆命》，先儒谓肆陈也，伊尹陈天命以告太甲也。《徂后》，先儒谓，徂，往也，述往古明君以告太甲也。二书既亡，虽不可考，然训义明白，似亦有理。

13.（宋）魏了翁《尚书要义》

原阙。

14.（宋）陈大猷《书集传或问》卷上《商书·伊训》

或问，《孟子》言"汤崩太丁未立，外丙二年，仲壬四年"，如何？曰，孔氏谓，太丁未立而卒；程氏谓，年齿也。外丙方二岁，仲壬方四岁，故立太甲。此说是也。邵康节《皇极经世书》起于尧即位之甲辰，至于本朝之嘉祐，历谱帝王世次。汤起乙未，太甲起戊申，无外丙、仲壬也。

曰，苏氏谓"成汤既没太甲元年，乃汤没后伊尹称德作训于太甲之初,非汤崩之年,即太甲元年也",如何？曰,谓汤崩甲立,非同一年则可；谓中间犹隔七年则非。成汤既没,而以太甲元年继之,则太甲继汤明矣。况康节历数古今,莫加所谱,悉与经合,又何疑乎？

15. (宋)胡士行《尚书详解》卷四《商书·伊训第四》

成汤既没,太甲元年,伊尹作《伊训》、《肆命》、《徂后》(三书一序二书亡)。

汤　　太丁　　外丙　　仲壬　　太甲

《孟子》,汤崩,太丁未立,外丙二年,仲壬四年。太史公案,《世本》汤没,二帝七年,而后太甲(太丁子)立。序以太甲元年,系于汤没之后者,以书言"烈祖成德"故尔。伊川以为汤崩,太丁未立而死,外丙方二岁,仲壬方四岁,故立太甲。

16. (元)吴澄《书纂言》

(归善斋按,未解)

17. (元)陈栎《书集传纂疏》卷三《朱子订定蔡氏集传》

(归善斋按,未解)

18. (元)许谦《读书丛说》

(归善斋按,未解)

19. (元)董鼎《书传辑录纂注》卷三《商书》

(归善斋按,未解)

20. (元)朱祖义《尚书句解》卷四

成汤既没(成汤既崩),太甲元年(太甲继汤而立之元年)。

21. (明)王樵《尚书日记》卷七

序曰,成汤既没,太甲元年,伊尹作《伊训》、《肆命》(陈天命以告)、《徂后》(陈往古明君以戒,二篇亡)。

孔氏曰,太甲,太丁子,汤孙也。太丁未立而卒。及汤没,而太甲立。正义曰,据此经序,及《太甲》之篇,太甲必继汤后,而《殷本纪》云,汤崩,太子太丁未立而卒,于是乃立太丁之弟外丙,三年崩,别立外之弟仲壬,四年崩,伊尹乃立太丁之子太甲,与经不同,彼必妄也。刘歆、班固不见古文,谬从《史记》。皇甫谧既得此经,作《帝王世纪》,乃述马迁之语是其疏也。顾氏亦云,止可依经诰大典,不可用传记小说。

按经文,往往述汤事,一则曰今王嗣厥德,一则曰肆嗣王丕承基绪,一则曰今王嗣有令绪,皆为太甲继汤后之辞。若中间有外丙、仲壬,则其文必不如此。蔡仲默过于不信书序,故不用其说。且朱子于《孟子》"外丙二年、仲壬四年"之下虽引赵岐说,仍引程子之说曰"古人谓岁为年,汤崩时,外丙方二岁,仲壬方四岁,惟太甲差长,故立之"。此说出于程子,而质之于经,又合其当从无疑也。《皇王大纪》论外丙、仲壬之立,谓以素理知其非者一;以人情知其非者二;以事实知其非者三;以历数知其非者四。邵子《皇极经世书》以太甲元年继汤,是先大儒,皆以此为定说矣。

太甲,汤嫡孙。观公仪仲子,舍孙而立子,子游问曰礼与?孔子曰,否。立孙此可见矣。兄终弟及,必有所不得已。此时无不得已之故也。

孔氏谓,汤崩逾月,太甲即位,奠殡而告,是以为崩年改元,其义大谬。嗣子逾年即位而改元,古今之达礼也,《公羊》言之详矣(详见《舜典》)。

22.(清)库勒纳等撰《日讲书经解义》卷四《商书》

(归善斋按,未解)

伊尹作《伊训》、《肆命》、《徂后》

1.(汉)孔氏传、(唐)陆德明音义、孔颖达疏《尚书注疏》卷七

伊尹作《伊训》、《肆命》、《徂后》。

传,凡三篇,其二亡。

疏,正义曰,伊尹以太甲承汤之后,恐其不能纂修祖业,作书以戒之,史叙其事,作《伊训》、《肆命》、《徂后》三篇。

2. (宋) 苏轼《书传》卷七《商书·伊训第四》

(归善斋按,见"成汤既没,太甲元年")

3. (宋) 林之奇《尚书全解》卷十五《商书》

(归善斋按,见"成汤既没,太甲元年")

4. (宋) 史浩《尚书讲义》卷七《商书》

(归善斋按,见"成汤既没,太甲元年")

5. (宋) 夏僎《尚书详解》卷十一《商书》

(归善斋按,见"成汤既没,太甲元年")

6. (宋) 时澜《增修东莱书说》卷八《商书·伊训第四》

(归善斋按,见"成汤既没,太甲元年")

7. (宋) 黄度《尚书说》卷三《商书》

(归善斋按,见"成汤既没,太甲元年")

8. (宋) 袁燮《絜斋家塾书钞》卷五《商书》

(归善斋按,见"成汤既没,太甲元年")

9. (宋) 蔡沈《书经集传》卷三《商书》

(归善斋按,未解)

10. (宋) 黄伦《尚书精义》卷十七

(归善斋按,见"成汤既没,太甲元年")

11.（宋）陈经《尚书详解》卷十三《商书》

（归善斋按，见"成汤既没，太甲元年"）

12.（宋）钱时《融堂书解》卷五《商书·伊训》

（归善斋按，见"成汤既没，太甲元年"）

13.（宋）魏了翁《尚书要义》

原阙。

14.（宋）陈大猷《书集传或问》卷上《商书·伊训》

（归善斋按，未解）

15.（宋）胡士行《尚书详解》卷四

（归善斋按，见"成汤既没，太甲元年"）

16.（元）吴澄《书纂言》

（归善斋按，未解）

17.（元）陈栎《书集传纂疏》卷三《朱子订定蔡氏集传》

（归善斋按，未解）

18.（元）许谦《读书丛说》

（归善斋按，未解）

19.（元）董鼎《书传辑录纂注》卷三《商书》

（归善斋按，未解）

20.（元）朱祖义《尚书句解》卷四

伊尹作《伊训》（伊尹乃作《伊训》之书以告太甲）、《肆命》（又作

《肆命》之书，亡）、《徂后》（亦亡）。

21.（明）王樵《尚书日记》卷七

（归善斋按，见"成汤既没，太甲元年"）

22.（清）库勒纳等撰《日讲书经解义》卷四《商书》

（归善斋按，未解）

《伊训》

（汉）孔氏传、（唐）陆德明音义、孔颖达疏《尚书注疏》卷七

《伊训》。

传，作训以教道太甲。

（宋）林之奇《尚书全解》卷十五《商书》

《伊训》。

训，亦书之一体，有谆谆警戒之意。古人之所以遗后世，祖宗之所以诲其子孙，臣下之所以规谏其君者，皆有此名。《说命》曰"学于古训乃有获"，《吕刑》曰"若古有训"，此古人之训也。《五子之歌》曰"皇祖有训"，又曰"训有之"；《胤征》曰"圣有谟训"，此祖宗之训也。《伊训》、《高宗之训》，此人臣之训也。其所以为训虽不同，其谆谆警戒之意则一，故皆以训为名。人臣之训其书之见于篇名者，惟《伊训》、《高宗之训》二篇，此亦出于偶然耳。若其他忠臣良弼，所以陈其嘉谋于上，如伊尹、傅说、周公之所陈者，无非训也。先儒泥于篇名，故有"正"与"摄"之说。其意以谓篇名以"训"者，此其正也；不命名以"训"，而得训之体者，此其摄也。故曰"训"十六篇，正二，摄十四。夫"正"之与"摄"，乃尊卑优劣之称。若以《伊训》为正，《咸有一德》为摄，

均为伊尹之言也，皆是戒太甲也，果何自而分尊卑优劣乎？某窃以谓训者，不必拘于篇名，凡以一言一话之出于人主之意，主于格君心之非，以成其德者，皆为训之体也。

（宋）蔡沈《书经集传》卷三《商书》

《伊训》。

训，导也。太甲嗣位，伊尹作书训导之，史录为篇。今文无，古文有。

（宋）陈经《尚书详解》卷十三《商书》

《伊训》。

此篇，乃太甲即位之初年，伊尹首陈。《伊训》之书可以观古人之事君，尤必谨其初也。成汤以太甲属之，伊尹乃受遗托孤之臣，宗庙社稷之安危、轻重系焉。与在朝百官，事体不同，若周公之于成王，霍光之于昭帝，诸葛孔明之于后主，一也。矧太甲以中材庸主，伊尹知之熟矣。惟其纵欲未萌，非心未动之初，先有以警之，则他日虽有纵欲，然其初心善端，亦终不能忘也。《易》曰，蒙以养正，圣功也。《书》曰，若生子罔不在厥初生。《记》曰，禁于未发之谓豫，盖养之于本然之初，则易为力；防之于已然之后，则难为功。此《伊训》一篇之本旨也，故其间有抑扬开阖，一予一夺，一劝一惩，如言夏先后之有德，则必言其子孙之弗率；言成汤之所以修人纪，必言汤之所以制官刑；言上帝之福善，必言上帝之祸不善；言万邦之所以庆，必言所以坠厥宗之由。其开之也，所以诱其为善之路；其阖之也，所以绝其为恶之萌，爱君之意深矣。

（元）陈栎《书集传纂疏》卷三《朱子订定蔡氏集传》

《伊训》。

训，导也。太甲嗣位，伊尹作书训导之。史录为篇，今文无，古文有。

纂疏，《商书》几篇最分晓可玩。《伊训》、《太甲》等篇，又好看，似《说命》，盖高宗资质高，傅说所说细了，难看。伊尹与太甲说虽粗，却切于学者之身。太甲也，不是昏愚的人，但欲败度纵败礼耳。

伊尹书及《说命》，大抵分明易晓。今人观书，且看那分明底，难晓者且置之，纵使晓得亦不济事。

陈氏经曰，此篇于欲纵未萌之初，先警之。

（元）董鼎《书传辑录纂注》卷三《商书》

《伊训》。

训，导也。太甲嗣位，伊尹作书训导之，史录为篇。今文无，古文有。

辑录

《商书》几篇最分晓可玩。《伊训》、《太甲》等篇又好看。似《说命》，盖高宗资质高，傅说所说底细了，难看。若是伊尹与太甲说，虽是粗，却切于学者之身。太甲也，不是个昏愚底人，但欲败度，纵败礼耳。广。

伊尹书，及《说命》大抵分明易晓。今人观书且看他那分明底。其难晓者，且置之。政。使晓得，亦不济事。广。

（元）朱祖义《尚书句解》卷四

《伊训第四》。

太甲初即位，伊尹告以乃祖成汤之成德，故作是书，谓之训者，以其有谆谆儆戒之意也。

《伊训》（旧简标题）

（明）王樵《尚书日记》卷七

《伊训》。

训，教诫也。于朝，曰君臣焉；于燕，曰宾主焉；于学，曰师友焉。以武王年德之高，而召公谏《旅獒》亦例曰"训"。古人命名之意，可为万世法也。若曰臣之于君，不可以训言，则是，好臣其所教；而不好臣，其所受教也。《伊训》训书之始。《肆命》、《徂后》、《太甲》、《咸有一德》，皆伊训也，以事为篇，故异其称尔。《说命》后二篇，亦训也。蒙首篇而皆曰"命"尔。《高宗肜日》、《旅獒》因事之训。《洪范》、《无逸》，大体陈论之训。《立政》宜为训，而入诰体者，有群臣百官在也。《周官》，乃成王训官，《吕刑》乃穆王训刑，皆上训下之辞。又《周官》近"诰"体，《吕刑》以命吕侯，则类于"命"，以普告司政典狱，则类于"诰"，而皆为此二篇训之变例也。

（清）库勒纳等撰《日讲书经解义》卷四《商书》

《伊训》。

太甲嗣位之初，伊尹述成汤之德，而诲导之，故以"伊训"名篇。

（明）马明衡《尚书疑义》三《商书·伊训》

《伊训》。

此篇"祠于先王"，与"祗见厥祖"，孔安国皆以为汤，而以十有二月为汤崩之踰月奠殡，而告以祠为奠，是。盖与周康王受顾命冕服之事同。朱文公亦谓，人君自有一段居丧之礼，与常人不同，但今不存。如是，则太甲即承汤，而所谓外丙、仲壬者固不复论矣。然以十二月即为汤年之十二月，而遂以改元为太甲之元年，则天下之人得于视听之下者，将以为汤之年乎？将以为太甲之年乎？以嗣王方才一月而灭先王十有一月之年，纵使古人礼质，稽诸人情，亦不若是之舛且亟也，则以元年为继汤者，谬说也。蔡氏以为继仲壬之后，则以外丙二年、仲壬四年，皆为所立之后，而所谓元祀者，太甲之元年也；所谓十有二月者，商虽以为岁首，而未尝改月也；所谓先王者，商虽未见追王，然所谓玄王者，亦皆先王之列也。如是，则以事体为宜。窃意，《孟子》外丙、仲壬之年，或以为年，或以为岁。朱子两存之。然下文，即云伊尹放之于桐三年，连上三个"年"字不应有异，则以为二君所立之年，如《史记》之说，亦为有理。但蔡注复言，大甲嗣叔父而王，为之服三年之丧，为人后者为之子也，此则大谬。嗣王即为之子，则商家以弟继兄者，何其多也，而皆以弟为兄之子可乎？即不必为之子，而但嗣其王，又不可以服三年之丧乎？礼，为人后者，大宗无子，族人以支子后大宗，此为宗法而言之。宗法之立，岂所以为天子诸侯设乎？故曰，别子为祖，继别为宗。别子者，诸侯之庶子也。一篇之中，只要大甲敦爱之实，去淫僻之风，以敬其身而已。人君所以治天下，宁有外于是道哉？至下文不惠其言，乃便有痛切之语。

惟元祀十有二月乙丑，伊尹祠于先王

1.（汉）孔氏传、（唐）陆德明音义、孔颖达疏《尚书注疏》卷七

惟元祀十有二月乙丑，伊尹祠于先王。

传，此汤崩逾月，太甲即位，奠殡而告。

音义，祀，年也。夏曰岁，商曰祀，周曰年，唐虞曰载。祠，音辞，祭也。

疏，正义曰，"伊尹祠于先王"，谓祭汤也。"奉嗣王祇见厥祖"，谓见汤也，故传解"祠先王为奠殡而告"，见厥祖为居位主丧，群后咸在，为在位次，皆述在丧之事，是言"祠"是"奠"也。祠丧于殡敛祭，皆名为奠虞祔卒哭。始名为祭，知祠非宗庙者。元祀，即是初丧之时未得祠庙，且汤之父祖不追为王所言先王惟有汤耳，故知"祠"实是"奠"，非祠宗庙也。"祠"之与"奠"有大小耳。祠，则有主，有尸，其礼大；奠，则奠器而已，其礼小。奠、祠，俱是享神，故可以"祠"言"奠"，亦由于时犹质，未有节文。周时，则祠、奠有异，故传解"祠"为"奠"耳。

传，正义曰，《太甲中》篇云"三祀十有二月朔，伊尹以冕服奉嗣王"，则是除丧即吉，明十二月服终。《礼记》称三年之丧，二十五月而毕，知此年十一月汤崩，此祠先王，是"汤崩逾月，太甲即位，奠殡而告"也；此"奠殡而告"，亦如周康王受顾命，尸于天子。春秋之世，既有奠殡即位，逾年即位，此逾月即位，当奠殡即位也。此言"伊尹祠于先王"，是特设祀也。"嗣王祇见厥祖"，是始见祖也，特设祀礼，而王始见祖，明是初即王位，告殡为丧主也。

2. （宋）苏轼《书传》卷七《商书·伊训第四》

惟元祀十有二月乙丑，伊尹祠于先王，奉嗣王祗见厥祖，侯、甸群后咸在，百官总己，以听冢宰。

汤崩虽久矣，而仲壬之服未除，故冢宰为政也。

3. （宋）林之奇《尚书全解》卷十五《商书》

惟元祀十有二月乙丑，伊尹祠于先王，奉嗣王祗见厥祖，侯、甸群后咸在，百官总己，以听冢宰。

《易》曰，天地革而四时成。汤武革命，顺乎天，而应乎人。盖改易正朔之日，实肇于汤武之世。由其以征伐而得天下，故变易前代之正朔，以示革命，而且与天下更始也。夏以建寅为正，则以建寅之月为正月，建卯为二月，以至建子为十一月，建丑为十二月。至商革夏政，以建丑为正，则以建丑之月为正月，建寅为二月，至于建亥为十一月，建子为十二月。周革商政，以建子为正，则以建子之月为正月，建丑为二月，以至建戌为十一月，建亥为十二月。由正月之名，既易则十二月之名，亦从而易矣。"惟元祀"者，太甲即位之元年也。"十有二月"者，商之十二月，乃夏之十一月，盖建子之月也。案，下篇曰"惟三祀十有二月朔，伊尹以冕服奉嗣王归于亳"，太甲以三年十有二月朔，方释丧而服冕服，则仲壬之崩当在元年十有一月，故得至于三年十有二月，为二十五月，而即吉也。此犹是仲壬之末年也，而乃称太甲之元年者，盖殷之制，惟以即位之年称元年，不待逾年也。若周之制，则逾年乃得称之，故有一年不二君之说。盖其历代之制度不同，不可以一概论也。苏氏徒见春秋之所载天子诸侯皆以逾年，然后称元，故以此为例，谓经曰"惟元祀"至"祗见厥祖"者，盖太甲立之明年正月也，正月而谓之十二月，何也？殷之正月，则夏之十二月也。殷虽以建丑为正，犹以夏正数月，亦犹周公作《豳诗》于成王之世，而云"七月流火，九月授衣"，皆夏正也。《史记》秦始皇三十一年十二月更名腊，曰嘉平夫腊，必建丑之月也。秦以十月为正，则腊当用三月，而云十二月，以是知古者虽改正朔，犹以夏正而数月也。此说盖不然。夫谓之改正朔，则是已改其正月，岂余月不改者哉？在周之时，其论阴阳寒暑之节序，容或有夏时为言者，如《七月》之诗与夫"四月惟夏、六月徂暑"之类是也。至于史官记载其当时之事，则未有不以其当时所用之正朔而数月者。《春秋》书"王正月"，则周之正月也。其它月名，则皆以周正数之，非复由夏之旧。以《春秋》观之，则商之正朔，盖可知矣。秦以十二月更名腊，曰嘉平，盖是汉武帝太初元年，既改用夏正，史官追正其月名耳。在秦史，则必以三月书之矣。今《汉书》，自高祖之年以后，至于武帝太初元年以前，岁首皆书冬十月，此皆史官以夏正追正其月名矣。其未改夏正也，则必以冬十月为正月矣，以是知苏氏之说，若有可信，实不然也。

汉孔氏既谓汤没而太甲立前，是太甲即位之初，实居汤之丧也，故于此，则曰"汤崩逾月，太甲即位，奠殡而告"。此说考之于礼而不合夫古者，丧在殡，其祭皆名为奠。及既葬也，虞祔卒哭，始谓之祭，盖于是始以鬼神而事之也。故祭以有主有尸，而奠以陈器而已。祠而谓之奠，无是理也。抑又有所不然者，使太甲果是居汤之丧，则其宅忧也，必在汤之殡宫矣。既有汤之殡宫，其所以从事于丧礼者，有小殓之奠，有大殓之奠，有朔奠，有朝奠，有夕奠，有荐新之奠，未尝不在于汤之殡宫也。岂至此而后"祗见厥祖"邪？以是知汉孔氏之言，徒泥经文，而于礼有所不合，不足以为据也。盖以经文考之，太甲居仲壬之丧于内，既逾月矣，伊尹于是祭于成汤之庙，奉嗣王祗见厥祖，盖将明言烈祖之成德，以训之，使之知成汤付托之重，一群后而与诸侯正始，此盖礼之变，而以义起之也。康王既受顾命，麻冕以朝诸侯于应门之内，亦礼之变也。此二者若不许以一时之权，而以礼疑之，则太甲不当越绋以祭于成汤之庙，而康王亦不当释丧服，服麻冕也。

"侯、甸群后咸在"者，诸侯皆从太甲，在成汤之庙也。子和曰，侯、甸于五服，为尤近，故皆在。当是时，诸侯之远者，未必能至，义或然也。盖天子七月而葬，同轨毕至，此方逾月，则诸侯之远者，容或有所未至也。薛氏曰，"百官总己以听冢宰"者，王宅忧不言，摄国事者冢宰而已，故百官总己，惟冢宰之是听也。冢宰以典，则佐王治邦国；都鄙官府以其德义，信服于百僚，至是有变，乃摄国事，而下不惑也。汉自吕太后专制，而是礼丧矣。此言得之。

4. （宋）史浩《尚书讲义》卷七《商书》

《伊训》。

惟元祀十有二月乙丑，伊尹祠于先王，奉嗣王祗见厥祖，侯、甸群后咸在，百官总己，以听冢宰。伊尹乃明言烈祖之成德，以训于王，曰：呜呼！古有夏先后，方懋厥德，罔有天灾。山川鬼神，亦莫不宁，暨鸟兽鱼鳖咸若。于其子孙弗率，皇天降灾，假手于我有命，造攻自鸣条，朕哉自亳。惟我商王，布昭圣武，代虐以宽，兆民允怀。今王嗣厥德，罔不在初。立爱惟亲，立敬惟长，始于家邦，终于四海。呜呼！先王肇修人纪，从谏弗咈，先民时若。居上克明，为下克忠。与人不求备，检身若不及，以至于有万邦，兹惟艰哉。敷求哲人，俾辅于尔后嗣。制官刑，儆于有位，曰：敢有恒舞于宫，酣歌于室，时谓巫风；敢有殉于货色，恒于游畋，时谓淫风；敢有侮圣言，逆忠直，远耆德，比顽童，时谓乱风。惟兹三风十愆，卿士有一于身，家必丧；邦君有一于身，国必亡。臣下不匡，其刑墨，具训于蒙士。呜呼！嗣王祗厥身，念哉。圣谟洋洋，嘉言孔彰。惟上帝不常，作善降之百祥；作不善降之百殃。尔惟德罔小，万邦惟庆；尔惟不德罔大，坠厥宗。

（按，此篇讲义《永乐大典》原阙）

5. （宋）夏僎《尚书详解》卷十一《商书》

《伊训》。

惟元祀十有二月乙丑，伊尹祠于先王，奉嗣王祗见厥祖，侯、甸群后咸在，百官总己，以听冢宰。

此又作书者言伊尹作《伊训》之意，谓太甲即位年十二月乙丑，伊尹将以即位之事，告于成汤。是时，侯、甸之诸侯皆来奔丧，且欲近见新君，故伊尹祠于汤庙，而群后皆从太甲往庙。时太甲宅忧不言，故百官皆总其己之职事，而惟冢宰之是听。时伊尹受顾命，实为冢宰，故即庙而作书，陈乃祖之成德，以进戒于太甲，亦与诸侯正始，此《伊训》之所以作也。故作者者，其言如此。太甲时所居之丧，实仲壬之丧，盖继其后，必为之服礼，当然也。汉孔氏既谓汤殁而太甲立，则太甲即位之初，实居汤丧，故于此即云汤崩，太甲逾月即位。此所谓祠于先王者，乃奠殡而告。林少颖谓，孔氏此说，考之于礼，有所不合。夫古者，丧在殡不祭，皆名为奠。及既葬也，虞祔卒哭，始谓之祭。盖于是，始以鬼神事之。故祭，则有主有尸；而奠，则陈器而已。此经言祠，而孔氏乃谓之奠，无是理也。抑又有不然者，使太甲果居汤丧，则其宅忧也，必在汤之殡宫，则其所从事于丧礼者，有小殡之奠，有大殡之奠，有朔奠，有朝奠，有夕奠，有荐新之奠，未尝不在汤之殡，岂逾月，遽祇见厥祖哉？以是知孔氏徒按经文，于礼不合，未足述也。以经文考之，则太甲实居仲壬之丧。计仲壬之崩，必在太甲元年之十一月。商制逾月即位，即以其年为元年，不待逾年称元祀，如周之制，故下篇言惟三祀十有二月朔，伊尹以冕服奉嗣王，居于亳，是仲壬以元年十一月崩，至三年十二月，即得二十五月，故即吉释丧，而冕服也。由是推之，则此言"十二月乙丑，伊尹奉嗣王祇见厥祖"者，乃太甲居仲壬之丧，既逾月，伊尹乃祭于汤庙，奉嗣王以敬见其祖，故明言烈祖成德，既以告太甲，且与诸侯正始，盖礼之变，而以义起也。若康王既受顾命，则以麻冕朝诸侯于应门之内，亦礼之变也。

苏氏徒见《春秋》所载天子诸侯皆逾年称元，故谓此经言"惟元祀十有二月乙丑"者，乃太甲立之明年正月也。正月谓之十二月，殷之正月，即夏之十二月也。殷虽以建丑之正，犹以夏正数月，亦犹周公作《豳诗》，言"七月流火，九月授衣"，皆夏正也。又《史记》，秦始皇三十一年，更名腊，曰嘉平。夫腊必建丑之月，秦以十月为正，则腊当用三月，而云十二月者，盖古虽改正朔，犹以夏正为正月也。此说不然，夫谓之改正朔，则已改正月，岂有余月不改者，故在周时，论阴阳之节，虽有以夏时为言者，如《七月》之诗与"四月惟夏，六月徂暑"之类，至于史官记载当时之事，则未有不以当时正朔数月者。如《春秋》，"春王正月"，则周之正月也。《春秋》数月用周正，则此之十二月，盖商之十二月，乃夏之十一月，盖建子之月也。其秦以十二月改腊，曰嘉平，《汉书》自高祖元年至太初元年，以前岁首书冬十月，盖是汉武太初元年，改用夏正，史官追正月名耳。旧史未必然也。余谓少颖辨苏氏以夏秋所书，乃孔子尊王，故以周正数之周时，数月实用夏正，今七月、四月之诗可见矣。兼《秦本纪》言，以十月为岁首，则岁首但以十月为之，则已非改十月为正月也。但苏氏解此，必拘逾年之说，则不然。只是仲壬适在十一月崩，故太甲逾月，以十二月即位，不必如苏氏之拘，则其义自通也。

6.（宋）时澜《增修东莱书说》卷八《商书·伊训第四》

（归善斋按，见"成汤既没，太甲元年"）

7.（宋）黄度《尚书说》卷三《商书》

《伊训》。

惟元祀十有二月乙丑，伊尹祠于先王，奉嗣王祗见厥祖，侯、甸群后咸在，百官总己，以听冢宰。

商纪年曰祀。十二月，商正月。商、周改正朔，以一号令。而《诗》、《书》纪月，不改夏正，天时不可易也。嗣王逾年即位，伊尹主祠事，奉嗣王朝庙，此古者冢宰摄政之礼也。侯、甸在千里之外，来见新王，《周礼》，侯服岁一见，甸服二岁一见。夏、商侯服，为王畿；甸服，则周侯服。

8.（宋）袁燮《絜斋家塾书钞》卷五《商书》

《伊训》。

（案，袁氏《伊训》篇解《永乐大典》原阙）

9.（宋）蔡沈《书经集传》卷三《商书》

惟元祀十有二月乙丑，伊尹祠于先王，奉嗣王祗见厥祖，侯、甸群后咸在，百官总己，以听冢宰。伊尹乃明言烈祖之成德，以训于王。

见，形，甸反。夏曰岁，商曰祀，周曰年，一也。元祀者，太甲即位之元年。十二月者，商以建丑为正，故以十二月为正也。乙丑，日也，不系以朔者，非朔日也。三代虽正朔不同，然皆以寅月起数。盖朝觐、会同、颁历、授时，则以正朔行事。至于纪月之数，则皆以寅为首也。伊，姓；尹，字也。伊尹，名挚。祠者，告祭于庙也。先王，汤也。冢，长也。礼有冢子、冢妇之名。周人亦谓之冢宰。古者，王宅忧，祠祭则冢宰摄而告庙，又摄而临群臣。太甲服仲壬之丧，伊尹祠于先王，奉太甲以即位改元之事，祗见厥祖，则摄而告庙也。侯服、甸服之群后咸在，百官总己之职，以听冢宰，则摄而临群臣也。烈，功也。《商颂》曰"衎我烈祖"。太甲即位改元，伊尹于祠告先王之际，明言汤之成德，以训太甲，此史官叙事之始辞也。

或曰，孔氏言汤崩逾月，太甲即位，则十二月者，汤崩之年，建子之月也。岂改正朔而不改月数乎？曰，此孔氏惑于序书之文也。太甲继仲壬之后，服仲壬之丧，而孔氏曰汤崩奠殡而告，固已误矣。至于改正朔而不改月数，则于经史尤可考。周建子矣，而《诗》言"四月维夏，六月徂暑"，则寅月起数，周未尝改也。秦建亥矣，而《史记》始皇三十一年十二月，更名腊，曰嘉平。夫腊，必建丑月也。秦以亥正，则腊为三月，云十二月者，则寅月起数，秦未尝改也。至三十七年书十月癸丑，始皇出游，十一月行至云梦，继书七月丙寅。始皇崩九月，葬郦山，先书十月十一月，而继书七月九月者，知其以十月为正朔，而寅月起数，未尝改也。且秦史制书谓，改年始朝贺，皆自十月朔，夫秦继周者也。若改月数，则周之十月为建酉月矣，安在其为建亥乎？汉初史氏所书旧例也。汉仍秦正，亦书曰元年冬十月，则正朔改而月数不改，亦已明矣。且经曰，"元祀十有二月乙丑"，则以十二月为正朔而改元，何疑乎？惟其以正朔行事也。故后乎此者，复正厥辟，亦以十二月朔，奉嗣王归于亳，盖祠告复政，皆重事也，故皆以正朔行之。孔氏不得其说，而意汤崩逾月太甲即位，奠殡而告，是以崩年改元矣。

苏氏曰，崩年改元，乱世事也，不容在伊尹而有之，不可以不辩。又按孔氏以为汤崩，吴氏曰，殡有朝夕之奠，何为而致祠。主丧者不离于殡侧，何待于祗见，盖太甲之为嗣王，嗣仲壬而王也。太甲，太丁之子，仲壬，其叔父也。嗣叔父而王，而为之服三年之丧，为之后者，为之子也。太甲既即位于仲壬之柩前，方居忧于仲壬之殡侧，伊尹乃至商之祖庙遍，祠商之先王，而以立太甲告之。不言太甲祠，而言伊尹，丧三年不祭也。奉太甲遍见商之先王，而独言祗见厥祖者，虽遍见先王，而尤致意于汤也。亦犹周公《金縢》之册，虽遍告三王而独眷眷于文王也。汤既已祔于庙，则是此书初不废外丙、仲壬之事，但此书本为伊尹称汤以训太甲，故不及外丙、仲壬之事尔。余见《书》序。

10.（宋）黄伦《尚书精义》卷十七

《伊训》。

惟元祀十有二月乙丑，伊尹祠于先王，奉嗣王祗见厥祖。侯、甸群后咸在，百官总己，以听冢宰。伊尹乃明言烈祖之成德，以训于王，曰：呜呼！古有夏先后，方懋厥德，罔有天灾，山川鬼神，亦莫不宁，暨鸟兽鱼鳖咸若。于其子孙弗率，皇天降灾，假手于我有命。造攻自鸣条，朕哉自亳。惟我商王，布昭圣武，代虐以宽，兆民允怀。今王嗣厥德，罔不在初。立爱惟亲，立敬惟长，始于家邦，终于四海。呜呼！先王肇修人纪，从谏弗咈，先民时若。居上克明，为下克忠。与人不求备，检身若不及，以至于有万邦，兹惟艰哉。敷求哲人，俾辅于尔后嗣。制官刑，儆于有位，曰：敢有恒舞于宫，酣歌于室，时谓巫风；敢有殉于货色，恒于游畋，时谓淫风；敢有侮圣言，逆忠直，远耆德，比顽童，时谓乱风。惟兹三风十愆，卿士有一于身，家必丧；邦君有一于身，国必亡。臣下不匡，其刑墨，具训于蒙士。呜呼！嗣王祗厥身，念哉。圣谟洋洋，嘉言孔彰。惟上帝不常，作善，降之百祥；作不善，降之百殃。尔惟德罔小，万邦惟庆；尔惟不德罔大，坠厥宗。

（案，此篇经解，《永乐大典》原阙）

11.（宋）陈经《尚书详解》卷十三《商书》

（归善斋按，见"成汤既没，太甲元年"）

12.（宋）钱时《融堂书解》卷五《商书·伊训》

惟元祀十有二月乙丑，尹伊祠于先王，奉嗣王祗见厥祖，侯、甸群后咸在，百官总己，以听冢宰。伊尹乃明言烈祖之成德，以训于王，曰，呜呼！古有夏先后，方懋厥德，罔有天灾，山川鬼神，亦莫不宁，暨鸟兽鱼鳖咸若。于其子孙弗率，皇天降灾，假手于我有命。造攻自鸣条，朕哉自亳。惟我商王，布昭圣武，代虐以宽，兆民允怀。今王嗣厥德，罔不在初。立爱惟亲，立敬惟长，始于家，邦终于四海。呜呼！先王肇修人纪，从谏弗咈，先民时若。居上克明，为下克忠。与人不求备，检身若不及，以至于有万邦，兹惟艰哉。敷求哲人，俾辅于尔后嗣。制官刑，儆于有位，曰，敢有恒舞于宫，酣歌于室，时谓巫风；敢有殉于货色，恒于游畋，时谓淫风；敢有侮圣言，逆忠直，远耆德，比顽童，时谓乱风。惟兹三风十愆，卿士有一于身，家必丧；邦君有一于身，国必亡。臣下不匡，其刑墨，具训于蒙士。呜呼！嗣王祗厥身，念哉。圣谟洋洋，嘉言孔彰。惟上帝不常，作善，降之百祥；作不善，降之百殃。尔惟德罔小，万邦惟庆尔；惟不德罔大，坠厥宗。

（案，《伊训》解，《永乐大典》原阙）

13. （宋）魏了翁《尚书要义》

原阙。

14. （宋）陈大猷《书集传或问》卷上《商书·伊训》

（归善斋按，未解）

15. （宋）胡士行《尚书详解》卷四《商书·伊训第四》

《伊训》。

惟元祀（夏曰载，商曰祀，周曰年）十有二月（商正建丑以十二月为正月）乙丑，伊尹祠（祭）于先王（汤）。奉嗣王（太甲）祗见厥祖，侯、甸群后（诸侯）咸在，百官总己，以听冢宰（孔氏谓，汤崩，太甲逾月即位，居忧。冢宰摄政，夏以为仲壬之丧）。伊尹乃明言烈（功）祖（汤）之成德，以训于王。

烈祖如在其上，群后百官环其旁，于此时乘其初心之虚，而训之，所以先入，太甲而为之主也，故太甲虽不免于迷，而终归于复者以此也。

16. （元）吴澄《书纂言》

（归善斋按，未解）

17.（元）陈栎《书集传纂疏》卷三《朱子订定蔡氏集传》

惟元祀十有二月乙丑，伊尹祠于先王，奉嗣王祗见厥祖，侯、甸群后咸在，百官总己，以听冢宰。伊尹乃明言烈祖之成德，以训于王。

夏曰岁，商曰祀，周曰年，一也。元祀者，太甲即位之元年；十二月者，商以建丑为正，故以十二月为正也。乙丑，日也，不系以朔者，非朔日也。三代虽正朔不同，然皆以寅月起数，盖朝觐、会同、颁历、授时，则以正朔行事，至于纪月之数，则皆以寅为首也。伊，姓；尹，字也。伊尹，名挚。祠者，告祭于庙也。先王，汤也。冢，长也。《礼》有冢子、冢妇之名。周人亦谓之冢宰。古者，王宅忧，祠祭则冢宰摄而告庙，又摄而临群臣。太甲服仲壬之丧，伊尹祠于先王，奉太甲以即位改元之事。"祗见厥祖"，则摄而告庙也。侯服、甸服之群后咸在，百官总己之职，以听冢宰，则摄而临群臣也。烈，功也。《商颂》曰，"衎我烈祖"。太甲即位改元，伊尹于祠告先王之际，明言汤之成德，以训太甲。此史官叙事之始辞也。

或曰，孔氏言，汤崩逾月，太甲即位，则十二月者，汤崩之年，建子之月也。岂改正朔而不改月数乎？曰，此孔氏惑于序书之文也。太甲继仲壬之后，服仲壬之丧，而孔氏曰汤崩奠殡而告，固已误矣。至于改正朔而不改月数，则于经史尤可考。周，建子矣，而《诗》言"四月维夏，六月徂暑"，则寅月起数，周未尝改也。秦，建亥矣，而《史记》始皇三十一年十二月，更名腊，曰嘉平。夫腊，必建丑月也。秦以亥正，则腊为三月。云十二月者，则寅月起数，秦未尝改也。至三十七年，书十月癸丑，始皇出游十一月，行至云梦，继书七月丙寅；始皇崩九月，葬郦山，先书十月十一月，而继书七月九月者，知其以十月为正朔，而寅月起数未尝改也。且秦史制书谓，改年始朝贺，皆自十月朔。夫秦继周者也，若改月数，则周之十月为建酉月矣，安在其为建亥乎？汉初，史氏所书旧例也。汉仍秦正，亦书曰元年冬十月，则正朔改而月数不改亦已明矣。且经曰"元祀十有二月乙丑"，则是以十二月为正朔，而改元何疑乎？惟其以正朔行事也，故后乎此者，复正厥辟，亦以十二月朔，奉嗣王归于亳，盖祠告复政皆重事也，故皆以正朔行之。孔氏不得其说，而意汤崩逾月，太甲即位，奠殡而告，是以崩年改元矣。

苏氏曰，崩年改元，乱世事也，不容在伊尹而有之，不可以不辨。又案，孔氏以为汤崩。

吴氏曰，殡有朝夕之奠，何为而致祠主丧者，不离于殡侧，何待于祗见，盖太甲之为嗣王，嗣仲壬而王也。太甲，太丁之子，仲壬其叔父也。嗣叔父而王而为之服三年之丧，为之后者，为之子也。太甲既即位于仲壬之柩前，方居忧于仲壬之殡侧，伊尹乃至商之祖庙，遍祠商之先王，而以立太甲告之。不言太甲祠，而言伊尹，丧三年不祭也。奉太甲遍见商之先王，而独言祗见厥祖者，虽遍见先王，而尤致意于汤也，亦犹周公《金縢》之册，虽遍告三王，而独眷眷于文王也。汤既已袝于庙，则是此书初不废外丙、仲壬之事，但此《书》本为伊尹称汤，以训太甲，故不及外丙、仲壬之事尔。余见《书》序。

纂疏

《孟子集注》赵氏曰，外丙立二年，仲壬立四年。程氏曰，古谓岁为年，外丙方二岁，仲壬方四岁。二说未知孰是。问先生两存赵程之说，曰，此类且当阙之，不可深究。

问二年、四年之说如何？曰，《书》序恐经师所作，亦无证，不可考。成汤、太甲年次，尤不可考，不必妄为之说。读书求义理，以为反身自修之具。此等殊非所急也。

问，汤方在殡宫，太甲于朝夕奠常在，如何伊尹因祠而见之？曰，此与《顾命》、《康王之诰》所载冕服事同意者。古人自有一件人君居丧之礼，但今不存，无以考据。盖天子、诸侯既有天下，国家事体恐难与常人一般行丧礼。

或曰，序言太甲元年，序周人所作，故称"年"。《书》言"惟元祀"，《书》商史所作，故称祀。此元祀，非即位之年，乃即位之次年。先王崩，崩年即位，逾年改元，以崩年之十二月，为后王元年之首月，盖以正朔行事也。

胡氏安国曰，嗣世必于初丧，缘臣民之心旷年不可无君也。逾年，然后改元，缘始终之义，一年不二君也。

陈氏大猷曰，祠，祭也。先王，商先祖，如《诗》言玄王也。丧三年不祭，不以凶服入宗庙，故太甲不亲祠而尹摄祠。若汤则开国之祖，太甲尝逮事，故奉王亲见之也。

吕氏曰，当居丧之始，而训之，乘其初心之虚也。后虽昏迷而克终，训之之早故耳。

愚案，蔡氏力主不改月数之说，《孟子》与《春秋左氏传》则不然矣，详见《泰誓上》。

18.（元）许谦《读书丛说》

（归善斋按，未解）

19.（元）董鼎《书传辑录纂注》卷三《商书》

惟元祀十有二月乙丑，伊尹祠于先王，奉嗣王祗见厥祖，侯、甸群后咸在，百官总己，以听冢宰。伊尹乃明言烈祖之成德，以训于王。

夏曰岁，商曰祀，周曰年，一也。元祀者，太甲即位之元年。十二月者，商以建丑为正，故以十二月为正也。乙丑，日也，不系以朔者，非朔日也。三代虽正朔不同，然皆以寅月起数。盖朝觐、会同、班历、授时，则以正朔行事。至于纪月之数，则皆以寅为首也。伊，姓；尹，字也。伊尹，名挚。祠者，告祭于庙也。先王，汤也。冢，长也。《礼》有冢子、冢妇之名，周人亦谓之冢宰。古者，王宅忧，祠祭，则冢宰摄而告庙，又摄而临群臣。太甲服仲壬之丧，伊尹祠于先王，奉太甲以即位改元之事，祗见厥祖，则摄而告庙也。侯服、甸服之群后咸在，百官总己之职，以听冢宰，则摄而临群臣也。烈，功也。《商颂》曰"衎我烈祖"。太甲即位改元，伊尹于祠告先王之际，明言汤之成德，以训太甲。此史官叙事之始辞也。

或曰，孔氏言汤崩逾月太甲即位，则十二月者，汤崩之年建子之月也。岂改正朔而不改月数乎？曰，此孔氏惑于书序之文也。太甲继仲壬之后，服仲壬之丧，而孔氏曰，汤崩奠殡而告，固已误矣，至于改正朔而不改月数，则于经史尤可考。周建子矣，而《诗》言"四月维夏，六月徂暑"，则寅月起数，周未尝改也。秦建亥矣，而《史记》始皇三十一年十二月更名腊，曰嘉平。夫腊，必建丑月也。秦以亥正，则腊为三月。云十二月者，则寅月起数，秦未尝改也。至三十七年书十月癸丑，始皇出游十一月，行至云梦，继书七月丙寅。始皇崩九月，葬郦山，先书十月、十一月，而继书七月、九月者，知其以十月为正朔，而寅月起数，未尝改也。且秦史制书谓，改年始朝贺，皆自十月朔。夫秦继周者也。若改月数，则周之十月为建酉月矣，安在其为建亥乎？汉初，史氏所书旧例也。汉仍秦正，亦书曰元年冬十月，则正朔改而月数不改，亦已明矣。且经曰，元祀十有二月乙丑，则以十二月为正朔而改元，何疑乎？惟其以正朔行事也。故后乎此者，复政厥辟，亦以十二月朔，奉嗣王归于亳。盖祠告、复政皆重事也，故皆以正朔行之。孔氏不得其说，而意汤崩逾月，太甲即位奠殡而告，是以崩年改元矣。

苏氏曰，崩年改元，乱世事也。不容在伊尹而有之，不可以不辨。又案，孔氏以为汤崩，吴氏曰，殡有朝夕之奠，何为而致祠。主丧者不离于殡侧，何待于祇见。盖太甲之为嗣王，嗣仲壬而王也。太甲，太丁之子，仲壬其叔父也。嗣叔父而王，而为之服三年之丧，为之后者，为之子也。太甲既即位于仲壬之柩前，方居忧于仲壬之殡侧，伊尹乃至商之祖庙，遍祠商之先王，而以立太甲告之，不言太甲祠，而言伊尹，丧三年，不祭也。奉太甲遍见商之先王，而独言祇见厥祖者，虽遍见先王，而尤致意于汤也，亦犹周公《金縢》之册，虽遍告三王，而独眷眷于文王也。汤既已祔于庙，则是此书初不废外丙、仲壬之事，但此书本为伊尹称汤，以训太甲，故不及外丙、仲壬之事尔。余见《书》序。

辑录

《春秋》书"元年春，王正月"，这如何要穷晓得，设使圣人复出也，便未易理会在。《格言》。

赵氏曰，太丁，汤之太子，未立而死，外丙立二年，仲壬立四年，皆太丁弟也。程氏曰，古人谓岁为年，汤崩时，外丙方二岁，仲壬方四岁，惟太甲差长，故立之也。二说未知孰是。《孟注》。

问，外丙二年，仲壬四年，先生两存赵氏、程氏之说，则康节之说，亦未可据邪？曰，也，怎生便信得他。又问，如此则尧即位于甲辰年，亦未可据也。曰，此却据诸历书如此说，恐或有之，然亦未必。曰，若如此，则二年、四年亦可推矣。曰，却为中间年代不可纪，自共和以后，方可纪，则汤时自无由可推。此类且当阙之，不可深究。广。

铢问，《书》序言"成汤既没，太甲元年"，玩其语意，则是成汤没，而太甲立。太甲既立，不明，伊尹放诸桐三年，则是大甲服汤之丧。既不明，伊尹遂使居于汤之墓庐三年，而克终允德也。或者乃曰，《孟子》曰，汤崩太丁未立，外丙二年，仲壬四年，汤没六年，而太甲立。太甲服仲壬之丧，夫服仲壬之丧，而乃庐于乃祖之墓，恐非人情。伊川谓，太丁未立而死，外丙方二岁，仲壬方四岁，乃立太丁之子太甲，而或者又谓，商人以甲乙为兄弟之名，则丙当为兄，壬当为弟，岂有兄二岁，而弟乃四岁乎？案《皇极经世图》纪年之次，则太甲实继成汤而立无疑。不知外丙二年，仲壬四年之说，当作如何训释，乞赐垂诲。先生曰，《书》序恐只是经师所作，然亦无证可考，但决非夫子之言耳。成汤、太甲年次，尤不可考，不必妄为之说。读书求义理，以为反身自修之具。此等殊非所急也。

问，"伊尹祠于先王，奉嗣王祗见厥祖"，是时，汤方在殡宫，太甲于朝夕奠常在，如何伊尹因祠而见之？曰，此与《顾命》、《康王之诰》所载冕服之事同意。古人自有一件人君居丧之礼，但今不存，无以考据。盖天子、诸侯，既有天下，国家事体，恐难与常人一般行丧礼。节。

伊尹祠于先王，若有服不可入庙，必有外丙二年，仲壬四年。节。

古书错谬甚多，如《史记》载《伊训》，有"方明"二字，诸家遂解，如"反祀方明"之类，某后考之，只是"方"字之误，当作"乃"，即所谓"乃明言烈祖之成德"者也。

纂注

新安胡氏曰，序言"太甲元年"，序周人所作，故称"年"；《书》言"惟元祀"，《书》商史所作，故称"祀"。此元非即位之元年，乃即位之次年。先王崩，崩年即位，逾年改元，以崩年之十二月为后王元年之首月，盖以正朔行事也。

胡氏安国《春秋传》曰，国君嗣世，定于初丧，必逾年，然后改元。书即位者，缘始终之义。一年不二君，缘臣民之心，旷年不可无君也。

陈氏大猷曰，祠，祭也。先王，商先祖，如《诗》言"玄王"之类也。丧三年不祭,不以凶服入宗庙,故太甲不亲祠,而尹摄祠,侯、甸举五服之近者,以见其余。

胡氏《春秋传》谓,即位者告庙,临群臣是也。明言烈祖成德以训,犹五子述禹之戒,周召陈文武之业,以祖宗艰难起家之事,告子孙则莫不信守之也。

吕氏曰,当太甲居丧之始而训之,乘其初心之虚也。后虽昏迷,而终克终允德,训之之早故尔。

吴氏曰,意太甲是时,不明之迹已见端绪,故伊尹称汤以训,庶几其速改而不能,后卒有桐宫之迁。

20.（元）朱祖义《尚书句解》卷四

惟元祀（太甲即位年）十有二月乙丑（日辰）,伊尹祠于先王（祷祠于先王庙）。

21.（明）王樵《尚书日记》卷七

"惟元祀十有二月"至"以训于王"。

"元祀十有二月"者,汤崩之逾年,太甲即位改元之祀也。商以建丑为正,故以十二月即位改元也。乙丑,日也,不言朔者,非朔日也。祠,祭也。先王,汤之祖庙,契以下也。烈祖,汤也。太甲以汤崩之逾年十二月,即位改元,伊尹摄祭于庙,奉太甲祗见厥祖,皆以即位告也。

按,蔡氏云,三代虽正朔不同,然皆以寅月起数。盖朝觐、会同、颁朔、授时,则以正朔行事。至于纪月之数,皆以寅为岁首也。诚为至论,又引《诗》"四月维夏,六月徂暑";秦始皇三十一年十二月更名腊,曰嘉平等事,以为周、秦、汉皆不改月数之证,亦为详确。但质之《春秋》,则周实改月数。本朝有作周正辩者,引证尤详予,以为此不烦多辩两言而决尔。子月为一岁之始,犹子时为一日之始,安在建子之不可以为春乎？改时亦改月,周则实然矣。凡《春秋》所书者,皆纪其实。胡康侯谓,夫子以夏时冠周月,不知史以传信夏时,岂可以冠周月也。

金氏曰,建丑虽曰地统,然月建顺于天而右行,日月不及天,而左会。惟建丑之月,月建在丑日,月会于丑,故天文以丑为星纪,盖自是为始，以历十二次也，所以商正用之。

伊尹，孔疏据《孙武子》及《吕览》云，名挚，或自有两名或更名尔。三代而上未闻以字传者，且其对太甲自称曰尹躬，则非字明矣。

正义谓，知祠非宗庙者，汤之父祖，不追为王。按《诗》"玄王桓拨"。朱子曰，玄王，契也。王者追尊之号，安有汤有天下，而忘其祖不追王，不立庙之理乎？

"祠"与"奠"异，祠有主有尸，其礼大。奠则奠器而已，其礼小。丧于殡殓祭，皆名为"奠"；虞祔卒哭，始名为"祭"，是祠不可以为奠也。孔氏以祠为奠殡而告，故吴氏非之，曰，殡有朝夕之奠，何为而致祠，丧主不离于殡侧，何待于祗见。

太甲即位，岂有告汤而不告余庙之理。本文上言"祠于先王"，下言"祗见厥祖"二句之间，先王、厥祖异文，则先王是汤之先庙，厥祖是汤可知。且于先王曰"祠"，而于厥祖曰"祗见"，则祠是祭，祗见非祭也。祠先王曰伊尹，而见厥祖曰奉嗣王，是庙中之祭，摄于伊尹殡前之告非伊尹所摄也。且孔氏"逾月即位奠殡而告"之说既非，则又安知是时汤尚在殡而未葬乎？纵曰在殡即位重事也，伊尹奉嗣王祗见以告，其又何可疑乎？是时，侯、甸群后咸在位次，朝之百官总己，以听冢宰，亦各在其列，伊尹于是乃明言烈祖之成德，以训于王，盖上对烈祖，下对群臣。说者谓，乘王心之虚而入之，是也。

天子七月而葬。桐宫，汤之墓。所计逾年即位之时，汤必已葬矣。太甲宅忧，伊尹摄祭，故祠于先王，又奉太甲以祗见厥祖，皆以即位告，独"祗见厥祖"者，将有以训之也。

蔡氏云，先王，汤也。又云，遍祀商之先王。又云，遍见商之先王。盖以外丙、仲壬为先王，而不知汤以上，尚当有先王也。如其言，先祠丙壬，后见烈祖，无乃非序乎？若以先王中有汤，则下祗见为复矣。既以所居仲壬之丧，则仲壬亦未在应祠之内。

观烈祖之称汤，时非在殡也。改元之日，伊尹率百官，奉太甲以祗见。丧三年之内事，死如事生，故曰祗见，乌在不可以言见哉。

摄而告庙，丧三年不祭也。摄而临群臣，丧三年不言也。告庙是以即位改元之事告，祠告是改元之常礼，因祗见而训王是伊尹特举之深意。

既摄而告庙，又奉太甲祗见厥祖，是太甲亦至庙中，不知其礼当何如。君臣当何服。

正朔者，十二朔之首，史官纪年之所始也。正月者，十二月之首，历官纪年之所始也。正朔有改，三代三正迭建，以新民之视听是也。月数有改，有不改；有改于上，不改于下，从民间之便；有二者并行。如周七八月，为夏五六月。《孟子》之言与周制合。而《金縢》云，秋大熟未获，则又仍为今时之秋，盖非西戌之月，则未有以见夫岁之大熟而未获也。《诗》中"四月维夏，六月徂暑"等，皆此类也。乃若《春秋》则史官之书，必用时王之正朔，而历法要为不可乱时，必与月合，时月必与所书之事合，或者乃必欲旁引曲证，以为周不改月疏矣。

蔡氏必以太甲为居仲壬之丧，则王徂桐宫居忧，为居谁之忧乎？依汤之墓，居壬之忧，伊尹无乃迂于事乎？

22.（清）库勒纳等撰《日讲书经解义》卷四《商书》

惟元祀十有二月乙丑，伊尹祠于先王，奉嗣王祗见厥祖，侯、甸群后咸在，百官总己，以听冢宰。伊尹乃明言烈祖之成德，以训于王。

此一节书是，史臣叙伊尹作训之由也。元祀，即元年。侯、甸群后，谓侯服、甸服之众诸侯。烈祖，指成汤。史臣曰：惟太甲即位之元年十二月乙丑之日，此时方居仲壬之丧，未亲祭宗庙，伊尹居冢宰之位，乃代祭于商之先王，奉嗣王敬见其祖，告以即位改元之事。维时，侯服、甸服之众诸侯来朝见者，皆在其位，百官各总摄己职，以听命于冢宰。盖冢宰摄而告庙，又摄而临群臣也。伊尹以嗣王初立，欲其法祖德，以绍鸿业，乃以烈祖成汤之成德，明白详悉以告于王焉。盖君德以谨始为要，伊尹当太甲即位之初，即以祖德告之，此老成之硕论也。

（元）陈师凯《书蔡传旁通》卷三《商书·伊训》

夏曰岁，商曰祀，周曰年。

岁，木星也，一年行一次，十二年而亥子，一周。祀，祭享也。一年而遍。年，禾一熟也。

商以建丑为正，故以十二月为正。

正，正朔也。王者易姓受命，而改正朔。夏正建寅，取人生于寅之义；商改而建丑，取地辟于丑之义；周改而建子，取天开于子之义。此之谓三正，又名三统，又名三微。

三代虽正朔不同，然皆以寅月起数。

建寅之月，夏之正月也。其月为孟春，天时人事咸与维新之时也。故其月称正月。商、周因之以起数，以夏称岁，故以建寅之月为正岁。《周礼》屡称正岁是也。

改正朔而不改月数，则于经史尤可考。周建子矣，而《诗》言"四月维夏，六月徂暑"，则寅月起数，周未尝改也。

愚案，商、秦二代不改建寅之数，固为明甚。惟周则建寅、建子，并有左验，故辨者纷然，迄无定说。谓周不改月数者，指"四月维夏，六月徂暑"也。谓周改月数者，《礼记》有正月日，至七月日。至《孟子》有"十一月，徒杠成；十二月，舆梁成"，及"七八月之间旱"，朱子注云，周七八月，夏五六月也。《左传》，正月日南至，据此则周又似改月数矣。朱子于《豳·七月》传引吕氏云，三正之通于民俗尚矣，周并举而迭用之，此说盖是。

（元）王充耘《读书管见》卷上《商书·伊训》

元祀十有二月。

三代改正朔，不改月数，见于《诗》、《书》、《周礼》。《诗》有"七月流火"，与"四月维夏"可见。其云一之日，二之日者，变文耳，非指此为一月二月也。《周礼》"正月之吉，始和"，若以子月为正月，则仲冬严冱，安得"始和"。二月掌判，会万民，使合昏，此必今之二月，未必腊月也。仲夏斩阴木，仲冬斩阳木，四时皆未尝改，独有所谓正岁者，则正是以十一月为岁首，故唤作"正岁"。如《月令》是秦书，则以季秋之月朔颁来岁朔于诸侯，是秦分明以十月为岁首，而未尝以为春正月也。《商书》元祀十二月，皆是以首月行大事，何尝改月数乎？惟春秋改之，不知是《鲁史》改之乎？抑朝廷改之乎？《论语》"莫春浴沂"，虽不见是何月，然所谓莫春，必今三月，若以子月为春，则莫春乃正月。北方正月，冰犹未尽，泮安可浴乎？先儒疑之，故以为上巳祓除。又云，《地志》以为有温泉，皆意其为天寒，而未可浴也。然既已服春服，又乘风舞雩坛，岂可谓寒邪？其为今之三月无可疑者。是孔子之时，犹未改也，独《孟子》"七八月之间旱"，与"十一月成徒杠"，"十二月成舆梁"，则已改之。但《孟子》又出春秋之后其改也，宜矣。窃意，周初未改，及春秋，然后改。今亦未见改自何时，但于春秋可见其改耳，然若非春秋改则周用子正，于他书皆无可证验。先儒有谓武王，以十三年灭纣，就改十一月，又就改为春，则无缘后面周公作诗，作周礼，皆不遵用新正朔，而止从其旧，此为可疑。夫子所谓行夏之时，则恐商、周四时与夏实不同。故夫子欲改而从夏，不但更其岁首之月耳。一说，正，《鲁史》改之。盖武王定天下，改用子正，不过以新天下之耳目，而月数实未尝改，故"正"以《诗》、《书》所引，皆坦然无可疑者。至《鲁史》，则以周公为文王之子，武王之弟，于周室为懿亲，于姬姓之国为最长，而天下诸侯，于是乎观礼者，固当遵用周之正朔，以率先天下，其改之宜也。夫子修《春秋》而曰其事，则齐桓、晋文，其文，则史亦因《鲁史》之旧文，载当时之事耳。

（明）陈第《尚书疏衍》卷三

惟元祀十有二月乙丑，伊尹祠于先王，奉嗣王祗见厥祖。

孔安国传云，太甲，太丁子，汤孙也。太丁未立而卒，及汤没而太甲立。此据经也。《史记》，太丁未立卒，汤崩，太丁之弟外丙，立二年崩；外丙之弟仲壬，立四年崩，伊尹乃立太丁之子太甲，与经不同。苏氏据《史记》而谬安国，孔颖达据孔传而妄《史记》。愚谓，经无明文，则信传记；经有明文，则止依经，此不易之论也。且考之《帝系图》，汤以乙未伐桀灭夏，即天子位十三年，丁未立崩。太甲，汤孙，以戊申嗣立三十三年庚辰崩。太甲子沃丁以辛巳嗣立。此以六甲纪年，无所谓外丙、仲壬也。孔传信矣。

问，嗣王祗见厥祖，曷为于十二月乎？曰，商以建丑为正，故以十二月为正朔，谒祖复辟，以正朔之月行之，重其事也。

问，既以建丑为正，何不改十二月乎？曰，夏正以寅为一月，卯为二月，递数之至子丑，为十一、十二月，以寅卯辰为春，递数之至亥、子、丑为冬。此自唐、虞以来未之有改也。天地之常，经古今之达道也。若一改之，则日时紊其序，寒暑失其节，何以钦若昊天而敬授民时乎？蔡仲默知之矣。其言曰，三代虽正朔不同，然以寅月起数，盖朝觐会同，颁历授时，则以正朔行事，至于纪月之数，皆以寅为首也。又曰，改正朔而不改月数，于经史尤可考。周建子矣，而《诗》言"四月维夏，六月徂暑"，则寅月起数，周未尝改也。秦建亥矣，而《史记》始皇三十一年十二月，更名腊，曰嘉平夫腊，必建丑月也。秦以亥正，则腊为三月，云十二月者，则寅月起数，秦未尝改也。且《秦史·制书》谓，改年始朝贺，皆自十月朔。汉初仍秦正，亦书曰，元年冬十月，则正朔改，而月数不改，亦已明矣。噫此义，宋儒多未达善乎？仲默之推言之也。

元祀者，太甲之元年也。孔安国云，汤没而大甲立，称元年。

孔颖达云，此见祖十二月者，是汤崩之踰月，复亳。十二月者，是服阕之逾月，盖三年之丧二十五月而毕。故知汤崩于十一月，而改元即于十二月也。苏子瞻曰，崩年改元，乱世之事，不容伊尹在，而有之。此言似也。不知商以十二月为正，则十二月，年之始，而十一月者年之终也。汤崩适在年之，无容不改十二月为元年矣，何者正之始也。况，上古淳风未散，不以改元为重。秦始皇即位二十六年，始并天下，称皇帝，未尝改，次年为元年也。汉高以入关称汉元年，至五年诛项籍，诸侯及将相，相与共请，尊汉王为皇帝，曰，吾闻帝，贤者有也，吾不敢当帝位。群臣固请，于是即位于汜水之阳，然亦未尝改元，不似后世之张皇甚也，质，故也。惟其不以改元为重，故太甲之改，不嫌于太亟；秦汉不改，不嫌于不尊。

（清）王夫之《尚书稗疏》卷三《商书·伊训》

祠于先王，祗见厥祖。

孔氏以太甲元年汤崩逾月，太甲即位奠殡，而告为祠，居位主丧，为见祖，其失也。蔡氏辨之详矣。而朱子徒守《皇极经世》之所纪，以为无外丙、仲壬嗣立之事，故于《孟子》注，杂用程徽庵之说，以证太甲之嗣汤，而非嗣仲壬。今按程氏之说，其谬实甚。商道亲亲，故立弟檀弓，微子舍其孙腯，而立衍也。春秋宋公之舍子立弟，亦不一而足。则外丙、仲壬虽幼，而殷礼不可乱，犹成王幼冲，而周道尊尊，必不可舍子而立弟也。《皇极经世》用虞邝不验之历，随意伸缩，以就尧元年之为甲辰，自不如《竹书》以丙子定尧元年之合于《胤征》。《国语》、《竹书》所纪，外丙元年乙亥，仲壬元年丁丑，太甲元年辛巳，合于日月五星之历数，昭然可据。而汤寿百岁，亦无既崩，而有二岁、四岁之子。盖男子八八六十四，而天壬竭。故古者，六十而闭房。后世虽有耆艾生子之事，要君子之养性凝命者，自其不尔。而谓武王九十而生成王者，亦小戴征梦之驳说，实则武王未必有九十三龄之事也。蔡氏废邵、朱，而从岐乡，其于理合矣。且在礼，三年丧毕，祔于庙，而后父称考，大父称祖，故丧礼，卜葬命龟之词，称父某。甫虞祔，皆称"尔"称"父"。称"尔"，而不称"考"，为不忍亡之之词，则亦知大父，方殁嫡孙为丧主，亦当称大父，而不得称祖矣。此曰"祗见厥祖"知在成汤祔庙之后，三年丧毕之余矣。三年之丧，不祭者，盖推父为嫡子，服三年之义，以体祖考之心仁慈，其子孙之死亦不忍闻乐而食旨，所谓事亡，如事存也。

陈大猷云，不以凶服入宗庙，盖亦未达礼意。今此仲壬之丧，未及小祥，而祠于先王者，则以仲壬非嫡长，于汤之恩为杀。而殷道亲亲，兄终弟及，既为常典，则与周之嫡长，嗣绝，其弟与从子，以小宗继大宗。为人后者，为之子，其义不同，而礼亦别。故太甲虽继仲壬以为君，实不嗣仲壬而为后，故居忧之制，虽从其隆而不废吉祭，亦自别有其义，不得引《周礼》以证商制也。若太甲果以为人后者，为之子之服，服仲壬，则不特亲祭不可，而尹之摄行，亦未为得矣。经文曰，祠于先王，奉太甲祗见厥祖，同系于乙丑之日，则因祭而奉太甲以见，亦太甲之主祭，而摄云乎哉。

伊尹。

旧说，伊尹，名挚，不知所出。蔡氏云，伊，姓；尹，字，则尤不典。尹之言于太甲者，一则，曰尹躬；再则，曰尹躬，岂人臣而以其字，称于君前乎？生而字，死而谥，自是周礼，商以前无之。然一人而或有异名。若吕尚之为太公望，皋陶之或为庭坚是也。则曰挚，曰尹，要皆名耳。屈大夫名平，而抑曰"名余以正则"，亦此类也。要，不可以后人一定之名字，为古人分限。

（清）朱鹤龄《尚书埤传》卷七《商书·伊训》

惟元祀十有二月，伊尹祠于先王奉嗣王，祗见厥祖。

按，汤崩而太甲即位改元，此古注也。蔡传引苏氏说，以崩年改元为乱世事，然商人尚质，安见必无（顾氏云，殷家犹质逾月即改元年，以明世异，不待正月以为首也）。

欧阳永叔云，人君即位称元年，常事耳，古不以为重也。孔子未修《春秋》其前，固已如此。凡记事，先后远近，莫不以岁月一二数之，其谓一为元，亦未尝有意。后世曲学之士，始谓孔子书元年为春秋大法，遂以改元为重事矣。

吴渊颖（莱）亦云，王者始得天下，闻改正朔（正，谓子、丑、寅月朔月，一日也。日月相合，故曰合朔。《史历书注》云，子正以夜半为朔，丑正以鸡鸣为朔，寅正以平旦为朔，是三代改正，亦改朔也），未闻改元。商训称元祀，春秋书元年，直史官纪述之常体耳，将以志人君之在位久近也，非王者以是为重事也。据此，则子瞻所云，不必引矣。

十有二月，孔氏以为商王之建子月是也。

左伊梓慎曰，火出于夏为三月，于商为四月，于周为五月，其的证也。蔡传，正朔改，而月朔不改，其说非是。

元人张敷言曰，《伊训》之元祀十有二月，太甲之三祀十有二月，皆建子月，非正月也。或疑嗣王祗见，与嗣王奉归，岂可不在正月，曰，后世嗣王冕服，考之《顾命》，固有常仪，何待正月。况放桐之举，人臣大变，伊尹之心何如哉？朝而自艾，夕当复辟，尤无待于正月也。

黄度曰，嗣王逾年改元，此十二月乃商正月。商、周改正朔，以一号令。而《诗》、《书》纪月不改夏正，天时不可易也（苏传说与此同）。

王樵曰，嗣子逾年即位改元，古今之达礼，公羊言之详矣（《公羊传》，缘臣民之心不可一日无君，缘姑终之义，一年不二君）。元祀十有二月者，汤崩之逾年，太甲即位改元之祀也。商以建丑为正，故以十二月即位改元也。

愚按以上说，与注疏不合，据方麓云，史官纪年，则用正朔；历官纪年，则用正月。《伊训》（惟元祀十有二月乙丑）太甲（惟三祀十有二月朔）独非史官所纪乎？《公羊》所说是周制。未知商制如何，然前说要不可废，备存待考。

蔡传，伊，姓；尹，字。陈大猷曰，尹自称曰尹躬，其非字明矣。孔疏据《孙武子》、《吕览》云，名挚，或自有两名，或更名，皆未可知。

《书》序，成汤既没，太甲元年，孔传，汤崩逾月，太甲即位奠殡而告，居位主丧。疏云，据经序及传，太甲本继汤后，而《殷本纪》云，汤崩，太子太丁未立而卒，于是立太丁之弟外丙；二年崩，别立外丙之弟仲壬，四年崩；伊尹乃立太丁之子太甲，与经不同，彼必妄也。刘歆、班固，不见古文，谬从史说。皇甫谧既得此经，作《帝王世纪》，乃述马迁语，是其疏也。又云，祠于先王，谓祭汤也。元祀，乃初丧之时，未得祠庙，且汤之父祖不追为王，所言先王，惟有汤耳。始知祠，实是奠，非祠宗庙也。

愚谓，太甲继汤，自应据《书》序，程子亦主此说。说者以《孟子》同《史记》为疑，不知古人谓岁为年，二年、四年皆不可立，乃立太甲。《孟子》何尝误《史记》，盖因《孟子》误耳（胡五峰宏辨之曰，三王家天下，定于立嫡。立嫡者，敬宗也。敬宗者，尊祖也。尊祖者，所以亲亲也。兄死弟及，非所谓敬宗尊祖。且本支乱，而争夺起矣，岂亲亲之道哉？成汤、伊尹勤力创业，乃舍嫡孙，而立诸子，乱伦坏制，开后嗣争夺之端乎？公仪仲子舍孙立子，言偃问曰，礼欤？孔子曰，否，立孙。夫孔子，殷人也，宜知先王之故矣，而不以立弟为是，此以义理，知其非者，一也。以殷世考之，自三宗，及祖乙、祖甲诸贤君，皆立子。其立弟者，盘庚耳，必有所不得已也。若立弟为先王之制，岂有圣贤者，皆不遵。而沃丁、小甲诸君反能尊耶？此以人情，知其非者，二也。商自沃丁，始立弟。史迁《阳甲纪》曰，自仲丁以来，废嫡而更立诸子，或更相代立，比九世乱。考沃丁至阳甲，立弟者九世，则仲丁之名，误也。沃丁既以废嫡立弟生乱，则汤未尝立外丙，明矣。不然，汤首为乱制，又可罪沃丁乎？此亦事实，知其非者，三也。邵康节，极数知来，其作《皇极经世》，史亦无外丙、仲壬名，此亦历数，知其非者，四也。或曰，赵岐注《孟子》从《史记》。程子谓，古人以岁为年，朱子两存其说。《史记》汤寿一百岁而崩，岂有人年九十余而生子乎？当从《史记》为是。愚谓，耄年生子，古人多有之，如武王九十三而崩，成王时方十三岁，又有弟叔虞，此可证也。况汤寿百岁，于经无考，史言岂足深信）。

祠于先王，谓祠祭祖庙也。祭法，商人禘喾，而郊冥祖契，而宗汤。七庙之制，自商已然，太甲改元，必无不告祖庙之理。丧三年不祭，故伊尹摄而行事焉。祗见厥祖，方及成汤。吴氏此说是也。但逾月改元，孔氏以臆解之商制，无可考。既以先王为祖庙，则不必从注疏奠殡而告之说矣。且《商颂》云"玄王桓拨"，玄王商太祖契也。契称玄王，安知商初无追王之礼乎？注疏谓先王为汤，既误；蔡传又引吴氏云，太甲服仲壬丧，为人后者，为之子也，尤误。又云，丧主不离殡侧，何待祗见。曰祗见，则汤已祔庙矣。此说虽似有理，然经云奉太甲祗见，是主伊尹言之。祠祭，有主，有尸。曰祗见，则不然。孝子不敢死其先人，故以祗见为文耳，必不在祔庙之后。

王樵曰，观先王厥祖，上下异文，则先王是汤之先庙。厥祖，是汤可知，且于先王曰祠，而于厥祖为祗见，祠是祭，祗见非祭也。祠先王，曰伊尹；而见厥祖，曰奉嗣王，是庙中之祭，摄于伊尹，殡前之告，非伊尹所摄也。

又曰，蔡氏云，先王，汤也。又云，遍祀商之先王。盖以外丙、仲壬为先王，而不知汤以上，尚当有先王也。如其言，先祠丙壬，后见烈祖，无乃非序乎？若以先王中有汤，则下"祗见"为复矣。既以所居为仲壬之丧，则仲壬亦未在应祠之内。

又曰，蔡氏必以太甲为居仲壬之丧，则王祖桐宫居忧，为居谁之忧乎？依汤之墓，居壬之丧，伊老无乃迂于事乎？况经文述汤事，一则曰今王嗣厥德，一则曰肆嗣王丕承基绪，一则曰今王嗣有令绪，皆明为太甲继汤后之辞。若中间有外丙、仲壬，其文必不如此。蔡仲默过于不信《书》序，所以不用其说（方麓之说，与余悉合，因并录之）。

奉嗣王祗见厥祖

1.（汉）孔氏传、（唐）陆德明音义、孔颖达疏《尚书注疏》卷七

奉嗣王祗见厥祖。

传，居位主丧。

音义，见，贤遍反。

2.（宋）苏轼《书传》卷七《商书·伊训第四》

(归善斋按，未解)

3.（宋）林之奇《尚书全解》卷十五《商书》

(归善斋按，见"惟元祀十有二月乙丑，伊尹祠于先王")

4.（宋）史浩《尚书讲义》卷七《商书》

(按，此篇讲义《永乐大典》原阙)

5.（宋）夏僎《尚书详解》卷十一《商书》

(归善斋按，见"惟元祀十有二月乙丑，伊尹祠于先王")

6.（宋）时澜《增修东莱书说》卷八《商书·伊训第四》

(归善斋按，见"成汤既没，太甲元年")

7.（宋）黄度《尚书说》卷三《商书》

(归善斋按，见"惟元祀十有二月乙丑，伊尹祠于先王")

8.（宋）袁燮《絜斋家塾书钞》卷五《商书》

(案，袁氏《伊训》篇解《永乐大典》原阙)

9.（宋）蔡沈《书经集传》卷三《商书》

(归善斋按，见"惟元祀十有二月乙丑，伊尹祠于先王")

10.（宋）黄伦《尚书精义》卷十七

(案，此篇经解，《永乐大典》原阙)

11.（宋）陈经《尚书详解》卷十三《商书》

（归善斋按，见"成汤既没，太甲元年"）

12.（宋）钱时《融堂书解》卷五《商书·伊训》

（案，《伊训》解，《永乐大典》原阙）

13.（宋）魏了翁《尚书要义》

原阙。

14.（宋）陈大猷《书集传或问》卷上《商书·伊训》

（归善斋按，未解）

15.（宋）胡士行《尚书详解》卷四

（归善斋按，见"惟元祀十有二月乙丑，伊尹祠于先王"）

16.（元）吴澄《书纂言》

（归善斋按，未解）

17.（元）陈栎《书集传纂疏》卷三《朱子订定蔡氏集传》

（归善斋按，见"惟元祀十有二月乙丑，伊尹祠于先王"）

18.（元）许谦《读书丛说》

（归善斋按，未解）

19.（元）董鼎《书传辑录纂注》卷三《商书》

（归善斋按，见"惟元祀十有二月乙丑，伊尹祠于先王"）

20.（元）朱祖义《尚书句解》卷四

奉嗣王祗见厥祖（奉太甲敬见其祖成汤告即位之事）。

21. （明）王樵《尚书日记》卷七

（归善斋按，见"惟元祀十有二月乙丑，伊尹祠于先王"）

22. （清）库勒纳等撰《日讲书经解义》卷四《商书》

（归善斋按，见"惟元祀十有二月乙丑，伊尹祠于先王"）

（元）陈师凯《书蔡传旁通》卷三《商书·伊训》

太甲之为嗣王，嗣仲壬而王也。太甲，太丁之子，仲壬其叔父也。

汤三子，太子太丁，未即位而卒；次外丙，在位二年而卒，幼仲壬在位四年而卒。外丙、仲壬皆无子，惟太丁有子太甲，伊尹立之，为仲壬后，继仲壬而王也。

嗣叔父而王，而为之服三年之丧，为之后者，为之子也。

为之服，为之子，二"为"字，并音去声。太甲为仲壬之子，服仲壬之丧，斩衰三年，是为仲壬之后，而为仲壬之丧，如子之居父丧也。

又案，程氏云，古人谓岁为年，汤崩时，外丙方二岁，仲壬方四岁，惟太甲差长，故立之也。

愚谓，外丙、仲壬，皆太丁之弟。若谓二年、四年非在位之数，岂有兄乃二岁，而弟反四岁乎？此其在位之历年无疑也。

（明）陈第《尚书疏衍》卷三

（归善斋按，见"惟元祀十有二月乙丑，伊尹祠于先王"）

（清）王夫之《尚书稗疏》卷三《商书·伊训》

（归善斋按，见"惟元祀十有二月乙丑，伊尹祠于先王"）

（清）朱鹤龄《尚书埤传》卷七《商书·伊训》

（归善斋按，见"惟元祀十有二月乙丑，伊尹祠于先王"）

侯、甸群后咸在

1.（汉）孔氏传、（唐）陆德明音义、孔颖达疏《尚书注疏》卷七

侯、甸群后咸在。

传，在位次。

音义，甸，徒遍反。

2.（宋）苏轼《书传》卷七《商书·伊训第四》

（归善斋按，未解）

3.（宋）林之奇《尚书全解》卷十五《商书》

（归善斋按，见"惟元祀十有二月乙丑，伊尹祠于先王"）

4.（宋）史浩《尚书讲义》卷七《商书》

（按，此篇讲义《永乐大典》原阙）

5.（宋）夏僎《尚书详解》卷十一《商书》

（归善斋按，见"惟元祀十有二月乙丑，伊尹祠于先王"）

6.（宋）时澜《增修东莱书说》卷八《商书·伊训第四》

（归善斋按，见"成汤既没，太甲元年"）

7.（宋）黄度《尚书说》卷三《商书》

（归善斋按，见"惟元祀十有二月乙丑，伊尹祠于先王"）

8. （宋）袁燮《絜斋家塾书钞》卷五《商书》

（案，袁氏《伊训》篇解《永乐大典》原阙）

9. （宋）蔡沈《书经集传》卷三《商书》

（归善斋按，见"惟元祀十有二月乙丑，伊尹祠于先王"）

10. （宋）黄伦《尚书精义》卷十七

（案，此篇经解，《永乐大典》原阙）

11. （宋）陈经《尚书详解》卷十三《商书》

（归善斋按，见"成汤既没，太甲元年"）

12. （宋）钱时《融堂书解》卷五《商书·伊训》

（案，《伊训》解，《永乐大典》原阙）

13. （宋）魏了翁《尚书要义》

原阙。

14. （宋）陈大猷《书集传或问》卷上《商书·伊训》

（归善斋按，未解）

15. （宋）胡士行《尚书详解》卷四

（归善斋按，见"惟元祀十有二月乙丑，伊尹祠于先王"）

16. （元）吴澄《书纂言》

（归善斋按，未解）

17. （元）陈栎《书集传纂疏》卷三《朱子订定蔡氏集传》

（归善斋按，见"惟元祀十有二月乙丑，伊尹祠于先王"）

18.（元）许谦《读书丛说》

（归善斋按，未解）

19.（元）董鼎《书传辑录纂注》卷三《商书》

（归善斋按，见"惟元祀十有二月乙丑，伊尹祠于先王"）

20.（元）朱祖义《尚书句解》卷四

侯、甸群后咸在（侯服、甸服诸侯皆在，奔丧同欲觐见新君）。

21.（明）王樵《尚书日记》卷七

（归善斋按，见"惟元祀十有二月乙丑，伊尹祠于先王"）

22.（清）库勒纳等撰《日讲书经解义》卷四《商书》

（归善斋按，见"惟元祀十有二月乙丑，伊尹祠于先王"）

百官总己，以听冢宰

1.（汉）孔氏传、（唐）陆德明音义、孔颖达疏《尚书注疏》卷七

百官总己，以听冢宰。
传，伊尹制百官，以三公摄冢宰。
音义，总，音揔。

2.（宋）苏轼《书传》卷七《商书·伊训第四》

（归善斋按，见"惟元祀十有二月乙丑，伊尹祠于先王"）

3.（宋）林之奇《尚书全解》卷十五《商书》

（归善斋按，见"惟元祀十有二月乙丑，伊尹祠于先王"）

4.（宋）史浩《尚书讲义》卷七《商书》

(按，此篇讲义《永乐大典》原阙)

5.（宋）夏僎《尚书详解》卷十一《商书》

(归善斋按，见"惟元祀十有二月乙丑，伊尹祠于先王")

6.（宋）时澜《增修东莱书说》卷八《商书·伊训第四》

(归善斋按，见"成汤既没，太甲元年")

7.（宋）黄度《尚书说》卷三《商书》

(归善斋按，见"惟元祀十有二月乙丑，伊尹祠于先王")

8.（宋）袁燮《絜斋家塾书钞》卷五《商书》

(案，袁氏《伊训》篇解《永乐大典》原阙)

9.（宋）蔡沈《书经集传》卷三《商书》

(归善斋按，见"惟元祀十有二月乙丑，伊尹祠于先王")

10.（宋）黄伦《尚书精义》卷十七

(案，此篇经解，《永乐大典》原阙)

11.（宋）陈经《尚书详解》卷十三《商书》

(归善斋按，见"成汤既没，太甲元年")

12.（宋）钱时《融堂书解》卷五《商书·伊训》

(案，《伊训》解，《永乐大典》原阙)

13.（宋）魏了翁《尚书要义》

原阙。

14. （宋）陈大猷《书集传或问》卷上《商书·伊训》

（归善斋按，未解）

15. （宋）胡士行《尚书详解》卷四

（归善斋按，见"惟元祀十有二月乙丑，伊尹祠于先王"）

16. （元）吴澄《书纂言》

（归善斋按，未解）

17. （元）陈栎《书集传纂疏》卷三《朱子订定蔡氏集传》

（归善斋按，见"惟元祀十有二月乙丑，伊尹祠于先王"）

18. （元）许谦《读书丛说》

（归善斋按，未解）

19. （元）董鼎《书传辑录纂注》卷三《商书》

（归善斋按，见"惟元祀十有二月乙丑，伊尹祠于先王"）

20. （元）朱祖义《尚书句解》卷四

百官总己（时太甲宅忧不言，故百官皆总其己之职事），以听冢宰（听命于宰伊尹）。

21. （明）王樵《尚书日记》卷七

（归善斋按，见"惟元祀十有二月乙丑，伊尹祠于先王"）

22. （清）库勒纳等撰《日讲书经解义》卷四《商书》

（归善斋按，见"惟元祀十有二月乙丑，伊尹祠于先王"）

伊尹乃明言烈祖之成德，以训于王

1.（汉）孔氏传、（唐）陆德明音义、孔颖达疏《尚书注疏》卷七

伊尹乃明言烈祖之成德，以训于王。

传，汤有功烈之祖，故称焉。

疏，传正义曰"汤有功烈之祖"，《毛诗》传文也。"烈"训"业"也。汤有定天下之功业，为商家一代之太祖，故以"烈祖"称焉。

2.（宋）苏轼《书传》卷七《商书·伊训第四》

伊尹乃明言烈祖之成德，以训于王。曰：呜呼！古有夏先后，方懋厥德，罔有天灾，山川鬼神，亦莫不宁，暨鸟兽鱼鳖咸若，于其子孙弗率，皇天降灾，假手于我有命。

我有天命之君，汤也。

3.（宋）林之奇《尚书全解》卷十五《商书》

伊尹乃明言烈祖之成德，以训于王，曰，呜呼！古有夏先后，方懋厥德，罔有天灾，山川鬼神，亦莫不宁，暨鸟兽鱼鳖咸若。

伊尹既奉太甲以见成汤之庙矣，于是明言其功德之祖成汤，所以艰难创业垂统之德，以训告之，其言即下文所陈是也。"呜呼"者，叹辞也，言夏之子孙弗率其祖宗之德，以至于灭亡，故嗟叹而言之，以致其告戒之意。《诗》曰"殷鉴不远，在夏后之世"，言商之所宜鉴者，莫近于夏，故首以夏之灭亡而告之也。"古有夏先后"者，言自桀以前，上至于启，凡继禹而有天下者，皆是也，亦犹周公每言商之先后，则曰自成汤，至于帝乙也。盖言夏之先后圣贤，相继以有天下，方且勉行其德，兢兢业业，不敢自宁，上合于天，故无有天灾也。至于山川鬼神，亦皆安居，以及鸟兽鱼鳖之微，亦各遂其性。此其所谓"罔有天灾"也。夫人君之德，苟

不能上合于天，而天降之灾焉，则山川鬼神，将不安其居，为妖，为厉。鸟兽鱼鳖之不顺其性，而将为怪，为孽矣。刘向曰，和气致祥，乖气致异。祥多者，其国安；异众者，其国危。天地之常经，古今之通义也。"山川鬼神，亦莫不宁，暨鸟兽鱼鳖咸若"，则可以谓和气致祥矣，此夏之所以安也。

4.（宋）史浩《尚书讲义》卷七《商书》

（按，此篇讲义《永乐大典》原阙）

5.（宋）夏僎《尚书详解》卷十一《商书》

伊尹乃明言烈祖之成德，以训于王，曰，呜呼！古有夏先后，方懋厥德，罔有天灾，山川鬼神，亦莫不宁，暨鸟兽鱼鳖咸若。于其子孙弗率，皇天降灾，假手于我有命。造攻自鸣条，朕哉自亳。

自此以下，伊尹作书之言也。伊尹既奉太甲以见成汤之庙，于是乃明言有功烈之祖成汤，所以艰难创业之成德，以训告于王。所谓"成德"，即下文"惟我商王"以下是也。既谓之"明言烈祖之成德"，而乃首言"古有夏先后"者，盖欲见天下难保，夏之先后虽积功累仁如此，子孙一不率循，则亡不可支，而乃祖成汤兴焉。盖欲太甲知所鉴戒也。呜呼，叹辞也，欲言夏王得天下之难，而失之易也，故叹而言之。"古有夏先后"，以禹以下，自桀以上，皆是也。伊尹谓夏之先后圣贤继作，以有天下，方懋行其德，兢兢业业，不敢自宁，上合于天，故无有天灾。所谓"无有天灾"者，谓山川鬼神，皆安其居，而不为妖，不为厉；鸟兽鱼鳖，各顺其情，而不为怪，不为孽。此所谓"无有天灾"也。然夏之先后，德虽如此，天之眷佑又如此，子孙夏桀，一不能率乃祖之德，上天降灾以彰厥罪，虽承祖宗奕世积累之业，而卒为天所弃，故假手于我有天命之成汤，使之吊民伐罪焉。假手者，盖天之所弃，不能自行诛戮，必借手于人以诛之也。然天之假手于汤使之伐夏者，亦岂私于汤哉，以桀自造可攻之罪于鸣条，故汤自亳往伐之，故曰"造攻自鸣条，朕哉自亳"。始也，谓桀有可攻之理，故朕始自亳伐之也。《书》曰"我不尔动自乃邑"，《孟子》曰"国必自伐而后人伐之"，亦此意也。少颖谓，伊尹之意，盖以夏有天下，传十余世，三百余年，方且为上天所眷，至于鬼神咸安，微物自遂，宜若不可动者。然一为桀之不率，则不旋踵而颠覆，况我商家肇造未久，苟使太甲不能以夏为鉴，遂致不率成汤之德，有可攻之衅，则攻之者至矣。故伊尹既言有夏所以失天下之易于前，又陈汤所以得天下之难于后，所以致其儆戒之意也。此说是也。

6.（宋）时澜《增修东莱书说》卷八《商书·伊训第四》

(归善斋按，见"成汤既没，太甲元年")

7.（宋）黄度《尚书说》卷三《商书》

伊尹乃明言烈祖之成德，以训于王。曰，呜呼！古有夏先后，方懋厥德，罔有天灾；山川鬼神，亦莫不宁，暨鸟兽鱼鳖咸若。于其子孙弗率，皇天降灾，假手于我有命，造攻自鸣条，朕哉自亳。

造、哉，皆始也。始攻桀自鸣条，而出令则自克夏归亳。《孟子》"天诛造攻自牧宫，朕哉自亳"，赵岐曰，牧宫，桀宫。

8.（宋）袁燮《絜斋家塾书钞》卷五《商书》

(案，袁氏《伊训》篇解《永乐大典》原阙)

9.（宋）蔡沈《书经集传》卷三《商书》

(归善斋按，见"惟元祀十有二月乙丑，伊尹祠于先王")

10.（宋）黄伦《尚书精义》卷十七

(案，此篇经解，《永乐大典》原阙)

11.（宋）陈经《尚书详解》卷十三《商书》

(归善斋按，见"成汤既没，太甲元年")

12.（宋）钱时《融堂书解》卷五《商书·伊训》

(案，《伊训》解，《永乐大典》原阙)

13. （宋）魏了翁《尚书要义》

原阙。

14. （宋）陈大猷《书集传或问》卷上《商书·伊训》

（归善斋按，未解）

15. （宋）胡士行《尚书详解》卷四

（归善斋按，见"惟元祀十有二月乙丑，伊尹祠于先王"）

16. （元）吴澄《书纂言》

（归善斋按，未解）

17. （元）陈栎《书集传纂疏》卷三《朱子订定蔡氏集传》

（归善斋按，见"惟元祀十有二月乙丑，伊尹祠于先王"）

18. （元）许谦《读书丛说》

（归善斋按，未解）

19. （元）董鼎《书传辑录纂注》卷三《商书》

（归善斋按，见"惟元祀十有二月乙丑，伊尹祠于先王"）

20. （元）朱祖义《尚书句解》卷四

伊尹乃明言烈祖之成德（明言有功烈之祖成汤艰难创业之成德），以训于王。

21. （明）王樵《尚书日记》卷七

（归善斋按，见"惟元祀十有二月乙丑，伊尹祠于先王"）

22.（清）库勒纳等撰《日讲书经解义》卷四《商书》

（归善斋按，见"惟元祀十有二月乙丑，伊尹祠于先王"）

曰：呜呼！古有夏先后，方懋厥德，罔有天灾

1.（汉）孔氏传、（唐）陆德明音义、孔颖达疏《尚书注疏》卷七

曰：呜呼！古有夏先后，方懋厥德，罔有天灾。

传，先君，谓禹以下，少康以上贤王，言能以德禳灾。

音义，少，诗照反。上，时掌反。禳，如羊反。

疏，传正义曰，有夏先君，总指桀之上，世有德之王，皆是也。传举圣贤者言"禹已下，少康已上"，惟当禹与启及少康耳。《鲁语》云"杼能帅禹者也"，杼，少康之子。传盖以其德衰薄，故断自"少康已上"耳，由勉行其德，故无有天灾，言能以德禳灾也。

2.（宋）苏轼《书传》卷七《商书·伊训第四》

（归善斋按，未解）

3.（宋）林之奇《尚书全解》卷十五《商书》

（归善斋按，见"伊尹乃明言烈祖之成德，以训于王"）

4.（宋）史浩《尚书讲义》卷七《商书》

（按，此篇讲义《永乐大典》原阙）

5.（宋）夏僎《尚书详解》卷十一《商书》

（归善斋按，见"伊尹乃明言烈祖之成德，以训于王"）

6. （宋）时澜《增修东莱书说》卷八《商书·伊训第四》

曰，呜呼！古有夏先后，方懋厥德，罔有天灾，山川鬼神，亦莫不宁，暨鸟兽鱼鳖咸若。于其子孙弗率，皇天降灾，假手于我有命。造攻自鸣条，朕哉自亳。

伊尹欲言汤德，推本自夏而言之德，曰方懋，方者，常常如在初，久而无一毫倚滞之意，日新之谓也。德者，天地万物所同得，实然之理。圣人与天地万物同由之也。此德既懋，则天地万物自然各得其理矣。夏之先后懋德如此，宜可以凭藉扶持，固亿万年之基本。子孙才尔不率，天遂降之以灾。天理感应之速，反覆手间耳，非特人君，学者亦有此理。盖万物皆备于我，一日克己复礼，天下归仁。但匹夫无位，未必有此事。方懋厥德，罔有天灾，感应之理，存于懋德之中也。子孙弗率，皇天降灾，灾咎之理，存于弗率之中也。后世人君，所以敢于为恶，皆恃天下为己有。伊尹之言，所以夺太甲之所恃。假手者，非汤放桀，乃天也，以此深见伐夏非汤之本意，实迫于天命之不得已耳。造为攻伐，虽鸣条一日之功，栽培固结民心而不离，乃在于亳鸣条之役，虽以兵戈安可恃也，自亳之际，仁恩涵养之素其可忘乎？

7. （宋）黄度《尚书说》卷三《商书》

（归善斋按，未解）

8. （宋）袁燮《絜斋家塾书钞》卷五《商书》

（案，袁氏《伊训》篇解《永乐大典》原阙）

9. （宋）蔡沈《书经集传》卷三《商书》

曰，呜呼！古有夏先后，方懋厥德，罔有天灾，山川鬼神，亦莫不宁，暨鸟兽鱼鳖咸若。于其子孙弗率，皇天降灾，假手于我有命。造攻自鸣条，朕哉自亳。

《诗》曰"殷鉴不远，在夏后之世"，商之所宜鉴者，莫近于夏，故首以夏事告之也。率，循也。假，借也。有命，有天命者，谓汤也。桀不率循先王之道，故天降灾，借手于我成汤以诛之。夏之先后，方其懋德，则天之眷命如此，及其子孙弗率而覆亡之祸又如此。太甲不知率循成汤之德，则夏桀覆亡之祸，亦可鉴矣。哉，始也。鸣条，夏所宅也。亳，汤所宅也。言造可攻之衅者，由桀积恶于鸣条，而汤德之修，则始于亳都也。

10.（宋）黄伦《尚书精义》卷十七

（案，此篇经解，《永乐大典》原阙）

11.（宋）陈经《尚书详解》卷十三《商书》

曰，呜呼！古有夏先后，方懋厥德，罔有天灾。山川鬼神，亦莫不宁，暨鸟兽鱼鳖咸若。于其子孙弗率，皇天降灾，假手于我有命。造攻自鸣条，朕哉自亳。惟我商王，布昭圣武，代虐以宽，兆民允怀。今王嗣厥德，罔不在初。立爱惟亲，立敬惟长，始于家邦，终于四海。

伊尹言烈祖之德，而上及于有夏，原其所自来也。有夏先后，禹以下，少康以上，方懋其德，而应感之速，上至于天，下至于地，幽及鬼神，微及万物，无不各得其所何者。人君者，为天地万物鬼神之主。主得其人则举，天地鬼神万物无不在我德之中；主不得其人则乖气感召，上而天变日月薄蚀，下而山崩川竭，鬼神不飨其祀，鸟兽鱼鳖不安其生，则皆以此德之不懋也。夏之先后如此，而其子孙弗率则如彼，故皇天降灾于夏，假手于我有命，是天命汤以伐桀，而非汤之自伐桀也。

"造攻自鸣条，朕哉自亳"，"造"与"哉"，皆始也。"造攻自鸣条"之役，即前《汤誓》与桀战于鸣条之野是也，桀于此而始废。"朕哉自亳"，则汤于此而始兴。观伊尹以我、朕二字自称，则知伊尹任天下之众，商家无非伊尹分内之物也。"惟我商王，布昭圣武"，圣武，即"神武不杀"之谓，言其除暴止乱，而非事于杀戮也。布昭，有显然示人之意。"代虐以宽"，以宽而代夏之虐，斯民释有夏之虐政，而见成汤之宽恩，其怀归之也。信乎其出于中，心悦而诚服也。"今王嗣厥德，罔不在初"，盖德一也。有夏先后能懋之，其得福如彼；而子孙不能率之，其得祸又如彼；我商王能布昭之，其得福又如此。今则此德之修，在太甲之身矣。太甲之嗣此德也，宜如之何，令其为有夏之子孙弗率欤，则祸不旋踵矣，故当自其初而谨之。天下善恶，无不原于其始。开端为善，则终无不善矣，谨初之要，莫先于爱、敬。孩提之童，知爱其亲，及其长也，知敬其兄。爱、敬之心，夫人所同，但能立之者鲜。立者，谓常存之而勿弃也。立爱自亲始，立敬自长，始能爱其亲，敬其长，推此心，以不敢恶于人，慢于人，则爱、敬之道，达于天下，如火之始然，泉之始达。其谓之"始于家邦，终于四海"，由近及远，由微至着之谓也。

12. （宋）钱时《融堂书解》卷五《商书·伊训》

（案，《伊训》解，《永乐大典》原阙）

13. （宋）魏了翁《尚书要义》

原阙。

14. （宋）陈大猷《书集传或问》卷上《商书·伊训》

或问，"罔有天灾"，作"灾异"说；"皇天降灾"，作"灾祸"说，同字而异训，可乎？曰，说经者，当观上下文意，固难执一，况天灾，则是形变于天，言降灾，则祸降于人矣。要其灾，虽有在天、在人，与夫浅深之异，其为灾，亦一也。

15. （宋）胡士行《尚书详解》卷四

曰，呜呼！古有夏先后（欲言汤先言禹），方懋（勉）厥德，罔有天灾（日月星辰之变），山川鬼神，亦莫不宁（无山崩川涌之类），暨鸟兽鱼鳖咸若（顺其性）。于其子孙弗率（循），皇天降灾，假（借）手于我（商）有命（天命）。造（自取）攻（伐）自（从）鸣条（桀所都野），朕（我商）哉（始）自（从）亳（汤所都）。

方者，常常如初，无一毫停滞也；德者，天地万物实然之理。德懋则天地万物莫不得其理矣。弗率此德，则自绝于天，汤奉天讨而已。

16. （元）吴澄《书纂言》

（归善斋按，未解）

17. （元）陈栎《书集传纂疏》卷三《朱子订定蔡氏集传》

曰，呜呼！古有夏先后，方懋厥德，罔有天灾，山川鬼神，亦莫不宁，暨鸟兽鱼鳖咸若。于其子孙弗率，皇天降灾，假手于我有命。造攻自鸣条，朕哉自亳。

《诗》曰"殷鉴不远，在夏后之世"，商之所宜监者，莫近于夏，故首以夏事告之也。率，循；假，借也。有命，有天命者，谓汤也。桀不率循先王之道，故天降灾，借手于我成汤以诛之。夏之先后，方其懋德，则天之眷命如此；及其子孙弗率，而覆亡之祸，又如此。太甲不知率循成汤之德，则夏桀覆亡之祸，亦可鉴矣。哉，始也。鸣条，夏所宅也。亳，汤所宅也。言造可攻之衅者，由桀积恶于鸣条，而汤德之修，则始于亳都也。

纂疏

陈氏大猷曰，方者，方见其进，而未见其止。日新而未可量也。人君为天地鬼神万物之主，而德者，天地鬼神万物之理，所谓致中和，天地位焉，万物育焉是也。

吕氏曰，夏先后懋德如此，宜可凭藉。桀才弗率，天即降灾，感应之速反覆手耳。

18. （元）许谦《读书丛说》

（归善斋按，未解）

19. （元）董鼎《书传辑录纂注》卷三《商书》

曰，呜呼！古有夏先后，方懋厥德，罔有天灾，山川鬼神，亦莫不宁，暨鸟兽鱼鳖咸若。于其子孙弗率，皇天降灾，假手于我有命。造攻自鸣条，朕哉自亳。

《诗》曰"殷鉴不远，在夏后之世"，商之所宜鉴者，莫近于夏，故首以夏事告之也。率，循；假，借也。有命，有天命者，谓汤也。桀不率循先王之道，故天降灾，借手于我成汤以诛之。夏之先后，方其懋德，则天之眷命如此，及其子孙弗率，而覆亡之祸，又如此。太甲不知率循成汤之德，则夏桀覆亡之祸，亦可鉴矣。哉，始也。鸣条，夏所宅；亳，汤所宅也。言造可攻之衅者，由桀积恶于鸣条；而汤德之修，则始于居亳都时也。

纂注

陈氏大猷曰，方者，方见其进，而未见其止之意，日新而未可量也。人君为天地鬼神万物之主，而德者，天地鬼神万物之理。所谓致中和，天地位焉，万物育焉者也。

吕氏曰，夏先后懋德如此，宜可凭借，桀才弗率，天即降灾，感应之速反覆手尔。懋德而罔灾，感应之理存于"懋德"之中也；弗率而降灾，灾咎之理存于"弗率"之中也。造衅虽鸣条一日之间，而基本则兆于亳邑之素也。

孙氏曰，造为攻伐自于鸣条，国必自伐，然后人伐之意。

20. （元）朱祖义《尚书句解》卷四

曰（以训告于王曰），呜呼（嗟叹）！古有夏先后（古者有夏先君禹），方懋厥德（方勉其德，未几），罔有天灾（已见无有日月薄蚀之天灾）。

21. （明）王樵《尚书日记》卷七

"曰，呜呼！古有夏先后"至"朕哉自亳"。

"殷鉴不远，在夏后之世"，故以夏事告之。夏之先后，方其懋德，则天之眷命如此，及其子孙弗率而覆亡之祸又如此。"方"字，正是对下为意，非日新不已之说也。

天灾，如水旱、疾疫、三辰变异之类；山川鬼神不宁，如山崩、川竭、地震，及鬼神不为民降福之类，言不但无天灾，山川鬼神亦莫不安其位，不但此等，又次及"鸟兽鱼鳖咸若"，其性遂其生，皆天眷夏之先后而然也。

山川鬼神亦莫不宁，则神人毕，安可知暨鸟兽鱼鳖咸若，则民物咸阜可知。要玩"亦莫不"字、"暨"字、"咸"字。

太甲不知率循成汤之德，则夏桀覆亡之祸，亦可鉴矣。成汤之德，下文详之，正欲太甲率而循之也。

造，作也，始也。造攻，言兵非外作，天下共起而亡秦，由其造攻于咸阳也。夫桀之都，禹之都也，或为朝觐、讼狱之所归，或为干戈之所指，因其所造而已矣。汤之亳，太王之邠，文王之岐，其初微矣，暗然自修，岂有意于兴王之业哉。而卒为政于天下者，修德无小也。

22.（清）库勒纳等撰《日讲书经解义》卷四《商书》

曰！呜呼！古有夏先后，方懋厥德，罔有天灾，山川鬼神，亦莫不宁，暨鸟兽鱼鳖咸若。于其子孙弗率，皇天降灾，假手于我有命。造攻自鸣条，朕哉自亳。

此一节书是，伊尹欲王鉴夏以自警也。若，顺适之意；率，循也。假，借也。有命，谓有天命者。鸣条，夏之都邑；亳，商之都邑。哉，始也。伊尹训太甲而先叹息曰，我商今日之天下，即昔有夏之天下也。王亦知夏之所以亡，我之所以兴乎？夏之先王懋敬其德，方日新而不已，当时宇内协和，天灾不降，山川鬼神莫不奠丽而安享之，下至鸟兽鱼鳖，亦皆顺适其性，而得遂其生焉。盖夏先王能敬德，而获天休如此，及其子孙不能率循祖德，肆虐万方，天于是降灾，以彰其罪，而假手于我有天命者，以诛绝之。此由其子孙不德，而自速祸亡又如此。盖夏之所以亡者，由造可攻之衅于鸣条；而我商之兴则由先王始修德于亳都也。然则天命可畏，而不可谌；祖德可法而不可恃。永言配命，自求多福，亦在乎君身而已矣。

（元）陈悦道《书义断法》三《商书·伊训》

古有夏先后，方懋厥德，罔有天灾，山川鬼神，亦莫不宁，暨鸟兽鱼鳖咸若。

方懋者，方见其进，而未见其止之意，此"日新"之盛德也。人主一身，为天地人万物之理，有"日新"之盛德，故有位。育之极功，贯三极而泽及万物，盛德至善，其殷鉴之不远者欤。

（明）梅鷟《尚书考异》三《商书·伊训》

古有夏先后，方懋厥德，罔有天灾，山川鬼神，亦莫不宁，暨鸟兽鱼鳖咸若。

宣三年王孙满曰，昔夏之方有德也，使民知神奸，故民入川泽山林，不逢不若，用能协于上下，以承天休。桀有昏德，鼎迁于商。《小雅》曰，方茂尔恶。

（清）张英《书经衷论》卷二《商书·伊训》

太甲继成汤之后，其最可为鉴者，莫如夏之子孙，故言夏先后之懋德，其为皇天眷命者如此，而子孙弗率，皇天降灾者又如此，后嗣其可恃成汤之德，而不加警惧乎？周公《洛诰》诸篇，全摹仿此等处，所谓取鉴于近也。

山川鬼神，亦莫不宁

1.（汉）孔氏传、（唐）陆德明音义、孔颖达疏《尚书注疏》卷七

山川鬼神，亦莫不宁。

传，莫，无也，言皆安之。

疏，正义曰，"山川鬼神"，谓山川之鬼神也。"亦莫不宁"者，谓鬼神安。人君之政，政善，则神安之；神安之，则降福人君，无妖孽也。

2.（宋）苏轼《书传》卷七《商书·伊训第四》

（归善斋按，未解）

3.（宋）林之奇《尚书全解》卷十五《商书》

(归善斋按,见"伊尹乃明言烈祖之成德,以训于王")

4.（宋）史浩《尚书讲义》卷七《商书》

(按,此篇讲义《永乐大典》原阙)

5.（宋）夏僎《尚书详解》卷十一《商书》

(归善斋按,见"伊尹乃明言烈祖之成德,以训于王")

6.（宋）时澜《增修东莱书说》卷八《商书·伊训第四》

(归善斋按,见"曰,呜呼！古有夏先后,方懋厥德,罔有天灾")

7.（宋）黄度《尚书说》卷三《商书》

(归善斋按,未解)

8.（宋）袁燮《絜斋家塾书钞》卷五《商书》

(案,袁氏《伊训》篇解《永乐大典》原阙)

9.（宋）蔡沈《书经集传》卷三《商书》

(归善斋按,见"曰,呜呼！古有夏先后,方懋厥德,罔有天灾")

10.（宋）黄伦《尚书精义》卷十七

(案,此篇经解,《永乐大典》原阙)

11.（宋）陈经《尚书详解》卷十三《商书》

(归善斋按,见"曰,呜呼！古有夏先后,方懋厥德,罔有天灾")

12.（宋）钱时《融堂书解》卷五《商书·伊训》

(案,《伊训》解,《永乐大典》原阙)

13.（宋）魏了翁《尚书要义》

原阙。

14.（宋）陈大猷《书集传或问》卷上《商书·伊训》

（归善斋按，未解）

15.（宋）胡士行《尚书详解》卷四

（归善斋按，见"曰，呜呼！古有夏先后，方懋厥德，罔有天灾"）

16.（元）吴澄《书纂言》

（归善斋按，未解）

17.（元）陈栎《书集传纂疏》卷三《朱子订定蔡氏集传》

（归善斋按，见"曰，呜呼！古有夏先后，方懋厥德，罔有天灾"）

18.（元）许谦《读书丛说》

（归善斋按，未解）

19.（元）董鼎《书传辑录纂注》卷三《商书》

（归善斋按，见"曰，呜呼！古有夏先后，方懋厥德，罔有天灾"）

20.（元）朱祖义《尚书句解》卷四

山川鬼神（山川之间鬼神），亦莫不宁（亦无不安其居）。

21.（明）王樵《尚书日记》卷七

（归善斋按，见"曰，呜呼！古有夏先后，方懋厥德，罔有天灾"）

22.（清）库勒纳等撰《日讲书经解义》卷四《商书》

（归善斋按，见"曰，呜呼！古有夏先后，方懋厥德，罔有天灾"）

（元）陈悦道《书义断法》三《商书·伊训》

(归善斋按,见"曰,呜呼!古有夏先后,方懋厥德,罔有天灾")

（明）梅鷟《尚书考异》三《商书·伊训》

(归善斋按,见"曰,呜呼!古有夏先后,方懋厥德,罔有天灾")

暨鸟兽鱼鳖咸若

1.（汉）孔氏传、（唐）陆德明音义、孔颖达疏《尚书注疏》卷七

暨鸟兽鱼鳖咸若。
传,虽微物,皆顺之,明其余无不顺。
音义,暨,其器反。鳖,必灭反。
疏,正义曰,"鸟兽鱼鳖咸若"者,谓人君顺禽鱼,君政善,而顺彼性,取之有时,不夭杀也。鸟兽在陆,鱼鳖在水,水陆所生,微细之物,人君为政,皆顺之,明其余无不顺也。

2.（宋）苏轼《书传》卷七《商书·伊训第四》

(归善斋按,未解)

3.（宋）林之奇《尚书全解》卷十五《商书》

(归善斋按,见"伊尹乃明言烈祖之成德,以训于王")

4.（宋）史浩《尚书讲义》卷七《商书》

(按,此篇讲义《永乐大典》原阙)

5.（宋）夏僎《尚书详解》卷十一《商书》

（归善斋按，见"伊尹乃明言烈祖之成德，以训于王"）

6.（宋）时澜《增修东莱书说》卷八《商书·伊训第四》

（归善斋按，见"曰，呜呼！古有夏先后，方懋厥德，罔有天灾"）

7.（宋）黄度《尚书说》卷三《商书》

（归善斋按，未解）

8.（宋）袁燮《絜斋家塾书钞》卷五《商书》

（案，袁氏《伊训》篇解《永乐大典》原阙）

9.（宋）蔡沈《书经集传》卷三《商书》

（归善斋按，见"曰，呜呼！古有夏先后，方懋厥德，罔有天灾"）

10.（宋）黄伦《尚书精义》卷十七

（案，此篇经解，《永乐大典》原阙）

11.（宋）陈经《尚书详解》卷十三《商书》

（归善斋按，见"曰，呜呼！古有夏先后，方懋厥德，罔有天灾"）

12.（宋）钱时《融堂书解》卷五《商书·伊训》

（案，《伊训》解，《永乐大典》原阙）

13.（宋）魏了翁《尚书要义》

原阙。

14.（宋）陈大猷《书集传或问》卷上《商书·伊训》

（归善斋按，未解）

15. （宋）胡士行《尚书详解》卷四

（归善斋按，见"曰，呜呼！古有夏先后，方懋厥德，罔有天灾"）

16. （元）吴澄《书纂言》

（归善斋按，未解）

17. （元）陈栎《书集传纂疏》卷三《朱子订定蔡氏集传》

（归善斋按，见"曰，呜呼！古有夏先后，方懋厥德，罔有天灾"）

18. （元）许谦《读书丛说》

（归善斋按，未解）

19. （元）董鼎《书传辑录纂注》卷三《商书》

（归善斋按，见"曰，呜呼！古有夏先后，方懋厥德，罔有天灾"）

20. （元）朱祖义《尚书句解》卷四

暨鸟兽鱼鳖咸若（及微物皆得以顺其性）。

21. （明）王樵《尚书日记》卷七

（归善斋按，见"曰，呜呼！古有夏先后，方懋厥德，罔有天灾"）

22. （清）库勒纳等撰《日讲书经解义》卷四《商书》

（归善斋按，见"曰，呜呼！古有夏先后，方懋厥德，罔有天灾"）

（元）陈悦道《书义断法》三《商书·伊训》

（归善斋按，见"曰，呜呼！古有夏先后，方懋厥德，罔有天灾"）

（明）梅鷟《尚书考异》三《商书·伊训》

（归善斋按，见"曰，呜呼！古有夏先后，方懋厥德，罔有天灾"）

于其子孙弗率，皇天降灾，假手于我有命

1. （汉）孔氏传、（唐）陆德明音义、孔颖达疏《尚书注疏》卷七

于其子孙弗率，皇天降灾，假手于我有命。

传，言桀不循其祖道，故天下祸灾，借手于我有命商王，诛讨之。

疏，正义曰，"于其子孙"，于有夏先君之子孙，谓桀也。不循其祖之道，天下祸灾，谓灭其国而诛其身也。天不能自诛于桀。故借手于我有命之人。谓成汤也，言汤有天命，将为天子，就汤借手，使诛桀也。

2. （宋）苏轼《书传》卷七《商书·伊训第四》

（归善斋按，见"伊尹乃明言烈祖之成德，以训于王"）

3. （宋）林之奇《尚书全解》卷十五《商书》

于其子孙弗率，皇天降灾，假手于我有命，造攻自鸣条，朕哉自亳。

此遂言桀不率先祖之德业，皇天于是降灾，以彰厥罪，故山川鬼神不安其居，而或崩，或竭，或出而为响；鸟兽鱼鳖不顺其性，而其变异百怪。如《春秋经》之所书，与夫《洪范》五行传之所载，是所谓乖气致异也。变异形于下，则是天意怒于上矣，故虽承其祖宗奕世积累之业，而卒于为天所弃也。天之所弃，必假手于人以诛之。桀既得罪于天，必假手于我商有天命之成汤，使之伐夏救民，以为天吏也。

"造攻自鸣条，朕哉自亳"者，汉孔氏曰，造、哉，皆始也。于是始攻桀伐无道，由我始修德于亳。此说未通。据《孟子》论伊尹就汤而说之，以伐夏救民，而卒举其言曰，天诛造攻自牧宫，朕哉自亳。赵台卿释之以谓，桀造作可攻之罪从牧宫，故曰天诛。造攻自牧宫，谓遂顺天而诛也。赵氏此说，比孔氏为优，故王氏曰，鸣条，夏所宅也；亳，商所宅也。桀有可伐之罪，然后汤与伊尹谋于亳而往伐之，所以起兵戎者，夏

也，故曰"造攻自鸣条"。既有可诛之罪，汤遂自亳而往攻之，故曰"朕哉自亳"。《周书》曰"我不尔动自乃邑"，亦与此同义。王氏此言，亦赵岐之意也。盖言桀有可攻之罪，故我得而攻之。攻之者汤，造攻者在桀也。《孟子》曰"国必自伐然后人伐之"，此亦必然之理也。伊尹之所以言此者，其意盖谓夏之有天下，传十余世，绵六百年，方且为上天之所眷佑，至于"山川鬼神，亦莫不宁，暨鸟兽鱼鳖咸若"，宜若不可得而动者，而为一桀之所不率，则其颠覆之绪不旋踵而至，况我商家肇造未久，苟使太甲不能以夏之颠覆为鉴，遂至于"弗率"继成汤之德，有可攻之者至矣，故伊尹既言有夏之所以失天下之易于其前，又陈其汤所以得天下之难于其后，以致其警戒之意。

4.（宋）史浩《尚书讲义》卷七《商书》

(按，此篇讲义《永乐大典》原阙)

5.（宋）夏僎《尚书详解》卷十一《商书》

(归善斋按，见"伊尹乃明言烈祖之成德，以训于王")

6.（宋）时澜《增修东莱书说》卷八《商书·伊训第四》

(归善斋按，见"曰，呜呼！古有夏先后，方懋厥德，罔有天灾")

7.（宋）黄度《尚书说》卷三《商书》

(归善斋按，未解)

8.（宋）袁燮《絜斋家塾书钞》卷五《商书》

(案，袁氏《伊训》篇解《永乐大典》原阙)

9.（宋）蔡沈《书经集传》卷三《商书》

(归善斋按，见"曰，呜呼！古有夏先后，方懋厥德，罔有天灾")

10.（宋）黄伦《尚书精义》卷十七

(案，此篇经解，《永乐大典》原阙)

11.（宋）陈经《尚书详解》卷十三《商书》

(归善斋按，见"曰，呜呼！古有夏先后，方懋厥德，罔有天灾")

12.（宋）钱时《融堂书解》卷五《商书·伊训》

(案，《伊训》解，《永乐大典》原阙)

13.（宋）魏了翁《尚书要义》

原阙。

14.（宋）陈大猷《书集传或问》卷上《商书·伊训》

(归善斋按，见"曰，呜呼！古有夏先后，方懋厥德，罔有天灾")

15.（宋）胡士行《尚书详解》卷四

(归善斋按，见"曰，呜呼！古有夏先后，方懋厥德，罔有天灾")

16.（元）吴澄《书纂言》

(归善斋按，未解)

17.（元）陈栎《书集传纂疏》卷三《朱子订定蔡氏集传》

(归善斋按，见"曰，呜呼！古有夏先后，方懋厥德，罔有天灾")

18.（元）许谦《读书丛说》

(归善斋按，未解)

19.（元）董鼎《书传辑录纂注》卷三《商书》

(归善斋按，见"曰，呜呼！古有夏先后，方懋厥德，罔有天灾")

20.（元）朱祖义《尚书句解》卷四

于其子孙弗率（于其子孙桀一不率循乃祖之德），皇天降灾（皇天既降下灾咎），假手于我有命（借手于我有天命之成汤）。

21.（明）王樵《尚书日记》卷七

（归善斋按，见"曰，呜呼！古有夏先后，方懋厥德，罔有天灾"）

22.（清）库勒纳等撰《日讲书经解义》卷四《商书》

（归善斋按，见"曰，呜呼！古有夏先后，方懋厥德，罔有天灾"）

（明）梅鷟《尚书考异》三《商书·伊训》

于其子孙弗率，皇天降灾，假手于我有命，造攻自鸣条，朕哉自亳。
《晋语》骊姬曰，无必假手于武王。《左传》隐十一年，郑庄公曰，天祸许国，鬼神实不逞于许君，而假手于我寡人。《史记》，伊尹作《伊训》、作《肆命》、作《徂后》。

（清）张英《书经衷论》卷二《商书·伊训》

（归善斋按，见"曰，呜呼！古有夏先后，方懋厥德，罔有天灾"）

造攻自鸣条，朕哉自亳

1.（汉）孔氏传、（唐）陆德明音义、孔颖达疏《尚书注疏》卷七

造攻自鸣条，朕哉自亳。
传，"造"、"哉"，皆始也。始攻桀，伐无道，由我始修德于亳。
音义，亳，旁各反，徐扶各反。
疏，正义曰，既受天命诛桀，始攻从鸣条之地而败之。天所以命我

者，由汤始自修德于亳故也。

2.（宋）苏轼《书传》卷七《商书·伊训第四》

造攻自鸣条，朕哉自亳。

造、哉，皆始也。始攻自鸣条，始建号自亳。

3.（宋）林之奇《尚书全解》卷十五《商书》

（归善斋按，见"于其子孙弗率，皇天降灾，假手于我有命"）

4.（宋）史浩《尚书讲义》卷七《商书》

（按，此篇讲义《永乐大典》原阙）

5.（宋）夏僎《尚书详解》卷十一《商书》

（归善斋按，见"伊尹乃明言烈祖之成德，以训于王"）

6.（宋）时澜《增修东莱书说》卷八《商书·伊训第四》

（归善斋按，见"曰，呜呼！古有夏先后，方懋厥德，罔有天灾"）

7.（宋）黄度《尚书说》卷三《商书》

（归善斋按，见"伊尹乃明言烈祖之成德，以训于王"）

8.（宋）袁燮《絜斋家塾书钞》卷五《商书》

（案，袁氏《伊训》篇解《永乐大典》原阙）

9.（宋）蔡沈《书经集传》卷三《商书》

（归善斋按，见"曰，呜呼！古有夏先后，方懋厥德，罔有天灾"）

10.（宋）黄伦《尚书精义》卷十七

（案，此篇经解，《永乐大典》原阙）

11.（宋）陈经《尚书详解》卷十三《商书》

(归善斋按，见"曰，呜呼！古有夏先后，方懋厥德，罔有天灾")

12.（宋）钱时《融堂书解》卷五《商书·伊训》

(案，《伊训》解，《永乐大典》原阙)

13.（宋）魏了翁《尚书要义》

原阙。

14.（宋）陈大猷《书集传或问》卷上《商书·伊训》

或说，"造攻自鸣条，朕哉自亳"，云造为攻伐之功，虽自鸣条，而我积德基，念始自亳都者，固有素矣，亦通。

15.（宋）胡士行《尚书详解》卷四

(归善斋按，见"曰，呜呼！古有夏先后，方懋厥德，罔有天灾")

16.（元）吴澄《书纂言》

(归善斋按，未解)

17.（元）陈栎《书集传纂疏》卷三《朱子订定蔡氏集传》

(归善斋按，见"曰，呜呼！古有夏先后，方懋厥德，罔有天灾")

18.（元）许谦《读书丛说》

(归善斋按，未解)

19.（元）董鼎《书传辑录纂注》卷三《商书》

(归善斋按，见"曰，呜呼！古有夏先后，方懋厥德，罔有天灾")

20.（元）朱祖义《尚书句解》卷四

造攻自鸣条（始攻战自鸣条，桀于此始亡），朕哉自亳（朕始自亳邑，汤于此始兴）。

21.（明）王樵《尚书日记》卷七

（归善斋按，见"曰，呜呼！古有夏先后，方懋厥德，罔有天灾"）

22.（清）库勒纳等撰《日讲书经解义》卷四《商书》

（归善斋按，见"曰，呜呼！古有夏先后，方懋厥德，罔有天灾"）

（元）陈师凯《书蔡传旁通》卷三《商书·伊训》

鸣条，夏所宅也。

疏云，今安邑有鸣条陌。《孟子》云，东夷。郑元云，南夷。或云，陈留平丘，皆非，在今河东解州安邑县也。

（清）王夫之《尚书稗疏》卷三《商书·伊训》

造攻自鸣条。

孔氏曰，始攻桀，伐无道，我始修德于亳。朱子用之，以注《孟子》。而蔡氏乃云，造，可攻之衅者，由桀积恶于鸣条。夫上云，皇天降灾假手于我有命，则已言汤而不言桀矣。假手于汤，故汤伸天诛，而往攻。造，往也，自当音七到反。自，于也。往攻于鸣条，天假之手也。若朕哉自亳，则以起下文，惟我商王，而别为一意，言我之始受天命于亳，则惟汤之昭圣武，而怀兆民也。《孟子》偶断章取义。孔、蔡遂联为一节，则文义隔塞不谐。且上已云，子孙弗率，不当复及于桀之造衅也。若孙莘老所云，造为攻伐自放鸣条，则尤不通。鸣条在安邑，夏之都也。使桀终老，鸣条固已保其国都矣，而何云"放"哉。

（清）朱鹤龄《尚书埤传》卷七《商书·伊训》

造攻自鸣条。

孔疏，今河东安邑，见有鸣条陌、昆吾亭。左氏以为昆吾与桀同，以乙卯日亡韦顾亦尔，故《诗》曰"韦顾既伐昆吾、夏桀"，考，昆吾地在濮阳，与桀异处，不得同日而亡，明昆吾亦来卫桀，故同日亡，而安邑有其亭也。

（清）蒋廷锡《尚书地理今释·伊训》

鸣条。

鸣条冈，在今山西平阳府安邑县北三十里，接夏县界。《括地志》云高涯源，在蒲州安邑县北南坂口，即古鸣条冈是也。

惟我商王，布昭圣武，代虐以宽，兆民允怀

1. （汉）孔氏传、（唐）陆德明音义、孔颖达疏《尚书注疏》卷七

惟我商王，布昭圣武，代虐以宽，兆民允怀。

传，言汤布明武德，以宽政代桀虐政。兆民以此皆信，怀我商王之德。

2. （宋）苏轼《书传》卷七《商书·伊训第四》

惟我商王，布昭圣武，代虐以宽，兆民允怀。今王嗣厥德，罔不在初。立爱惟亲，立敬惟长，始于家邦，终于四海。呜呼，先王肇修人纪。

戒其恃天命，不修人事。

3. （宋）林之奇《尚书全解》卷十五《商书》

惟我商王，布昭圣武，代虐以宽，兆民允怀。今王嗣厥德，罔不在初。

此则言汤伐桀时之事也。圣武犹所谓神武也，盖圣人之义德也。杨龟山曰，汤之代虐以宽，苟不明昭其圣武，则夏之民必以为厉已，故布昭圣

武，然后兆民允怀，与世之黩武异矣。此说为善。夫兵，凶器也；战，危事也；争，逆德也。此实天下至不说之事也。成汤用之布昭圣武于天下，东面而征，西夷怨；南面而征，北狄怨，曰奚独后予，攸徂之民，室家相庆，曰徯予后，后来其苏。谓之苏者，岂有他哉，惟其"代虐以宽"故也。苟非"代虐以宽"，而徒为"布昭其武"焉，则虽如秦始皇之谲诈，项羽之势力，徒促其亡而已。盖非"代虐以宽"，则如水益深，如火益热，而民叛之矣。汤之"布昭圣武"本于"代虐政"，故虽用其不祥之事，而民信而怀之，若大旱之望云霓者，由其宽仁之德洽于人心故也。既言汤以宽仁之德洽夫民心之甚，遂以怀兆民而有天下，太甲既嗣其位，不可不戒慎恐惧于其即位之初，以继其志，而述其事也。盖朝廷者，天下之本也；人君者，朝廷之本也；始即位者，人君之本也。于时即位，为能致其虑焉，则其终无所不慎矣。始之不慎，终虽悔之，何及焉？故继之曰"今王嗣厥德罔不在初"者，言所以端本清源之道，端在夫此时也。召公曰"王乃初服。呜呼！若生子，罔不在厥初生"。召公其所以望成王者，是亦伊尹之意也。

4.（宋）史浩《尚书讲义》卷七《商书》

（按，此篇讲义《永乐大典》原阙）

5.（宋）夏僎《尚书详解》卷十一《商书》

惟我商王，布昭圣武，代虐以宽，兆民允怀。今王嗣厥德，罔不在初。立爱惟亲，立敬惟长，始于家邦，终于四海。

伊尹上既言有夏子孙，弗能率其德，而天命汤伐之，故此遂言汤伐桀之事也。圣武，犹所谓神武也，圣人之义德也。夫兵，凶器也；战，危事也；争，逆德也，实天下不祥之事也。虽天下不祥之事，然汤之"布昭圣武"者，本不期于黩武，而乃在于以吾之至宽，代夏之虐政，是故虽用武，而东征西怨，南征北怨，所至之民，无不信而怀之，若大旱之望云霓也。伊尹既言汤有宽仁之德，得兆民之允怀，遂至光有天下，故此下又言，太甲嗣汤之位，不可不恐惧于即位之初也。盖朝廷，天下之本也；人君，天下之本也。始即位，又人君之本也。即位之始，能致其慎，则终无不慎矣。此伊尹所以言"今王嗣厥德罔不在初"也。然所谓"罔不在初"者，亦非有甚高难行之事也，"立爱惟亲，立敬惟长"而已。盖人君之治天下，将欲仁覆天下，岂必人人而爱之，人人而敬之哉？惟尽吾孝悌之心，立爱，则不偏爱也，惟爱吾亲而已。爱吾亲，而举斯加彼，将无所不爱。以之立敬，则不必偏敬也，惟敬吾之长而已，敬吾长，则举斯加彼，将无所不敬，惟其所立在此，而所爱所敬乃及于彼，此其道所以始立于家邦，而终则自西自东，自南自北，无所不及也。此又伊尹教太甲以守约施博之道也。

6.（宋）时澜《增修东莱书说》卷八《商书·伊训第四》

惟我商王，布昭圣武，代虐以宽，兆民允怀，今王嗣厥德，罔不在初。

惟我商王，提汤之德而言之也。圣武者，非血气之武，易之神武是也。虐与宽为对，代虐者必以宽。汤之伐桀，非有他道，不过取其对者代之，如易东为西而已。圣武之德如此之大，太甲将于何而入，故伊尹指之曰，罔不在初，盖百官万民于此，耸然观命，必有一新天下耳目之德，以与万民更始。太甲虽累于欲纵，而即位之初，必且改志易虑，亟告之以嗣德在初，乘其天理之正，发而开导之也。

7.（宋）黄度《尚书说》卷三《商书》

惟我商王，布昭圣武，代虐以宽，兆民允怀。
为人君止于仁。

8.（宋）袁燮《絜斋家塾书钞》卷五《商书》

（案，袁氏《伊训》篇解《永乐大典》原阙）

9.（宋）蔡沈《书经集传》卷三《商书》

惟我商王，布昭圣武，代虐以宽，兆民允怀。
布昭，敷著也。圣武，犹《易》所谓神武，而不杀者。汤之德威敷着于天下，代桀之虐以吾之宽，故天下之民，信而怀之也。

10.（宋）黄伦《尚书精义》卷十七

（案，此篇经解，《永乐大典》原阙）

11.（宋）陈经《尚书详解》卷十三《商书》

（归善斋按，见"曰，呜呼！古有夏先后，方懋厥德，罔有天灾"）

12.（宋）钱时《融堂书解》卷五《商书·伊训》

（案，《伊训》解，《永乐大典》原阙）

13.（宋）魏了翁《尚书要义》

原阙。

14.（宋）陈大猷《书集传或问》卷上《商书·伊训》

或问，"布昭圣武"，圣，是圣德，武是武德，犹"乃圣乃神乃武乃文也"，如何？曰，如此说亦可，但圣德言"布昭"则未安。圣武，犹神武之谓，而昭者，则"我武维扬"之谓也。

15.（宋）胡士行《尚书详解》卷四

惟我商王，布（敷）昭（明）圣武（圣武，则非血气之怒，《易》所谓"神武不杀"者也），代虐（夏之虐）以宽，兆民允怀。今王嗣厥德，罔不在初（谨始）。立爱（立爱之道）惟亲（自爱我亲始），立敬惟长，始于家邦，终于四海。汤以德得天下，太甲何以嗣之哉，惟亲惟长，始家邦而终四海焉。守约而施博也。

16.（元）吴澄《书纂言》

（归善斋按，未解）

17.（元）陈栎《书集传纂疏》卷三《朱子订定蔡氏集传》

惟我商王，布昭圣武，代虐以宽，兆民允怀。

布昭，敷着也。圣武，犹《易》所谓"神武而不杀"者，汤之德威，敷着于天下，代桀之虐，以吾之宽，故天下之民，信而怀之也。

18.（元）许谦《读书丛说》

（归善斋按，未解）

19.（元）董鼎《书传辑录纂注》卷三《商书》

惟我商王，布昭圣武，代虐以宽，兆民允怀。

布昭，敷着也。圣武，犹《易》所谓"神武而不杀"者，汤之德威敷着于天下，代桀之虐，以吾之宽，故天下之民，信而怀之也。

20.（元）朱祖义《尚书句解》卷四

惟我商王（成汤），布昭圣武（显然示人以大，而化之之武而不杀），代虐以宽（代夏虐政以吾至宽），兆民允怀（兆民信而怀之）。

21.（明）王樵《尚书日记》卷七

惟我商王，布昭圣武，代虐以宽，兆民允怀。

桀之未亡也，王室如毁，时无有能赫然一奋其武，为万姓请命者。"惟我商王，布昭圣武"，武曰圣武，见其出于德义之勇，故能一怒而安天下。铁钺岂必用哉，义师所临，人自屈服，此《易》所谓"神武而不杀"也（谓存武之神，而不假武之物）。"代虐以宽"，必有其事，如武王反商政，汉高帝除秦苛政之类，故所至，民大悦，曰非富天下也，为匹夫匹妇复雠也，是谓信之。曰"徯我后，后来其苏"，是谓"怀之"。此与仲虺语合。圣武，勇智也。"代虐以宽"，克宽克仁也。"兆民允怀"，彰信兆民也。

22.（清）库勒纳等撰《日讲书经解义》卷四《商书》

惟我商王，布昭圣武，代虐以宽，兆民允怀。

此一节书是，溯商之得天下，以其有德也。商王，指成汤。伊尹曰，当夏桀造虐之时，万民涂炭，天下诸侯无有能伸大义，而为民请命者，惟我商王奋天锡之智勇，敷着其德威于天下，而兴师以伐之，易其荼毒斯民之虐，而代以慈惠克宽之仁。于是天下之人，莫不信其志在救民，归往爱戴，无一人之不悦服也。我商之所以得天下者如此，盖商王除暴救民，皆出于德义之勇，故谓之圣武，以见非专尚武力取天下也。人君不得已而有赫怒之师，能使兆民乐而怀之，则庶几乎其圣武矣。

（元）王充耘《读书管见》卷上《商书·伊训》

布昭圣武。

汤布昭圣武，犹云"懋昭大德"，盖汤欲诛暴救民，不得不用武耳。武曰圣武，犹德曰懿德。而布昭，则是汤称举而发扬之。而谓汤之德威，敷着于天下，非是。

今王嗣厥德，罔不在初

1.（汉）孔氏传、（唐）陆德明音义、孔颖达疏《尚书注疏》卷七

今王嗣厥德，罔不在初。
传，言善恶之由，无不在初，欲其慎始。

2.（宋）苏轼《书传》卷七《商书·伊训第四》

（归善斋按，未解）

3. （宋）林之奇《尚书全解》卷十五《商书》

（归善斋按，见"惟我商王，布昭圣武，代虐以宽，兆民允怀"）

4. （宋）史浩《尚书讲义》卷七《商书》

（按，此篇讲义《永乐大典》原阙）

5. （宋）夏僎《尚书详解》卷十一《商书》

（归善斋按，见"惟我商王，布昭圣武，代虐以宽，兆民允怀"）

6. （宋）时澜《增修东莱书说》卷八《商书·伊训第四》

（归善斋按，见"惟我商王，布昭圣武，代虐以宽，兆民允怀"）

7. （宋）黄度《尚书说》卷三《商书》

今王嗣厥德，罔不在初。立爱惟亲，立敬惟长，始于家邦，终于四海。

本立而道生，不立无本，道何由生，是故立爱于其亲，充之而无所不爱；立敬于其长，充之而无所不敬。亲亲之杀，尊贤之等，始于家邦，终于四海，以此嗣汤德。

8. （宋）袁燮《絜斋家塾书钞》卷五《商书》

（案，袁氏《伊训》篇解《永乐大典》原阙）

9. （宋）蔡沈《书经集传》卷三《商书》

今王嗣厥德，罔不在初。立爱惟亲，立敬惟长，始于家邦，终于四海。

初，即位之初，言始不可以不谨也。谨始之道，孝悌而已。孝悌者，人心之所同，非必人人教诏之。立，植也。立爱、敬于此，而形爱、敬于彼，亲吾亲以及人之亲，长吾长以及人之长。始于家，达于国，终而措之天下矣。孔子曰，立爱自亲始，教民睦也。立敬自长始，教民顺也。

10.（宋）黄伦《尚书精义》卷十七

（案，此篇经解，《永乐大典》原阙）

11.（宋）陈经《尚书详解》卷十三《商书》

（归善斋按，见"曰，呜呼！古有夏先后，方懋厥德，罔有天灾"）

12.（宋）钱时《融堂书解》卷五《商书·伊训》

（案，《伊训》解，《永乐大典》原阙）

13.（宋）魏了翁《尚书要义》

原阙。

14.（宋）陈大猷《书集传或问》卷上《商书·伊训》

（归善斋按，未解）

15.（宋）胡士行《尚书详解》卷四

（归善斋按，见"惟我商王，布昭圣武，代虐以宽，兆民允怀"）

16.（元）吴澄《书纂言》

（归善斋按，未解）

17.（元）陈栎《书集传纂疏》卷三《朱子订定蔡氏集传》

今王嗣厥德，罔不在初。立爱惟亲，立敬惟长，始于家邦，终于四海。

初，即位之初，言始不可以不谨也。谨始之道，孝悌而已。孝悌者，人心之所同，非必人人教诏之。立，植也。立爱、敬于此，而形爱、敬于彼。亲吾亲，以及人之亲；长吾长，以及人之长。始于家，达于国，终而措之天下矣。孔子曰，立爱自亲始，教民睦也。立敬自长始，教民顺也。

18.（元）许谦《读书丛说》

（归善斋按，未解）

19.（元）董鼎《书传辑录纂注》卷三《商书》

今王嗣厥德，罔不在初。立爱惟亲，立敬惟长，始于家邦，终于四海。

初，即位之初，言始不可以不谨也。谨始之道，孝悌而已，孝悌者，人心之所同，非必人人教诏之。立，植也，立爱、敬于此，而形爱、敬于彼。亲吾亲，以及人之亲；长吾长，以及人之长。始于家，达于国，终而措之天下矣。孔子曰，立爱自亲始，教民睦也；立敬自长始，教民顺也。

纂注
吕氏曰，告以嗣德在初，欲乘其天理正发之初，而开导之也。
新安胡氏曰，此一节，言汤以德得人心，今王继先王之德，当以孝悌之顺德，而通乎千万人之心也。

20.（元）朱祖义《尚书句解》卷四

今王嗣厥德（今太甲继汤修德），罔不在初（无不在其初而谨之）。

21.（明）王樵《尚书日记》卷七

"今王嗣厥德罔不在初"至"终于四海"。

即位者，嗣德之始；亲长者，爱敬之始。孝弟之道，达诸天下，而谓之"立"者，尽吾爱、敬之心。于亲长，我知我道所当为而已，形其爱敬之，则于他人则以理之同者，不言而喻。心之同者，不令而从也，是以始于家邦终于四海。

爱、敬之本既立，爱、敬之化自行，传中形字，却从本文"立"字生来，及字、措字，无工夫，自然之化也。家邦四海，人人亲其亲，长其长，便是我之爱、敬及其亲、长也。

两"立"字，与建中建字义同，谓为之，于此而可为民表也。及字要体认得真，与"老吾老以及人之老，幼吾幼以及人之幼"微不同。老吾老而推己及人，使老者衣帛食肉之类，是及人之老。幼吾幼而推己及人，使黎民不饥不寒之类，是及人之幼。此处"及"字，只是感化。《孝经》云"爱敬尽于事亲，德教加于百姓，刑于四海"，正此章之指也。

22.（清）库勒纳等撰《日讲书经解义》卷四《商书》

今王嗣厥德，罔不在初。立爱惟亲，立敬惟长，始于家邦，终于四海。

此一节书是，伊尹以嗣德勉王而欲其谨始也。罔，无也。初，言即位之初。伊尹曰，我先王之有天下，以德致之，则王今日嗣先王之位，正嗣先王之德也。顾，即位之初，在王心，则志虑方新，而德易进。在人心，则观望伊始，而德易孚，无在不致谨其始可也。谨始之道，虽非一端，而莫要于孝悌。然欲申孝悌之义于天下，必先尽爱敬之道于一身，必也尽我爱敬之道于此，使天下之爱其亲者，莫不视我以为法；尽我敬长之道于此，使天下之敬其长者，莫不视我以为准，如是，则爱、敬立矣。爱、敬既立于此，则感孚自形于彼。始而一家，次而一国，终而四海之人，此心同此，理亦同。将孝悌之心油然以生，莫不观感而兴起矣。盖王者必合爱合敬，以成其化。王可不勉嗣厥德哉？尧舜之道，不外孝弟，上以孝弟倡于上，臣庶则而效之，则民德厚，风俗同，人人亲其亲，长其长，而天下平矣。孝弟者，君德之始，而即王道之成也。

（元）王充耘《读书管见》卷上《商书·伊训》

今王嗣厥德。

今王嗣厥德，罔不在初，立爱惟亲，立敬惟长，始于家邦，终于四海。盖言，前王以武功取天下，后王当用文德以致太平。所谓德者，不过爱、敬二端而已。盖孩提之童，皆知爱亲；及长，皆知敬兄。爱亲是仁，敬长是义。二者出于人性之自然，一阴一阳，相为对待，犹春生秋杀然。盖一于爱，则流；一于敬，则离二者不可偏废也。人惟爱也，故恻然而有所不忍；惟敬也，故肃然而有所不敢不忍。不敢，而后君臣、父子、长

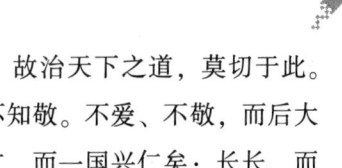

幼、贵贱，得有所系属而不离，相安而不乱。故治天下之道，莫切于此。彼百姓之不亲，是不知爱；五品之不逊，是不知敬。不爱、不敬，而后大乱生焉。故亲亲，而人各亲其亲，则一家兴仁，而一国兴仁矣；长长，而人各长其长，则一家兴让，而一国兴让矣。《大学》所谓"上老老，而民兴孝；上长长，而民兴弟"，《孟子》所谓"老吾老以及人之老，幼吾幼以及人之幼，天下可运之掌"，皆此道也。

（元）陈悦道《书义断法》三《商书·伊训》

今王嗣厥德，罔不在初，立爱惟亲，立敬惟长，始于家邦，终于四海。

"嗣厥德"者，必先谨其所始；立顺德者，必善推其所为。"罔不"者，总言其事；而"惟"者，直指其要也。嗣厥德者，皆当谨之于嗣位之初，故以"罔不在初"言。然立爱，自亲始；立敬，自长始。孝弟乃行仁之本，而一理贯通，可以扩充而周遍，故曰"惟亲""惟长"。伊尹虑太甲之不谨其初，而又虑不知其要，将无以推其所为也，于是以嗣德为谨始之戒，而以孝弟极终始之功，岂非治天下国家之要，而无愧于烈祖之成德者欤。

立爱惟亲，立敬惟长，始于家邦，终于四海

1.（汉）孔氏传、（唐）陆德明音义、孔颖达疏《尚书注疏》卷七

立爱惟亲，立敬惟长，始于家邦，终于四海。
传，言立爱敬之道，始于亲长，则家国并化，终洽四海。
音义，长，丁丈反。
疏，正义曰，王者之驭天下，抚兆人，惟爱敬二事而已。《孝经·天子》之章，盛论爱敬之事，言天子当用爱敬以接物也。行之所立，自近为始。"立爱惟亲"，先爱其亲，推之以及疏；"立敬惟长"，先敬其长，

推之以及幼。即《孝经》所云"爱亲者，不敢恶于人；敬亲者，不敢慢于人"，是推亲以及物。始则行于家国，终乃洽于四海，即《孝经》所云"德教加于百姓，刑于四海"是也。所异者，《孝经》论爱敬并始于亲，令缘亲以及疏。此分"敬"属"长"，言从长以及幼耳。

2.（宋）苏轼《书传》卷七《商书·伊训第四》

（归善斋按，未解）

3.（宋）林之奇《尚书全解》卷十五《商书》

立爱惟亲，立敬惟长，始于家邦，终于四海。

既告之以慎厥初，以嗣成汤之德矣，于此又告以人君治天下本末先后之序也。有子曰，君子务本，本立而道生。孝悌也者，其为人之本欤。王者之治天下，将欲仁覆天下，岂必人人而爱之，人人而敬之哉？惟尽吾孝悌之心，亲其亲，长其长，举斯心而加诸彼，而天下平矣。亲其亲，以及他人之亲。爱立于此，虽不人人而爱之，而将无所不爱矣。长其长，以及他人之长，敬立于此，虽不人人而敬之，而将无所不敬矣。故爱敬立于亲长，则始于邦家而终也。自西自东，自南自北，无所不及。或问孔子曰，子奚不为政，子曰，《书》云"孝乎惟孝，友于兄弟，施于有政"，是亦为政，奚其为政。盖爱于亲，敬于长，政之所出，必本于此。穷而在下为匹夫，则施之于家，不为有余。达而在上为天子，则施之四海，而不为不足。此实治天下国家之至德要道，言近而旨远，守约而施博，虽汤之"布昭圣武，代虐以宽，兆民允怀"者，亦惟此而已。故伊尹之训，必欲以是为先也。

4.（宋）史浩《尚书讲义》卷七《商书》

（按，此篇讲义《永乐大典》原阙）

5.（宋）夏僎《尚书详解》卷十一《商书》

（归善斋按，见"惟我商王，布昭圣武，代虐以宽，兆民允怀"）

6. (宋)时澜《增修东莱书说》卷八《商书·伊训第四》

立爱惟亲,立敬惟长,始于家邦,终于四海。

立爱、立敬,指以用工之地也。人之良心,一日之间,无不屡发,念过即已,未有能立之者。于焉而致扶持植立之功也,自是而扶持植立,则始之而有终矣。治国平天下,此其道也。嗣德,在初工夫之切,无以易此。"立"之一字,修德之本也。人谁不爱其亲,于爱亲之时,而不立其爱,则爱亲之外,无所爱也,夫敬亦然。惟爱亲而立其爱,敬长而立其敬,则此爱、此敬,持守不散,而其所推,岂不自邦家而四海乎?

7. (宋)黄度《尚书说》卷三《商书》

(归善斋按,见"今王嗣厥德,罔不在初")

8. (宋)袁燮《絜斋家塾书钞》卷五《商书》

(案,袁氏《伊训》篇解《永乐大典》原阙)

9. (宋)蔡沈《书经集传》卷三《商书》

(归善斋按,见"今王嗣厥德,罔不在初")

10. (宋)黄伦《尚书精义》卷十七

(案,此篇经解,《永乐大典》原阙)

11. (宋)陈经《尚书详解》卷十三《商书》

(归善斋按,见"曰,呜呼!古有夏先后,方懋厥德,罔有天灾")

12. (宋)钱时《融堂书解》卷五《商书·伊训》

(案,《伊训》解,《永乐大典》原阙)

13. (宋)魏了翁《尚书要义》

原阙。

14.（宋）陈大猷《书集传或问》卷上《商书·伊训》

（归善斋按，未解）

15.（宋）胡士行《尚书详解》卷四

（归善斋按，见"惟我商王，布昭圣武，代虐以宽，兆民允怀"）

16.（元）吴澄《书纂言》

（归善斋按，未解）

17.（元）陈栎《书集传纂疏》卷三《朱子订定蔡氏集传》

（归善斋按，见"今王嗣厥德，罔不在初"）

18.（元）许谦《读书丛说》

（归善斋按，未解）

19.（元）董鼎《书传辑录纂注》卷三《商书》

（归善斋按，见"今王嗣厥德，罔不在初"）

20.（元）朱祖义《尚书句解》卷四

立爱惟亲（立爱亲之教，使天下无不爱亲。惟在上之人爱亲始），立敬惟长（立敬长之教，使天下无不敬其长。惟在上之敬长始），始于家邦（爱、敬之道始于家及于国），终于四海（终至于四海矣）。

21.（明）王樵《尚书日记》卷七

（归善斋按，见"今王嗣厥德，罔不在初"）

22.（清）库勒纳等撰《日讲书经解义》卷四《商书》

（归善斋按，见"今王嗣厥德，罔不在初"）

（元）王充耘《读书管见》卷上《商书·伊训》

（归善斋按，见"今王嗣厥德，罔不在初"）

（元）陈悦道《书义断法》三《商书·伊训》

（归善斋按，见"今王嗣厥德，罔不在初"）

呜呼！先王肇修人纪，从谏弗咈，先民时若

1.（汉）孔氏传、（唐）陆德明音义、孔颖达疏《尚书注疏》卷七

呜呼！先王肇修人纪，从谏弗咈，先民时若。
传，言汤始修为人纲纪，有过则改，从谏如流，必先民之言是顺。
音义，咈，扶弗反。
疏，正义曰，贾逵注《周语》云，先民，古贤人也。《鲁语》云，古曰在昔，昔曰先民，然则，先民在古昔之前，远言之也。远古贤人，亦是民内之一人，故以民言之。先民之言，于是顺从，言其动皆法古贤也。

2.（宋）苏轼《书传》卷七《商书·伊训第四》

（归善斋按，另见"惟我商王，布昭圣武，代虐以宽，兆民允怀"）
从谏弗咈，先民时若。居上克明，为下克忠。
言君明臣忠也。

3.（宋）林之奇《尚书全解》卷十五《商书》

呜呼！先王肇修人纪，从谏弗咈，先民时若。居上克明，为下克忠。与人不求备，检身若不及，以至于有万邦，兹惟艰哉。敷求哲人，俾辅于尔后嗣。制官刑，儆于有位，曰，敢有恒舞于宫，酣歌于室，时谓巫风；敢有殉于货色，恒于游畋，时谓淫风；敢有侮圣言，逆忠直，远耆德，比

103

顽童，时谓乱风。惟兹三风十愆，卿士有一于身，家必丧；邦君有一于身，国必亡。臣下不匡，其刑墨，具训于蒙士。

此言汤以从谏检身，遂有天下，而亦以此遗后世子孙，使保其盈成之业也。汤之盘铭曰"苟日新，日日新，又日新"，惟其德贵日新，故所以成就其德者，必扩之以极其大，放之而极其远，无所不用其至，虽其聪明勇智出于天赐，而其所以孜孜焉，取人以为善者，不敢一日废也。夫以汤大圣之德，犹且戒惧修省，不敢自宁也如此，而况太甲以中材之主，处富贵易盈之势，当晏安无事之时，苟不上念前世之艰难，下资群臣之辅助，岂能免于颠覆哉。故伊尹为之历言乃祖成汤所以成就其德，与夫所以遗后世子孙者，皆在于是。盖将以杜绝其不善之意于前，禁于未发，以遏其骄奢淫佚之心也。

"呜呼"者，叹辞也，言之不足，故嗟叹之也。上既言"立爱惟亲"至"终于四海"，于是继之以先王修人纪之实也。"人纪"者，人道之纪也。自爱敬而推之至于家邦四海也。三纲五常之道，皆本于此。圣人之所以为圣人者，惟其能尽人伦之道而已。能尽人伦之道，故能成位乎天地之两间，而三才之道备，博厚配地，高明配天，悠久无疆，而圣人之能事毕矣。伊尹将言汤之所以能成其大业圣德而有天下，于是推本其所以致此者而言之，曰始于修人纪，盖其立爱之始于亲，立敬之始于长也。

自"从谏弗咈"至"检身若不及"，此又言其所以"修人纪"之实也。"从谏弗咈"者，言有过则改，从善如流，不逆人之言也。"先民时若"者，谓凡有所动，皆顺古人之行，而不自专也。先民，古贤人也。《召诰》曰"相古先民有夏"，《诗》曰"自古在昔，先民有作"，唐孔氏曰，远古先贤人，亦是民内之一人，故以民言之。

"居上克明"，言汤之居上，则能明于御下，所谓有君民之大德也。"为下克忠"，言汤之为下，则能忠于事上，所谓有事君之小心也。夫有君民之大德，有事君之小心，此文王之所以为至德也，而汤亦然，以是知文王终身事纣，而不敢伐汤，事桀而终伐之迹，虽不同，其心则一也。

"与人不求备，检身若不及，以至于有万邦，兹惟艰哉。敷求哲人，俾辅于尔后嗣。制官刑，儆于有位。曰，敢有恒舞于宫，酣歌于室，时谓巫风；敢有殉于货色，恒于游畋，时谓淫风；敢有侮圣言，逆忠直，远耆德，比顽童，时谓乱风。惟兹三风十愆，卿士有一于身，家必丧；邦君有一于身，国必亡。臣下不匡，其刑墨，具训于蒙士"，此又言其责己，重以周；待人，轻以约也。范忠宣公有言曰，人虽至愚，责人必详；虽有聪明，恕己犹略。苟能以责人之心责己，以恕己之心恕人，则两得之矣。盖常人之情，惟责人之详，故不能取诸人以为善；惟恕己之略，故不能舍己以从人。如此则骄吝之心日积，而在己之德丧矣。成汤则不然，"与人不求备"，则是以恕己之心而恕人，其待人也略矣。"检身若不及"，则是以责人之心责己，其责己也详矣，责己之详，待人之略，故其骄吝两忘，而物我之私不萌于胸中，此所以修身应物两得之矣。

《诗》曰"汤降不迟，圣敬日跻，昭格迟迟，上帝是祇，帝命式于九围"，迟迟施于人者然也；不迟施于己者然也。惟汤之所以肇修人纪者其备如此，则是立爱、立敬之道于斯尽矣。爱敬之心，既尽其举斯心，以加诸彼，则东面而征西夷怨；南面而征北狄怨，曰奚独后予，攸徂之民，室家相庆，曰徯我后，后来其苏。此皆孝敬之所致也。自孝敬而推之。至于奄有万邦之众。苟其心术之间，毫厘有所未尽，则天下之人，必有不服者。今也，天下之民，至于望之若大旱之望云霓，惟恐其不得为君，则是汤之心无所不尽也。然汤之所以能尽其孝敬者，岂有他哉，由其"肇修人纪"，至"从谏弗咈，先民时若"，至"检身若不及"，此数者，无所不用其至，故即其所成就者，而推本其所"终于四海"者如此，其不易也。惟汤之检身、从谏、肇修人纪，以有天下，故其所以望于后世子孙者，亦在于此，是以广求贤之人，制于有位，俾辅弼于尔有后，亦欲其绳愆纠谬，以成就其子孙之德也。林子和曰，敷者，言求之非一方也。《孟子》曰"汤执中立贤无方"，亦此言也。是惟"敷求哲人"，则贤者各以其类进，左右前后，罔非正人，朝夕纳诲于上，以格其心之非，如此，则不善之心，无自而入矣。

虽则"敷求哲人，俾辅于尔后嗣"，而犹恐所用之人，或有持禄固位，不以谏诤迪其君为事者，于是制官刑以儆戒之，曰，敢有恒舞于宫而无节者，敢有常歌于室而酣酒者，此二者，皆谓之巫风，言常歌常舞，若巫觋然也。敢有徇于货与色而无厌者，敢有盘于游与畋而不知止者，此四者，皆谓之淫风，言其淫过无度也。敢有侮圣言而不钦，逆忠直而不顺，耆年之德则疏而远之，顽愚之童则亲而比之，此四者皆谓之乱风，言其好人之所恶，恶人之所好，则名实乱矣。盖上有所为，而下化之者，则谓之风，如变风是也。上有恒舞酣歌之愆，则下有巫风矣；上有货色游畋之愆，则下有淫风矣；上有侮圣言、逆忠直、远耆德、比顽童之愆，则下有乱风矣。愆形于上，风动于下，危亡祸乱之所自出也，故曰"惟兹三风十愆，卿士有一于身，家必丧；邦君有一于身，国必亡"，言此十者而有一焉，有家者必丧其家，有国者必亡其国，不必兼备此十者而后至于丧也。亦犹禹训言"内作色荒，外作禽荒，甘酒嗜音，峻宇雕墙"。有一于此，未或不亡。盖古之祖宗，所以垂训于子孙者，未尝不极其警戒之义。惟三风十愆，能致丧家亡国之祸如此，苟人臣亲见其君有如此之愆，不能匡而正之，则黥其面，涅以墨刑，所以惩其不能格君心之非，而逢其恶也。汉昌邑王以淫乱，废其群臣，坐无辅导之益，陷王于恶，诛者二百余人。惟王吉龚，遂以数谏诤免，是亦臣下不匡其刑墨之遗意也。苏氏曰，或曰墨之为刑，盖亦重矣。臣下不匡而陷入重辟，无乃过乎？曰国家置臣属，所以匡其主也。宜匡而不匡，则有亡国丧家之道，视其主沦于丧亡而莫之救，其可贷乎？直谏而逢彼之怒，则有死之道，不谏而处于无过之地，则足以保福禄，自非大忠有志之士，则孰能舍福禄而趋死地乎？然则主于重刑，盖使其进谏则未必死，退而不谏则陷于辟，虽其中不欲谏，盖亦不得不谏也。夫三风十愆，制官刑也，所以戒诸侯而伊尹用以训太甲者，为诸侯卿大夫而犯此，已不足以守其宗庙，保其禄位则为天下主者，其可以守土宇而为民之父母乎？然则伊尹所以训之，可谓微而婉矣。薛氏曰，此言甚善。盖伊尹所以匡太甲以格其非心者，辞不迫切而意已独至也。

　　"具训于蒙士"者，先儒之说不如王氏、苏氏。王氏曰，蒙士，蒙童之士也。为蒙童则如此训之矣，至于出为臣属，而不能正其君上，则刑墨矣。苏氏曰，蒙，童也。士自童幼则以此训之也。二说皆是。《酒诰》曰"文王诰教小子，有正有事，无彝酒"。盖自其为小子，固以此而教之矣。故知夫禁而后教，则捍格为难胜也。伊尹之言此者，亦欲太甲之"慎厥初"也。

4.（宋）史浩《尚书讲义》卷七《商书》

（按，此篇讲义《永乐大典》原阙）

5.（宋）夏僎《尚书详解》卷十一《商书》

呜呼！先王肇修人纪，从谏弗咈，先民时若。居上克明，为下克忠。与人不求备，检身若不及。以至于有万邦，兹惟艰哉。敷求哲人，俾辅于尔后嗣，制官刑，儆于有位，曰，敢有恒舞于宫，酣歌于室，时谓巫风。敢有殉于货色，恒于游畋，时谓淫风。敢有侮圣言，逆忠直，远耆德，比顽童，时谓乱风。惟兹三风十愆，卿士有一于身，家必丧；邦君有一于身，国必亡。臣下不匡，其刑墨，具训于蒙士。

伊尹上既言成汤以神武创业，而太甲继之，当立爱敬以治天下国家，至此又恐其未必勤而行之，故又言成汤自"肇修人纪，以至于有万邦，诚为艰难"，然虽艰难，成汤之心犹不能自已，方且求哲人辅后嗣，制官刑，儆有位，而为子孙无穷之计。汤盛德大业如此，且犹长虑，却顾为子孙计，不敢自安，则太甲为其子孙可不念哉。此又伊尹言此一节之意也。呜呼，叹辞也，言之不足，故嗟叹也。人纪，人道之纪也，即上所谓"立爱"、"立敬"者是也。伊尹欲太甲立爱敬以治天下国家。故言先王成汤当修人纪之时，谓始立爱敬之时也。究其道，虽所守甚约，而所施则甚博。是故，以从谏，则不敢咈，言有过则改，不逆人；言以先古之贤，则时若之；言凡有所动，皆顺古人之行而不自专。以居上，则必明于御下，而尽其君民之大德；以为下，则必忠于事上，而尽其事君之小心。盖汤时为诸侯，出就国则居上，入朝桀则为下，汤于居上、为下，尽道如此，则伐桀之事，亦汤之不得已也。

然汤岂特如此而已，又且"与人不求备，检身若不及"焉。盖圣人责己重以周，待人轻以约。汤于与人，则不过求其备，是以恕己之心恕人，而尽待人轻以约之道也；于检察其身，则常若不及，是以责人之心责己，而尽责己重以周之道也。

惟汤自"肇修人纪"至于"检身若不及"所行如此之勤，故今日方有万邦，而为天下之君，则其事诚艰难也。然常人之情，既以艰难于其始，则事既遂必有自足之心，而少肆其意，而汤则犹不能自已，方且敷布广求贤哲之人，列于庶位，俾之辅弼于尔后世。子孙既得而用之，又恐所用之人，不尽心勠力佐佑其子孙，故又制为诛责有官君子之刑，以儆戒于有位之人，是成汤所以望尔后人者甚切矣。太甲虽欲不念，不可得乎。

所谓官刑儆有位者，即下文所谓"三风十愆"之事也。盖汤以官刑儆于有位，曰，敢有恒舞于宫室之中，而无有节度者；敢沉湎于酒而至狂歌无忌惮者，此二者时谓之巫风。盖巫以歌舞事神，故恒舞酣歌，所以为巫风，言其恒歌恒舞，若巫觋然也。敢有以身殉货，以身殉色者，殉，从也。以身从之，知有货色而不知有身也。敢有恒于游遨，恒于畋猎，恣意为之，无有穷已。此四者，时谓之淫风。谓货、色、畋、游，人所不可免，但不可淫过无度。今也，殉货色，常畋游，是淫过无度，故谓之淫风。敢有侮圣人之言，而不敬；逆拒忠直之人，而不听其言；疏远耆老有德之人，而亲比顽愚之小童，此四者，谓之乱风。盖圣人忠直耆德，人所当亲近而尊敬之，今乃简忽而疏远；顽童当斥而远之，今乃昵比，是好人所恶，恶人所好，乱常越理者也，故谓之乱风。

此三节之风者，盖为之于上，而下化之，若风之于物，鼓之于此，而动之于彼也。汤既列言三风于上，故于下总之曰，凡此"三风"，总有"十愆"，盖谓巫风二，淫风、乱风各四，是三风之中，其过失有十事。十事者，卿士有一在身，则必丧家；邦君有一在身，则必亡国。若为人臣者，见人君有此愆过，而坐视不能匡正，则以墨刑刑之。成汤官刑严切如此，岂惟训有官君子，虽童蒙之士，亦以此具训之。具训，谓详以训之也。《酒诰》言"文王告教小子"，则固以此训之矣。伊尹言此，盖谓先王艰难创业，犹不敢自安，方且广求贤哲辅尔后人，又恐所用之人，未必尽心辅弼，又制官刑儆于有位，使子孙有过，人臣必谏，是伊尹所以勤勤进戒，亦先王责望之意也。薛氏谓，墨刑亦重矣，臣下不匡，而陷入重辟者，以国置臣，所以匡主。宜匡不匡，则有亡国败家之道，坐视丧亡而不救，其可贷乎？此墨刑之施，所以未为过也。

6.（宋）时澜《增修东莱书说》卷八《商书·伊训第四》

呜呼！先王肇修人纪，从谏弗咈，先民时若。

人纪者，五典也，本有自然之叙，惟乱之于桀，故至汤而始修之。修者，修道之修也。五典既修于汤，其道足以赞天叙矣，而又何待于从谏弗咈，先民是顺，盖人纪者，天下事事物物之理，叙于天之自然，不容一毫有己之私也。谏之可从，则理在于谏，有所咈，是以己而咈之也，则人纪之理咈矣。天民之先觉，则理在于先民，不能若是，以己而逆之也，则人纪之理逆矣。如之何而肇修乎，"弗咈"、"时若"，即肇修之工夫也。苟拒谏逆贤，汤一身之纪且不修，何以修天下之纪乎？舜嗣位而从五典，禹受命而叙彝伦，汤归亳而肇人纪之修，武王胜殷而汲汲攸叙之访，为君、为师者之第一事也。

7.（宋）黄度《尚书说》卷三《商书》

呜呼！先王肇修人纪，从谏弗咈，先民时若。居上克明，为下克忠。与人不求备，检身若不及。以至于有万邦，兹惟艰哉。

肇，始也。汤人纪之修，自立爱、立敬始，从谏顺先哲，居上明，为下忠，待人恕，治己严，皆人纪也，爱、敬之充也。《中庸》九经，爱、敬而已。桀废弃人纪，汤始修之，而遂以有天下，大要惟克艰，故能致此。

8.（宋）袁燮《絜斋家塾书钞》卷五《商书》

（案，袁氏《伊训》篇解《永乐大典》原阙）

9.（宋）蔡沈《书经集传》卷三《商书》

呜呼！先王肇修人纪，从谏弗咈，先民时若。居上克明，为下克忠。与人不求备，检身若不及。以至于有万邦，兹惟艰哉。

人纪，三纲五常，孝敬之实也。上文欲太甲立其爱、敬，故此言成汤之所修人纪者，如下文所云也。纲常之理，未尝泯没。桀废弃之，而汤始修复之也。咈，逆也。先民，犹前辈旧德也。从谏不逆，先民是顺，非诚于乐善者不能也。"居上克明"，言能尽临下之道；"为下克忠"，言能尽事上之心。

吕氏曰，汤之克忠，最为难看，汤放桀，以臣易君，岂可为忠，不知汤之心，最忠者也。天命未去，人心未离，事桀之心，曷尝斯须替哉。与人之善，不求其备；检身之诚，有若不及。其处上下、人己之间又如此，是以德日以盛，业日以广，天命归之，人心戴之，由七十里而至于有万邦也。积累之勤，兹亦难矣。伊尹前既言夏失天下之易，此又言汤得天下之难，太甲可不思，所以继之哉。

10.（宋）黄伦《尚书精义》卷十七

（案，此篇经解，《永乐大典》原阙）

11.（宋）陈经《尚书详解》卷十三《商书》

呜呼！先王肇修人纪，从谏弗咈，先民时若。居上克明，为下克忠，与人不求备，检身若不及，以至于有万邦，兹惟艰哉。敷求哲人，俾辅于尔后嗣。

此又再推广先王之成德。人纪者，即君臣、父子、夫妇、长幼、朋友，日用常行之道也。此道盖未尝亡，然必得圣人出而主持之，则人道于是始立。桀既坏其人纪，则肇修之者，汤之责也。成汤以肇修人纪为一身之任，苟吾身有丝毫之不尽，则于人纪必有一毫之亏，于是不自足，其足必从谏，而不敢咈，求之今未已也，又尝求之古人。在昔先民有言，不可不顺之。惟其成汤不以己之善自足，常欲兼天下之善如此，则宜其无一之不尽也。以之居上，则能尽其明；以之为下，则能尽其忠；以之与人，则尽与人之道。而"不求备"，以之检身则尽其检身之道，而若不及。然明者，分别善恶；忠者，有事桀之小心。不求备者，恕以待人，虽寸长必录，若不及者，忠以处己，虽小过不自恕，由诸侯而为天子，以有万邦其积累亦艰难矣，然则汤之积累艰难也，岂是利于得天下哉。修人纪之道，不得不然，惟其得天下也甚难，故其虑天下甚远，恐后世子孙未必尽如己也。广求哲智之人，如伊尹之类，俾之辅尔后嗣，则先王之望后人诚切至意矣。子孙其可以不副先王之望乎。

12. （宋）钱时《融堂书解》卷五《商书·伊训》

（案，《伊训》解，《永乐大典》原阙）

13. （宋）魏了翁《尚书要义》

原阙。

14. （宋）陈大猷《书集传或问》卷上《商书·伊训》

或谓，"人纪"或以为三纲五常，如何？曰，三纲者，君为臣纲，父为子纲，夫为妻纲也。五常，仁、义、礼、智、信也，言五典，则纲常已在其中。三纲有纪之意，而不如五典之备，五常该五典之德，然又无人伦相纪之意也。

15. （宋）胡士行《尚书详解》卷四

呜呼！先王肇（始）修（桀废而汤修之）人纪（三纲五常本秩然有纪），从谏弗咈（违），先民（先觉之人）时（是）若（顺）。居上（为商之君）克明（君道），为下（为夏之臣）克忠（臣道）。与（用）人不求（责）备，检（责）身（己）若不及，以至于有万邦，兹惟艰哉。

人纪者，天下事事物物之理也，叙于天，修于君，从谏若先民，所以讲明此纪也。克明、克忠，所以躬行此纪也。不责人而责己，修己之要在己而已。汤之工夫，积累如此，乃至于有万邦，创业亦难矣哉，而太平何可不念？居上为下者，汤处人道之难也。汤之本心忠于桀耳，升陑之举，岂得已哉。此文王三分有二，以服事殷之心也。一云为去声，言爱民而能尽道。

16. （元）吴澄《书纂言》

（归善斋按，未解）

17.（元）陈栎《书集传纂疏》卷三《朱子订定蔡氏集传》

呜呼！先王肇修人纪，从谏弗咈，先民时若。居上克明，为下克忠。与人不求备，检身若不及，以至于有万邦，兹惟艰哉。

人纪，三纲五常，孝敬之实也。上文欲太甲立其爱、敬，故此言成汤之所修人纪者，如下文所云也。纲常之理，未尝泯没，桀废弃之，而汤始修复之也。咈，逆也。先民，犹前辈旧德也。从谏不逆，先民是顺，非诚于乐善者不能也。"居上克明"，言能尽临下之道；"为下克忠"，言能尽事上之心。

吕氏曰，汤之克忠，最为难看。汤放桀，以臣易君，岂可为忠，不知汤之心最忠者也。天命未去，人心未离，事桀之心，曷尝斯须替哉。与人之善，不求其备检身之诚，有若不及，其处上下、人己之间又如此，是以德日以盛，业日以广，天命归之，人心戴之。由七十里而至于有万邦也，积累之勤，兹亦难矣。伊尹前既言夏失天下之易，此又言汤得天下之难，太甲可不思所以继之哉。

纂疏

汤工夫全在"敬"字上，看来大段是一个修饬底人，故当时说他做工夫处，亦说得大段地着，如禹"克勤克俭"之类，却是大纲，说到汤便说"检身若不及"。

张氏曰，父子、兄弟、君臣、夫妇、长幼、朋友，有礼义以相维，谓之人纪。传曰，礼义以为纪，又曰纪散而众乱。

贾逵曰，先民，古贤人也。

陈氏经曰，汤以肇修人纪为一身之任，吾身有一毫之不尽，则于人纪必有一毫之亏，于是不自足，其足从谏，求之今未已也，又求之古，又欲兼天下之善，修人纪之道，不得不然也。

愚谓，人纲与人纪对，莫大于三纲，故曰人纲小者，为纪纲之纪也。修，如修道之谓，教之修品节，修理之也。欲太甲立爱、立敬，厚于人伦，故以汤之修人纪继之，汤以修人纪自任于身，吾身有未尽，则于人纪必有亏，凡于今古之善，与处上下人己之间，各尽其当然者，皆修人纪之实也。

18.（元）许谦《读书丛说》

（归善斋按，未解）

19.（元）董鼎《书传辑录纂注》卷三《商书》

呜呼！先王肇修人纪，从谏弗咈，先民时若。居上克明，为下克忠。与人不求备，检身若不及，以至于有万邦，兹惟艰哉。

人纪，三纲五常，孝敬之实也。上文欲太甲立其爱、敬，故此言成汤之肇修人纪者，如下文所云也。纲常之理，未尝泯没，桀废弃，而汤始修复之也。咈，逆也。先民，犹前辈旧德也。从谏不逆，先民是顺，非诚于乐善者不能也。居上克明，言能尽临下之道；为下克忠，言能尽事上之心。

吕氏曰，汤之克忠，最为难看。汤放桀，以臣易君，岂可为忠，不知汤之心最忠者也。天命未去，人心未离，事桀之心，曷尝斯须替哉。与人之善，不求其备，检身之诚有若不及，其处上下、人己之间又如此，是以德日以盛，业日以广，天命归之，人心戴之，由七十里而至于有万邦也。积累之勤，兹亦难矣。伊尹前既言夏失天下之易，此又言汤得天下之难，太甲可不思所以继之哉。

辑录

汤工夫全在"敬"字上，看得来大段，是一个修饬底人。故当时人说，他做工夫处，亦是说得大段地，着如禹"克勤于邦，克俭于家"之类，却是大纲。说到汤便说，检身若不及。文蔚曰，如云"以义制事，以礼制心，不迩声色，不殖货利"等语，可见日新之功。曰，固是某于或问中所以特地详载者，非说道人不知，亦欲学者经心耳。文蔚。

与人不求备，检身若不及，大概是汤急己缓人，所以引为日新之实。泳。

因论《尚书》须是有自得处，到自得处说与人也不得，如某旧读伊尹曰"先王肇修人纪"止"兹惟艰哉"如此等处，直为之废卷，慨想而不能已，觉得朋友间看文字，难得如此意思。某二十岁前后已看得大意如此，如今但较精密，日月易得，匆匆过了五十年。格言。

纂注

张氏曰，父子、兄弟、君臣、夫妇、长幼、朋友，有礼义以相维，谓之人纪。传曰，礼义以为纪。贾逵注《国语》云，先民，古贤人也。

20.（元）朱祖义《尚书句解》卷四

呜呼（嗟叹）！先王肇修人纪（先王成汤始修明君臣、父子、夫妇、长幼、朋友之人纪、至桀而废之），从谏弗咈（故从谏言而不咈逆，所以修明人纪之道），先民时若（先贤之言是顺，所以参求人纪之道）。

21.（明）王樵《尚书日记》卷七

"呜呼先王肇修人纪"至"兹惟艰哉"。

此下详烈祖之成德，盖德盛业广，如先王亦不过是在伦理实行上，加功三纲五常之肇修，即立爱、立敬之实事。吾王之所当法也。下因历述其诚于乐善，与夫处上下人己之间，皆尽己蹈道之实，是以德日以盛，业日以广，天命归之，人心戴之，由七十而至于有万邦，岂一朝夕之积哉？其亦难矣。今王坐享基业之大。无先王积累之勤求，所以继之者宜何如，而后可庶几乎。

父子、兄弟、夫妇、君臣、朋友，有礼义以相维，谓之人纪。桀废弃之，汤始修复之也。

从谏而曰弗咈，逆于耳，实契于心，非勉从于外也。

先民，孔疏以为古人。蔡氏曰，先辈旧德也。蔡义优。微子曰"咈其耇长旧有位人"，可以证此。

时若于先民，则善之所在，不待有谏而从矣。官刑以远耇德为戒，其汤之家法与。

居上克明，孔氏曰，言理恕。正义曰，见下之谓明，言其以理恕物，照察下情，是能明也。

愚谓，克明者，人之忠邪，事之是非，务之先后缓急。心正理明，自然旁烛。奸不能欺，佞不能惑。《易》曰智临大君之宜。皋陶曰，元首明哉，其义一也。

程子曰，君子之事君也，不得其心，则尽其诚，以感发其志而已。诚积而动，则虽昏蒙可开也，虽强悍可回也，虽柔弱可振也。古之人事庸君暗主，而克行其道者，以己诚上达而已。愚谓，汤之事桀如此。吕氏谓，天命未绝，人心未去，汤事桀之心，曷尝斯须替哉？欲知汤之克忠者，其亦以是观之。

人伦中，独举居上、为下二端者，处有夏昏德之时，当小大战战之日，汤之居上、为下皆难乎，其自遂者也。而汤居上，则克明而尽临下之道；为下，则克忠而尽事上之心。

与人不求备，不专是使人，必器之大。凡人有善，则与之，不求其备，见其取善广，而待人恕也。若检身，则不可以此自假，故所求乎臣以事君未能也；所求乎子以事父未能也。所未能，皆我职分之所当为，一日未能，则一日有阙，此汤所以"检身若不及"也。此二句，分明相对，以见意检身之功，兼内外微显，说如不及，不止言其心，其工夫亦如此。

《孟子》曰，汤武反之也。汤反之之功甚密。观仲虺、伊尹称之处，句句是事实。

既历数汤之实德，而继之曰，以至于有万邦兹惟艰哉，感发之意溢于言表。

知先王德之所以积，则资禀未若先王者，当何如？其积累而后可以嗣厥德乎？知先王业之所以成，其享有成业者，当何如？其持守而后可以不坠厥绪乎？

善积之难，而败之易；天下得之难，而失之易。朱子尝言，要做好人，则上面煞有等级；做不好人，则立地便至，只在把住放行之间尔。又曰，人之学问，逐日恁地恐惧修省，只在恰好才一日放倒，便都坏了。又曰，汤大段是一个修饬底人。由七十里而至于有万邦，所谓"朕哉自亳"也。今王嗣德，亦罔不在初。

22.（清）库勒纳等撰《日讲书经解义》卷四《商书》

呜呼！先王肇修人纪，从谏弗咈，先民时若。居上克明，为下克忠，与人不求备，检身若不及，以至于有万邦，兹惟艰哉。

此一节书是，伊尹述祖德，以训嗣王也。肇，始也。人纪，谓三纲五常之理。咈，逆也。先民，谓前辈有德之人。与，取也。伊尹曰，立爱、立敬之实事，在三纲五常之克修，彝伦之理，本在天壤间，不可泯没。自桀以昏德而废弃之，我先王始起而修明焉，使此理复灿然于天下。先王知从善者，君德之要，凡臣下之来谏者，必虚心听受，而无有拂逆；先王知耆旧者，君德之辅，凡先民之有德者，必屈己顺从，而与之同心。其居上也，民情无不照察，邪佞无所欺蔽，能尽临下之道，而克明其为下也。进贤至于再三，蒙难无所于避，能尽事上之道，而克忠取人之善，则随才任使，而不为求全。检己之身，则惟日孜孜，而常恐不及。我先王于上下、人己之间无不各尽其修如此，是以德日以盛，而天与人归；由七十里以至于有万邦，而业日以广也。此其积累缔造之勤，可谓难矣。王可不嗣厥德，以思其艰哉。自古人君未有不由艰难，而得创业，与守成总无二道，要惟持此克艰之意，斯可矣。

（元）王充耘《读书管见》卷上《商书·伊训》

先王肇修人纪。

"先王肇修人纪"以下，是历数汤之行事，以见其积累之勤苦。盖"肇"字，与以"至"字相为首尾，言由其始于如此，其所积累，不亦难乎？先儒误以"肇"字专属之"修人纪"，遂以为汤始修复人纪，非也。

（元）陈悦道《书义断法》三《商书·伊训》

先王肇修人纪，从谏弗咈，先民时若。居上克明，为下克忠。与人不求备，检身若不及，以至于有万邦，兹惟艰哉。

"修人纪"者，圣人之所以治天下也；"有万邦"者，圣人之所以有万邦也。圣人出，而扶持世教，立经陈纪，往往舍己从人，以成其德；复急己缓人，以新其德。其所以经纶大经，立大本者，用此道也。至于由七十里而有万邦，圣人岂有计功之心哉。伊尹于此，盖言其积累之难，而兢业惕厉之心，无一日忘其有天下之始终如此，而平天下之要道，固不外乎此矣。

（明）梅鷟《尚书考异》三《商书·伊训》

先王肇修人纪，从谏弗咈，先民时若。居上克明，为下克忠，与人不求备，检身若不及，以至于有万邦，兹惟艰哉。

《荀子·君臣》篇曰，《书》曰从命而不拂，微谏而不倦，为上则明，为下则逊。下文又曰，敬而不顺者，不忠者也。《淮南子·氾论训下》，君子不责备于一人。《亢仓子·训道》篇，君子检身常若过。班彪《王命论》，见善如不及，用人惟由己，从谏如顺流。《诗》曰，惟先民是程。

（清）张英《书经衷论》卷二《商书·伊训》

《仲虺之诰》曰"缵禹旧服"，《伊训》之言曰"肇修人纪"，所谓"人纪"，即唐虞相传典礼秩叙之事。虞夏皆以治继治，无所烦其修救也。至汤代夏，以有天下，以乱继治故曰"肇修人纪"。

居上克明

1.（汉）孔氏传、（唐）陆德明音义、孔颖达疏《尚书注疏》卷七

居上克明。

传，言理恕。

疏，正义曰，见下之谓明，言其以理恕物，照察下情，是能明也。

2.（宋）苏轼《书传》卷七《商书·伊训第四》

（归善斋按，见"呜呼！先王肇修人纪，从谏弗咈，先民时若"）

3.（宋）林之奇《尚书全解》卷十五《商书》

（归善斋按，见"呜呼！先王肇修人纪，从谏弗咈，先民时若"）

4. （宋）史浩《尚书讲义》卷七《商书》

（按，此篇讲义《永乐大典》原阙）

5. （宋）夏僎《尚书详解》卷十一《商书》

（归善斋按，见"呜呼！先王肇修人纪，从谏弗咈，先民时若"）

6. （宋）时澜《增修东莱书说》卷八《商书·伊训第四》

居上克明，为下克忠。

汤之克明，若齐圣广渊，易克也。惟克忠为难求，汤不幸，处君臣之大变，此心之忠，何以知其克也。当天命未绝之时，桀、纣为君，汤、武安于为臣，汤、武之本心也。及天命之既绝，则桀、纣不可以为君矣，故汤、武不得已应命而起，故诗人美武王曰"媚兹一人"。观"媚"之一辞与"忠"之一辞，气象有肃恭之态，而无一毫干名犯分之心，不然五进伊尹，汤岂不忠于为下邪。

7. （宋）黄度《尚书说》卷三《商书》

（归善斋按，见"呜呼！先王肇修人纪，从谏弗咈，先民时若"）

8. （宋）袁燮《絜斋家塾书钞》卷五《商书》

（案，袁氏《伊训》篇解《永乐大典》原阙）

9. （宋）蔡沈《书经集传》卷三《商书》

（归善斋按，见"呜呼！先王肇修人纪，从谏弗咈，先民时若"）

10. （宋）黄伦《尚书精义》卷十七

（案，此篇经解，《永乐大典》原阙）

11. （宋）陈经《尚书详解》卷十三《商书》

（归善斋按，见"呜呼！先王肇修人纪，从谏弗咈，先民时若"）

12.（宋）钱时《融堂书解》卷五《商书·伊训》

（案，《伊训》解，《永乐大典》原阙）

13.（宋）魏了翁《尚书要义》

原阙。

14.（宋）陈大猷《书集传或问》卷上《商书·伊训》

（归善斋按，未解）

15.（宋）胡士行《尚书详解》卷四

（归善斋按，见"呜呼！先王肇修人纪，从谏弗咈，先民时若"）

16.（元）吴澄《书纂言》

（归善斋按，未解）

17.（元）陈栎《书集传纂疏》卷三《朱子订定蔡氏集传》

（归善斋按，见"呜呼！先王肇修人纪，从谏弗咈，先民时若"）

18.（元）许谦《读书丛说》

（归善斋按，未解）

19.（元）董鼎《书传辑录纂注》卷三《商书》

（归善斋按，见"呜呼！先王肇修人纪，从谏弗咈，先民时若"）

20.（元）朱祖义《尚书句解》卷四

居上克明（出就国则居上，能明于修人纪）。

21.（明）王樵《尚书日记》卷七

（归善斋按，见"呜呼！先王肇修人纪，从谏弗咈，先民时若"）

22.（清）库勒纳等撰《日讲书经解义》卷四《商书》

（归善斋按，见"呜呼！先王肇修人纪，从谏弗咈，先民时若"）

（元）陈悦道《书义断法》三《商书·伊训》

（归善斋按，见"呜呼！先王肇修人纪，从谏弗咈，先民时若"）

（明）梅鷟《尚书考异》三《商书·伊训》

（归善斋按，见"呜呼！先王肇修人纪，从谏弗咈，先民时若"）

（元）王充耘《书义矜式》卷三《商书·伊训》

居上克明，为下克忠。

临下，固贵于不惑；事上，尤贵于不欺。惟圣人能尽其道也。在昔伊尹，称汤以训太甲，言汤之为君，而在上，则能明以照下，而无所惑；为臣，而在下，则能忠以事上，而无所欺。居上克明，而为下又克忠，非圣人莫之能也（云云）。居上、为下，各有其道，而惟圣人为能尽之者，岂有他哉，亦循乎理之自然，而各尽其职分之所当然耳。故居上，而临下，所贵者明也，不明，则有障蔽之患，而失其君人之道矣。为下以事上，所贵者忠也，不忠则必有欺谩之失，而失其为臣之职矣。然常人之情，居尊位，则必以逸欲蔽其明，能听览不惑者鲜矣；处下位，则必以患得患失，隳其忠，其能纯笃不二者寡矣，此其所以为常人也。惟圣人，则不然。深居九重而邪佞不能欺，高拱南面，而奸伪不能惑，辨是非于万里之外，察事机于秋毫之末。其居上如此，不谓之克明可乎？衣其衣，则必忧其忧；食其食，则必事其事。守职位，则不二其心；临事变，则不易所守，其为下如此，不谓之克忠，可乎？嗟乎，圣人，道全而德备，果安往而不尽善也哉。自其临下，而谓之明，明固此德也；自其事上，则谓之忠，忠亦此德也。居上、为下，本无二道，克明克忠，亦岂有二致哉？伊尹于此，特析而称之，所以见其道之全，而德之俱也。吾求之古，而有得于舜之称禹焉，既曰克勤于邦矣，又曰克俭于家。夫在邦而能勤，必居家能俭者也。而称之者，必对举而并言之，所以见其贤之不可及也。知舜之称禹，则知伊尹之称汤矣。且汤之德，岂特见之居上、为下而已哉。与人不求备，检身若不及，其处人己之间又如此是以其德盛业广，而天命归之，人心戴之。自七十里而至于万邦焉。汤之所以得天命者如此，太甲而嗣汤之天下，可不思所以继汤之德也欤。伊尹所以拳拳以是告之也，厥后太甲修厥身允德，协于下，惟明明后，殆无忝于乃祖矣。太甲其贤矣哉。

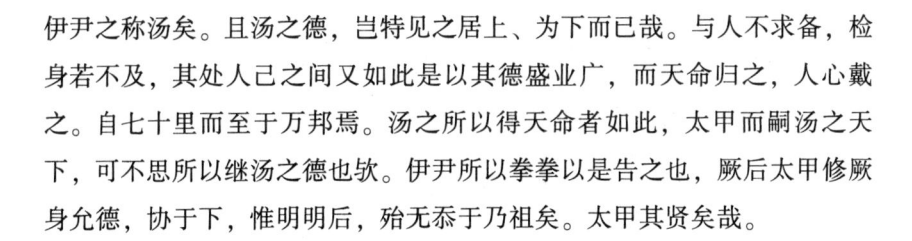

为下克忠

1.（汉）孔氏传、（唐）陆德明音义、孔颖达疏《尚书注疏》卷七

为下克忠。

传，事上竭诚。

2.（宋）苏轼《书传》卷七《商书·伊训第四》

（归善斋按，见"呜呼！先王肇修人纪，从谏弗咈，先民时若"）

3.（宋）林之奇《尚书全解》卷十五《商书》

（归善斋按，见"呜呼！先王肇修人纪，从谏弗咈，先民时若"）

4.（宋）史浩《尚书讲义》卷七《商书》

（按，此篇讲义《永乐大典》原阙）

5.（宋）夏僎《尚书详解》卷十一《商书》

（归善斋按，见"呜呼！先王肇修人纪，从谏弗咈，先民时若"）

6.（宋）时澜《增修东莱书说》卷八《商书·伊训第四》

（归善斋按，见"居上克明"）

7. （宋）黄度《尚书说》卷三《商书》

（归善斋按，见"呜呼！先王肇修人纪，从谏弗咈，先民时若"）

8. （宋）袁燮《絜斋家塾书钞》卷五《商书》

（案，袁氏《伊训》篇解《永乐大典》原阙）

9. （宋）蔡沈《书经集传》卷三《商书》

（归善斋按，见"呜呼！先王肇修人纪，从谏弗咈，先民时若"）

10. （宋）黄伦《尚书精义》卷十七

（案，此篇经解，《永乐大典》原阙）

11. （宋）陈经《尚书详解》卷十三《商书》

（归善斋按，见"呜呼！先王肇修人纪，从谏弗咈，先民时若"）

12. （宋）钱时《融堂书解》卷五《商书·伊训》

（案，《伊训》解，《永乐大典》原阙）

13. （宋）魏了翁《尚书要义》

原阙。

14. （宋）陈大猷《书集传或问》卷上《商书·伊训》

（归善斋按，未解）

15. （宋）胡士行《尚书详解》卷四

（归善斋按，见"呜呼！先王肇修人纪，从谏弗咈，先民时若"）

16. （元）吴澄《书纂言》

（归善斋按，未解）

17. （元）陈栎《书集传纂疏》卷三《朱子订定蔡氏集传》

（归善斋按，见"呜呼！先王肇修人纪，从谏弗咈，先民时若"）

18. （元）许谦《读书丛说》

（归善斋按，未解）

19. （元）董鼎《书传辑录纂注》卷三《商书》

（归善斋按，见"呜呼！先王肇修人纪，从谏弗咈，先民时若"）

20. （元）朱祖义《尚书句解》卷四

为下克忠（入朝桀则为下，能忠于尽人纪）。

21. （明）王樵《尚书日记》卷七

（归善斋按，见"呜呼！先王肇修人纪，从谏弗咈，先民时若"）

22. （清）库勒纳等撰《日讲书经解义》卷四《商书》

（归善斋按，见"呜呼！先王肇修人纪，从谏弗咈，先民时若"）

（元）陈师凯《书蔡传旁通》卷三《商书·伊训》

汤之克忠最为难看，汤放桀，以臣易君，岂可为忠。不知汤之心最忠者也。天命未去，人心未离，事桀之心，曷尝斯须替哉。

案《孟子》云，五就汤五，就桀者，伊尹也。朱子引杨氏曰，伊尹之就汤，以三聘之勤也。其就桀也，汤进之也。汤岂有伐桀之意哉。其进伊尹以事之也，欲其悔过迁善而已。伊尹既就汤，则以汤之心为心矣。及其终也，人归之，天命之，不得已而伐之耳。若汤初求伊尹，即有伐桀之心，而伊尹遂相之，以伐桀是以取天下为心也。以取天下为心，岂圣人之心哉。辅氏曰，杨氏真得汤与伊尹之心，足以洗世儒之惑。愚谓《孟子》此章，杨氏此注，亦见汤之克忠处。

（元）陈悦道《书义断法》三《商书·伊训》

(归善斋按，见"呜呼！先王肇修人纪，从谏弗咈，先民时若")

（明）梅鷟《尚书考异》三《商书·伊训》

(归善斋按，见"呜呼！先王肇修人纪，从谏弗咈，先民时若")

（元）王充耘《书义矜式》卷三《商书·伊训》

(归善斋按，见"居上克明")

与人不求备，检身若不及

1.（汉）孔氏传、（唐）陆德明音义、孔颖达疏《尚书注疏》卷七

与人不求备，检身若不及。
传，使人必器之，常如不及，恐有过。
疏，正义曰，检，谓自摄敛也。检敕其身，常如不及，不自大以卑人，不恃长以陵物也。

2.（宋）苏轼《书传》卷七《商书·伊训第四》

与人不求备，检身若不及。以至于有万邦，兹惟艰哉。敷求哲人，俾辅于尔后嗣。制官刑，儆于有位，曰，敢有恒舞于宫，酣歌于室，时谓巫风。
《诗》云"无冬无夏，值其鹭羽"，此巫风也。

3.（宋）林之奇《尚书全解》卷十五《商书》

(归善斋按，见"呜呼！先王肇修人纪，从谏弗咈，先民时若")

4. (宋)史浩《尚书讲义》卷七《商书》

(按,此篇讲义《永乐大典》原阙)

5. (宋)夏僎《尚书详解》卷十一《商书》

(归善斋按,见"呜呼!先王肇修人纪,从谏弗咈,先民时若")

6. (宋)时澜《增修东莱书说》卷八《商书·伊训第四》

与人不求备,检身若不及。

惟检身若不及,故能于人不求备,大抵用工于自检,实见天下之理如此。其难践,实见一身之行如此。其难全,则不敢责人之备,盖己之所素尝者,难敢以难望于人哉。

7. (宋)黄度《尚书说》卷三《商书》

(归善斋按,见"呜呼!先王肇修人纪,从谏弗咈,先民时若")

8. (宋)袁燮《絜斋家塾书钞》卷五《商书》

(案,袁氏《伊训》篇解《永乐大典》原阙)

9. (宋)蔡沈《书经集传》卷三《商书》

(归善斋按,见"呜呼!先王肇修人纪,从谏弗咈,先民时若")

10. (宋)黄伦《尚书精义》卷十七

(案,此篇经解,《永乐大典》原阙)

11. (宋)陈经《尚书详解》卷十三《商书》

(归善斋按,见"呜呼!先王肇修人纪,从谏弗咈,先民时若")

12. (宋)钱时《融堂书解》卷五《商书·伊训》

(案,《伊训》解,《永乐大典》原阙)

13. （宋）魏了翁《尚书要义》

原阙。

14. （宋）陈大猷《书集传或问》卷上《商书·伊训》

（归善斋按，未解）

15. （宋）胡士行《尚书详解》卷四

（归善斋按，见"呜呼！先王肇修人纪，从谏弗咈，先民时若"）

16. （元）吴澄《书纂言》

（归善斋按，未解）

17. （元）陈栎《书集传纂疏》卷三《朱子订定蔡氏集传》

（归善斋按，见"呜呼！先王肇修人纪，从谏弗咈，先民时若"）

18. （元）许谦《读书丛说》

（归善斋按，未解）

19. （元）董鼎《书传辑录纂注》卷三《商书》

（归善斋按，见"呜呼！先王肇修人纪，从谏弗咈，先民时若"）

20. （元）朱祖义《尚书句解》卷四

与人不求备（缓以待其归于人纪），检身若不及（急以责其归于人纪）。

21. （明）王樵《尚书日记》卷七

（归善斋按，见"呜呼！先王肇修人纪，从谏弗咈，先民时若"）

22.（清）库勒纳等撰《日讲书经解义》卷四《商书》

（归善斋按，见"呜呼！先王肇修人纪，从谏弗咈，先民时若"）

（元）陈悦道《书义断法》三《商书·伊训》

（归善斋按，见"呜呼！先王肇修人纪，从谏弗咈，先民时若"）

（明）梅鷟《尚书考异》三《商书·伊训》

（归善斋按，见"呜呼！先王肇修人纪，从谏弗咈，先民时若"）

（清）朱鹤龄《尚书埤传》卷七《商书·伊训》

检身若不及。

孔疏，检，谓自摄检也，检敕其身，不自大以卑人；不恃长以凌物。

（元）王充耘《书义矜式》卷三《商书·伊训》

（归善斋按，见"居上克明"）

以至于有万邦，兹惟艰哉

1.（汉）孔氏传、（唐）陆德明音义、孔颖达疏《尚书注疏》卷七

以至于有万邦，兹惟艰哉。
传，言汤操心，常危惧，动而无过，以至为天子，此自立之难。
音义，操，七曹反，又七报反。

2.（宋）苏轼《书传》卷七《商书·伊训第四》

（归善斋按，未解）

3.（宋）林之奇《尚书全解》卷十五《商书》

（归善斋按，见"呜呼！先王肇修人纪，从谏弗咈，先民时若"）

4.（宋）史浩《尚书讲义》卷七《商书》

（按，此篇讲义《永乐大典》原阙）

5.（宋）夏僎《尚书详解》卷十一《商书》

（归善斋按，见"呜呼！先王肇修人纪，从谏弗咈，先民时若"）

6.（宋）时澜《增修东莱书说》卷八《商书·伊训第四》

以至于有万邦，兹惟艰哉。

汤自"肇修人纪"，至"检身若不及"，工夫之多，践履之深，其得天下如此之难，以汤之聪明，其难且尔，太甲中材之主，则难又奚止于汤也。

7.（宋）黄度《尚书说》卷三《商书》

（归善斋按，见"呜呼！先王肇修人纪，从谏弗咈，先民时若"）

8.（宋）袁燮《絜斋家塾书钞》卷五《商书》

（案，袁氏《伊训》篇解《永乐大典》原阙）

9.（宋）蔡沈《书经集传》卷三《商书》

（归善斋按，见"呜呼！先王肇修人纪，从谏弗咈，先民时若"）

10.（宋）黄伦《尚书精义》卷十七

（案，此篇经解，《永乐大典》原阙）

11.（宋）陈经《尚书详解》卷十三《商书》

（归善斋按，见"呜呼！先王肇修人纪，从谏弗咈，先民时若"）

12.（宋）钱时《融堂书解》卷五《商书·伊训》

(案，《伊训》解，《永乐大典》原阙）

13.（宋）魏了翁《尚书要义》

原阙。

14.（宋）陈大猷《书集传或问》卷上《商书·伊训》

(归善斋按，未解）

15.（宋）胡士行《尚书详解》卷四

(归善斋按，见"呜呼！先王肇修人纪，从谏弗咈，先民时若"）

16.（元）吴澄《书纂言》

(归善斋按，未解）

17.（元）陈栎《书集传纂疏》卷三《朱子订定蔡氏集传》

(归善斋按，见"呜呼！先王肇修人纪，从谏弗咈，先民时若"）

18.（元）许谦《读书丛说》

(归善斋按，未解）

19.（元）董鼎《书传辑录纂注》卷三《商书》

(归善斋按，见"呜呼！先王肇修人纪，从谏弗咈，先民时若"）

20.（元）朱祖义《尚书句解》卷四

以至于有万邦（由是自七十里以至于有万邦而为君），兹惟艰哉（此事岂不艰难）。

21.（明）王樵《尚书日记》卷七

(归善斋按，见"呜呼！先王肇修人纪，从谏弗咈，先民时若")

22.（清）库勒纳等撰《日讲书经解义》卷四《商书》

(归善斋按，见"呜呼！先王肇修人纪，从谏弗咈，先民时若")

（元）陈悦道《书义断法》三《商书·伊训》

(归善斋按，见"呜呼！先王肇修人纪，从谏弗咈，先民时若")

（明）梅鷟《尚书考异》三《商书·伊训》

(归善斋按，见"呜呼！先王肇修人纪，从谏弗咈，先民时若")

敷求哲人，俾辅于尔后嗣

1.（汉）孔氏传、（唐）陆德明音义、孔颖达疏《尚书注疏》卷七

敷求哲人，俾辅于尔后嗣。
传，布求贤智，使师辅于尔嗣王，言仁及后世。
音义，哲，本又作喆。俾，必尔反。

2.（宋）苏轼《书传》卷七《商书·伊训第四》

(归善斋按，未解)

3.（宋）林之奇《尚书全解》卷十五《商书》

(归善斋按，见"呜呼！先王肇修人纪，从谏弗咈，先民时若")

4.（宋）史浩《尚书讲义》卷七《商书》

(按，此篇讲义《永乐大典》原阙)

5.（宋）夏僎《尚书详解》卷十一《商书》

(归善斋按，见"呜呼！先王肇修人纪，从谏弗咈，先民时若")

6.（宋）时澜《增修东莱书说》卷八《商书·伊训第四》

敷求哲人，俾辅于尔后嗣。制官刑，儆于有位。

得之既难，故其虑后世也深。求哲人辅后嗣，制官刑儆有位，为后世无穷之计。

7.（宋）黄度《尚书说》卷三《商书》

敷求哲人，俾辅于尔后嗣。制官刑，儆于有位。曰，敢有恒舞于宫，酣歌于室，时谓巫风；敢有殉于货色，恒于游畋，时谓淫风；敢有侮圣言，逆忠直，远耆德，比顽童，时谓乱风。惟兹三风十愆，卿士有一于身，家必丧；邦君有一于身，国必亡。臣下不匡，其刑墨，具训于蒙士。

官刑虽设，苟无哲辅果，何益哉？恒舞、酣歌近于巫觋；货色游畋，淫荡不反；侮圣言，则无所忌惮；逆忠直，则无所降屈；远耆德，则废典刑；比顽童，则所趋必下。逆伦害理，乱之道也。人主至此，益难救。食其禄，居其位，而不忧其败，非人臣也，故有不匡之刑。故侍讲刘贡父曰，墨，非刑名也。皋陶刑昏墨，贼杀墨贪也。臣不匡君，贪其禄位，故坐以墨，盖死罪也。孔氏曰，蒙士，例谓下士，或曰蒙，蒙，古字从省，为蒙。《周官》瞽蒙掌弦歌讽诵，召武公称蒙诵，卫武公亦曰蒙不失诵，所谓工执艺事以谏者也。汤作官刑，具以训瞽蒙，使歌诵之，以儆邦君、卿士伊尹取其言，以戒嗣王。

8.（宋）袁燮《絜斋家塾书钞》卷五《商书》

(案，袁氏《伊训》篇解《永乐大典》原阙)

9.（宋）蔡沈《书经集传》卷三《商书》

敷求哲人，俾辅于尔后嗣。

敷，广也。广求贤哲，使辅尔后嗣也。

10.（宋）黄伦《尚书精义》卷十七

（案，此篇经解，《永乐大典》原阙）

11.（宋）陈经《尚书详解》卷十三《商书》

（归善斋按，见"呜呼！先王肇修人纪，从谏弗咈，先民时若"）

12.（宋）钱时《融堂书解》卷五《商书·伊训》

（案，《伊训》解，《永乐大典》原阙）

13.（宋）魏了翁《尚书要义》

原阙。

14.（宋）陈大猷《书集传或问》卷上《商书·伊训》

或问，汤之得天下也甚难，故其虑天下也甚远，是以"敷求哲人"，以辅后嗣，如何？曰，圣人之于天下，非因其难得，而后始虑之远也。以此戒后人，则可谓圣人之本心如此，则不然，圣人既受天下之责，则不得不为无穷之虑。其得天下，本出于无心，至守天下，则无不尽其心。若谓因得之难，而后虑之远，则舜自侧微三载，而陟帝位，将不远虑乎？此殆可以论常人之心，而非所以论圣人也。至如汉高祖、唐太宗，奋自匹夫，不数年得天下，其虑天下亦当不远哉。

15.（宋）胡士行《尚书详解》卷四

敷（广）求哲人（识治之人），俾（使）辅于尔后嗣。制官刑，儆（戒）于有位。

汤之所以创业者，责之己而已，而所以为后人计者，则不得而恃己也，求之广矣。又制刑以儆之。其儆有位者，所以儆后嗣，其为后嗣计者，所以为天下计其家，天下之道，乃其公天下之心也。

16. （元）吴澄《书纂言》

(归善斋按，未解)

17. （元）陈栎《书集传纂疏》卷三《朱子订定蔡氏集传》

敷求哲人，俾辅于尔后嗣。

敷，广也。广求贤哲，使辅尔后嗣也。

纂疏

孙氏曰，敷求，求之非一方也，如云"立贤无方"。

陈氏经曰，汤得天下也甚难，故其广天下也甚远，宜求贤以遗后人也。

18. （元）许谦《读书丛说》

(归善斋按，未解)

19. （元）董鼎《书传辑录纂注》卷三《商书》

敷求哲人，俾辅于尔后嗣。

敷，广也，广求贤哲，使辅尔后嗣也。

纂注

孙氏曰，敷求，求之非一方也，如"立贤无方"。

陈氏经曰，汤得天下也甚难，故其虑天下也甚远，宜求贤以遗后人也。

20. （元）朱祖义《尚书句解》卷四

敷求哲人（敷布广求贤哲之人），俾辅于尔后嗣（使辅弼于尔后世子孙）。

21. （明）王樵《尚书日记》卷七

敷求哲人，俾辅于尔后嗣。

又言汤虑后之远如此。敷,布也。布求,犹旁求也。哲人明于理,欲之判治乱之几者。敷求,使毕在朝廷,俾辅于尔后嗣。孝弟之良心,则有以导而成之;逸欲之非心,则有以防而正之。

此篇曰"敷求哲人",《太甲》篇曰"旁求俊彦",《孟子》亦称汤立贤无方,而周公称商实,盖商家一代得贤之多,实有所自,贤圣之君六七作,亦贤才众多夹辅之力也。

古之圣王不止为一世之计,莫不有所以贻其子孙,何以贻之,曰德,曰典章,曰贤才也。以义制事,以礼制心,垂裕后昆,贻之以德也。有典有则,贻之以法也;敷求哲人,贻之以人也。后之君不然,自谓有所贻,其所贻者,曰富贵,曰安逸而已。夫有其德与人以贻之,使其子孙不能听而守,犹且败亡,而况贻之者非乎?汉高属王陵乎勃于身后,故刘氏危而复安。晋武平吴之后,以天下乐而已,识者有以知其不远。

22.（清）库勒纳等撰《日讲书经解义》卷四《商书》

敷求哲人,俾辅于尔后嗣。制官刑,儆于有位,曰,敢有恒舞于宫,酣歌于室,时谓巫风;敢有殉于货色,恒于游畋,时谓淫风;敢有侮圣言,逆忠直,远耆德,比顽童,时谓乱风。惟兹三风十愆,卿士有一于身,家必丧;邦君有一于身,国必亡。臣下不匡,其刑墨,具训于蒙士。

此二节书是,言先王求治人以辅后,兼立治法,以儆臣也。敷,广也。官刑,官府之刑;恒,常也。酣歌,谓酒后狂歌。巫,是歌舞以事神之人。风,风俗也。淫,过也。墨刑,凿其额而涅以墨也。蒙士,蒙童初学之士。伊尹曰,先王之得天下甚难,其虑天下亦甚远,不特自修人纪已也,又必广求贤哲,布列在位,以辅佐于尔后人,使将顺其美,匡救其失,庶几保先业,而不至于废坠也。然使哲人辅之,佞人从而败之,君德何由成乎?又制为官刑,以儆有位。其儆戒之词曰,凡尔有位,虽有宴乐,当节以礼,敢有卜昼卜夜,而恒舞于宫,纵酒沉湎而酣歌于室,是正人而为巫觋之事也,谓之巫风。虽有玩好,当适其宜,敢有贪嗜货财,耽好女色,盘游无度,畋猎非时,是放荡而无检也,谓之淫风。尊贤恶佞,尚德远谗,此常理也,敢有侮慢圣人之言,拒逆忠直之谏,疏远老成有德之士,狎比顽钝无耻之徒,是好恶拂其常也,谓之乱风。惟兹三风十愆,其足以坏人心，颓世道。不必全此而后丧亡也，为卿士者有一于身，则必丧其家；为邦君者有一于身，则必亡其国，况天子乎？若天子而犯此风愆，则在有位者，皆当尽言直谏，以匡扶其过，若隐忍坐视而不言，是食君之禄，而不忠者也，则必以墨刑加之。不特儆于有位也，彼蒙童初学之士，亦皆以此训诫之，欲其入官而知所以正谏，纵使老成凋谢，犹赖有继起之忠良，得而用之。先王之为后嗣虑者，其深且远如此，吾王其可不知戒哉？古者，凡为人臣皆有进谏之责，先王非独劝之使言，又刑之使不得不言，此开广听纳之良法也。

制官刑，儆于有位

1.（汉）孔氏传、（唐）陆德明音义、孔颖达疏《尚书注疏》卷七

制官刑，儆于有位。

传，言汤制治官刑法，以儆戒百官。

音义，儆，居领反。

疏，正义曰，此皆汤所制治官之刑，以儆戒百官之言也。

传，正义曰，酣歌常舞，并为耽乐无度，荒淫废德，俱是败乱政事，其为愆过不甚异也，恒舞酣歌乃为愆耳，若不恒舞不酣歌，非为过也。乐酒曰酣，言耽酒以自乐也。《说文》亦云，酣，乐酒也。《楚语》云，民之精爽不携贰者，则明神降之，在男曰觋，在女曰巫。又。《周礼》有男巫女巫之官，皆掌接神，故事鬼神曰巫也。废弃德义，专为歌舞，似巫事鬼神然，言其无政也。殉者，心循其事，是贪求之意，故为求也。志在得之，不顾礼义，昧求，谓贪昧以求之。《无逸》云于游、于畋，是游与畋别，故为游戏与畋猎为之无度，是淫过之风俗也。侮，谓轻慢；狎谓惯忽，故传以狎配侮而言之。《旅獒》云，德盛不狎侮，是狎、侮意相类也。十愆有一，则亡国丧家，邦君卿士虑其丧亡之故，则宜以争臣自匡正。犯颜而谏，臣之所难，故设不谏之刑，以励臣下，故言臣不正君，则

服墨刑。墨刑，五刑之轻者，谓凿其额涅以墨，《司刑》所谓墨罪五百者也。蒙，谓蒙稚，卑小之称，故蒙士例谓下士也。顾氏亦以为，蒙，谓蒙暗之士。例字宜从下读，言此等流，例谓下士也。

2. （宋）苏轼《书传》卷七《商书·伊训第四》

（归善斋按，未解）

3. （宋）林之奇《尚书全解》卷十五《商书》

（归善斋按，见"呜呼！先王肇修人纪，从谏弗咈，先民时若"）

4. （宋）史浩《尚书讲义》卷七《商书》

（按，此篇讲义《永乐大典》原阙）

5. （宋）夏僎《尚书详解》卷十一《商书》

（归善斋按，见"呜呼！先王肇修人纪，从谏弗咈，先民时若"）

6. （宋）时澜《增修东莱书说》卷八《商书·伊训第四》

（归善斋按，见"敷求哲人，俾辅于尔后嗣"）

7. （宋）黄度《尚书说》卷三《商书》

（归善斋按，见"敷求哲人，俾辅于尔后嗣"）

8. （宋）袁燮《絜斋家塾书钞》卷五《商书》

（案，袁氏《伊训》篇解《永乐大典》原阙）

9. （宋）蔡沈《书经集传》卷三《商书》

制官刑，儆于有位。曰，敢有恒舞于宫，酣歌于室，时谓巫风；敢有殉于货色，恒于游畋，时谓淫风；敢有侮圣言，逆忠直，远耆德，比顽童，时谓乱风。惟兹三风十愆，卿士有一于身，家必丧；邦君有一于身，国必亡。臣下不匡，其刑墨，具训于蒙士。

殉，松润反。远，于愿反。官刑，官府之刑也。巫风者，常歌常舞，若巫觋然也。淫，过也，过而无度也。比，昵也。倒置悖理曰乱，好人之所恶，恶人之所好也。风，风化也。三风，愆之纲也；十愆，风之目也。卿士，诸侯十有其一，已丧其家，亡其国矣。墨，墨刑也，臣下而不能匡正其君，则以墨刑加之。具，详悉也。童蒙，始学之士，则详悉以是训之，欲其入官而知所以正谏也。当时太甲欲败度纵败礼，伊尹先见其微，故拳拳及此。刘侍讲曰，墨，即叔向所谓夏书昏墨贼杀，皋陶之刑贪，以败官为墨。

10.（宋）黄伦《尚书精义》卷十七

(案，此篇经解，《永乐大典》原阙)

11.（宋）陈经《尚书详解》卷十三《商书》

制官刑，儆于有位，曰，敢有恒舞于宫，酣歌于室，时谓巫风；敢有徇于货色，恒于游畋，时谓淫风；敢有侮圣言，逆忠直，远耆德，比顽童，时谓乱风。惟兹三风十愆，卿士有一于身，家必丧；邦君有一于身，国必亡。臣下不匡，其刑墨，具训于蒙士。

汤不惟敷求哲人以辅后嗣而已，又制为在官之刑，以儆在位。人心无常，虽未必皆然，而先王不得不预儆有位，独曰"臣下不匡，其刑墨"，而卿大夫、邦君独无刑，何也？曰卿士有一而丧其家，诸侯之有国者，有一而丧其国，刑孰甚焉？伊尹引此，以戒太甲，意谓大夫、诸侯且如此，则天子有天下者，可知矣，其谏诤之法，不亦婉乎。

12.（宋）钱时《融堂书解》卷五《商书·伊训》

(案，《伊训》解，《永乐大典》原阙)

13.（宋）魏了翁《尚书要义》

原阙。

14.（宋）陈大猷《书集传或问》卷上《商书·伊训》

（归善斋按，未解）

15.（宋）胡士行《尚书详解》卷四

（归善斋按，见"敷求哲人，俾辅于尔后嗣"）

16.（元）吴澄《书纂言》

（归善斋按，未解）

17.（元）陈栎《书集传纂疏》卷三《朱子订定蔡氏集传》

制官刑，儆于有位，曰，敢有恒舞于宫，酣歌于室，时谓巫风；敢有殉于货色，恒于游畋，时谓淫风；敢有侮圣言，逆忠直，远耆德，比顽童，时谓乱风。惟兹三风十愆，卿士有一于身，家必丧；邦君有一于身，国必亡。臣下不匡，其刑墨，具训于蒙士。

官刑，官府之刑也。巫风者，常歌、常舞，若巫觋然也。淫，过也，过而无度也。比，昵也。倒置悖理，曰乱，好人之所恶，恶人之所好也。风，风化也。三风，愆之纲也。十愆，风之目也。卿士、诸侯十有其一，已丧其家、亡其国矣。墨，墨刑也。臣下而不能匡正其君，则以墨刑加之。具，详悉也。童蒙始学之士，则详悉以是训之，欲其入官而知所以正谏也。异时，太甲欲败度纵败礼，伊尹先见其微，故拳拳及此。刘侍讲曰，墨即叔向所谓"夏书昏墨贼杀"，皋陶之刑贪，以败官为墨。

纂疏

臣下不匡之刑，盖施于邦君、大夫之丧国亡家者，君臣一体，不得不然。如汉废昌邑王，而诛其群臣。太祖下岭南，亦诛其乱臣龚澄枢、李托之类是也。

吕氏曰，前六愆，因后四愆而生。

唐孔氏曰，巫风二，淫风四，乱风四，为愆十。

史氏仲午曰，意当时太甲左右必有以歌舞货色等惑其君者，尹未明指其人，姑以先王所制官刑儆之，后遂营桐宫，不使狎于弗顺焉。

真氏曰，殉，如殉葬之殉，以其身陷货色中，死而不顾是也。臣下所以不匡，以贪官固位故也。不谏之罪，与贪墨同，使知不独贪贿有罪，贪官不谏亦有刑也。

薛氏曰，臣下不匡，遽入墨辟，无乃过乎？置臣所以正主也。视主入丧亡而不救。其可贷乎？重其刑，使知进而谏未必死，退而不谏必受刑，则虽中不欲谏亦不得不谏也。

愚谓，汤儆有位之官刑，为后嗣虑至矣。三风十愆，以戒卿士、邦君，而举以训太甲者，意谓卿士、诸侯犯此已足丧家、亡国，况天子乎，微意见矣。况不匡刑墨，儆臣下者，欲其以是儆天子也。太甲他时之欲纵尸于此，时已窥见其几微，故预为之戒。前章述汤德以勉其善，此述汤刑以防其失，勉其善，在启发其爱敬之良心；防其失，在禁遏其欲纵之私心也。

18.（元）许谦《读书丛说》

（归善斋按，未解）

19.（元）董鼎《书传辑录纂注》卷三《商书》

制官刑，儆于有位，曰，敢有恒舞于宫，酣歌于室，时谓巫风；敢有殉于货色，恒于游畋，时谓淫风；敢有侮圣言，逆忠直，远耆德，比顽童，时谓乱风。惟兹三风十愆，卿士有一于身，家必丧；邦君有一于身，国必亡。臣下不匡，其刑墨，具训于蒙士。

官刑，官府之刑也。巫风者，常歌常舞，若巫觋然也。淫，过也，过而无度也。比，昵也。倒置悖理，曰乱，好人之所恶，恶人之所好也。风，风化也。三风，愆之纲也；十愆，风之目也。卿士、诸侯，十有其一，已丧其家，亡其国矣。墨，墨刑也，臣下而不能匡正其君，则以墨刑加之。具，详悉也。童蒙始学之士，则详悉以是训之，欲其入官而知所以正谏。异时，太甲欲败度，纵败礼，伊尹先见其微，故拳拳及此。刘侍讲曰，墨，即叔向所谓《夏书》"昏、墨、贼、杀"，皋陶之刑贪，以败官为墨。

辑录

臣下不匡之刑，盖施于邦君、大夫之丧国亡家者。君臣一体，不得不然。如汉废昌邑王贺，则诛其群臣。而本朝太祖下岭南，亦诛其乱臣，龚澄枢、李托之类是也。澄枢等实亡刘氏，乃飞廉、恶来之比，诛之自不为冤，若昌邑群臣与贺同恶者，固不得不诛，其余止可当古者墨刑之坐耳，乃不分等级，例行诛杀，是则霍光之私意也。又如文定论楚子纳孔仪处事，虽不同意亦类此。试参考之，则知成汤之制官刑，正是奉行天讨，毫发不差处，何疑之有哉？《答吴晦叔》。

具训于蒙士，吴斗南谓，古者墨刑，人以蒙蒙其首，恐不然。广。

纂注

吕氏曰，古成童习舞、恒舞则为愆。歌以永言。酣歌则为愆，前六愆因后四愆而生。

史氏仲午曰，意当时太甲左右必有以歌、舞、货、色等惑其君者，尹未指其人明言，姑曰先王之制，官刑如此，而徐为之谋，后遂营桐宫，不使狎于弗顺焉。

真氏曰，殉，如殉葬之殉，盖以其身陷于货、色之中，死而不顾也。臣下所以不匡，以其贪官固位故也。不谏之罪，与贪墨同，使人知不独贪贿之有罪，而贪官不谏亦有刑也。

《左传》昭十四年，昏、墨、贼三者皆死刑。

薛氏曰，善不必小，故一日克己，天下归仁；恶不必多，故有一于身，家国必丧。虞公以垂棘之璧亡其国，吴太宰以越之女色覆其宗。先王之戒，岂诬也。

或曰，臣下不匡，而遽入墨之重辟，无乃过乎？曰，置臣所以正主也，视主人丧亡而不之救，其可贷乎？重其刑，使之进而谏未必死，退而不谏必受刑，则虽中不欲谏，亦不得不谏也。

新安陈氏曰，汤儆有位之官刑，其条目详，防制密，训诲豫如此，所以为后嗣虑至矣。三风十愆以戒卿士、邦君，而伊尹举以训太甲者，意谓卿士、诸侯犯此已足丧家、亡国，况天子乎。虽不指斥天子，微意可见矣。况臣下不匡，国有常刑，则儆臣下者，欲臣下以是儆天子也。

20. （元）朱祖义《尚书句解》卷四

制官刑（又制为诛责有官、君子之刑），儆于有位（以儆戒于有位之人，曰其刑）。

21.（明）王樵《尚书日记》卷七

"制官刑儆于有位"至"具训于蒙士"。

正义曰，此皆汤所制治官之刑，以儆戒有位之言也。"三风十愆"，谓巫风二，舞也，歌也。淫风四，货也，色也，游也，畋也。与乱风四，为十愆也。舞及游、畋，得有时为之，而不可常，故三事特言"恒"也。歌则可矣，不可乐酒，而"歌"故以"酗"配之。巫以歌、舞事神，故以歌舞为巫风。货、色，人所贪欲，宜以义自节，而不可殉。心殉货、色，常为游、畋，是谓淫风，言过而无度也。侮圣人之言，逆忠直之谏，疏远耆德，比昵顽童，爱憎乖错，政必荒乱，故谓乱风。此"三风十愆"，虽恶有大小，但有一于身者，皆丧国亡家，臣下不匡，其刑墨，言臣当匡正君也。

哲人辅之导，谀阿意之人，从而败之，欲嗣德难矣，故又制官刑儆于有位，使有位者，惟恐蹈丧亡之辙。为臣者不敢犯不匡之刑，则逸欲之源，无自而启。

薛氏曰，枚举卿士、邦君，而不指斥天子，使之环视，夫人尽然，则为人主宜奈何，告戒之微辞也。

朱子曰，臣下不匡之刑，盖施于邦君、大夫之丧国亡家者。君臣一体，不得不然。如汉废昌邑王，诛其群臣。本朝太祖下岭南，亦诛其乱臣龚澄枢、李托之类是也。

正义曰，犯颜而谏臣之所难，故设不谏之刑。

其刑墨，孔氏以为即五刑之墨，蔡氏又引刘原父之说。按《左传》"昏、墨、贼，杀"，本谓有此"昏、墨、贼"三者之罪，则皆当杀。贪以败官为"墨"，此与墨刑之"墨"，自为二义。刘氏之意，似谓不谏者固位不言，与贪墨同故，坐其罪。而其说不明，且"昏、墨、贼、杀"，未必先王之刑，亦未可引以证此。朱子引汉诛昌邑群臣等事，亦以见臣下不匡之有刑尔，非以墨为杀也。

"具训于蒙士"，谓此官刑，既颁布在官又使蒙士习之，使它日入官，知所以正谏。圣人拳拳，欲人无犯，故为教周至如此。

异时，太甲欲败度、纵败礼，夫以"欲"而难自克之心，加之以"纵"而莫龃龉之势。三风十愆，安知不尽为之。伊尹盖见其微，故言之切。夫人情受虚而护实，事将然而未然，折其萌也易。太甲虽一时未能听，而卒致思庸由入之先也。此伊尹所以善于纳诲与。

成汤垂戒"三风十愆"，与大禹"二十四言"之训，同一旨，而其设臣下不匡之刑，尤为至虑。异时，太甲狎于弗顺，果左右导之意者，斯时，伊尹亦已有所指，而未明言之，与训之豫，又至于再三，而王未克变，尹乃营宫于桐，不使狎于弗顺焉。此岂尹创为之，夫固成汤付属尹之意也，夫固成汤制官刑之意也。

22.（清）库勒纳等撰《日讲书经解义》卷四《商书》

（归善斋按，见"敷求哲人，俾辅于尔后嗣"）

曰：敢有恒舞于宫，酣歌于室，时谓巫风

1.（汉）孔氏传、（唐）陆德明音义、孔颖达疏《尚书注疏》卷七

曰：敢有恒舞于宫，酣歌于室，时谓巫风。
传，常舞则荒淫，乐酒曰酣，酣歌则废德，事鬼神。曰巫，言无政。音义，酣，户甘反。巫，音无。乐，音洛。

2.（宋）苏轼《书传》卷七《商书·伊训第四》

（归善斋按，见"与人不求备，检身若不及"）

3.（宋）林之奇《尚书全解》卷十五《商书》

（归善斋按，见"呜呼！先王肇修人纪，从谏弗咈，先民时若"）

4. （宋）史浩《尚书讲义》卷七《商书》

（按，此篇讲义《永乐大典》原阙）

5. （宋）夏僎《尚书详解》卷十一《商书》

（归善斋按，见"呜呼！先王肇修人纪，从谏弗咈，先民时若"）

6. （宋）时澜《增修东莱书说》卷八《商书·伊训第四》

曰，敢有恒舞于宫，酣歌于室，时谓巫风；敢有殉于货色，恒于游畋，时谓淫风；敢有侮圣言，逆忠直，远耆德，比顽童，时谓乱风。惟兹三风十愆，卿士有一于身，家必丧；邦君有一于身，国必亡。

古者，成童习舞，恒舞则为愆矣。歌以永言，酣歌则为愆矣。巫者，歌舞以降神，恒舞、酣歌，所以谓之巫风也。观汤之时，以恒舞、酣歌为戒，则知靡靡之乐，非作于商纣之时，郑、卫之音，非起于周衰之际。天下之理，正邪对峙，有雅乐，则有淫声矣。

"三风十愆"，前六愆，因后四愆而生。人之用力体察，当于其所自生也。见圣人之言，此心如何有一毫不敬，则为侮矣；闻忠直之言，此心如何有一毫不契，则为逆矣。耆德之人，一念之隔，则为远；顽童之人，一念之喜，则为比。四愆不免，则六愆随之。卿士、邦君有一于身，必至丧亡，非谓一愆之能丧亡也。德不孤，恶亦不孤，有其一，则至于二，至于三，而九者从而有矣。有一云者，箴其病于未萌也。

7. （宋）黄度《尚书说》卷三《商书》

（归善斋按，见"敷求哲人，俾辅于尔后嗣"）

8. （宋）袁燮《絜斋家塾书钞》卷五《商书》

（案，袁氏《伊训》篇解《永乐大典》原阙）

9.（宋）蔡沈《书经集传》卷三《商书》

(归善斋按，见"制官刑，儆于有位")

10.（宋）黄伦《尚书精义》卷十七

(案，此篇经解，《永乐大典》原阙)

11.（宋）陈经《尚书详解》卷十三《商书》

(归善斋按，见"制官刑，儆于有位")

12.（宋）钱时《融堂书解》卷五《商书·伊训》

(案，《伊训》解，《永乐大典》原阙)

13.（宋）魏了翁《尚书要义》

原阙。

14.（宋）陈大猷《书集传或问》卷上《商书·伊训》

(归善斋按，未解)

15.（宋）胡士行《尚书详解》卷四

曰，敢有恒舞于宫，酣歌于室，时谓巫风（巫，歌舞以降神）；敢有殉（忘死求之）于货色，恒于游畋，时谓淫风；敢有侮圣言，逆（疏）忠直，远耆（老成）德，比（亲近）顽童，时谓乱风。惟兹三风十愆，卿士有一于身，家必丧；邦君有一于身，国必亡。臣下不匡（正君），其刑墨，具（皆）训于蒙（愚）士。

此所谓官刑也，德不孤，恶亦不孤。有其一，则二，则三，而九者从之矣。卿士、邦君之愆，至丧家、亡国，而其下不正焉，墨刑之未为过也。吕云，蒙，童蒙也。

16.（元）吴澄《书纂言》

(归善斋按，未解)

17. （元）陈栎《书集传纂疏》卷三《朱子订定蔡氏集传》

（归善斋按，见"制官刑，儆于有位"）

18. （元）许谦《读书丛说》

（归善斋按，未解）

19. （元）董鼎《书传辑录纂注》卷三《商书》

（归善斋按，见"制官刑，儆于有位"）

20. （元）朱祖义《尚书句解》卷四

曰，敢有恒舞于宫（敢有常舞于宫室中，而无节约者），酣歌于室（沉湎于酒，狂歌于家而无忌惮），时谓巫风（是名巫觋风俗）。

21. （明）王樵《尚书日记》卷七

（归善斋按，见"制官刑，儆于有位"）

22. （清）库勒纳等撰《日讲书经解义》卷四《商书》

（归善斋按，见"敷求哲人，俾辅于尔后嗣"）

（元）陈师凯《书蔡传旁通》卷三《商书·伊训》

巫觋。
女曰巫，男曰觋。

敢有殉于货色，恒于游畋，时谓淫风

1. （汉）孔氏传、（唐）陆德明音义、孔颖达疏《尚书注疏》卷七

敢有殉于货色，恒于游畋，时谓淫风。

传，殉，求也。昧求财货美色，常游戏畋猎，是淫过之风俗。

音义，殉，辞俊反，徐辞荀反。畋，音田。

2.（宋）苏轼《书传》卷七《商书·伊训第四》

敢有殉于货色，恒于游畋。

从流上而忘反，谓之游。

时谓淫风。敢有侮圣言，逆忠直，远耆德，比顽童，时谓乱风。惟兹三风十愆，卿士有一于身，家必丧。邦君有一于身，国必亡。臣下不匡，其刑墨。

匡，正也，谓谏也。

3.（宋）林之奇《尚书全解》卷十五《商书》

（归善斋按，见"呜呼！先王肇修人纪，从谏弗咈，先民时若"）

4.（宋）史浩《尚书讲义》卷七《商书》

（按，此篇讲义《永乐大典》原阙）

5.（宋）夏僎《尚书详解》卷十一《商书》

（归善斋按，见"呜呼！先王肇修人纪，从谏弗咈，先民时若"）

6.（宋）时澜《增修东莱书说》卷八《商书·伊训第四》

（归善斋按，见"曰，敢有恒舞于宫，酣歌于室，时谓巫风"）

7.（宋）黄度《尚书说》卷三《商书》

（归善斋按，见"敷求哲人，俾辅于尔后嗣"）

8.（宋）袁燮《絜斋家塾书钞》卷五《商书》

（案，袁氏《伊训》篇解《永乐大典》原阙）

9.（宋）蔡沈《书经集传》卷三《商书》

(归善斋按，见"制官刑，儆于有位")

10.（宋）黄伦《尚书精义》卷十七

(案，此篇经解，《永乐大典》原阙)

11.（宋）陈经《尚书详解》卷十三《商书》

(归善斋按，见"制官刑，儆于有位")

12.（宋）钱时《融堂书解》卷五《商书·伊训》

(案，《伊训》解，《永乐大典》原阙)

13.（宋）魏了翁《尚书要义》

原阙。

14.（宋）陈大猷《书集传或问》卷上《商书·伊训》

(归善斋按，未解)

15.（宋）胡士行《尚书详解》卷四

(归善斋按，见"曰，敢有恒舞于宫，酣歌于室，时谓巫风")

16.（元）吴澄《书纂言》

(归善斋按，未解)

17.（元）陈栎《书集传纂疏》卷三《朱子订定蔡氏集传》

(归善斋按，见"制官刑，儆于有位")

18.（元）许谦《读书丛说》

(归善斋按，未解)

19. （元）董鼎《书传辑录纂注》卷三《商书》

（归善斋按，见"制官刑，儆于有位"）

20. （元）朱祖义《尚书句解》卷四

敢有殉于货、色（敢有以身从货，从色，不知有身），恒于游、畋（常于游遨，常于畋猎，无有穷已），时谓淫风（是名淫过之风俗）。

21. （明）王樵《尚书日记》卷七

（归善斋按，见"制官刑，儆于有位"）

22. （清）库勒纳等撰《日讲书经解义》卷四《商书》

（归善斋按，见"敷求哲人，俾辅于尔后嗣"）

敢有侮圣言，逆忠直，远耆德，比顽童，时谓乱风

1. （汉）孔氏传、（唐）陆德明音义、孔颖达疏《尚书注疏》卷七

敢有侮圣言，逆忠直，远耆德，比顽童，时谓乱风。

传，狎侮圣人之言，而不行；拒逆忠直之规，而不纳。耆年有德疏远之，童稚顽嚚亲比之，是荒乱之风俗。

音义，远，于万反，注同。耆，巨夷反。比，毗志反，徐扶至反。稚，直利反。嚚，鱼巾反。

2. （宋）苏轼《书传》卷七《商书·伊训第四》

（归善斋按，未解）

3.（宋）林之奇《尚书全解》卷十五《商书》

(归善斋按，见"呜呼！先王肇修人纪，从谏弗咈，先民时若")

4.（宋）史浩《尚书讲义》卷七《商书》

(按，此篇讲义《永乐大典》原阙)

5.（宋）夏僎《尚书详解》卷十一《商书》

(归善斋按，见"呜呼！先王肇修人纪，从谏弗咈，先民时若")

6.（宋）时澜《增修东莱书说》卷八《商书·伊训第四》

(归善斋按，见"曰，敢有恒舞于宫，酗歌于室，时谓巫风")

7.（宋）黄度《尚书说》卷三《商书》

(归善斋按，见"敷求哲人，俾辅于尔后嗣")

8.（宋）袁燮《絜斋家塾书钞》卷五《商书》

(案，袁氏《伊训》篇解《永乐大典》原阙)

9.（宋）蔡沈《书经集传》卷三《商书》

(归善斋按，见"制官刑，儆于有位")

10.（宋）黄伦《尚书精义》卷十七

(案，此篇经解，《永乐大典》原阙)

11.（宋）陈经《尚书详解》卷十三《商书》

(归善斋按，见"制官刑，儆于有位")

12.（宋）钱时《融堂书解》卷五《商书·伊训》

(案，《伊训》解，《永乐大典》原阙)

13.（宋）魏了翁《尚书要义》

原阙。

14.（宋）陈大猷《书集传或问》卷上《商书·伊训》

（归善斋按，未解）

15.（宋）胡士行《尚书详解》卷四

（归善斋按，见"曰，敢有恒舞于宫，酣歌于室，时谓巫风"）

16.（元）吴澄《书纂言》

（归善斋按，未解）

17.（元）陈栎《书集传纂疏》卷三《朱子订定蔡氏集传》

（归善斋按，见"制官刑，儆于有位"）

18.（元）许谦《读书丛说》

（归善斋按，未解）

19.（元）董鼎《书传辑录纂注》卷三《商书》

（归善斋按，见"制官刑，儆于有位"）

20.（元）朱祖义《尚书句解》卷四

敢有侮圣言（侮玩圣人之言，而不敬），逆忠直（逆拒忠直之人，不从其言），远耆德（疏远耆老有德），比顽童（亲比顽愚小童），时谓乱风（是谓悖乱之风）。

21.（明）王樵《尚书日记》卷七

（归善斋按，见"制官刑，儆于有位"）

22.（清）库勒纳等撰《日讲书经解义》卷四《商书》

（归善斋按，见"敷求哲人，俾辅于尔后嗣"）

（明）梅鷟《尚书考异》三《商书·伊训》

敢有侮圣言，逆忠直，远耆德，比顽童，时谓乱风。

《论语》，侮圣人之言。《郑语》，史伯曰，恶角犀，丰盈而近顽童，穷固焉比谋。《吴语》，子胥曰，今王播弃黎老，而孩提焉比谋。先汉樊倏言，郡国举孝廉，率取年少能报恩者，耆宿大臣，多见废弃。

（清）张英《书经衷论》卷二《商书·伊训》

《五子之歌》其言色荒，禽荒，甘酒，嗜音，峻宇雕墙之戒，至矣，即三风中之巫风、淫风也，至汤，又益之以乱风四条。一曰侮圣言，圣贤典、谟、训、诰之言，乃人主之律令格式，循之则治，悖之则乱，如菽粟之养人，鸩毒之伤生，确然而无可疑。其显而悖之者，侮也，即阳奉之，而阴违之，或疑其未必然，或幸其偶不然，皆侮也。二曰逆忠直，天下忠直之人难，而忠直于人君之前者更难；忠直于圣明之朝者难，而忠直于浊乱之朝者，尤难之难，此其人必不惜利害，不顾身家，卓然奇异，世不恒有之士。故后世人主失德之事甚多，而杀谏臣者，必亡。此逆忠直，之所以为大戒也。三曰远耆德，国家有耆义，老成更事，久而人望孚，所以为国之干，家之桢。平居有矜式之益，临事有纠绳之功。古人所谓垂绅正笏，不动声色，而措天下于泰山盘石之安者，人君疏远之，则新进喜事之人，竞进而聪明，乱旧章之弊必生矣，此国家之大害也。四曰比顽童，狎昵小人，日损而不觉，古人比之如火销膏。此数条不独人君当铭于丹扆，即卿士大夫，亦当勒于座右。伊尹之言详明激厉，上智、中材、尊卑、贵贱，皆可守为法程，况有国有家者乎？

惟兹三风十愆，卿士有一于身，家必丧

1.（汉）孔氏传、（唐）陆德明音义、孔颖达疏《尚书注疏》卷七

惟兹三风十愆，卿士有一于身，家必丧。

传，有一过，则德义废，失位亡家之道。

音义，愆，去干反。丧，如字，又息浪反。

疏，"三风十愆"，谓，巫风二，舞也，歌也；淫风四，货也，色也，游也，畋也；与乱风四，为十愆也。舞及游畋，得有时为之，而不可常然。故三事特言"恒"也。歌则可矣，不可乐酒而歌，故以"酣"配之。巫以歌舞事神，故歌舞为巫觋之风俗也。货色，人所贪欲，宜其以义自节，而不可专心殉求，故言"殉于货色"。心殉货色，常为游畋，是谓淫过之风俗也。侮慢圣人之言，拒逆忠直之谏，疏远耆年有德，亲比顽愚幼童，爱恶憎善，国必荒乱，故为荒乱之风俗也。

2.（宋）苏轼《书传》卷七《商书·伊训第四》

（归善斋按，未解）

3.（宋）林之奇《尚书全解》卷十五《商书》

（归善斋按，见"呜呼！先王肇修人纪，从谏弗咈，先民时若"）

4.（宋）史浩《尚书讲义》卷七《商书》

（按，此篇讲义《永乐大典》原阙）

5.（宋）夏僎《尚书详解》卷十一《商书》

（归善斋按，见"呜呼！先王肇修人纪，从谏弗咈，先民时若"）

6.（宋）时澜《增修东莱书说》卷八《商书·伊训第四》

(归善斋按，见"曰，敢有恒舞于宫，酣歌于室，时谓巫风")

7.（宋）黄度《尚书说》卷三《商书》

(归善斋按，见"敷求哲人，俾辅于尔后嗣")

8.（宋）袁燮《絜斋家塾书钞》卷五《商书》

(案，袁氏《伊训》篇解《永乐大典》原阙)

9.（宋）蔡沈《书经集传》卷三《商书》

(归善斋按，见"制官刑，儆于有位")

10.（宋）黄伦《尚书精义》卷十七

(案，此篇经解，《永乐大典》原阙)

11.（宋）陈经《尚书详解》卷十三《商书》

(归善斋按，见"制官刑，儆于有位")

12.（宋）钱时《融堂书解》卷五《商书·伊训》

(案，《伊训》解，《永乐大典》原阙)

13.（宋）魏了翁《尚书要义》

原阙。

14.（宋）陈大猷《书集传或问》卷上《商书·伊训》

或问，吕氏谓有一于身者，非谓止有一也，盖有其一，则九者从之。有云者箴其病于未萌也，如何？曰，此盖谓有其一，则未必至于丧亡耳。夫九者之病，固有相应，然若耽于一，丧亡必至，亲见士大夫子弟有以琴棋、诗酒、器玩、书画而亡其家者，盖心溺于此，则余事尽废。此数者，皆世所谓雅好，犹足以亡身亡家，况此九者，何必备而后至丧亡乎哉？

15. （宋）胡士行《尚书详解》卷四

（归善斋按，见"曰，敢有恒舞于宫，酣歌于室，时谓巫风"）

16. （元）吴澄《书纂言》

（归善斋按，未解）

17. （元）陈栎《书集传纂疏》卷三《朱子订定蔡氏集传》

（归善斋按，见"制官刑，儆于有位"）

18. （元）许谦《读书丛说》

（归善斋按，未解）

19. （元）董鼎《书传辑录纂注》卷三《商书》

（归善斋按，见"制官刑，儆于有位"）

20. （元）朱祖义《尚书句解》卷四

惟兹三风十愆（惟此三风总有十愆过。巫风二，淫风、乱风各四），卿士有一于身，家必丧（卿士有一在其身，家必至于丧）。

21. （明）王樵《尚书日记》卷七

（归善斋按，见"制官刑，儆于有位"）

22. （清）库勒纳等撰《日讲书经解义》卷四《商书》

（归善斋按，见"敷求哲人，俾辅于尔后嗣"）

（元）陈师凯《书蔡传旁通》卷三《商书·伊训》

十愆。

恒舞一，酣歌二，殉货三，殉色四，恒游五，恒畋六，侮圣言七，逆忠直八，远耆德九，比顽童十。

（清）朱鹤龄《尚书埤传》卷七《商书·伊训》

三风、其刑墨。

孔疏，巫，以歌舞事神，故歌舞为巫风。逸乐，过而无度，故曰淫风。爱憎乖错，政必荒乱，故曰乱风。风如朱浮所云，伯通中风狂走。

孔传，臣不正君，服墨刑，凿其额涅以墨。愚按，肉刑自古有之。《左传》昏墨贼杀，谓其有昏墨贼三者之罪，则皆当杀，是墨者罪之名也。此云其刑墨，是指五刑之墨刑之名也。刘侍讲说非是。朱子曰，臣下不匡之刑，盖施于邦君、大夫之丧国亡家者，君臣一体，不得不然。如汉废昌邑王贺，则诛其群臣。本朝太祖下岭南亦诛其乱臣龚澄枢、李托之类是也。

（清）张英《书经衷论》卷二《商书·伊训》

风愆之儆，最切于修身正家之要，惩忿窒欲之学。成汤既有天下，制为法度，以垂示子孙臣民，使有所遵守。而又立为臣下不匡之刑，其言曰，有一于身，家必丧，国必亡，与《五子之歌》所谓"有一于此，未或不亡"，皆断然其言之。古人之见，此至确，而戒此至厉。厥后之子孙犹有以此亡其国者。

邦君有一于身，国必亡

1.（汉）孔氏传、（唐）陆德明音义、孔颖达疏《尚书注疏》卷七

邦君有一于身，国必亡。

传，诸侯犯此，国亡之道。

疏，此三风十愆，虽恶有大小，但有一于身者，皆丧国亡家，故各从其类，相配为风俗。

2.（宋）苏轼《书传》卷七《商书·伊训第四》

（归善斋按，未解）

3.（宋）林之奇《尚书全解》卷十五《商书》

（归善斋按，见"呜呼！先王肇修人纪，从谏弗咈，先民时若"）

4.（宋）史浩《尚书讲义》卷七《商书》

（按，此篇讲义《永乐大典》原阙）

5.（宋）夏僎《尚书详解》卷十一《商书》

（归善斋按，见"呜呼！先王肇修人纪，从谏弗咈，先民时若"）

6.（宋）时澜《增修东莱书说》卷八《商书·伊训第四》

（归善斋按，见"曰，敢有恒舞于宫，酣歌于室，时谓巫风"）

7.（宋）黄度《尚书说》卷三《商书》

（归善斋按，见"敷求哲人，俾辅于尔后嗣"）

8.（宋）袁燮《絜斋家塾书钞》卷五《商书》

（案，袁氏《伊训》篇解《永乐大典》原阙）

9.（宋）蔡沈《书经集传》卷三《商书》

（归善斋按，见"制官刑，儆于有位"）

10.（宋）黄伦《尚书精义》卷十七

（案，此篇经解，《永乐大典》原阙）

11.（宋）陈经《尚书详解》卷十三《商书》

（归善斋按，见"制官刑，儆于有位"）

12.（宋）钱时《融堂书解》卷五《商书·伊训》

（案，《伊训》解，《永乐大典》原阙）

13.（宋）魏了翁《尚书要义》

原阙。

14.（宋）陈大猷《书集传或问》卷上《商书·伊训》

（归善斋按，未解）

15.（宋）胡士行《尚书详解》卷四

（归善斋按，见"曰，敢有恒舞于宫，酣歌于室，时谓巫风"）

16.（元）吴澄《书纂言》

（归善斋按，未解）

17.（元）陈栎《书集传纂疏》卷三《朱子订定蔡氏集传》

（归善斋按，见"制官刑，儆于有位"）

18.（元）许谦《读书丛说》

（归善斋按，未解）

19.（元）董鼎《书传辑录纂注》卷三《商书》

（归善斋按，见"制官刑，儆于有位"）

20.（元）朱祖义《尚书句解》卷四

邦君有一于身，国必亡（邦君有一在身，其国必亡）。

21.（明）王樵《尚书日记》卷七

（归善斋按，见"制官刑，儆于有位"）

22.（清）库勒纳等撰《日讲书经解义》卷四《商书》

（归善斋按，见"敷求哲人，俾辅于尔后嗣"）

（清）张英《书经衷论》卷二《商书·伊训》

（归善斋按，见"惟兹三风十愆，卿士有一于身，家必丧"）

臣下不匡，其刑墨，具训于蒙士

1.（汉）孔氏传、（唐）陆德明音义、孔颖达疏《尚书注疏》卷七

臣下不匡，其刑墨，具训于蒙士。

传，邦君卿士，则以争臣自匡正。臣不正君，服墨刑，凿其额涅以墨。蒙士，例谓下士，士以争友，仆隶自匡正

音义，争，谏争之争。凿，在洛反。额，鱼白反。涅，乃结反。隶，郎计反。

疏，"臣下不匡，其刑墨"，言臣无贵贱，皆当匡正君也。"具训于蒙士"者，谓汤制官刑，非直教训邦君、卿大夫等使之受谏，亦备具教训下士，使受谏也。

2.（宋）苏轼《书传》卷七《商书·伊训第四》

（归善斋按，另见"敢有殉于货色，恒于游畋，时谓淫风"）

具训于蒙士。

蒙，童也。士自童幼，即以此训之也。

3.（宋）林之奇《尚书全解》卷十五《商书》

（归善斋按，见"呜呼！先王肇修人纪，从谏弗咈，先民时若"）

4.（宋）史浩《尚书讲义》卷七《商书》

（按，此篇讲义《永乐大典》原阙）

5.（宋）夏僎《尚书详解》卷十一《商书》

（归善斋按，见"呜呼！先王肇修人纪，从谏弗咈，先民时若"）

6.（宋）时澜《增修东莱书说》卷八《商书·伊训第四》

臣下不匡，其刑墨。

君臣之义，天伦也。"臣下不匡，其刑墨"，以刑而强驱之，何也？盖臣作朕股肱耳目，腹心之动，股肱耳目之应，有不知其然而然者。后世人臣之分，移于禄，一体之义，析而二，固有视其君之过，若不相及者。故汤制刑以惧之，庶几，人臣爱身，必无不谏，是则，汤之官刑，非威以胁人，而使之必谏也，乃所以还其股肱之义，而全其天伦也。卿士、邦君各有臣下以匡其愆也。卿士、邦君有愆，刑及臣下，交相正之用至矣。卿士、邦君之愆，将及丧亡，臣下之刑至墨，非过也。

具训于蒙士。呜呼！嗣王祗厥身，念哉。圣谟洋洋，嘉言孔彰。

具训于蒙士，教之于童蒙之初也。天性未发，人欲未萌，于此而训之，入之深矣。"嗣王祗厥身，念哉"，一篇之旨归之于此，故其辞警而意严。"圣谟洋洋，嘉言孔彰"，所制官刑，自今观之，皆凛然可畏之事，而其中有洋洋孔彰之象，何也？圣人无本末精粗之间，其悚然可畏，乃生生不穷之理，故见其显然有洋洋发动之意也。不然"三风十愆"之戒，徒若法律之语，森然不可犯耳，乌知其中有天理也。伊尹之圣，详味"圣谟洋洋"之大，而"嘉言"则甚彰明，盖洒扫应对，乃精义入神之妙，能反三风之训，而默识之，则所谓洋洋、孔彰之意自见矣。

7. （宋）黄度《尚书说》卷三《商书》

(归善斋按，见"敷求哲人，俾辅于尔后嗣")

8. （宋）袁燮《絜斋家塾书钞》卷五《商书》

(案，袁氏《伊训》篇解《永乐大典》原阙)

9. （宋）蔡沈《书经集传》卷三《商书》

(归善斋按，见"制官刑，儆于有位")

10. （宋）黄伦《尚书精义》卷十七

(案，此篇经解，《永乐大典》原阙)

11. （宋）陈经《尚书详解》卷十三《商书》

(归善斋按，见"制官刑，儆于有位")

12. （宋）钱时《融堂书解》卷五《商书·伊训》

(案，《伊训》解，《永乐大典》原阙)

13. （宋）魏了翁《尚书要义》

原阙。

14. （宋）陈大猷《书集传或问》卷上《商书·伊训》

或问，古者刑不上大夫，而云其刑墨，何也？曰，意其必有赎，当如舜之赎刑，及今世之律也。林氏谓，昌邑王废，群臣多坐无辅导之益受诛，惟王吉龚遂以数谏诤免，是亦臣下不正其刑墨之意也。此说亦善。

15. （宋）胡士行《尚书详解》卷四

(归善斋按，见"曰，敢有恒舞于宫，酣歌于室，时谓巫风")

16.（元）吴澄《书纂言》

(归善斋按,未解)

17.（元）陈栎《书集传纂疏》卷三《朱子订定蔡氏集传》

(归善斋按,见"制官刑,儆于有位")

18.（元）许谦《读书丛说》

(归善斋按,未解)

19.（元）董鼎《书传辑录纂注》卷三《商书》

(归善斋按,见"制官刑,儆于有位")

20.（元）朱祖义《尚书句解》卷四

臣下不匡（为臣见君有此愆过,坐视,不能匡正）,其刑墨（则以墨刑刑之）,具训于蒙士（岂特以此训有官君子,亦且以此训童蒙之士可也）。

21.（明）王樵《尚书日记》卷七

(归善斋按,见"制官刑,儆于有位")

22.（清）库勒纳等撰《日讲书经解义》卷四《商书》

(归善斋按,见"敷求哲人,俾辅于尔后嗣")

（元）陈师凯《书蔡传旁通》卷三《商书·伊训》

墨,即叔向所谓《夏书》昏墨贼杀,皋陶之刑,贪以败官为墨。《左传》昭十四年叔向曰,己恶而掠美,为昏;贪以败官,为墨;杀人不忌,为贼。《夏书》曰"昏墨贼杀",皋陶之刑也。杜注云,昏,乱也。墨,不洁之称。忌,畏也。三者,皆死刑。

（清）朱鹤龄《尚书埤传》卷七《商书·伊训》

（归善斋按，见"惟兹三风十愆，卿士有一于身，家必丧"）

（清）张英《书经衷论》卷二《商书·伊训》

（归善斋按，见"惟兹三风十愆，卿士有一于身，家必丧"）

呜呼！嗣王祗厥身，念哉

1. （汉）孔氏传、（唐）陆德明音义、孔颖达疏《尚书注疏》卷七

呜呼！嗣王祗厥身，念哉。
传，言当敬身，念祖德。

2. （宋）苏轼《书传》卷七《商书·伊训第四》

呜呼！嗣王祗厥身，念哉。圣谟洋洋，嘉言孔彰。惟上帝不常，作善降之百祥，作不善降之百殃。尔惟德罔小，万邦惟庆；尔惟不德罔大，坠厥宗。

尔若作德，虽小善，足以庆万邦；若其不德，不待大恶而亡。

3. （宋）林之奇《尚书全解》卷十五《商书》

呜呼！嗣王祗厥身，念哉。圣谟洋洋，嘉言孔彰。惟上帝不常，作善降之百祥，作不善降之百殃。

伊尹于是又嗟叹，以谓嗣王当祗敬厥身，而念尔祖也。其所以当敬其身，而念尔祖者，盖以成汤所垂之圣谟，洋洋而美善，所以告教于子孙之嘉言，又甚明也。盖"先王肇修人纪"，至"俾辅于尔后嗣"，此所谓"圣谟洋洋"也。谟者，谋之已成，可以为万世法者也。自"制官刑儆于有位"，以至于"嗣王祗厥身念哉"，此启迪训诰之嘉言也。谟之洋洋，

言之孔彰如此，子孙安可弃而不念哉？此伊尹所以谆谆明言烈祖之成德，以训之也。既致其所以钦若成汤训谟之意，于是又言天命之不常，治安之不可保，惟其孜孜为善，则天将降之百祥，而治安可以长享。苟为不善，则天将降之百殃，而祸乱随之矣。

4. （宋）史浩《尚书讲义》卷七《商书》

（按，此篇讲义《永乐大典》原阙）

5. （宋）夏僎《尚书详解》卷十一《商书》

呜呼！嗣王祗厥身，念哉。圣谟洋洋，嘉言孔彰。惟上帝不常，作善，降之百祥；作不善，降之百殃。尔惟德罔小，万邦惟庆；尔惟不德罔大，坠厥宗。

伊尹上言成汤为子孙计如此深远，故于此又嗟叹，谓嗣王太甲为汤子孙，当上思乃祖艰难之意，祗敬其身，而念乃祖也。既言"祗厥身念哉"，又言"圣谟洋洋嘉言孔彰"者，谟，谋也，谓成汤为尔子孙者，其规模，甚洋洋乎其大。惟规模至大，未易跂及，而所以告教子孙之嘉言，则甚明白而易知。所谓"嘉言"，即制官刑儆有位之言是也。伊尹既言成汤嘉言明白如此，欲太甲奉以周旋，故又以天命儆之，使之知所畏，而不敢不勉。谓天命去就，初不可常保，孜孜为善，则天降百祥，而治可常享。苟为不善，则天降百殃，而祸乱随之。天理如此尔，太甲诚能为善，则德无小而不兴，故万邦皆赖其庆。不然，则不德无大而不亡，故覆坠其宗祀，而不可支持。汉孔氏谓此伊尹至忠之训，盖言至此，极功也。

6. （宋）时澜《增修东莱书说》卷八《商书·伊训第四》

（归善斋按，见"臣下不匡，其刑墨"）

7. （宋）黄度《尚书说》卷三《商书》

呜呼！嗣王祗厥身，念哉。圣谟洋洋，嘉言孔彰。
能敬其身，则必能念祖矣。洋洋，广大。

8.（宋）袁燮《絜斋家塾书钞》卷五《商书》

（案，袁氏《伊训》篇解《永乐大典》原阙）

9.（宋）蔡沈《书经集传》卷三《商书》

呜呼！嗣王祗厥身，念哉。圣谟洋洋，嘉言孔彰。惟上帝不常，作善，降之百祥；作不善，降之百殃。尔惟德罔小，万邦惟庆；尔惟不德罔大，坠厥宗。

叹息言，太甲当以"三风十愆"之训，敬之于身，念而勿忘也。谟，谓其谋言，谓其训。洋，大；孔，甚也，言其谋训大明，不可忽也。不常者，丢就无定也。为善，则降之百祥；为恶，则降之百殃，各以类应也。勿以小善而不为，万邦之庆积于小。勿以小恶而为之，厥宗之坠不在大。盖善必积而后成，恶虽小而可惧，此总结上文，而又以天命、人事、祸福申戒之也。

10.（宋）黄伦《尚书精义》卷十七

（案，此篇经解，《永乐大典》原阙）

11.（宋）陈经《尚书详解》卷十三《商书》

呜呼！嗣王祗厥身，念哉。圣谟洋洋，嘉言孔彰。惟上帝不常，作善，降之百祥；作不善，降之百殃。尔惟德罔小，万邦惟庆；尔惟不德罔大，坠厥宗。

嗣王太甲，岂可不敬其身，念先王之训乎。"圣谟洋洋，嘉言孔彰"，谟，即言也；洋洋，即孔彰也。自其谟之于心，则洋洋广大，见其忧深而思远故也。自其发之于言，则甚彰明，而见其善恶有证也，即上文"三风十愆"之戒是也。伊尹戒嗣王于初即位之时，不以已意强之，而以先王之训，洋洋孔彰者感之。人谁独无是尊祖爱亲之心哉？此又因其孝敬而发之也。"惟上帝不常"，既戒之以祖宗，又戒之以天，以见人主无所畏，惟畏祖宗与畏天。上帝之命，何常之有，善者降之祥；不善者降之殃，皆其自取之耳。"尔惟德罔小，万邦惟庆；尔惟不德罔大，坠厥宗"，即申上文之意，勿以小善而不为，及其至，则万邦为之胥庆；勿以恶小而为之，极其至，则坠其宗，嗣王当谨于善。

12. （宋）钱时《融堂书解》卷五《商书·伊训》

(案，《伊训》解，《永乐大典》原阙)

13. （宋）魏了翁《尚书要义》

原阙。

14. （宋）陈大猷《书集传或问》卷上《商书·伊训》

(归善斋按，未解)

15. （宋）胡士行《尚书详解》卷四

呜呼！嗣王祗厥身，念哉。圣谟（谋）洋洋（大），嘉言（谟之发）孔（甚）彰（明）。惟上帝不常，作善，降之百祥（福）；作不善，降之百殃（祸）。尔惟德罔（不在）小（积小而大），万邦惟庆（蒙福）；尔惟不德罔大（大由于小），坠厥宗（族）。

"祗"、"念"二字，一篇之旨归也，故叹而后言。圣谟、嘉言，即前官刑所云也。三风十愆之戒，森然如法律，而其中皆天理焉。能反而默识，见其显然有洋洋发动之意。惟心之敬者能之。敬，即天也。天命固不常，而理未尝不常。此敬常存，则作善，惟德之工夫，由小至大，而百祥降矣。否则坠宗之殃，岂在大哉。罔小、罔大之义，观复、姤二卦可见。

16. （元）吴澄《书纂言》

(归善斋按，未解)

17. （元）陈栎《书集传纂疏》卷三《朱子订定蔡氏集传》

呜呼！嗣王祗厥身，念哉。圣谟洋洋，嘉言孔彰。惟上帝不常，作善，降之百祥；作不善，降之百殃。尔惟德罔小，万邦惟庆；尔惟不德罔大，坠厥宗。

叹息言，太甲当以三风十愆之训，敬之于身，念而勿忘也。谟，谓其谋，言，谓其训。洋，大；孔，甚也，言其谋训大明，不可忽也。不常者，去就无定也。为善则降之百祥，为恶则降之百殃，各以类应也。勿以小善而不为，万邦之庆，积于小；勿以小恶而为之，厥宗之坠，不在大。盖善必积而后成，恶虽小而可惧。此总结上文，而又以天命、人事、祸福，申戒之也。

纂疏

孙氏曰，圣谟、嘉言，即指"三风十愆"之戒也。

张氏曰，不敬其身，必纳此身于风愆矣；能敬其身，则能如夏后之懋德，继先王以嗣德。作善之祥，惟德之庆，皆自敬其身。出敬，立则百善从也。

陈氏经曰，既戒以祖训，又戒以天，君所当畏，惟天，惟祖宗耳。

王氏十朋曰，善祥，恶殃不常，乃所以为常也。

真氏曰，愆虽十，能敬，则十者俱泯；不敬，则十者俱生。一"敬"字乃治三风，砭十愆之药石也。篇将终又深叹圣言之彰明，与天命之难保，以警动君心，真社稷之臣欤。

愚谓，此篇尹训太甲于即位之初，始终以兴亡寓劝戒，夏以懋德兴桀，以弗率亡，初意明矣；继以汤以圣武兴，而欲太甲以爱、敬之良心，嗣厥德劝之也；继言汤以艰难兴，而防太甲以欲纵之私心，败厥德戒之也。末章作善之降祥，尔德之惟庆，劝之保其所以兴；作不善之降殃，不德之坠宗，戒之陷于所以亡，而提纲挈领，则在"祗厥身"之一言，能祗敬具身，则嗣祖德而兴；不祗敬其身，则背祖德而亡，言言忠爱，盖已豫为太甲忧矣。但犹包涵，未明言之，未如《太甲》篇之痛切耳。

18. （元）许谦《读书丛说》

（归善斋按，未解）

19. （元）董鼎《书传辑录纂注》卷三《商书》

呜呼！嗣王祗厥身，念哉。圣谟洋洋，嘉言孔彰。惟上帝不常，作善,降之百祥;作不善,降之百殃。尔惟德罔小,万邦惟庆;尔惟不德罔大,坠厥宗。

叹息言,太甲当以三风十愆之训,敬之于身,念而勿忘也。谟,谓其谋;言,谓其训;洋,大;孔,甚也。言其谋训大明,不可忽也。不常者,去就无定也。为善,则降之百祥;为恶,则降之百殃,各以类应也。勿以小善而不为,万邦之庆,积于小;勿以小恶而为之,厥宗之坠,不在大。盖善必积而后成;恶虽小而可惧。此总结上文,而又以天命、人事、祸福申戒之也。

纂注

陈氏大猷曰,祗厥身,乃指太甲下手用功处,一篇之纲领也。

孙氏曰,以其谟之于圣人,故曰"圣谟";以其言之至美,故曰"嘉言",即指三风十愆之戒也。

张氏曰,不敬其身,必纳此身于风愆矣;能敬其身,则能如夏后之懋德,继先王以嗣德,立爱、立敬,作善之祥。惟德之庆,皆自敬其身出。"敬"立,则百善从也。

陈氏经曰,既戒以祖训,又戒以天君,所当畏惟天、惟祖宗也。

王氏十朋曰,善祥,恶殃,天之不常,乃所以为常也。

真氏曰,愆虽有十,苟能敬,则十者俱泯。一不敬,则十者俱生。故"敬"之一辞,乃治三风砭十愆之药石也。篇将终又深叹圣言之彰明,与天命之难保,以警动太甲之心,冀其必听其所谓社稷之臣欤。

新安陈氏曰,此篇尹训太甲于即位之初,始终以兴亡寓劝戒。夏以懋德兴,桀以弗率亡,初意明矣;继言汤以圣武兴,而欲太甲以爱敬之良心,嗣厥德劝之也;继言汤以艰难兴,而防太甲以欲、纵之私心,败厥德戒之也。末章作善之降祥,尔德之惟庆,劝之保其所以兴。作不善之降殃,不德之坠宗,戒之陷于所以亡,而提纲挈领,则在"祗厥身"一言,能祗敬其身,则嗣祖德而兴;不祗敬其身,则背祖德而亡,言言忠爱,盖已豫为太甲忧矣。但犹包涵未明言之,未至如《太甲》三篇之痛切耳。

20.(元)朱祖义《尚书句解》卷四

呜呼(尹又叹言)!嗣王祗厥身(太甲继汤为王,当祗敬其身),念哉（以乃祖为念）。

21.（明）王樵《尚书日记》卷七

"呜呼！嗣王祗厥身"至"坠厥宗"。

"祗厥身"，诸家多作"敬其身"，"敬"字重。蔡氏作"以风愆之训敬之于身"，则意在上，而"敬"字轻矣。作敬身，意味尤长。敬其身，则知邪动，辱也；从欲，危也。而训言常念矣，故继之曰"念哉"。敬之于身者，言卿士、邦君有一于身，家邦必丧，王可有一于身乎？谟，以垂训之意，言以其为天下国家之计甚大，故曰"洋洋"。嘉言，以所儆之辞，言以其明白痛切，易知易行，故曰"孔彰"。

"德"、"不德"字，依注疏，当一断。德，即作善也。罔小，言勿以善小而不为也。万邦之庆，盖积于小，而可不勉乎。不德，即作不善也。罔大，言不在大也，厥宗之坠由之，而可不戒乎。

看来两"罔"字，作"勿"字看，则上"罔"字可通，而下"罔"字难通。若"罔"字作"无"字看，则上下俱可通。德罔小，即修德无小也。不德罔大，即不在大也。

孔氏曰，修德无小，苟为不德无大，言恶有类相致，必坠失宗庙。正义曰，恶有类者，初为小恶，小恶有族类，以类相致，至于大恶。《晋语》赵文子冠见韩献子曰"戒之，此谓成人，成人在始，始与善，善进，不善蔑由至矣。始与不善，不善进，善亦蔑由至矣"，言恶有类，以类相致也。按，恶有类之说，虽非经文正意，而其言可玩。

汉昭烈将终，敕后主曰，勿以恶小而为之，勿以善小而不为，暗合经意。

22.（清）库勒纳等撰《日讲书经解义》卷四《商书》

呜呼！嗣王祗厥身，念哉。圣谟洋洋，嘉言孔彰。惟上帝不常，作善，降之百祥；作不善，降之百殃。尔惟德罔小，万邦惟庆；尔惟不德罔大，坠厥宗。

此一节书是，伊尹训太甲之终，而又以天命、人事申警之也。祗，敬也。洋洋，广大之意。孔，甚也。伊尹终训于王，曰，呜呼！我王其以三风十愆之训,敬之于身而不忽,念之于心而勿忘哉。盖此先王之训,乃圣人之谟也。经画于当年之心,广大悉备,不洋洋乎?且此先王之训,皆嘉美之言也,告戒夫有位之众,明白简切,不孔彰乎?此王之所当敬念者也。且上帝之命,去留无定,作善者,则诸福咸集,而降之百祥;作不善者,则诸恶毕至,而降之百殃。天道之不爽如此,是故一念之善,德虽小,也勿以善小而不为。万邦之庆积于此矣。小善何能致庆,而敬、德之一念,即其庆也。一念之不善,不德虽小也,勿以恶小而为之,厥宗之坠肇于此矣。小恶未必即坠,而灭德之一念,即其坠也。祸福之机,相为倚伏如此,为嗣王者,容可不敬念哉。

按,《伊训》一书,反复劝戒,丁宁周悉,而终之以"祗厥身"之一言,盖王者修德,凝命无过一"敬"。能敬其身,十愆并去,而百祥自臻,然后可以嗣祖德,承天休也。大臣忠爱之心,缠绵深切,此伊尹所以为社稷臣与。

(元)王充耘《读书管见》卷上《商书·伊训》

嗣王祗厥身。

"嗣王祗厥身",与后面"祗尔厥辟"相似,言当爱敬其身,不可以纵欲败礼度,是轻其不赀之身也。

圣谟洋洋,嘉言孔彰

1.(汉)孔氏传、(唐)陆德明音义、孔颖达疏《尚书注疏》卷七

圣谟洋洋,嘉言孔彰。

传,洋洋美善,言甚明可法。

音义,洋,音羊,徐音翔。

疏,正义曰,此叹圣人之谟洋洋美善者,谓上汤作官刑,所言三风十愆,令受下之谏,是善言,甚明可法也。

2.（宋）苏轼《书传》卷七《商书·伊训第四》

(归善斋按，未解)

3.（宋）林之奇《尚书全解》卷十五《商书》

(归善斋按，见"呜呼！嗣王祇厥身，念哉")

4.（宋）史浩《尚书讲义》卷七《商书》

(按，此篇讲义《永乐大典》原阙)

5.（宋）夏僎《尚书详解》卷十一《商书》

(归善斋按，见"呜呼！嗣王祇厥身，念哉")

6.（宋）时澜《增修东莱书说》卷八《商书·伊训第四》

(归善斋按，见"臣下不匡，其刑墨")

7.（宋）黄度《尚书说》卷三《商书》

(归善斋按，见"呜呼！嗣王祇厥身，念哉")

8.（宋）袁燮《絜斋家塾书钞》卷五《商书》

(归善斋按，见"呜呼！嗣王祇厥身，念哉")

9.（宋）蔡沈《书经集传》卷三《商书》

(归善斋按，见"呜呼！嗣王祇厥身，念哉")

10.（宋）黄伦《尚书精义》卷十七

(案，此篇经解，《永乐大典》原阙)

11.（宋）陈经《尚书详解》卷十三《商书》

(归善斋按，见"呜呼！嗣王祇厥身，念哉")

12.（宋）钱时《融堂书解》卷五《商书·伊训》

(案,《伊训》解,《永乐大典》原阙)

13.（宋）魏了翁《尚书要义》

原阙。

14.（宋）陈大猷《书集传或问》卷上《商书·伊训》

(归善斋按,未解)

15.（宋）胡士行《尚书详解》卷四

(归善斋按,见"呜呼！嗣王祇厥身,念哉")

16.（元）吴澄《书纂言》

(归善斋按,未解)

17.（元）陈栎《书集传纂疏》卷三《朱子订定蔡氏集传》

(归善斋按,见"呜呼！嗣王祇厥身,念哉")

18.（元）许谦《读书丛说》

(归善斋按,未解)

19.（元）董鼎《书传辑录纂注》卷三《商书》

(归善斋按,见"呜呼！嗣王祇厥身,念哉")

20.（元）朱祖义《尚书句解》卷四

圣谟洋洋（乃祖圣谟之垂后者,洋洋乎其大）,嘉言孔彰（乃祖善言示于后者,甚至于彰明）。

21.（明）王樵《尚书日记》卷七

(归善斋按，见"呜呼！嗣王祗厥身，念哉")

22.（清）库勒纳等撰《日讲书经解义》卷四《商书》

(归善斋按，见"呜呼！嗣王祗厥身，念哉")

惟上帝不常，作善降之百祥，作不善降之百殃

1.（汉）孔氏传、（唐）陆德明音义、孔颖达疏《尚书注疏》卷七

惟上帝不常，作善降之百祥，作不善降之百殃。
传，祥，善也。天之祸福，惟善恶所在，不常在一家。

2.（宋）苏轼《书传》卷七《商书·伊训第四》

(归善斋按，未解)

3.（宋）林之奇《尚书全解》卷十五《商书》

(归善斋按，见"呜呼！嗣王祗厥身，念哉")

4.（宋）史浩《尚书讲义》卷七《商书》

(按，此篇讲义《永乐大典》原阙)

5.（宋）夏僎《尚书详解》卷十一《商书》

(归善斋按，见"呜呼！嗣王祗厥身，念哉")

6.（宋）时澜《增修东莱书说》卷八《商书·伊训第四》

惟上帝不常，作善，降之百祥；作不善，降之百殃。尔惟德罔小，万邦惟庆；尔惟不德罔大，坠厥宗。

"惟上帝不常"，上帝固不常，而此理则未尝不常也。作有善恶，降有灾祥，何不常之有，非作善之外，有所谓百祥；作恶之外，有所谓百殃。善与祥，恶与殃各以类而相从耳。德与不德，其小未有不至于大者。观复、姤二卦可见，勿以小善为无益而勿修，勿以小恶为无伤而勿去。若火之始然，泉之始达，而滔天燎原之势，有不可以抑遏者，则所谓"庆万邦"、"坠厥宗"之意明矣。

7.（宋）黄度《尚书说》卷三《商书》

惟上帝不常，作善，降之百祥；作不善，降之百殃。尔惟德罔小，万邦惟庆尔；惟不德罔大，坠厥宗。

提要之言，益明简。

8.（宋）袁燮《絜斋家塾书钞》卷五《商书》

（案，袁氏《伊训》篇解《永乐大典》原阙）

9.（宋）蔡沈《书经集传》卷三《商书》

（归善斋按，见"呜呼！嗣王祗厥身，念哉"）

10.（宋）黄伦《尚书精义》卷十七

（案，此篇经解，《永乐大典》原阙）

11.（宋）陈经《尚书详解》卷十三《商书》

（归善斋按，见"呜呼！嗣王祗厥身，念哉"）

12.（宋）钱时《融堂书解》卷五《商书·伊训》

（案，《伊训》解，《永乐大典》原阙）

13.（宋）魏了翁《尚书要义》

原阙。

14.（宋）陈大猷《书集传或问》卷上《商书·伊训》

（归善斋按，未解）

15.（宋）胡士行《尚书详解》卷四

（归善斋按，见"呜呼！嗣王祗厥身，念哉"）

16.（元）吴澄《书纂言》

（归善斋按，未解）

17.（元）陈栎《书集传纂疏》卷三《朱子订定蔡氏集传》

（归善斋按，见"呜呼！嗣王祗厥身，念哉"）

18.（元）许谦《读书丛说》

（归善斋按，未解）

19.（元）董鼎《书传辑录纂注》卷三《商书》

（归善斋按，见"呜呼！嗣王祗厥身，念哉"）

20.（元）朱祖义《尚书句解》卷四

惟上帝不常（天之去就不常），作善，降之百祥（为善，则天降百祥，治可常享）；作不善，降之百殃（苟为不善，天降百殃，祸乱随之）。

21.（明）王樵《尚书日记》卷七

（归善斋按，见"呜呼！嗣王祗厥身，念哉"）

22.（清）库勒纳等撰《日讲书经解义》卷四《商书》

（归善斋按，见"呜呼！嗣王祗厥身，念哉"）

（明）梅鷟《尚书考异》三《商书·伊训》

惟上帝不常，作善，降之百祥；作不善，降之百殃。

《康诰》曰，惟命不于常。《诗》曰，天命靡常。《易》曰积善之家，必有余庆；积不善之家，必有余殃。《汉书·吴王传》，天子制诏将军，盖闻为善者，天报以福；为非者，天报以殃。

尔惟德罔小，万邦惟庆

1.（汉）孔氏传、（唐）陆德明音义、孔颖达疏《尚书注疏》卷七

尔惟德罔小，万邦惟庆。

传，修德无小，则天下赉庆。

音义，赉，力代反。

疏，正义曰，又戒王尔惟修德而为善。德无小，德虽小犹万邦赖庆，况大善乎。

传，正义曰，"尔惟德"，谓修德以善也。"尔惟不德"，谓不修德为恶也。《易·系辞》曰，善不积，不足以成名；恶不积，不足以灭身。乃谓大善，始为福，大恶乃成祸。此训作劝诱之辞，言为善无小，小善万邦犹庆，况大善乎。而为恶无大，言小恶犹坠厥宗，况大恶乎。此经二事辞反，而意同也。传言恶有类者，解小恶坠宗之意，初为小恶，小恶有族类，以类相致，至于大恶，若致于大恶，必坠失宗庙，言至于大恶乃坠，

非小恶即能坠也。《晋语》云，赵文子冠，见韩献子曰，戒之。此谓成人，成人在始，始与善，善进，不善蔑由至矣。始与不善，不善进，善亦蔑由至矣，言恶有类，以类相致也。今太甲初立，恐其亲近恶人，以恶类，相致祸害，故以言戒之。此是伊尹至忠之训也。

2. （宋）苏轼《书传》卷七《商书·伊训第四》

（归善斋按，见"呜呼！嗣王祇厥身，念哉"）

3. （宋）林之奇《尚书全解》卷十五《商书》

尔惟德罔小，万邦惟庆；尔惟不德，罔大坠厥宗。

此又言所以保天命而承治安之业者，得之至难，而失之至易也。汉孔氏曰，修德无小，则天下胥庆，苟为不德，无大必坠失宗庙。此伊尹至忠之训。孔氏之意，盖以谓人君之德，必极其大，然后可以使万邦惟庆。至于不德之坠厥宗者，则不在大也。此所以为至忠之训。而唐孔氏之解，殊失其旨。其说谓，为善无小，言小善，万邦惟庆，况大善乎？为恶无大，言小恶犹坠厥宗，况大恶乎？此经二字，辞反而意同也。夫经言罔小，则是大矣；言罔大，则是小矣，故汉孔氏谓，修德无小，不德无大，是乃经之本义也。安得谓辞反而意同乎？以是知正义之说，不惟失经之旨，又失先儒之旨矣。此不可以不辨也。

本朝元丰中，李常宁以进士对□为第一，其言曰，天下之大，社稷之重，百年成之而不足，一日毁败之而有余。某尝三复斯言，以谓，得夫伊尹所以训太甲之意。虽晁、董、公孙之□，皆不及此。盖有国有家者，成之至难，而坏之甚易。大禹肇造有夏，基于唐虞之世，胼胝手足，栉沐风雨，粒烝民，乂万邦，然后受禅于舜而有天下。其成之难也如此。而太康以十旬之游畋而乱之；周之王业自后稷开基，历太王、王季积德累功，凡十余世，然后文武受命翦商而有天下，其得之亦可谓难矣，而幽王以褒姒之一笑而灭之。信乎，百年成之为不足，一日坏之为有余也。《伊训》一篇之文反复终始，皆明此理，而篇末之言，尤为切至。盖必如汤之"肇修人纪，从谏弗咈"，至"检身若不及"然后可以为德之大，而使万邦惟庆矣。至于"三风十愆"，有一于身则覆宗绝祀及之矣，是不德坠厥宗，果不在大也。孔氏以谓，此伊尹至忠之训，岂不信哉。唐柳玭有言曰，成立之难如登天，废坠之易如燎毛。又曰，实德懿行，人未必信；纤瑕微颣，十手率指。此言皆足以发明伊尹之遗意也。

4.（宋）史浩《尚书讲义》卷七《商书》

（按，此篇讲义《永乐大典》原阙）

5.（宋）夏僎《尚书详解》卷十一《商书》

（归善斋按，见"呜呼！嗣王祗厥身，念哉"）

6.（宋）时澜《增修东莱书说》卷八《商书·伊训第四》

（归善斋按，见"惟上帝不常，作善，降之百祥；作不善，降之百殃"）

7.（宋）黄度《尚书说》卷三《商书》

（归善斋按，见"惟上帝不常，作善，降之百祥；作不善，降之百殃"）

8.（宋）袁燮《絜斋家塾书钞》卷五《商书》

（案，袁氏《伊训》篇解《永乐大典》原阙）

9.（宋）蔡沈《书经集传》卷三《商书》

（归善斋按，见"呜呼！嗣王祗厥身，念哉"）

10.（宋）黄伦《尚书精义》卷十七

（案，此篇经解，《永乐大典》原阙）

11.（宋）陈经《尚书详解》卷十三《商书》

（归善斋按，见"呜呼！嗣王祗厥身，念哉"）

12. (宋)钱时《融堂书解》卷五《商书·伊训》

(案,《伊训》解,《永乐大典》原阙)

13. (宋)魏了翁《尚书要义》

原阙。

14. (宋)陈大猷《书集传或问》卷上《商书·伊训》

或问,唐孔氏谓"尔为德无小,亦足以为万邦之庆",如何?曰,此说于"罔大""罔小"之辞,虽顺然未免以辞害意,非惟非责难于君之意,然亦无此理。尧舜之德,犹以博施济众为病,岂小德而可为万邦之庆哉?汉元、成、殇,唐僖、昭,非有大恶,而皆至于亡国。林氏举唐柳玭言,谓实德懿行,人未必信,纤瑕微颣,十手率指,此足以发明伊尹之意矣。

曰,三山陈氏谓,勿以小善而不为,极其至,则万邦胥庆;勿以小恶而为之,极其至,则坠其宗。此说如何?曰,此又未免添"极其至"而为说也。曰,然则,小恶果足以覆宗乎?曰,此即所谓有一于此,未或不亡之意也。

15. (宋)胡士行《尚书详解》卷四

(归善斋按,见"呜呼!嗣王祇厥身,念哉")

16. (元)吴澄《书纂言》

(归善斋按,未解)

17. (元)陈栎《书集传纂疏》卷三《朱子订定蔡氏集传》

(归善斋按,见"呜呼!嗣王祇厥身,念哉")

18.（元）许谦《读书丛说》

(归善斋按，未解)

19.（元）董鼎《书传辑录纂注》卷三《商书》

(归善斋按，见"呜呼！嗣王祗厥身，念哉")

20.（元）朱祖义《尚书句解》卷四

尔惟德罔小，万邦惟庆（尔为德无所谓小，虽小，万邦皆赖其休庆）。

21.（明）王樵《尚书日记》卷七

(归善斋按，见"呜呼！嗣王祗厥身，念哉")

22.（清）库勒纳等撰《日讲书经解义》卷四《商书》

(归善斋按，见"呜呼！嗣王祗厥身，念哉")

（明）梅鷟《尚书考异》三《商书·伊训》

尔惟德罔小，万邦惟庆；尔惟不德罔大，坠厥宗。

《易·系辞》曰，善不积，不足以成名；恶不积，不足以灭身。又《大学》传此谓，一言偾事，一人定国，朱子谓，即此二句之意。

（明）袁仁《尚书砭蔡编》

尔惟德罔小，万邦惟庆；尔惟不德罔大，坠厥宗。

注，勿以小善而不为，勿以小恶而为之，文同而异解经文之意，只云，尔惟德，毋谓小而不为也，万邦之庆，基于一念之微；尔惟不德，毋谓大而后戒也，厥宗之坠实本于一念之恶。

（明）陈第《尚书疏衍》卷三

尔惟德罔小，万邦惟庆；尔惟不德罔大，坠厥宗。

夫事有成败，德无大小，故不可以德之小而忽之。一念之德，万邦之庆，恒于斯，亦不可以不德之大，而后畏之。一念之不德，七庙之坠，恒于斯。此非空言，实有其事。昔中山君，飨都士大夫羊羹不遍，司马子期怒而走楚，说楚伐中山，中山君亡。有二人挈戈而随其后，中山君顾谓二子，奚为者也？对曰，臣有父，尝饿且死，君下壶飧食臣父。臣父且死曰，中山有事，汝必死之故来死君也。中山君喟然而叹曰，与不期众少，其于当厄怨，不期深浅，其于伤心。吾以一杯羊羹亡国，以一壶飧，得士二人。《诗》曰"民之失德，干糇以愆，无言不雠，无德不报"。

（清）朱鹤龄《尚书埤传》卷七《商书·伊训》

德罔小、不德罔大。

德、不德，字当一断。孔传，修德无小，曷为不德无大，言恶有类，以类相致。疏云，晋语云，赵文子冠见韩献子曰戒之，此谓成人，成人在始，始与善，善进，不善蔑由至矣。始与不善，不善进，善亦蔑由至矣。按此，即恶有类之说。

尔惟不德罔大，坠厥宗

1.（汉）孔氏传、（唐）陆德明音义、孔颖达疏《尚书注疏》卷七

尔惟不德罔大，坠厥宗。

传，苟为不德无大，言恶有类，以类相致，必坠失宗庙，此伊尹至忠之训。

疏，正义曰，尔惟不德而为恶，恶无大，恶虽小，犹坠失其宗庙，况大恶乎。

（归善斋按，另见"尔惟德罔小，万邦惟庆"）

2. （宋）苏轼《书传》卷七《商书·伊训第四》

(归善斋按，见"呜呼！嗣王祇厥身，念哉")

3. （宋）林之奇《尚书全解》卷十五《商书》

(归善斋按，见"尔惟德罔小，万邦惟庆")

4. （宋）史浩《尚书讲义》卷七《商书》

(按，此篇讲义《永乐大典》原阙)

5. （宋）夏僎《尚书详解》卷十一《商书》

(归善斋按，见"呜呼！嗣王祇厥身，念哉")

6. （宋）时澜《增修东莱书说》卷八《商书·伊训第四》

(归善斋按，见"惟上帝不常，作善，降之百祥；作不善，降之百殃")

7. （宋）黄度《尚书说》卷三《商书》

(归善斋按，见"惟上帝不常，作善，降之百祥；作不善，降之百殃")

8. （宋）袁燮《絜斋家塾书钞》卷五《商书》

(案，袁氏《伊训》篇解《永乐大典》原阙)

9. （宋）蔡沈《书经集传》卷三《商书》

(归善斋按，见"呜呼！嗣王祇厥身，念哉")

10. （宋）黄伦《尚书精义》卷十七

(案，此篇经解，《永乐大典》原阙)

11.（宋）陈经《尚书详解》卷十三《商书》

(归善斋按,见"呜呼！嗣王祇厥身,念哉")

12.（宋）钱时《融堂书解》卷五《商书·伊训》

(案,《伊训》解,《永乐大典》原阙)

13.（宋）魏了翁《尚书要义》

原阙。

14.（宋）陈大猷《书集传或问》卷上《商书·伊训》

(归善斋按,见"尔惟德罔小,万邦惟庆")

15.（宋）胡士行《尚书详解》卷四

(归善斋按,见"呜呼！嗣王祇厥身,念哉")

16.（元）吴澄《书纂言》

(归善斋按,未解)

17.（元）陈栎《书集传纂疏》卷三《朱子订定蔡氏集传》

(归善斋按,见"呜呼！嗣王祇厥身,念哉")

18.（元）许谦《读书丛说》

(归善斋按,未解)

19.（元）董鼎《书传辑录纂注》卷三《商书》

(归善斋按,见"呜呼！嗣王祇厥身,念哉")

20.（元）朱祖义《尚书句解》卷四

尔惟不德罔大,坠厥宗（不德无所谓大,虽大亦覆坠宗祀）。

21.（明）王樵《尚书日记》卷七

(归善斋按，见"呜呼！嗣王祇厥身，念哉")

22.（清）库勒纳等撰《日讲书经解义》卷四《商书》

(归善斋按，见"呜呼！嗣王祇厥身，念哉")

（明）梅鷟《尚书考异》三《商书·伊训》

(归善斋按，见"尔惟德罔小，万邦惟庆")

（明）袁仁《尚书砭蔡编》

(归善斋按，见"尔惟德罔小，万邦惟庆")

（明）陈第《尚书疏衍》卷三

(归善斋按，见"尔惟德罔小，万邦惟庆")

（清）朱鹤龄《尚书埤传》卷七《商书·伊训》

(归善斋按，见"尔惟德罔小，万邦惟庆")

《肆命》

1.（汉）孔氏传、（唐）陆德明音义、孔颖达疏《尚书注疏》卷七

序《肆命》。

传，陈天命以戒太甲，亡。

2.（宋）苏轼《书传》卷七《商书·伊训第四》

《肆命》、《徂后》。

二篇亡。

3.（宋）林之奇《尚书全解》卷十五《商书》

《肆命》。

(归善斋按，见"成汤既没，太甲元年")

4.（宋）史浩《尚书讲义》卷七《商书》

(按，此篇讲义《永乐大典》原阙)

5.（宋）夏僎《尚书详解》卷十一《商书》

《肆命》、《徂后》。

此盖亡书二篇名也。与伊尹同序。序既见于《伊训》之前，故此但载二篇名于其下也。二篇名存而经亡。不知其中所载者何事、汉孔氏乃因字求义，谓肆，陈也，《肆命》，盖陈天命以戒也。徂，往也，《徂后》，盖陈往古明君以戒之也，此皆臆度之说，未敢以为然。

6.（宋）时澜《增修东莱书说》卷八《商书·伊训第四》

《肆命》。

(归善斋按，未解)

7.（宋）黄度《尚书说》卷三《商书》

《肆命》、《徂后》。
二篇亡。

8.（宋）袁燮《絜斋家塾书钞》卷五《商书》

(案，袁氏《伊训》篇解《永乐大典》原阙)

9.（宋）蔡沈《书经集传》卷三《商书》

(归善斋按，未解)

10.（宋）黄伦《尚书精义》卷十七

(案,此篇经解,《永乐大典》原阙)

11.（宋）陈经《尚书详解》卷十三《商书》

(归善斋按,未解)

12.（宋）钱时《融堂书解》卷五《商书·伊训》

(案,《伊训》解,《永乐大典》原阙)

13.（宋）魏了翁《尚书要义》

原阙。

14.（宋）陈大猷《书集传或问》卷上《商书·伊训》

(归善斋按,未解)

15.（宋）胡士行《尚书详解》卷四

《肆(陈)命(天命)》、《徂(往)后(君也陈往古明君以戒。二书亡)》。

16.（元）吴澄《书纂言》

(归善斋按,未解)

17.（元）陈栎《书集传纂疏》卷三《朱子订定蔡氏集传》

(归善斋按,未解)

18.（元）许谦《读书丛说》

(归善斋按,未解)

19.（元）董鼎《书传辑录纂注》卷三《商书》

（归善斋按，未解）

20.（元）朱祖义《尚书句解》卷四

《肆命》（《肆命》，伊尹陈上天之命，以为戒）。

21.（明）王樵《尚书日记》卷七

（归善斋按，未解）

22.（清）库勒纳等撰《日讲书经解义》卷四《商书》

（归善斋按，未解）

《徂后》

1.（汉）孔氏传、（唐）陆德明音义、孔颖达疏《尚书注疏》卷七

序《徂后》。
传，陈往古明君以戒，亡。

2.（宋）苏轼《书传》卷七《商书·伊训第四》

（归善斋按，见"《肆命》"）

3.（宋）林之奇《尚书全解》卷十五《商书》

《徂后》。
（归善斋按，见"成汤既没，太甲元年"）

4.（宋）史浩《尚书讲义》卷七《商书》

（按，此篇讲义《永乐大典》原阙）

5.（宋）夏僎《尚书详解》卷十一《商书》

(归善斋按,见"《肆命》")

6.（宋）时澜《增修东莱书说》卷八《商书·伊训第四》

《徂后》。

(归善斋按,未解)

7.（宋）黄度《尚书说》卷三《商书》

(归善斋按,见"《肆命》")

8.（宋）袁燮《絜斋家塾书钞》卷五《商书》

(案,袁氏《伊训》篇解《永乐大典》原阙)

9.（宋）蔡沈《书经集传》卷三《商书》

(归善斋按,未解)

10.（宋）黄伦《尚书精义》卷十七

(案,此篇经解,《永乐大典》原阙)

11.（宋）陈经《尚书详解》卷十三《商书》

(归善斋按,未解)

12.（宋）钱时《融堂书解》卷五《商书·伊训》

(案,《伊训》解,《永乐大典》原阙)

13.（宋）魏了翁《尚书要义》

原阙。

14.（宋）陈大猷《书集传或问》卷上《商书·伊训》

（归善斋按，未解）

15.（宋）胡士行《尚书详解》卷四

（归善斋按，见"《肆命》"）

16.（元）吴澄《书纂言》

（归善斋按，未解）

17.（元）陈栎《书集传纂疏》卷三《朱子订定蔡氏集传》

（归善斋按，未解）

18.（元）许谦《读书丛说》

（归善斋按，未解）

19.（元）董鼎《书传辑录纂注》卷三《商书》

（归善斋按，未解）

20.（元）朱祖义《尚书句解》卷四

《徂后》（伊尹陈往古之君，以为戒。二书亡于秦火，其次当在此）。

21.（明）王樵《尚书日记》卷七

（归善斋按，未解）

22.（清）库勒纳等撰《日讲书经解义》卷四《商书》

（归善斋按，未解）

商书　太甲上第五

太甲既立不明

1.（汉）孔氏传、（唐）陆德明音义、孔颖达疏《尚书注疏》卷七

序，太甲既立不明。

传，不用伊尹之训，不明居丧之礼。

疏，正义曰，太甲既立为君，不明居丧之礼。

传正义曰，此篇承《伊训》之下，经称不惠于阿衡，知不明者，不用伊尹之训也。

2.（宋）苏轼《书传》卷七《商书·大甲上第五》

太甲既立不明，伊尹放诸桐，三年复归于亳，思庸，伊尹作《太甲》三篇。

思用伊尹之言也。汤放桀，伊尹放太甲，古未有是，皆圣人不得已之变也，故汤以惭德为法受恶，曰，此我之所以甚病也。乱臣贼子，庶乎其少衰矣。汤不放桀，伊尹不放太甲，不独病一时而已，将使后世无道之君，谓天下无奈我何，此其病，与口实之惭，均耳。圣人以为宁惭已，以救天下后世，故不得已而为之，以为不得已之变则可，以为道固当尔，则不可。使太甲不思庸，伊尹卒，故之而更立主，则其惭有大于汤者矣。

3. （宋）林之奇《尚书全解》卷十六《商书·太甲上》

太甲既立不明，伊尹放诸桐，三年复归于亳，思庸。

谓太甲既立数月，不用伊尹之言，不明居丧之礼也。桐宫，汤之葬地也。太甲既背伊尹之训，不可以言语口舌争矣。于是使之往居墓侧，加之以放逐之名，致之于忧患之地，以作其愤悱之意，至于三年丧服已毕，而能悔过迁善，克终允德，于是自桐宫复归于亳，而思用伊尹之言也，故曰"三年复归于亳，思庸"。自始立至于放而复归，伊尹每进言以戒之，史序其事，以作《太甲》三篇，虽实史官之所序，而其所言，则皆伊尹之言，故推本其言所自出，而曰，伊尹作《太甲》三篇，首尾序述，以尽出于伊尹之手也。

4. （宋）史浩《尚书讲义》卷八《商书·太甲》

太甲既立不明，伊尹放诸桐，三年复归于亳，思庸，伊尹作《太甲》三篇。

此书序也，伊尹方立太甲，勤勤作训，冀其为明君也。不明则昏矣，昏君何以主天下。伊尹至是，不得不使之居庐，而自怨自艾也。至于"思庸"，庸者，用也，既思，复用，则欲听伊尹之训已也，伊尹之志得矣。故此书备载其所以处仁迁义之实，则太甲谓之贤圣之君可也。虽然以臣放君可乎，惟伊尹知太甲必能改过，故其废放之际，自信不疑。然则伊尹岂可以寻常受遗大臣拟议哉。向使太甲无可教之资，放而不反，伊尹之罪大矣。此《太甲》三篇所以不得不作也。

5. （宋）夏僎《尚书详解》卷十二《商书·太甲》

《太甲上》。

太甲既立不明，伊尹放诸桐，三年复归于亳，思庸。伊尹作《太甲》三篇。

《伊训》、《肆命》、《徂后》与此三篇，及《咸有一德》，凡七篇，皆是伊尹戒太甲之言。然余篇皆因事立称，独此以"太甲"名篇者，盖此篇非特作于一日，且所主非一事，乃自初立，至放逐；自放逐至复归于亳，始终三年，其言皆伊尹、太甲反复之言。史官于既归亳之复，总序其终始之言，作此三篇，故总称为《太甲》，以其不可以一事名之也。林少颖谓，经有一篇析为上、中、下之别，如《太甲》、《盘庚》、《说命》、《泰誓》之类者，非其意义也。古者，简册以竹为之，编次成篇。而竹简所编，不可多也。故或析为二，或析为三，以便习读耳。太甲既立不明，伊尹放之于桐，中年复归于亳，思庸，伊尹作《太甲》三篇者，此孔子序书之言也。此三篇所载，其先则序太甲初立，不惠于阿衡，伊尹恳切进戒，而犹不听，故放于桐宫。既居桐宫，则能悔过，伊尹于是既终丧，而奉之以归，又复反复进戒，故夫子序书，推原本，始为太甲既立不明者，谓太甲既立昏迷不明，不能用伊尹之训，不足君国子民。即下文所谓"不惠阿衡"与"王惟庸罔念闻，王未克变"是也。太甲既立不明，故伊尹以受顾命之臣，再三进戒，犹不见听，知其不可以言语口舌下说，于是放之于桐，而近于成汤所葬之桐宫，使之就桐宫居忧，且朝夕密迩先王，而思其所以贻我后人之意。冀其愤悱之心，而自改其过。已而太甲居于桐宫，终三年之丧，果能悔过迁善，克终允德，于是，自桐宫归亳，而思用伊尹之言，即下文所谓"既往背师保之训，弗克于厥初，尚赖匡救之德，图惟厥终"者是也。太甲既归亳，故史官，于是序其始终，作此三篇，而总以"太甲"名之，故曰作《太甲》三篇。徐须江谓，就考三篇之义，其文始终先后，既非专于一口，又非同乎一时，则其下当以"思庸伊尹"为一句。孔安国于"思庸"下别之。以为伊尹作《太甲》三篇，与作《伊训》，作《咸有一德》为一类，失其旨矣。余谓，须江此说，谓此篇非出乎一人，不可谓伊尹作《太甲》三篇，当以"思庸伊尹"为一句，作《太甲》三篇为一句，其说固通。若依少颖之说，则于理亦通。少颖谓，此篇，虽实史官所序，而其言则皆伊尹之言，故推本，其言之所自出，而言伊尹作《太甲》三篇，以见首尾尽出伊尹之手。据此说，既与伊尹作《伊训》，伊尹作《咸有一德》之言，体制相合，兼上言"思庸"，亦自不失为"思庸伊尹"。故此一说，所以为皆通。若以孔氏为失旨，则过矣。胡益之谓，先儒皆谓太甲不明，伊尹废之，自摄商政，太甲悔过，乃复命之，岂有此理。盖天下不可一日无君，若伊尹废太甲而己自为政，则一日不可安，况二年乎？此所谓放于桐者，大抵人君，既行三年之丧，亮阴不言，百官总己，以听冢宰。此礼之常也。太甲不从伊尹之训，伊尹因其居忧，未省政事，故迁居桐宫，而序书者，以放言之，实未尝放也。此说是也。

6. （宋）时澜《增修东莱书说》卷八《商书·太甲上第五》

太甲既立不明。

孔子序书，断以不明，原太甲之过也，盖欲、纵之败度、礼，皆昏蔽之病，咎在不明耳，况君道常明，不明则反为君之道，故孔子断以"不明"二字，指太甲之过，大抵为恶，虽不止于一端，本原其有外于"不明"者乎？

7. （宋）黄度《尚书说》卷三《商书·太甲》

太甲既立不明，伊尹放诸桐，三年复归于亳，思庸。伊尹作《太甲》三篇。

太甲嗣仲壬而立，不明居丧之礼。伊尹营桐宫居之。夫子序书，谓之"放"。孔氏曰，不知朝政曰放。然则，古者君丧，虽冢宰摄政，犹当有所关白。放居桐，盖使专典丧，不复预他事也。庸，常，思常道。一曰庸，用，思用伊尹之训。不明而放之，思庸而复之。人无不知伊尹之心者，故《孟子》曰，有伊尹之志则可，无伊尹之志则篡也。古说，桐，汤墓。刘向曰，成汤无葬处。伏滔《北征记》，望亳蒙间，成汤、伊尹、箕子冢墓，皆为丘墟。《寰宇记》伊尹冢，在宋州楚丘县。箕子冢，在宋城县。

8. （宋）袁燮《絜斋家塾书钞》卷五《商书·太甲》

太甲既立不明，伊尹放诸桐，三年复归于亳，思庸。伊尹作《太甲》三篇。

太甲其初亦非不明，曰既立不明，则其初固自明也。要之，人之本心，何尝不明，有以昏之耳。太甲之初，未履崇高富贵之位，未有物以昏蔽其心，其本然之明，固自若也。及既为天子，一旦享崇高富贵之极，与前日大不同矣。斯其所以不明也。伊尹使太甲居于桐宫，本非是放，盖其意以为居于深宫之中，日与妇人、女子相处，凡所以荧惑其耳目，感移其心志者，要非一端而止，虽欲悔过，亦不可得。迁之桐宫，远纷华靡丽之习。而密迩先王，其训，庶乎，恶念消释，而善心易生。伊尹之意盖深矣。然桐宫在国都之外，臣子而摈君于远，不可以为训，故圣人笔之曰"放"，所以着伊尹之过也。

9.（宋）蔡沈《书经集传》卷三《商书·太甲上》

（归善斋按，未解）

10.（宋）黄伦《尚书精义》卷十七《商书·太甲》

太甲既立不明，伊尹放诸桐，三年复归于亳，思庸，伊尹作《太甲》三篇。

无垢曰，孔子之序，总三篇之意，而三篇之意，又各有所主也。上篇言，所以放太甲；中篇言，所以归太甲；下篇言，告太甲所以为长久计。此不可不辨也。庸，如"庸愚"之"庸"，谓过恶也。思者，悔也。思庸，谓悔过也。以悔过而归亳，既归亳而又悔过，是其省前日之非，终不已也。人之为恶，当其迷时，无所不至，及其既省，则遇旧事而必惊思故态，而必沮其悔，至死而未已也。

朱正夫曰，"放"字，当作"教"字，伊尹教太甲，于桐宫三年。

张氏曰，大甲既立不明者，言其德之昏也。夫惟其德不明，是以性蔽于内，物惑于外，是非取舍不中厥理。虽汤之典，刑犹且颠覆之，此所以伊尹放之于桐者，将以匡救其恶而已。尝观伊尹，在畎亩之中，虽一介之微，不以取与于人，非其道义。虽禄之天下，系马千驷，曾不为之少动其心，则其所行，非特足以自信，而人信之，固有素矣。一旦以其君之不义而放之，天下不以为疑。大臣不以为异，岂非其行义之素信于人者，而能之乎。

东莱曰，放于桐宫，自迹观之，尹无放君之理。使太甲居幽之义，远朝政，而不亲亦可也。使孔子掩尹之过，徇迹而言之，谓之无放君之事，亦无害于孔子《序》书。盖圣人以大公存心，使千万世不敢议其非。尹处汤没之后，遭太甲之昏迷，亦不幸之甚，何有心于桐宫之放，亦不幸而为是也。孔子遽笔伊尹放诸桐，非特足以见孔子至公之心，而尹亦非文过饰非之人。其放太甲之事，亦公天下为心也。

11.（宋）陈经《尚书详解》卷十四《商书·太甲》

太甲既立不明，伊尹放之于桐三年，复归于亳，思庸。伊尹作《太甲》三篇。

孔子序此书，以为"既立不明"，则知未立之前，未至于不明也。凡中材庸主，不见可欲易以寡过，故太甲之未立也，未见所可欲也，及其既立，则势位之隆，尊贵之极，岂不足以动其纵、欲之心哉？故太甲之所以"不明"者，为其"既立"故也。伊尹知其不明之故在于"既立"，纵、欲之原，常生于快意，肆志之境，故放之于桐，置之于幽深僻远之地，起其悲忧惨戚之心，而不见其所谓快意肆志之境，则太甲于此时，善端复萌，恶念已消。故三年丧毕，复归于亳，思前日之庸愚而痛，自惩艾深，自改过，复为贤君矣。然则，伊尹能必太甲之悔过乎？曰，太甲之必能悔过，伊尹盖预知之矣。使伊尹不能必知太甲之悔过，则其初必不立之。既立而放之，放之而其终不改，则伊尹之罪，将不可逃矣。彼霍光之所以不得为伊尹者，为其不知昌邑之不能改也。既立以为君，而又废之，则霍光不得无惭矣。虽然伊尹之于太甲，《书》之所载，特曰"营于桐宫，密迩先王其训"而已，特曰"王徂桐宫居忧"而已。使太甲于桐宫而居丧，若未甚害也。而《书》之所载，又无"放"字，夫子何以书"放诸桐"，呜呼！此有以见圣人之公心，终不敢为伊尹回护，宁直书之，使伊尹以过，闻于天下之人，而无饰非之心，则乱臣贼子庶乎其不敢借伊尹以文奸也。

12.（宋）钱时《融堂书解》卷六《商书·太甲上》

太甲既立不明，伊尹放诸桐，复归于亳，思庸。伊尹作《太甲》三篇。

《太甲》三篇始末，此序数语提尽。太甲之先，未有败度、败礼等事。既立之后，病证方出，故孔子序书特曰"太甲既立不明，伊尹放诸桐"，若未立而已不明，则伊尹当别有处，安得苟然立之而后放之也。"不明"二字，乃太甲自叙实语，故孔子亦只拈出此二字以断之。放，废也。《书》但云"王徂桐宫居忧"，而孔子特书曰"放"，与"南巢"同例，何也？先儒谓，不知朝政曰"放"，凡天子亮阴，则冢宰居摄，朝政固未尝与也，何独一太甲也哉？盖太甲居丧，败度、败礼全然谬妄，故使之阒然屏处于外，与常人无异，是"放"也。不谓之"放"则当何以名之？吾夫子直书曰"放"，未可与权者，未足与议也。虽然，必若伊尹者而后可也。思庸，自思前日之昏庸也。三篇，皆作书以告太甲，是太甲一事之首尾，史氏类聚，总以"太甲"名篇。首篇云伊尹作书，次篇又云作书，若第三篇，却只是伊尹全书。

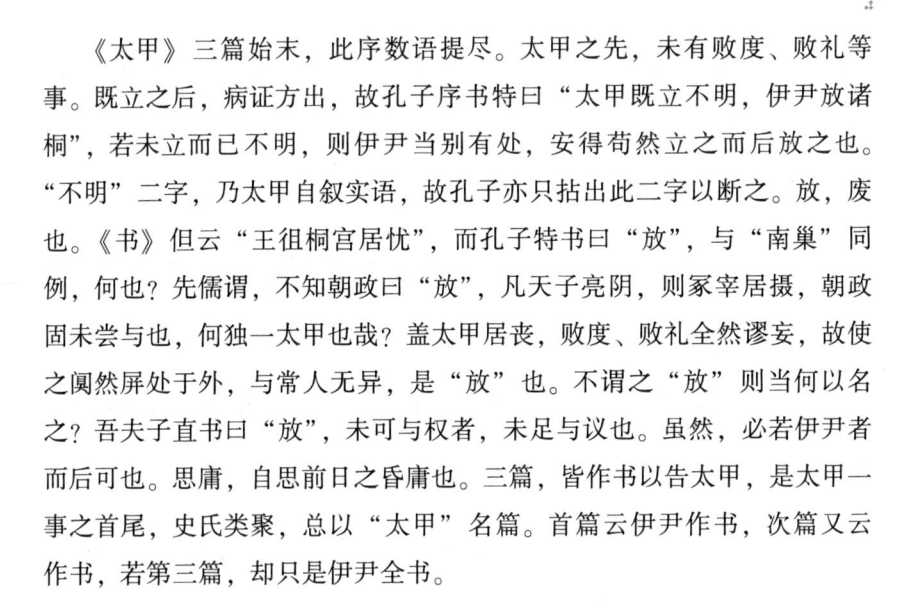

13.（宋）魏了翁《尚书要义》

原阙。

14.（宋）陈大猷《书集传或问》卷上《商书·太甲上中》

（归善斋按，未解）

15.（宋）胡士行《尚书详解》卷四《商书·太甲上第五》

太甲既立不明（谓明者，为思之原），伊尹放诸桐，三年复归于亳，思（念）庸（常道）。伊尹作《太甲》三篇。

三年居忧，百官听命冢宰。

16.（元）吴澄《书纂言》

（归善斋按，未解）

17.（元）陈栎《书集传纂疏》卷三《朱子订定蔡氏集传·太甲上》

（归善斋按，未解）

18.（元）许谦《读书丛说》卷五《商书·太甲》

（归善斋按，未解）

19.（元）董鼎《书传辑录纂注》卷三《商书·太甲上》

（归善斋按，未解）

20.（元）朱祖义《尚书句解》卷四《商书·太甲上第五》

太甲既立（既立为王）不明（昏迷不明，不能用伊尹之训）。

21.（明）王樵《尚书日记》卷七《商书·太甲上》

（归善斋按，未解）

22.（清）库勒纳等撰《日讲书经解义》卷四《商书·太甲上》

（归善斋按，未解）

伊尹放诸桐

1.（汉）孔氏传、（唐）陆德明音义、孔颖达疏《尚书注疏》卷七

伊尹放诸桐。
传，汤葬地也。不知朝政，故曰放。

音义，朝，直遥反。

疏，正义曰，伊尹放诸桐宫，使之思过。

传，正义曰，王徂桐宫，始云居忧，是未放已前，不明居丧之礼也。经称营于桐宫密迩先王，知桐是汤葬地也。舜放四凶徙之远裔，《春秋》放其大夫流之他境，嫌此亦然，故辨之。云不知朝政，故曰"放"，使之远离国都，往居墓侧，与彼放逐事同，故亦称"放"也。古者天子居丧三年，政事听于冢宰，法当不知朝政。而云不知朝政曰"放"者，彼正法三年之内，君虽不亲政事，冢宰犹尚谘禀，此则全不知政，故为放也。

2．（宋）苏轼《书传》卷七《商书·大甲上第五》

（归善斋按，见"太甲既立不明"）

3．（宋）林之奇《尚书全解》卷十六《商书·太甲上》

（归善斋按，见"太甲既立不明"）

4．（宋）史浩《尚书讲义》卷八《商书·太甲》

（归善斋按，见"太甲既立不明"）

5．（宋）夏僎《尚书详解》卷十二《商书·太甲》

（归善斋按，见"太甲既立不明"）

6．（宋）时澜《增修东莱书说》卷八《商书·太甲上第五》

伊尹放诸桐，三年复归于亳，思庸，伊尹作《太甲》三篇。

太甲居丧之时，有欲、纵之败，故伊尹放之三年之丧毕，悔过允德，复归于亳。人君居丧，听于冢宰，礼也。太甲居丧于桐宫，丧毕已归亳矣，不谓之放君，亦可也。孔子崇居忧之义，证尹无放君之事，夫岂不可，而直云放诸桐，何也？伊尹，孔子以大公存心，质之天地而无疑，诏之百世而无愧。太甲之昏迷愦悖，而后可以启发尹之心，对越成汤而为之，何嫌于形迹。孔子之心，对越伊尹，而书之，何嫌而讳避桐宫之营。

密迩先王，先王之严，朝夕临之在上，质之在旁，而败度败礼之习，不得肆焉。然则，"放"云者，非放其身也，放其纵欲之心也。使孔子序《书》委曲而盖之，是伊尹之为，实于理有所不安，则何以上对天地，而下报成汤乎？孔子亦若为之讳矣。三年之后，思念常道，伊尹乃作《太甲》三篇。

7.（宋）黄度《尚书说》卷三《商书·太甲》

（归善斋按，见"太甲既立不明"）

8.（宋）袁燮《絜斋家塾书钞》卷五《商书·太甲》

（归善斋按，见"太甲既立不明"）

9.（宋）蔡沈《书经集传》卷三《商书·太甲上》

（归善斋按，未解）

10.（宋）黄伦《尚书精义》卷十七《商书·太甲》

（归善斋按，见"太甲既立不明"）

11.（宋）陈经《尚书详解》卷十四《商书·太甲》

（归善斋按，见"太甲既立不明"）

12.（宋）钱时《融堂书解》卷六《商书·太甲上》

（归善斋按，见"太甲既立不明"）

13.（宋）魏了翁《尚书要义》

原阙。

14.（宋）陈大猷《书集传或问》卷上《商书·太甲上中》

（归善斋按，未解）

15.（宋）胡士行《尚书详解》卷四《商书·太甲上第五》

（归善斋按，见"太甲既立不明"）

16.（元）吴澄《书纂言》

（归善斋按，未解）

17.（元）陈栎《书集传纂疏》卷三《朱子订定蔡氏集传·太甲上》

（归善斋按，未解）

18.（元）许谦《读书丛说》卷五《商书·太甲》

（归善斋按，未解）

19.（元）董鼎《书传辑录纂注》卷三《商书·太甲上》

（归善斋按，未解）

20.（元）朱祖义《尚书句解》卷四《商书·太甲上第五》

伊尹放诸桐（伊尹放之于汤所葬之桐宫，使朝夕密迩先王，而思所以贻我后人之意。然汤于桀，则放之。伊尹于太甲，岂亦放之哉？盖非有摧折激厉，以生其忧患之心，则终不可止迁之桐。而命之曰放，乃示以将废，而不得立，彼必愤悱而入于善，此放之，所以训之也）。

21.（明）王樵《尚书日记》卷七《商书·太甲上》

（归善斋按，未解）

22.（清）库勒纳等撰《日讲书经解义》卷四《商书·太甲上》

（归善斋按，未解）

三年复归于亳，思庸

1.（汉）孔氏传、（唐）陆德明音义、孔颖达疏《尚书注疏》卷七

三年复归于亳，思庸。

传，念常道。

疏，正义曰，三年复归于亳都，以其能改前过，思念常道故也。自初立至放而复归，伊尹每进言以戒之。

2.（宋）苏轼《书传》卷七《商书·大甲上第五》

（归善斋按，见"太甲既立不明"）

3.（宋）林之奇《尚书全解》卷十六《商书·太甲上》

（归善斋按，见"太甲既立不明"）

4.（宋）史浩《尚书讲义》卷八《商书·太甲》

（归善斋按，见"太甲既立不明"）

5.（宋）夏僎《尚书详解》卷十二《商书·太甲》

（归善斋按，见"太甲既立不明"）

6.（宋）时澜《增修东莱书说》卷八《商书·太甲上第五》

（归善斋按，见"伊尹放诸桐"）

7.（宋）黄度《尚书说》卷三《商书·太甲》

（归善斋按，见"太甲既立不明"）

8.（宋）袁燮《絜斋家塾书钞》卷五《商书·太甲》

（归善斋按，见"太甲既立不明"）

9.（宋）蔡沈《书经集传》卷三《商书·太甲上》

（归善斋按，未解）

10.（宋）黄伦《尚书精义》卷十七《商书·太甲》

（归善斋按，见"太甲既立不明"）

11.（宋）陈经《尚书详解》卷十四《商书·太甲》

（归善斋按，见"太甲既立不明"）

12.（宋）钱时《融堂书解》卷六《商书·太甲上》

（归善斋按，见"太甲既立不明"）

13.（宋）魏了翁《尚书要义》

原阙。

14.（宋）陈大猷《书集传或问》卷上《商书·太甲上中》

（归善斋按，未解）

15.（宋）胡士行《尚书详解》卷四《商书·太甲上第五》

（归善斋按，见"太甲既立不明"）

16.（元）吴澄《书纂言》

（归善斋按，未解）

17.（元）陈栎《书集传纂疏》卷三《朱子订定蔡氏集传·太甲上》

（归善斋按，未解）

18.（元）许谦《读书丛说》卷五《商书·太甲》

（归善斋按，未解）

19.（元）董鼎《书传辑录纂注》卷三《商书·太甲上》

（归善斋按，未解）

20.（元）朱祖义《尚书句解》卷四《商书·太甲上第五》

三年（终丧三年）复归于亳（果能悔过迁善，于是，自桐宫复归亳邑），思庸（思用伊尹之言）。

21.（明）王樵《尚书日记》卷七《商书·太甲上》

（归善斋按，未解）

22.（清）库勒纳等撰《日讲书经解义》卷四《商书·太甲上》

（归善斋按，未解）

伊尹作《太甲》三篇

1.（汉）孔氏传、（唐）陆德明音义、孔颖达疏《尚书注疏》卷七

伊尹作《太甲》三篇。

疏，正义曰，史叙其事作《太甲》三篇。案，经上篇是放桐宫之事，中下二篇是归亳之事，此序历言其事，以总三篇也。

2.（宋）苏轼《书传》卷七《商书·太甲上第五》

（归善斋按，见"太甲既立不明"）

3.（宋）林之奇《尚书全解》卷十六《商书·太甲上》

伊尹作《太甲》三篇。

"太甲惟嗣王不惠于阿衡"，《伊训》、《肆命》、《徂后》、《太甲》三篇、《咸有一德》，皆是太甲末年，商史所录，故其叙述先后本末，相属成文，若史家本纪之所载也，但其简册繁重，故分而为七耳。

4.（宋）史浩《尚书讲义》卷八《商书·太甲》

（归善斋按，见"太甲既立不明"）

5.（宋）夏僎《尚书详解》卷十二《商书·太甲》

（归善斋按，见"太甲既立不明"）

6.（宋）时澜《增修东莱书说》卷八《商书·太甲上第五》

（归善斋按，见"伊尹放诸桐"）

7.（宋）黄度《尚书说》卷三《商书·太甲》

（归善斋按，见"太甲既立不明"）

8.（宋）袁燮《絜斋家塾书钞》卷五《商书·太甲》

（归善斋按，见"太甲既立不明"）

9.（宋）蔡沈《书经集传》卷三《商书·太甲上》

（归善斋按，未解）

10.（宋）黄伦《尚书精义》卷十七《商书·太甲》

（归善斋按，见"太甲既立不明"）

11.（宋）陈经《尚书详解》卷十四《商书·太甲》

（归善斋按，见"太甲既立不明"）

12.（宋）钱时《融堂书解》卷六《商书·太甲上》

（归善斋按，见"太甲既立不明"）

13.（宋）魏了翁《尚书要义》

原阙。

14.（宋）陈大猷《书集传或问》卷上《商书·太甲上中》

（归善斋按，未解）

15.（宋）胡士行《尚书详解》卷四《商书·太甲上第五》

（归善斋按，见"太甲既立不明"）

16.（元）吴澄《书纂言》

（归善斋按，未解）

17.（元）陈栎《书集传纂》疏卷三《朱子订定蔡氏集传·太甲上》

（归善斋按，未解）

18.（元）许谦《读书丛说》卷五《商书·太甲》

（归善斋按，未解）

19.（元）董鼎《书传辑录纂注》卷三《商书·太甲上》

（归善斋按，未解）

20.（元）朱祖义《尚书句解》卷四《商书·太甲上第五》

伊尹作太甲三篇（故伊尹作此三篇）。

21.（明）王樵《尚书日记》卷七《商书·太甲上》

（归善斋按，未解）

22.（清）库勒纳等撰《日讲书经解义》卷四《商书·太甲上》

（归善斋按，未解）

《太甲上》

（汉）孔氏传、（唐）陆德明音义、孔颖达疏《尚书注疏》卷七

《太甲上》。
传，戒太甲，故以名篇。

疏，正义曰，盘庚、仲丁、祖乙等皆是发言之人名篇。此太甲，及沃丁、君奭以被告之人名篇，史官不同，故以为名有异。且《伊训》、《肆命》、《徂后》与此三篇，及《咸有一德》，皆是伊尹戒太甲，不可同名《伊训》，故随事立称，以"太甲"名篇也。

（宋）林之奇《尚书全解》卷十六《商书·太甲上》

《太甲上》。

古者，简册以竹为之，编次而成篇，一篇之所编，不可以多也，故其文之多者，或析而为二，或析而为三，以便于习读。析而为二者，则于篇名之下，加"上"、"下"二字以别。若《礼记·曲礼》、《檀弓》、《杂记》，《孟子·梁惠王》、《公孙丑》等篇是也。析而为三者，则有上、中、下之别，如《经》所载《太甲》、《盘庚》、《说命》、《泰誓》是也。其所以析之为二，为三者，本于简册之繁多，其势不可合而为一，故出于不得已而然也。至于后世，既以纸易简册，则其一篇所载，足以容古者百余简之所书，而世之文人不悟夫古人分篇之意，独有泥于简册之制者，如柳子厚《时令》等篇，皆分为上、下篇，李翱之《复性书》分为上、中、下篇，皆是泥于古制，不达夫时变者。惟韩退之之制作，未尝如此。观其《原性》等书，虽有长短不同，而皆别立篇名，各尽其意而已，未尝离为上、下以泥古制。此皆得体，可以为后世属文之法也。史之分篇，为三有分而为上、中、下者，若《太甲》、《盘庚》、《说命》、《泰誓》是也；有不分为上、中、下而以篇名为别者，若皋陶矢厥谟，禹成厥功，帝舜申之，作《大禹》、《皋陶谟》、《益稷》。成汤既没，太甲元年，伊尹作《伊训》、《肆命》、《徂后》；成王既伐管叔、蔡叔，以殷余民封康叔，作《康诰》、《酒诰》、《梓材》，据此皆以序而有三篇，亦可以分为上、中、下，而但以篇名为别者，此盖出于一时史官，各自以其意，题其简编，以为别异耳，非有深义于其间也。

此篇名以"太甲"者，唐孔氏曰，《伊训》、《肆命》、《徂后》，与此三篇，及《咸有一德》，皆是伊尹戒太甲，不可同名《伊训》，故随事立称，以《太甲》名篇，此说是也。此篇亦是训之体，不可以名《伊训》，故别之曰《太甲》。《史记》载《太甲》篇《太甲序》，以为

《太甲训》三篇，意者，汉之时此篇名犹有"训"字而后世失之也。然而太史公父子，皆未尝见孔壁中书。此篇在孔壁二十五篇之内，是乃孔安国所传，遭巫蛊事而不出者也。太史公既未尝见古文，故于《殷本纪》，但总篇序之言，而臆度之，是以全与此篇内不合。其说以谓，太甲既立，三年不明，暴虐不遵汤法乱德，于是伊尹放之于桐宫，三年伊尹摄政当国，以朝诸侯三年，太甲悔过改善，于是伊尹乃迎太甲归于亳，而立之。太甲修德，诸侯咸服，百姓以宁，伊尹嘉之，遂作训《太甲》三篇以褒太甲。据经之所载，乃是自太甲不惠阿衡，以至于营于桐宫，而归于亳，史官述其本末之详，非是伊尹之嘉太甲而作是篇也。中篇曰"惟三祀十有二月朔，伊尹以冕服，奉嗣王归于亳"，则其所以不明者，惟在于即位数月内耳，故至于终丧则已。悔过自艾，而被冕服，以归于亳。太史公乃谓，既立三年不明，暴虐乱德，于是伊尹放于桐宫，其说皆与经文不同，盖未尝真见《古文尚书》而妄为之说。班孟坚于孔安国传，又谓，安国为谏议大夫，授都尉朝，而司马迁亦从安国问，故迁书载《尧典》、《禹贡》、《洪范》、《微子》、《金縢》诸篇，多古文。夫迁实未尝见古文书，其《史记》所序，惟伏生书耳。而孟坚乃以谓其多载，此又孟坚之失也。

（宋）蔡沈《书经集传》卷三《商书·太甲上》

《太甲上》。

商史录伊尹告戒节次，及太甲往复之辞，故三篇相属成文，其间或附史臣之语，以贯篇意。若史家纪传之所载也。唐孔氏曰，《伊训》、《肆命》、《徂后》、《太甲》、《咸有一德》，皆是告戒太甲，不可皆名《伊训》，故随事立称也。林氏曰，此篇亦训体。今文无，古文有。

（宋）陈经《尚书详解》卷十四《商书·太甲》

《太甲上》。

读此篇之书，伊尹何其不幸哉。当其处有莘之野乐，尧舜之道，天下之责，不在伊尹，及其幡然而改，以天下自任，则其责在伊尹矣。一出而相汤以放桀；其次则放太甲，贤者之为人臣也，固当如是乎？吾闻之曰，圣达节，次守节，下失节。伊尹之事，盖达节者之所为。然天下不以为非，后世不以为疑，其始终之心，载之于《书》与夫子之序，事迹甚明。序书以为"不明"而放诸桐三年而复归；作书者以为"嗣王不惠于阿衡"，伊尹作书曰"王惟庸罔念闻"，伊尹乃言曰"王未克变"，伊尹曰"兹乃不义"。王徂桐宫，克终允德，伊尹以冕服奉嗣王归于亳，以不明而放之，既悔而复之，伊尹何容心哉？盖伊尹为成汤腹心之臣，受托孤之任，义不与众臣同。其放太甲也，以成汤之命而放之，其复太甲也，亦以成汤之心而复之。天下后世，尚何非且疑哉？故曰"有伊尹之志，则可"。

（元）陈栎《书集传纂疏》卷三《朱子订定蔡氏集传·太甲上》

《太甲上》。

商史录伊尹告戒节次，及太甲往复之辞，故三篇相属成文，其间或附史臣之语，以贯篇意，若史家纪传之所载也。唐孔氏曰，《伊训》、《肆命》、《徂后》、《太甲》、《咸有一德》，皆是告戒太甲，不可皆名"伊训"，故随事立称也。林氏曰，此篇亦训体。今文无，古文有。

纂疏

伊尹之言极痛切，遂感发得太甲如此。伊尹之志，公天下以为心，而无一毫之私者也。

或曰，上篇作于未迁桐宫之先，后二篇作于自桐宫归亳之后。

（元）许谦《读书丛说》卷五《商书·太甲》

《太甲》。

伊尹之德，与汤并，而《孟子》曰，汤之于伊尹，学焉而后臣之。高宗亦曰，昔先正保衡，作我先王。然则，尹又汤之先觉者，汤之所以受天下，为天下王，而尹不与者，特以势耳。汤为诸侯，而尹则匹夫故也。其奉天命而伐夏救民，谋猷措置。及立国之规模，皆汤、尹并其功劳。及汤既没，故尹独以天下为己任，其告太甲之言，大率多有己与汤同其天下之意。其丁宁告戒太甲，使之毋坠失基业者，尤谆谆也。后三篇皆此意。

金先生说，"钦厥止"之"止"，与《益稷》"安汝止"之"止"，皆作此心静止未发，未接物时。说谓于平日不接物，而心静之时，以敬存此心，使之虚灵专一，故于接物之际，动皆中理。钦者，敬也。上慎乃俭德，戒其骄奢，惟怀永图，戒其苟且。"若机张省括于度"，戒其轻发，故于不接物时，戒其敬而动，则"率乃祖之攸行"。"无轻民事，惟难；无安厥位，惟危"，二"惟"字，作接语辞看，言逆于心，毋以为怒，必求诸道，合于道者宜从之；言逊于志，毋以为喜，必求诸非道，不合于道者去之。逆耳之言，非必可从；逊志之言，非必可违，故又在求于道，专以道为中。

（元）董鼎《书传辑录纂注》卷三《商书·太甲上》

《太甲上》。

商史录伊尹告戒节次，及太甲往复之辞，故三篇相属成文，其间或附史臣之语，以贯篇意。若史家纪传之所载也。唐孔氏曰，《伊训》、《肆命》、《徂后》、《太甲》、《咸有一德》，皆是告戒太甲，不可皆名"伊训"，故随事立称也。林氏曰，此篇亦训体。今文无，古文有。

辑录

伊尹之言，极痛切，遂感发得太甲如此。《君陈》后亦好。然皆宽了，多是代言，如今代王言者做耳。铢。

伊尹之心，公天下以为心，而无一毫之私者也。孟注。

纂注

新安陈氏曰，前一篇作于未迁桐宫之先，后二篇作于自桐宫归亳之后。

（元）朱祖义《尚书句解》卷四《商书·太甲上第五》

《太甲上第五》。

余篇皆因事名篇，独《太甲》非作于一日，所主又非一事。自初立，至放逐，至归亳，终始三年，皆伊尹、太甲反复之言。史官于归亳后，总叙其终始，作此三篇。

《太甲》（古文自此起）。

（明）王樵《尚书日记》卷七《商书·太甲上》

《太甲上》。

《太甲》三篇，虽皆记伊尹之训，而于太甲悔过之始终，备焉，特名"太甲"，以悔过之人为主，示万世人主，处仁迁义之法也。

篇中言"作书"者二，前古告语，皆口陈，疑作书始此。

"惟嗣王不惠于阿衡，伊尹作书"，此一节也。"王罔念闻"，伊尹又言，此二节也。"王未克变"，"营宫于桐"，此三节也。"王徂桐宫居忧，克终允德"，此四节也。伊尹以冕服，迎归于亳，作书以告，此五节也。以后则王与伊尹，相答之言。三篇本只一书，以四节以前，分为上篇内，具事之节次。中、下二篇则专记言尔。

（清）库勒纳等撰《日讲书经解义》卷四《商书·太甲上》

《太甲上》。

太甲不明于德，伊尹屡训之不听，乃营宫于成汤陵墓。太甲居之，使知省改。后果悔悟，处仁迁义。伊尹迎之归亳，卒为令主。史臣述其事，及其训戒之词，为书三篇，名之曰"太甲"，而此则其上篇也。

（清）张英《书经衷论》卷二《商书·太甲上中下》

三篇，皆史臣记伊尹之言，故首篇多史臣叙事之笔。始曰不惠，继曰罔闻，终曰未克变，见伊尹谆谆教诫，至再至三，而嗣王之不惠者如故。不得已，而有桐宫之迁。按伊尹之相太甲，异姓大臣而能行放桐之事，至于改过迁善，而后有冕服之迎，视置君复辟，若其家事。然太甲不疑，举朝不忌，天下诸侯无有起而争之者。周公以叔父之尊，辅相成王，而流言起于家庭，漂摇及于王室，何伊尹为之，而易周公为之而难。尝思伊尹当日气象，从耕莘而来，天下望其风采，举世谅其生平，成汤称之为元圣，嗣王奉之为阿衡。太甲居桐三年，正居丧之三年也。古有冢宰总己之礼，故伊尹藉而行之，迄乎终丧改过，伊尹遂退归私邑，其德望素孚，而进退大节，复卓然不苟如此。故行非常之事，而人不知疑惧，岂后世奸雄之所得借口者哉？君相相倚为治者也，有君而无相，则有丛脞、废弛之忧；有相而无君，则有猜疑、谗间之害。二者之弊，皆至于小人用事，危乱其国而后已。故伊尹深知嗣王之不惠，则己必不能安其位，行其志，故先曰"自周有终，相亦惟终；罔克有终，相亦罔终"。呜呼！君臣之际，非始之难，而终之为难。旨哉斯言，其于君臣遭遇之间，知之审矣，岂独责望其君之言哉。

《尚书》中言仁，言爱敬，言诚，言孝，言日新，言典学，言鬼神，皆始见于《商书》，遂开圣学万世之统，孔门之垂训于世者，大略皆不外乎此。其诚祖契之遗训，成汤与伊尹之家法欤。三代圣人，世祀至今不绝者，莫如契，岂非垂教人伦之功，与天壤无极也哉。

后世人臣，进说于君，类以失德为讳，以危亡为戒，侈陈祥瑞之，绝口陨覆之语。今观伊尹之告太甲，危亡之言多，而治安之言少。此犹曰，中材之主也。至舜禹之圣，而犹有四海困穷，天禄永终之戒。汉时章奏，尚有流涕痛哭之语。后世忌讳愈密，卒之福祚久远，亦万不逮古人，亦独何益哉。

上篇之大旨在"俭德"；中篇之大旨在法祖；下篇之意则详告以致治保位之道，听言谋事之方，末又引起己去位辞宠之意，然后知太甲自迁善以后，得为有商之令主者，伊尹之功居多也，称为"元圣"岂偶然哉。

惟嗣王不惠于阿衡

1. （汉）孔氏传、（唐）陆德明音义、孔颖达疏《尚书注疏》卷七

惟嗣王不惠于阿衡。

传，阿，倚；衡，平，言不顺伊尹之训。

音义，倚，于绮反。

疏，正义曰，太甲以元年十二月即位，此至放桐之时，未知凡经几月，必是伊尹数谏，久而不顺，方始放之。盖已三五月矣，必是二年放之。序言三年复归者，谓即位三年，非在桐宫三年也。史录其伊尹训王，有《伊训》、《肆命》、《徂后》，其余忠规切谏，固应多矣。太甲终不从

之，故言不惠于阿衡，史为作书发端，故言此为目也。

传正义曰，古人所读阿、倚同音，故"阿"亦"倚"也。称上谓之衡，故"衡"为"平"也。《诗》毛传云，阿衡，伊尹也。郑文亦云，阿倚，衡平也，伊尹汤倚，而取平，故以为官名。

2.（宋）苏轼《书传》卷七《商书·大甲上第五》

惟嗣王不惠于阿衡。

惠，顺也。阿，倚也；衡，平也，言天下之所倚平也。阿衡，伊尹之号，犹曰，师尚父云尔。师其官也，尚父其号也。

3.（宋）林之奇《尚书全解》卷十六《商书·太甲上》

惟嗣王不惠于阿衡。

此文势与上篇《伊训》、《肆命》、《徂后》相属，盖自太甲之立，伊尹所以丁宁嗣王，激切论兴亡祸福之理，以告戒之者，可谓深切着明矣。然诲尔谆谆，听我藐藐，曾无从顺之意也。其下流之性，所以陷溺其心者深，故言虽切，而未易入也。伊尹自汤伐桀之时，既为相矣，及太甲既立，实以冢宰，总百官，其曰阿衡者，尊之之称也。犹周以太公为尚父，齐以管仲为仲父也。高宗命傅说，其称伊尹曰，昔先正保衡，作我先王保衡，即伊尹也。古者，大臣居人主之左右，辅翊主德者，盖有"阿衡"之名。王莽依仿古制，建公辅之官，甄邯为太保，刘歆为少，阿甄丰为太阿，以是知阿、保，皆师傅之官，尊之之称也。伊尹称"阿衡"，盖其一时所以极其推尊之意者，其义则无传焉。孔氏曰，阿，倚；衡，平，言汤倚而取平。王氏云，保其国如阿，平其国如衡，此皆是随字立义，未必得其当时所以命名之旨，犹毛氏解尚父，曰，可尚可父云尔。

4.（宋）史浩《尚书讲义》卷八《商书·太甲》

《太甲上》。

惟嗣王不惠于阿衡，伊尹作书。

此史官之辞也。阿者，保顺；衡者，持平。阿衡之号，若吕望之称太公也。使伊尹自称其号，而以不惠归之嗣王，岂非怨词乎？是知史氏纪作书之由，故有是言，非伊尹之言也。

5.（宋）夏僎《尚书详解》卷十二《商书·太甲》

《太甲》。

惟嗣王不惠于阿衡，伊尹作书曰，先王顾諟天之明命，以承上下神祇，社稷、宗庙，罔不祇肃，天监厥德，用集大命，抚绥万方。惟尹躬克，左右厥辟，宅师，肆嗣王丕承基绪。

阿衡，即伊尹也。伊尹时为冢宰，故尊曰阿衡，犹周以太公为尚父，齐以管仲为仲父，皆尊之也。伊尹亦号保衡，谓之阿衡则言为人君所倚，以取平也。谓之保衡，则言其为人君所保，以为平也，其因名见意，亦犹后言，太师、太傅、太保也。盖太甲即位之后，伊尹以《伊训》、《肆命》、《徂后》等书勤勤进戒，而太甲犹不顺其所言，伊尹于是又作书以戒之。林少颖谓，作书者，作为简□之书，以陈其劝戒之意，若后世之章疏也。盖前篇明言烈祖之成德则以言告之，此则以简□告之也。

先王顾諟天之明命者，谓成汤知天命可畏，故兢兢业业，洋洋乎，如在其上，如在其左右，虽一言一动，皆不可忘，是谓顾諟、惟成汤能顾諟而不敢忘，故上以承天之神，下以承地之祇，以至社稷宗庙无不致其祇敬严肃之心。诚意作孚，故馨香之德，感于神明，而天鉴观之，遂集大命于其身，使之克夏，有天下而抚安万方之民。惟汤能膺天命，而安天下。故伊尹所以能左右辅翼其君。以奄宅此天下之众，故嗣王得以大承基绪。盖谓非汤自能克慎厥位，则虽伊尹亦无所致其左右之力，而嗣王亦无以享盈成之业也。尹，即伊尹之名也。言尹躬，犹言伊尹之身也。唐孔氏以尹非名，谓伊尹名挚，汤得之以尹正天下，故号曰尹。人皆呼为尹，亦以尹自称，此不然也。林少颖谓，伊尹言汤以七十里有天下，严恭寅畏，以感天地神祇之心，则汤之受天明命，非自外至也。故伊尹作书所以首及于此，此说是也。

6.（宋）时澜《增修东莱书说》卷八《商书·太甲上第五》

惟嗣王不惠于阿衡，伊尹作书曰，先王顾諟天之明命，以承上下神祇。社稷宗庙，罔不祇肃。

213

"惟嗣王不惠于阿衡",惠,顺也。太甲不明,凡所作为,与伊尹相背,所以不顺,所向既异,安能相入哉。"伊尹作书曰,先王顾諟天之明命",顾者,省察也。諟者,提撕也,皆警省之意也。言时时省察提撕,不敢少怠,以是心而承接上下神祇,至于宗庙、社稷之事,莫不祇敬钦肃。伊尹所以首及此者,人心虽甚涣散,至祭祀之时,无有不诚敬者,此其本心也。故《萃涣》之卦,必言"二假有庙"。伊尹欲救太甲纵、欲之失,首自其本原正之,深得其理矣。盖汤于祭祀之时,洞洞属属,此心之敬无不立矣。太甲之心,放而不收,至于纵、欲。伊尹欲收太甲之放心,故指汤之收心者,以治之也。

7. (宋)黄度《尚书说》卷三《商书·太甲》

《太甲上》。

惟嗣王不惠于阿衡。

惠,顺也。阿,倚;衡,平,或曰阿保,思保也,故亦曰保衡。

8. (宋)袁燮《絜斋家塾书钞》卷五《商书·太甲》

《太甲上》。

惟嗣王不惠于阿衡。伊尹作书曰,先王顾諟天之明命,以承上下神祇,社稷、宗庙,罔不祇肃。天监厥德,用集大命,抚绥万方。惟尹躬克,左右厥辟,宅师。肆嗣王丕承基绪。

阿,训"倚";衡,训"平",尊伊尹之称也。自成汤以来,尊敬伊尹,故称为"阿衡",盖言我之所倚也,不专以臣下待之。武王得太公,亦谓之尚父,分明待之如父母也。曰阿衡,曰尚父,皆是三代时事。在后世,则不闻矣。虽或有之,亦未必出于中心之诚然。諟,是也。顾諟者,常常顾省也。着精彩,勤省察,如所谓言顾行,行顾言;如所谓顾乃德。人主于天命,须当常常顾省,稍有失德,天命去之,是岂可顷刻不顾省乎?栽者,培之;倾者,覆之。苟不自修德,天虽欲与之休命,亦不可得。此其所以贵于"顾諟"也。

"承上下神祇,社稷宗庙",奉祭祀也。人主之职,莫大于奉祀。能奉祭祀,便是有道之君。何者,当其奉祭祀之时,此心祇肃,无一毫邪念，无一毫驰散，岂非是有道之君乎？《书》称，自成汤至于帝乙，罔不明德恤祀。成王亦言"予冲子，夙夜毖祀"。而召公之诰亦谓"毖祀于上下"，盖此是人君第一件事。敬承祭祀，乃所以存吾心。读此一句，须当知君道之最大者，此也。成汤之心，又不但正当奉祀时为然，祭祀特其间一事尔。成汤之心，盖常如在上下神祇，社稷宗庙之左右。常见"上下神祇，社稷宗庙"，在吾目前，所谓立则见，其参于前；在舆则见，其倚于衡。所谓文王陟降，在帝左右。夫何敢有一毫不敬之心乎？这个"罔不祗肃"，便是"顾諟天命"处。"罔不"者，无所处而不敬也。"左右厥辟，宅师"，伊尹言我常在成汤之左右，辅翼赞襄，所以能宅天下之众。

肆者，遂也。伊尹说"嗣王丕承基绪"一句，最是警太甲深切处。盖言今日坐享此治安无事之天下，不可不念其所从来也。惟成汤"顾諟天命"如此，"罔不祗肃"如此，我克"左右厥辟宅师"如此，我与成汤艰难辛苦，以基王业，是以王遂得丕承基绪，王可不念其所从来乎？成王告康叔，所谓"乃寡兄勖，肆汝小子封在兹东土"，即此意也。

9. （宋）蔡沈《书经集传》卷三《商书·太甲上》

惟嗣王不惠于阿衡。

惠，顺也。阿，倚；衡，平也。阿衡，商之官名，言天下之所倚平也。亦曰保衡，或曰伊尹之号。史氏录伊尹之书，先此以发之。

10. （宋）黄伦《尚书精义》卷十七《商书·太甲》

《太甲上》。

惟嗣王不惠于阿衡，伊尹作书曰，先王顾諟天之明命，以承上下神祇，社稷宗庙，罔不祗肃。天监厥德，用集大命，抚绥万方。

无垢曰，惠，顺也。阿，依也。衡，平也，言伊尹有道，人君倚之，以平天下也。夫倚之以平天下，其聪明识虑，必有以大过人矣。其可不委心听之乎？大甲，器质，非君天下之才，其所思所见，迥然与伊尹不相入，此所以不顺于伊尹也。太甲之不顺阿衡，是不顺天命。阿衡之心，即天命也。此伊尹作书，所以首以天之明命为言。先王无一毫私欲，其心常与天通，一念虑之起，必三省于心而后行。此所谓"顾"天命也。一事之变，必取正于心而后断，此所谓"谌"天命也。推"顾谌"之心，以承奉上天，下地，右社稷，左宗庙，是于幽明之间，上下左右，无所不"顾谌"其心也。心，即天也。人有是心，心有是天。第人未之"顾谌"耳。尽其心者，知其性也。知其性，则知天矣。存其心，养其性，所以事天也。事天，在存其心而已。存，即"顾谌"之谓也。

又曰，汤之心，是与天同矣。为人而心与天同，天下一人而已矣。大命不集于汤，而谁集乎？桀率遏众力，率割夏邑，其心纷然，为人欲所乱，日夜自绝于天。夫有一人绝于天，必有一人合于天矣。况大德者，必受命，此自然之理也。桀之劳民甚矣。汤集大命，以有天下，岂敢有丝发抚之哉，抚绥之而已矣。汤有抚绥之心，而所以左右此心，以安天下之众者，不无望于圣贤也。

张氏曰，先王于天之明命，顾之，而不敢忘；谌之，而不敢违。上以承天之神，下以承地之祇，中以祇肃于宗庙、社稷。祇者，钦之达乎外也；肃者，敬之存乎内也。于上下神祇，言承于宗庙、社稷，言祇肃，亦互相备也。夫汤之德，足以昭升于上，故天监厥德，用集大命，使汤足以简代夏，而抚绥万方也。东莱曰，太甲当不明之时，自然与阿衡不相顺。伊尹欲其善，反入于恶。伊尹欲其勤，反肆于纵，自然不顺。

11.（宋）陈经《尚书详解》卷十四《商书·太甲》

惟嗣王不惠于阿衡，伊尹作书曰，先王顾谌天之明命，以承上下神祇，社稷宗庙，罔不祇肃。天监厥德，用集大命，抚绥万方。惟尹躬克，左右厥辟，宅师。肆嗣王丕承基绪。惟尹躬先见于西邑夏。自周有终，相亦惟终。其后嗣王，罔克有终，相亦罔终。嗣王戒哉，祇尔厥辟，辟不辟，忝厥祖。

阿，倚也。衡，平也。官名也。汤之所倚，以平天下者，在乎伊尹，故立此官以处之。嗣王，太甲也。"不惠于阿衡"，则伊尹所言太甲不顺之，而违之者多矣，此皆其不明之故也。伊尹于是作书以戒之，举先王之事以为训，曰，先王成汤顾谌天之明命，天之明命，即天理也。在天，则谓之明命；在天下，则谓之理；在身，则谓之心。顾者，有内省之意。谌者，有取正之意。惟其顾谌天命，而不敢违，故敬心常存，推之，以承上天神，下地祇者，此心也。社稷、宗庙，罔不祇敬而严肃，亦此心也。汤之心，有以合天，故天心有以命汤。天监观其德，用以集大命于成汤之身，俾之绥万方，为民之主。其本皆在于"顾諟"之心而已。惟尹躬亲，又能左右辅助其君，以安天下之众。盖尹与汤同体一心，故嗣王今日大承其基业者，皆汤与伊尹勤劳之所致也。嗣王岂可不知所自来哉？

既举先王之君臣，又举前代有夏之君臣。"惟尹躬先见于西邑夏"，夏都在亳西。有夏之君，能以周而有终，周者，谓能畏惧于心，凡治身、治国无一不备。苟有一毫之亏缺，则不可谓之周。惟其周备如此，故能保其终为之相者，以其君能如此，则己与君，同其终。"其后嗣王"，指桀也。"罔克有终"，则其亏缺而不周备多矣，故不能有终。既不终其所以为君，人臣虽欲竭心力以终之，其可得乎？其本原处，皆在乎？君伊尹以此言责望太甲亦重矣，嗣王戒哉。当致其戒，而无忽祇敬尔所以为君之道。君而不能尽其为君道，则不惟辱其身，且将辱其祖。伊尹举此二端以告之，其意亦甚切矣。

12.（宋）钱时《融堂书解》卷六《商书·太甲上》

惟嗣王不惠于阿衡，伊尹作书曰，先王顾諟天之明命，以承上下神祇，稷、宗庙，罔不祇肃。天监厥德，用集大命，抚绥万方。惟尹躬克，左右厥辟，宅师。肆嗣王，丕承基绪。惟尹躬先见于西邑夏，自周有终，相亦惟终。其后嗣王，罔克有终，相亦罔终。嗣王戒哉。祇尔厥辟，辟不辟，忝厥祖。王惟庸罔念闻。

首言天之明命，直将成汤圣敬日跻学问，全行提出。"相亦惟终"，"相亦罔终"，方见休戚相关之至。

13.（宋）魏了翁《尚书要义》

原阙。

14.（宋）陈大猷《书集传或问》卷上《商书·太甲上中》

（归善斋按，未解）

15.（宋）胡士行《尚书详解》卷四《商书·太甲上第五》

《太甲》。

惟嗣王不惠（顺）于阿衡（伊尹，保国如阿，平国如衡，故尊曰，阿衡，犹太公为尚父也）。伊尹作书曰，先王顾（省察）諟（提撕）天之明命，以承（接）上下神祇，社稷宗庙，罔不祗肃。

敕天者，此心；交神者，亦此心。《易》革涣之卦，必言王假有庙，盖祭祀之时，洞洞属属，心无不敬尹欲收太甲之放心，故必指汤之收心者，以治之也。

16.（元）吴澄《书纂言》

（归善斋按，未解）

17.（元）陈栎《书集传纂疏》卷三《朱子订定蔡氏集传·太甲上》

惟嗣王不惠于阿衡。

惠，顺也。阿，倚；衡，平也。阿衡，商之官名，言天下之所倚平也，亦曰保衡。或曰，伊尹之号。史氏录伊尹之书，先此以发之。

纂疏

王氏曰，阿，大陵之有曲者，保其君，如阿；平其国，如衡。

苏氏曰，阿衡，尹之号。犹太公，尚父其号也。

18.（元）许谦《读书丛说》卷五《商书·太甲》

（归善斋按，未解）

19.（元）董鼎《书传辑录纂注》卷三《商书·太甲上》

惟嗣王不惠于阿衡。

惠，顺也。阿，倚；衡，平也。阿衡，商之官名，言天下之所倚平也，亦曰保衡。或曰，伊尹之号。史氏录伊尹之书，先此以发之。

纂注

叶氏曰，阿、保通，阿亦保之意。

20. （元）朱祖义《尚书句解》卷四《商书·太甲上第五》

惟嗣王不惠于阿衡（惟太甲不顺于阿衡之言。伊尹时为冢宰，尊曰阿衡，言为人君所倚，以取平也）。

21. （明）王樵《尚书日记》卷七《商书·太甲上》

惟嗣王不惠于阿衡。

孔氏曰，阿，倚；衡，平，言不顺伊尹之训。

正义曰，太甲以元年十二月即位，此至放桐之时，未知凡经几月，必是伊尹数谏久，而不顺，方始放之。序言三年复归者，谓即位三年，非在桐宫三年也。古人读阿、倚同音，故阿，亦倚也。《诗》毛传云，阿衡，伊尹也。衡，平也。倚而取平，故以为官名。

按，阿衡，盖伊尹之号，非官名也。若作官名，则伊训已云百官总己，以听冢宰，是伊尹为冢宰矣，安得复有阿衡之官乎？《说命》曰"昔先正保衡"，可证其为号也。

22. （清）库勒纳等撰《日讲书经解义》卷四《商书·太甲上》

惟嗣王不惠于阿衡，伊尹作书曰，先王顾諟天之明命，以承上下神祇，社稷宗庙，罔不祗肃。天监厥德，用集大命，抚绥万方。惟尹躬克，左右厥辟，宅师。肆嗣王丕承基绪。

此二节书是，推伊尹所以作书之，由而先述祖德，以告太甲也。惠，顺也。阿衡，商之官名。阿，是倚；衡，是平，言天下所倚以平也。顾，常目在之也。諟，此也。明命，上天命我显然之理。监，视也。辟，君也。宅，居也。师，众也。史臣曰，昔伊尹居阿衡之任，是天下之所倚以为平正，嗣王所当顺从者。乃太甲即位之初，不明于德，狎比群小，而不惠于阿衡。于是伊尹惧，而作书以告曰，天、人之交，至近而非远也。先王成汤，见得上天有显然之理，而畀之在我者，谓之明命，于是提撕省察，念念不忘，知此理随处流行，使此心随在，有觉常，若接于目，而真有所见者。然由此以奉承天地神祇，社稷宗庙，极其诚敬，而无一毫怠忽之意，故上天监视我先王之德，足以代夏而有天下，遂举大命集于其身，使抚绥安定万方之众。此时我尹躬又能尽心竭力，左右辅相我先王，以安宅斯民。臣主同劳如此，故嗣王得以大承其基业，而膺此无疆之休也。伊尹述成汤之德，其要莫切于"顾諟明命"之一言。顾諟明命，犹《诗》所云"不显亦临，无射亦保"，虽一息之顷，一事之微，皆天理之周流，而无有怠忽之意，垂其间者。此所以能承上下神祇，社稷宗庙，而罔不祇肃也。所谓祇肃，亦惟凛敬畏于平时而已。

（清）朱鹤龄《尚书埤传》卷八《商书·太甲》

阿衡。

阿，孔传训"倚"。疏云，古人读阿、倚同音，故"阿"作"倚"也。

王安石曰，阿，大林之有助者，保其君，如阿；平其国，如衡。

苏传，阿衡尹之号，犹太公号师尚父，师，其官也；尚父，其号也。

伊尹作书曰，先王顾諟天之明命，以承上下神祇

1.（汉）孔氏传、（唐）陆德明音义、孔颖达疏《尚书注疏》卷七

伊尹作书曰，先王顾諟天之明命，以承上下神祇。

传，顾，谓常目在之；諟，是也，言敬奉天命，以承顺天地。

音义，顾，音故；諟，音是，《说文》理也。祇，巨支反。

疏，传正义曰，《说文》云，顾，还视也。"諟"与"是"，今之字

异,故变文为是也。言先王每有所行,必还回视是天之明命,谓常目在之,言其想象,如目前终常,敬奉天命,以承上天下地之神祇也。

2.（宋）苏轼《书传》卷七《商书·大甲上第五》

伊尹作书曰,先王顾諟天之明命。

顾,眷也,以言许人曰諟,言汤为天命之眷许也。

以承上下神祇,社稷宗庙,罔不祇肃。天监厥德,用集大命,抚绥万方,惟尹躬克,左右厥辟,宅师。

伊尹助其君,居集天下之众也。

3.（宋）林之奇《尚书全解》卷十六《商书·太甲上》

伊尹作书曰,先王顾諟天之明命,以承上下神祇,社稷宗庙,罔不祇肃。天监厥德,用集大命,抚绥万方。

作书者,作为简册之书,以陈其所劝戒之意,若后世之章疏也。汉世,简册未变,故其以章疏进说于上者,以皂囊封之,谓之上封事,盖其所由来远矣。杨子曰,捈中心之所欲,通诸人之嚍嚍者,莫如言;着古昔之昏昏,传千里之忞忞者,莫如书。盖古人之所以宣其意者,惟书与言尔。伊尹明言烈祖之成德,训于王,此其言也。自"先王顾諟天之明命"以下,则其书也。汉孔氏云,顾谓常目在之;諟,是也。唐孔氏曰,諟与是,古今之字异,故变文为"是"也,言先王每有所行,必视是天之明命,常目在之。以"顾"为"常目在之",理固然也。至以"諟"为"是非"之"是",则又无所据。

王氏曰,諟以言其不违。

苏氏曰以言许人曰諟,亦皆是率意而为,此说未敢以为信。详考经意,"曰先王顾諟天之明命",但谓"天之明命",吉凶、善恶,皆以类至。其福善祸淫,若影响之应形声。先王知命之可畏也如此,故其兢兢业业,洋洋乎如在其上,如在其左右,虽一言一动,皆不敢忘也。《诗》曰敬天之怒,无敢戏豫;敬天之渝,无敢驰驱。昊天曰明,及尔出王;昊天曰旦,及尔游衍,此则"顾諟"之意也。惟知其天命之可畏,顾諟而不敢忘,故上以承于天神,下以承于地祇,以至社稷、宗庙，无不致其祗肃。盖其所以事鬼神者，出于其严恭祗事之诚心，而不区区于牺牲、玉帛之间矣。惟其诚意之孚如是，故其馨香之德，感于神明而天监之，遂集天命于其身，使之克夏以有天命，而抚绥万方之民也。盖成汤之所以由七十里，而有天下，其恭则自于寅畏上天之命，其事则见夫致恭尽礼于祭祀之间。洞洞乎，属属乎，如弗胜，如将失之，则其感格于天地鬼神之意，受明命，以式九围，非自外至也。商道事神明鬼之俗，盖出于此。此盖成汤之所以诒孙，谋以遗后世者，故伊尹作书，以戒嗣王，首及于此也。

4.（宋）史浩《尚书讲义》卷八《商书·太甲》

（归善斋按，另见"惟嗣王不惠于阿衡"）

曰先王顾諟天之明命，以承上下神祇。社稷、宗庙，罔不祗肃。天监厥德，用集大命，抚绥万方。惟尹躬克，左右厥辟，宅师。肆嗣王丕承基绪。惟尹躬先见于西邑夏，自周有终，相亦惟终。其后嗣王，罔克有终，相亦罔终。嗣王戒哉，祗尔厥辟，辟不辟，忝厥祖。

庄周称伊尹曰，强力而忍垢，想见当时之人，不知伊尹者，纷纷之言，必不少，恕伊尹忍之，以成事业，此所以为自任也。然伊尹之心，知汤可以受天命，既强之以伐桀，得天下于顺应，成大功于顷刻，使斯民复见尧舜之盛。伊尹之所操持蕴蓄，已见效矣。苟嗣王不克终厥德，而败乃翁事，则伊尹前功俱废矣。成汤所以托孤之义，何望哉，是以强力坚忍，以身当天下之谤而不辞。卒之，太甲处仁迁义，而商家数百年之祀，自是而延。伊尹岂患失保宠之徒乎？盖以常人，当伊尹之时，有去而已。伊尹之不去，知力足以回嗣王之心，吾而舍之，为德不卒矣，是以宁为顽钝忍耻，而必立太甲于无过之地也。孟子尊之曰，伊尹自任天下之重。又曰，无伊尹之志则篡也。若孟子者，可谓知伊尹矣。

"先王顾諟天之明命"，顾，眷也。諟，许也。天之明命，眷许成汤，遂能承上下神祇，社稷宗庙，罔不祗肃，一言以尽，曰敬而已矣。敬德之聚也，是以天监厥德，用集大命，而使之抚绥万方也。辟，君也。克左右其君。宅，居也。师，众也。左右其君，居集其众，既在尹躬矣。"嗣王丕承基绪"，亦在尹躬也。伊尹，可谓圣之任也。先见于西邑夏者，夏都在亳之西，指其方而言之也。言夏之君臣，以忠信为周，故能克终。君不克终，相亦罔终。伊尹之期嗣王，欲其君臣俱有道也。嗣王戒哉，祗尔为君。君不君，则辱成汤矣，故曰"忝厥祖"。

5. （宋）夏僎《尚书详解》卷十二《商书·太甲》

（归善斋按，见"惟嗣王不惠于阿衡"）

6. （宋）时澜《增修东莱书说》卷八《商书·太甲上第五》

（归善斋按，见"惟嗣王不惠于阿衡"）

7. （宋）黄度《尚书说》卷三《商书·太甲》

伊尹作书曰，先王顾諟天之明命，以承上下神祇，社稷、宗庙，罔不祗肃。天监厥德，用集大命，抚绥万方。惟尹躬克，左右厥辟，宅师。肆嗣王丕承基绪。惟尹躬先见于西邑夏，自周有终，相亦惟终。其后嗣王，罔克有终，相亦罔终。嗣王戒哉，祗尔厥辟，辟不辟，忝厥祖。

諟，古训"是"，审谛之意，顾察而审谛之。文王陟降，在帝左右也。于以承上下神祇，社稷宗庙无不祗肃，言一本诸敬而已。亲亲尊尊，爱敬充焉。居丧失礼，是谓无本。百神尔主，何以承之，惟天监其德而后，有以集大命为天下君，宅居师众。尹身亲相汤，以有九有之师，故今嗣王大承其基绪，诚愿如先夏之有终，而其相亦惟终。不愿如其后嗣王之罔终，而其相亦罔终。君有终，则相亦有终。君罔终，则相亦罔终。是故，君相一体，安危休戚，无不同之。太甲之克终不终，伊尹安敢不任之于其身哉？夏在亳西，故曰西邑夏。自周忠信为周，终始惟一，非忠信能之乎？《文言》曰，忠信所以进德也。嗣王知所戒，则敬而已矣。敬，则尽君道。为君而不尽君道，则为辱乃祖成汤矣。

8. （宋）袁燮《絜斋家塾书钞》卷五《商书·太甲》

（归善斋按，见"惟嗣王不惠于阿衡"）

9.（宋）蔡沈《书经集传》卷三《商书·太甲上》

伊尹作书曰，先王顾諟天之明命，以承上下神祇。社稷宗庙，罔不祇肃。天监厥德，用集大命，抚绥万方。惟尹躬克，左右厥辟，宅师。肆嗣王丕承基绪。

监，音鉴。左，音佐。

顾，常目在之也。諟，古"是"字。明命者，上天显然之理，而命之我者，在天为明命，在人为明德。伊尹言，成汤常目在是，天之明命，以奉天地神祇，社稷宗庙，无不敬肃，故天视其德，用集大命，以有天下，抚安万邦。我又身能左右成汤，以居民众，故嗣王得以大承其基业也。

10.（宋）黄伦《尚书精义》卷十七《商书·太甲》

（归善斋按，见"惟嗣王不惠于阿衡"）

11.（宋）陈经《尚书详解》卷十四《商书·太甲》

（归善斋按，见"惟嗣王不惠于阿衡"）

12.（宋）钱时《融堂书解》卷六《商书·太甲上》

（归善斋按，见"惟嗣王不惠于阿衡"）

13.（宋）魏了翁《尚书要义》

原阙。

14.（宋）陈大猷《书集传或问》卷上《商书·太甲上中》

（归善斋按，未解）

15.（宋）胡士行《尚书详解》卷四《商书·太甲上第五》

（归善斋按，见"惟嗣王不惠于阿衡"）

16. （元）吴澄《书纂言》

（归善斋按，未解）

17. （元）陈栎《书集传纂疏》卷三《朱子订定蔡氏集传·太甲上》

伊尹作书曰，先王顾諟天之明命，以承上下神祇，社稷宗庙，罔不祇肃。天监厥德，用集大命，抚绥万方。惟尹躬克，左右厥辟，宅师。肆嗣王丕承基绪

顾，常目在之也。諟，古"是"字。明命者，上天显然之理，而命之我者。在天，为明命；在人，为明德。伊尹言，成汤常目在是，天之明命，以奉天地神祇，社稷宗庙，无不敬肃，故天视其德，用集大命，以有天下，抚安万邦。我又身能左右成汤，以居民众。故嗣王得以大承其基业也。

纂疏

顾，谓常目在之。古注此语最好，非谓有一物，常在目前可见也，只是常存此心，知得有这道理，光明不昧，方其静坐，未接物也。此理固湛然清明，及其遇事，而应接也，此理亦随处发见，只要人常提撕省察，念念不忘，存养久之，则是理愈明，虽欲忘之而不可得矣。

常目在之，常见得有此理，子常见得孝，父常见得慈。

今人多鹘鹘突突，一似无这个明命，若常见其在前，则凛凛然不敢放肆。

真氏曰，汤惟顾天之明命，故天监汤之厥德，曰顾、曰监，可见天、人之交至近，而非远也。

愚谓，此言太甲，今日之有天下，由先王明德以得天命；伊尹身任重，以辅先王也。有先王创业之祖，与尹开国之大臣，是以嗣王得承此大业。今日岂可忘先王而不念，忽尹言而不从哉。

18. （元）许谦《读书丛说》卷五《商书·太甲》

（归善斋按，未解）

19. （元）董鼎《书传辑录纂注》卷三《商书·太甲上》

伊尹作书曰，先王顾諟天之明命，以承上下神祇，社稷宗庙，罔不祇肃。天监厥德，用集大命，抚绥万方。惟尹躬克，左右厥辟，宅师。肆嗣王丕承基绪。

顾，常目在之也。諟，古"是"字。明命者，上天显然之理，而命之我者，在天，为明命；在人，为明德。伊尹言，成汤常目在之天之明命，以奉天地神祇，社稷宗庙，无不敬肃，故天视其德，用集大命，以有天下，抚安万邦。我又身能左右成汤，以居民众，故嗣王得以大承其基业也。

辑录

古注云，顾，谓常目在之也。此语最好，非谓有一物，常在目前可见也，只是常有此心，知得有这道理，光明不昧。方其静坐，未接物也，此理固湛然清明；及其遇事而应接也，此理亦随处发见，只要人常提撕省察，念念不忘，存养久之，则是理益明，虽欲忘之而不可得矣。僴。

余见《大学章句附录》。

纂注

真氏曰，汤惟顾天之明命，故天监汤之厥德，曰顾，曰监，可见天、人之交至近，而非远也。

新安陈氏曰，此言太甲今日之有天下，由于先王之明德，以得天下，与伊尹之出身，以辅先王也。有先王创业之祖，与尹开国之大臣，是以嗣王得以承此大业，今日岂可忘先王而不念，忽尹而不从哉。

20. （元）朱祖义《尚书句解》卷四《商书·太甲上第五》

伊尹作书曰（伊尹作书进戒），先王顾諟天之明命（先王，成汤。顾，省，是天之明命），以承上下神祇（以承天地神祇）。

21. （明）王樵《尚书日记》卷七《商书·太甲上》

"伊尹作书曰，先王顾諟天之明命"至"丕承基绪"。

孔氏曰，顾，谓常目在之也。谡，是也。

朱子曰，明命，天之所以与我，而我之所以为德者也。

又曰，古注云，顾，谓常目在之，此语最好。非谓有一物常在目前可见也，只是常存此心，知得有这道理，光明不昧，方其未接物，此理固湛然清明，及其遇事而应接，此理亦随处发见，只要人常提撕省察，念念不忘，存养久之，则道理愈明，虽欲忘之而不可得矣。朱子解明德，曰，人之所得乎天，而虚灵不昧，以具众理而应万事者也。此解明命，承前而云，以此精明之德，承事上下神祇，又罔不祇肃，"以承"二字，虽本上而言，然事神又自是事神之敬，不可只作一事看也。

程子论敬曰，聪明睿智，皆由此出。以此事天飨帝，此实至理，而圣人之心学也。汤顾天之命，天监汤之德，用集大命，付以天下，而尹又身能左右其君，居此民众，使不失所，故嗣王得以大承其基绪，岂可忘祖而不念，忽尹而不从哉。

宅师，承"抚绥"言。谓之"宅"者，除虐布宽之后处之，各得其所也。丕承基绪，谓临已定之万方，统已宅之民众也。当深惟所自，则祖德当继，尹言当从。

22.（清）库勒纳等撰《日讲书经解义》卷四《商书·太甲上》

（归善斋按，见"惟嗣王不惠于阿衡"）

（元）陈师凯《书蔡传旁通》卷三《商书·太甲上》

顾，常目在之也。

《朱子语录》云，古注云，顾，谓常目在之也。此语最好。非谓有一物常在目前可见也，只是常存此心，知得有这道理，光明不昧，方其静坐，未接物也，此理固湛然清明，及其遇事而应接也，此理亦随处发见。只要人常提撕省察，念念不忘，存养久之，则是理益明，虽欲忘之而不可得矣。

（元）王充耘《读书管见》卷上《商书·太甲》

顾谡天之明命。

天之明命，只是天之眷命，犹云"畏天之威"相似。《大学》引此以释"明德"，是断章取义。如"缉熙敬止"之类。今释《书》者，岂得反据《大学》而指为我之明德乎？若以为即明德，则于后面"受天明命，以有九有之师"，将何以释之乎？谓之"明命"，犹云元命、大命，皆雅其称谓耳。

（元）陈悦道《书义断法》三《商书·太甲上》

先王顾諟天之明命，以承上下神祇，社稷宗庙，罔不祗肃。天监厥德，用集大命，抚绥万邦。

明德，即"明命"也，人君顾天明命，天监君之明德，存乎目睫之间，而感应之妙，未有若此其速者，特以"顾諟"，言以见天理之流行，而通于神明，莫非至敬之寓；以监德，言以见天心眷顾，而抚绥民，庶莫非至仁之泽。盖敬之体根于中，而仁之用见于外，于以见明命之即明德，而任天地、人、鬼神之托者，不可不自持敬始也。汤之学自圣，敬日跻始，德之"日新又新"，卒为天命、人心之所归，盖特余事也。社稷，即地祇，此所谓郊焉，而天神格庙焉，而人鬼享，皆神明之所在，此汤所以常目在也。

（明）马明衡《尚书疑义》三《商书·大甲》

先王顾諟天之明命。

天，即理也。明命，理之昭昭不昧，若命在我者。人常存敬畏之心，则此理昭著而益严。稍入放肆，则于明命，何有？故非有明命一物在眼前也，吾心即天而已矣。

（明）陈泰交《尚书注考》

顾諟天之明命，训顾，常目在之也。《顾命》训顾，还视也。

（清）朱鹤龄《尚书埤传》卷八《商书·太甲》

顾諟天之明命。

《经典稽疑》，顾諟天之明命，孔传言敬奉天命，以顺承天地。《读书管见》云,明命,只是天之眷命,犹云,畏天之威耳。《大学》引此,以释明德,是断章取义。如"缉熙敬止"之类。今释书者,岂得据《大学》而以为我之明德乎?若以为即明德,后"受天明命,以有九有之师"将何以释之乎?

忠信为周,蔡传因孔。《朱子语录》云,"自周"二字不可晓。或云,周,当作"君",篆文相似而误。此说了凡取之。

(元) 王充耘《书义矜式》卷三《商书·太甲上》

先王顾諟天之明命,以承上下神祇,社稷宗庙,罔不祇肃。

理之存于心目者,无或忘,故诚之交于神明者,无或间。盖诚心之所存,即天理之所发见也。使吾心之理有一息之昏蔽,而欲吾心之敬,随所寓而形着,难矣哉。若昔,成汤于理之命于天者,常目在之,而唯恐失坠其存,是理而不忘者如此,故以之承上下神祇者,此祇肃之心;以之任社稷宗庙者,亦此祇肃之心,其达是敬而无间又如此。然则,祇肃之至,乃所以见其顾諟之深。惟知顾諟,而不忘所以能祇肃而无怠也。斯其内外之相符也欤。天之明命,乃有生之同德,而惟圣人能明而不昧,故以之交于神明,亦惟圣人为能敬,而无失。圣人岂有异于人哉,心之所存皆纯,亦不已之天。故身之所处,皆"缉熙敬止"之地,不见其有间也。苟此心之天,一为人欲所蔽,而不能加提撕警省之功,则出而主祭,虽欲勉强修饰,以造于整齐严肃之地,其能常久而不变者,鲜也。圣人岂其然乎?天之生物也,赋之气,以成形,必命之理,以为性。凡其日用动静之间,显然而不可欺,昭然而不可掩者,孰非天之所命也。常人莫不有是理,而鲜能全之。惟圣人也,知付畀之为重,则存养之功,不可以不加;知利欲之易昏,则省察之功,不可以或替。造次,必于是;颠沛,必于是;而天之所以与我者,无顷刻之或忘,故能见其忝于前,倚于衡,而我之所以得于天者,无须臾之或离。此作圣之本原,而主敬之极功也。推此心,以交于神明,其有厌怠而不敬者乎?吾见其洁齐丰盛而凛乎,其临之在上,质之在旁也,其在神祇者如此;吾见其苾芬孝祀而竦然于神之格,思不可度思也,其在社稷宗庙又如此。圣人于此,岂勉强而为之哉。盖知天命,无往而不存,故罔不祇肃。以祗肃之诚，而为顾諟之实圣人之所以异于人者如此，岂外为庄栗而实则怠慢，暂焉收敛而久则怠荒者之比哉。诗人之称成汤曰"圣敬日跻"，曰"上帝是祗"，则其顾諟之诚，祗肃之实，可想而见矣。此所以天监厥德，使之集大命，而抚安万方也欤。太甲既立而不明于德。其视汤之"顾諟明命"为何如？以欲败度，纵败礼，其视汤之"罔不祗肃"为何如？伊尹以是告之，固欲其"率乃祖攸行"，亦所以药其病，而救其失也，此太甲所以"克终允德"也欤。

社稷宗庙，罔不祗肃

1.（汉）孔氏传、（唐）陆德明音义、孔颖达疏《尚书注疏》卷七

伊尹作书曰，先王顾諟天之明命，以承上下神祗。

社稷宗庙，罔不祗肃。

传，肃，严也，言能严敬鬼神而远之。

音义，远，于万反。监，工暂反。辟，必亦反，徐甫亦反。

2.（宋）苏轼《书传》卷七《商书·大甲上第五》

（归善斋按，见"伊尹作书曰，先王顾諟天之明命，以承上下神祗"）

3.（宋）林之奇《尚书全解》卷十六《商书·太甲上》

（归善斋按，见"伊尹作书曰，先王顾諟天之明命，以承上下神祗"）

4.（宋）史浩《尚书讲义》卷八《商书·太甲》

（归善斋按，见"伊尹作书曰，先王顾諟天之明命，以承上下神祗"）

5.（宋）夏僎《尚书详解》卷十二《商书·太甲》

(归善斋按,见"惟嗣王不惠于阿衡")

6.（宋）时澜《增修东莱书说》卷八《商书·太甲上第五》

(归善斋按,见"惟嗣王不惠于阿衡")

7.（宋）黄度《尚书说》卷三《商书·太甲》

(归善斋按,见"伊尹作书曰,先王顾諟天之明命,以承上下神祇")

8.（宋）袁燮《絜斋家塾书钞》卷五《商书·太甲》

(归善斋按,见"惟嗣王不惠于阿衡")

9.（宋）蔡沈《书经集传》卷三《商书·太甲上》

(归善斋按,见"伊尹作书曰,先王顾諟天之明命,以承上下神祇")

10.（宋）黄伦《尚书精义》卷十七《商书·太甲》

(归善斋按,见"惟嗣王不惠于阿衡")

11.（宋）陈经《尚书详解》卷十四《商书·太甲》

(归善斋按,见"惟嗣王不惠于阿衡")

12.（宋）钱时《融堂书解》卷六《商书·太甲上》

(归善斋按,见"惟嗣王不惠于阿衡")

13.（宋）魏了翁《尚书要义》

原阙。

14.（宋）陈大猷《书集传或问》卷上《商书·太甲上中》

（归善斋按，未解）

15.（宋）胡士行《尚书详解》卷四《商书·太甲上第五》

（归善斋按，见"惟嗣王不惠于阿衡"）

16.（元）吴澄《书纂言》

（归善斋按，未解）

17.（元）陈栎《书集传纂疏》卷三《朱子订定蔡氏集传·太甲上》

（归善斋按，见"伊尹作书曰，先王顾諟天之明命，以承上下神祇"）

18.（元）许谦《读书丛说》卷五《商书·太甲》

（归善斋按，未解）

19.（元）董鼎《书传辑录纂注》卷三《商书·太甲上》

（归善斋按，见"伊尹作书曰，先王顾諟天之明命，以承上下神祇"）

20.（元）朱祖义《尚书句解》卷四《商书·太甲上第五》

社稷宗庙（以至社稷宗庙），罔不祇肃（无不致其祇敬严肃）。

21.（明）王樵《尚书日记》卷七《商书·太甲上》

（归善斋按，见"伊尹作书曰，先王顾諟天之明命，以承上下神祇"）

22.（清）库勒纳等撰《日讲书经解义》卷四《商书·太甲上》

(归善斋按，见"惟嗣王不惠于阿衡")

（元）陈悦道《书义断法》三《商书·太甲上》

(归善斋按，见"伊尹作书曰，先王顾諟天之明命，以承上下神祇")

（元）王充耘《书义矜式》卷三《商书·太甲上》

(归善斋按，见"伊尹作书曰，先王顾諟天之明命，以承上下神祇")

天监厥德，用集大命，抚绥万方

1.（汉）孔氏传、（唐）陆德明音义、孔颖达疏《尚书注疏》卷七

天监厥德，用集大命，抚绥万方。
传，监，视也，天视汤德，集王命于其身，抚安天下。

2.（宋）苏轼《书传》卷七《商书·大甲上第五》

(归善斋按，见"伊尹作书曰，先王顾諟天之明命，以承上下神祇")

3.（宋）林之奇《尚书全解》卷十六《商书·太甲上》

(归善斋按，见"伊尹作书曰，先王顾諟天之明命，以承上下神祇")

4.（宋）史浩《尚书讲义》卷八《商书·太甲》

(归善斋按，见"伊尹作书曰，先王顾諟天之明命，以承上下神祇")

5. （宋）夏僎《尚书详解》卷十二《商书·太甲》

（归善斋按，见"惟嗣王不惠于阿衡"）

6. （宋）时澜《增修东莱书说》卷八《商书·太甲上第五》

天监厥德，用集大命，抚绥万方。惟尹躬克，左右厥辟，宅师。肆嗣王丕承基绪。

惟汤有此敬心，故"天监厥德，用集大命"，自"顾諟"以下至"罔不祇肃"，皆汤之德。"用"云者，命非自外至也。而使之"抚绥万方，惟尹躬克，左右厥辟，宅师"，伊尹之心，又极其辛勤，辅翼成汤，以安天下之民。夫汤尹君臣，同心一体，扶持天下，然后太甲嗣立，有此无疆基绪，太甲何独不明汤尹之心哉。

7. （宋）黄度《尚书说》卷三《商书·太甲》

（归善斋按，见"伊尹作书曰，先王顾諟天之明命，以承上下神祇"）

8. （宋）袁燮《絜斋家塾书钞》卷五《商书·太甲》

（归善斋按，见"惟嗣王不惠于阿衡"）

9. （宋）蔡沈《书经集传》卷三《商书·太甲上》

（归善斋按，见"伊尹作书曰，先王顾諟天之明命，以承上下神祇"）

10. （宋）黄伦《尚书精义》卷十七《商书·太甲》

（归善斋按，见"惟嗣王不惠于阿衡"）

11. （宋）陈经《尚书详解》卷十四《商书·太甲》

（归善斋按，见"惟嗣王不惠于阿衡"）

12.（宋）钱时《融堂书解》卷六《商书·太甲上》

（归善斋按，见"惟嗣王不惠于阿衡"）

13.（宋）魏了翁《尚书要义》

原阙。

14.（宋）陈大猷《书集传或问》卷上《商书·太甲上中》

（归善斋按，未解）

15.（宋）胡士行《尚书详解》卷四《商书·太甲上第五》

天监厥德，用集大命，抚绥万方，惟尹躬克（身任天下之重），左右厥辟（君），宅（安）师（天下民），肆（故）嗣王丕（大）承（继）基（业）绪（统）。

"顾諟"以下，汤德也。尹又同德。故能代天理民。遗太甲以无疆之绪。

16.（元）吴澄《书纂言》

（归善斋按，未解）

17.（元）陈栎《书集传纂疏》卷三《朱子订定蔡氏集传·太甲上》

（归善斋按，见"伊尹作书曰，先王顾諟天之明命，以承上下神祇"）

18.（元）许谦《读书丛说》卷五《商书·太甲》

（归善斋按，未解）

19.（元）董鼎《书传辑录纂注》卷三《商书·太甲上》

（归善斋按，见"伊尹作书曰，先王顾諟天之明命，以承上下神祇"）

20.（元）朱祖义《尚书句解》卷四《商书·太甲上第五》

天监厥德（故天监观成汤之德），用集大命（用集大命于汤之身），抚绥万方（俾之抚安万邦，为民之主）。

21.（明）王樵《尚书日记》卷七《商书·太甲上》

（归善斋按，见"伊尹作书曰，先王顾諟天之明命，以承上下神祇"）

22.（清）库勒纳等撰《日讲书经解义》卷四《商书·太甲上》

（归善斋按，见"惟嗣王不惠于阿衡"）

（元）陈悦道《书义断法》三《商书·太甲上》

（归善斋按，见"伊尹作书曰，先王顾諟天之明命，以承上下神祇"）

惟尹躬克，左右厥辟，宅师

1.（汉）孔氏传、（唐）陆德明音义、孔颖达疏《尚书注疏》卷七

惟尹躬克，左右厥辟，宅师。

传，伊尹言能助其君，居业天下之众。

疏，正义曰，孙武兵书，及《吕氏春秋》皆云，伊尹，名挚，则尹非名也。今自称"尹"者，盖汤得之使尹正天下，故号曰伊尹。人既呼之为"尹"，故亦以"尹"自称。礼法，君前臣名不称名者，古人质直，不可以后代之礼约之。

2. （宋）苏轼《书传》卷七《商书·大甲上第五》

(归善斋按，见"伊尹作书曰，先王顾諟天之明命，以承上下神祇")

3. （宋）林之奇《尚书全解》卷十六《商书·太甲上》

惟尹躬克，左右厥辟，宅师。肆嗣王丕承基绪。惟尹躬先见于西邑夏，自周有终，相亦惟终。其后嗣王罔克有终，相亦罔终。嗣王戒哉，祗尔厥辟，辟不辟，忝厥祖。

惟成汤尽其寅畏，兢兢业业之诚，以膺上天之所眷命，抚绥万方，故我能以左右辅翼之，以奄宅此天下之众，故嗣王得以大承基绪。盖谓非汤之自能克慎厥德，则虽伊尹亦无所致其左右之力，而嗣王亦无以享其盈成之业也。尹，伊尹名。唐孔氏曰，《孙武兵书》及《吕氏春秋》皆云伊尹，名挚，则尹非名也。今自称尹者，盖汤得伊尹正天下，故号曰尹，人皆呼之为尹，故亦以尹自称。礼，君前臣名不称名者，古人质直，不可以后代之礼约之。此说不然。伊尹每自称必曰"尹躬"，则其君前臣名也，审矣。孙武、《吕氏春秋》之言非所以为据也。前既言成汤自慎其德，然后伊尹得以左右之，然其义犹未尽也。《诗》曰"商鉴不远，在夏后之世"，其君、相之间，所以克终与不克终，可以为鉴，而尽其义也。夏都安邑，其地在亳之西，故谓，惟我尹躬见此有夏先世之君，自能以忠信而有终，故其相亦能克终。周，忠信也。《论语》曰"君子周而不比，小人比而不周"。孔氏曰忠信为周，阿党为比。忠信而谓之周者，施博士曰，作伪者心劳而日拙，则当缺露而不周。忠信则无伪矣，自能周而无缺。此说是也。"其后世之嗣王"，谓桀也。既不能以忠信自周而有终，故相亦不克终。盖相之所以克终者，惟系诸君而已，君有终，则相得其终；君罔克终，则相亦罔终矣。伊尹言此者，盖谓汤之"顾諟天命"，尽其恭敬以事天地、社稷、宗庙，可谓自周有终矣，故我得以左右厥辟，宅师而有终也。今太甲承汤之基绪，苟不能以忠信有终，则我亦何以克终哉，言欲使我能致其克终之效，惟在嗣王先能有终而已，故又继之曰，嗣王戒哉，言不可以不戒慎也。所以戒慎者，当敬尔为君。君不敬其为君，则将忝辱尔祖矣。

4.（宋）史浩《尚书讲义》卷八《商书·太甲》

（归善斋按，见"伊尹作书曰，先王顾諟天之明命，以承上下神祇"）

5.（宋）夏僎《尚书详解》卷十二《商书·太甲》

（归善斋按，见"惟嗣王不惠于阿衡"）

6.（宋）时澜《增修东莱书说》卷八《商书·太甲上第五》

（归善斋按，见"天监厥德，用集大命，抚绥万方"）

7.（宋）黄度《尚书说》卷三《商书·太甲》

（归善斋按，见"伊尹作书曰，先王顾諟天之明命，以承上下神祇"）

8.（宋）袁燮《絜斋家塾书钞》卷五《商书·太甲》

（归善斋按，见"惟嗣王不惠于阿衡"）

9.（宋）蔡沈《书经集传》卷三《商书·太甲上》

（归善斋按，见"伊尹作书曰，先王顾諟天之明命，以承上下神祇"）

10.（宋）黄伦《尚书精义》卷十七《商书·太甲》

惟尹躬克，左右厥辟，宅师。肆嗣王丕承基绪，惟尹躬先见于西邑夏。自周有终，相亦惟终。其后嗣王罔克有终，相亦罔终。嗣王戒哉，祗尔厥辟，辟不辟，忝厥祖。王惟庸罔念闻。

无垢曰，伊尹见太甲有欺疑之心，所以言，我亲见夏之先王，君臣所以有终始者，以忠信相与，而不面欺心疑也。后嗣君臣，所以无终始者，则以无忠信之心也。不欺者，忠；不疑者，信。君欺臣，臣亦欺君；君疑臣，臣亦疑君。伊尹言此，是其故太甲之兆未萌也。然则，伊尹何其不幸欤。一出则放桀，再出而又将放太甲焉。此岂美事哉？人臣之大不幸者也。伊尹亦无如之何。

又曰，祗尔厥辟者，以为太甲，宜端严尊敬受，此君天下之位，不宜轻佻浮躁，突梯猜虑，如闾巷下俚之态也。倪如闾巷下俚之态，是辟不辟矣。其辱成汤莫大焉。伊尹谏戒深切如此，则太甲之无君道可知矣。

又曰，天下之理，一念先入其中，则他念不入；一闻先入其中，则他闻亦不入。伊尹之言如此，太甲所以罔念闻者，何也？则以庸愚之念，先入其中，故伊尹之言，不念不闻也。夫其所谓庸愚者，则欲与纵是也。其心方得天下，将逞其欲，将纵其心，而苦言沓至，如何其念闻哉。

薛氏曰，王惟庸者，王当申而用之也。罔念闻者，心不是念耳，不是听也。

张氏曰，忠信为用，而无缺矣。忠，则不欺；信，则不疑。君臣之间，能以忠信相与，至于不欺不疑，故其心德之同，不为谗谮所夺，则能有终矣。相视君者也，君能以忠信而有终，则相亦惟终矣。其后嗣王，则桀是也。桀不能用忠信，而罔克有终，则其辅相之人，亦不用忠信，而罔终矣。夫君臣之相与，所以有初而无终者，非他道也，盖以不用忠信而已，则嗣王之如此，不可不戒也。

东莱曰，伊尹前举二段，好与不好底样子，如此分明。嗣王岂得不戒，须当敬尔为君之道。君不君，不特是自辱，又至于辱乃祖成汤者。伊尹至是忠诚恳切，告太甲至如此。太甲方且以为常事，虽听伊尹言，似若无念闻也。

11.（宋）陈经《尚书详解》卷十四《商书·太甲》

（归善斋按，见"惟嗣王不惠于阿衡"）

12. (宋)钱时《融堂书解》卷六《商书·太甲上》

(归善斋按,见"惟嗣王不惠于阿衡")

13. (宋)魏了翁《尚书要义》

原阙。

14. (宋)陈大猷《书集传或问》卷上《商书·太甲上中》

(归善斋按,未解)

15. (宋)胡士行《尚书详解》卷四《商书·太甲上第五》

(归善斋按,见"天监厥德,用集大命,抚绥万方")

16. (元)吴澄《书纂言》

(归善斋按,未解)

17. (元)陈栎《书集传纂疏》卷三《朱子订定蔡氏集传·太甲上》

(归善斋按,见"伊尹作书曰,先王顾諟天之明命,以承上下神祇")

18. (元)许谦《读书丛说》卷五《商书·太甲》

(归善斋按,未解)

19. (元)董鼎《书传辑录纂注》卷三《商书·太甲上》

(归善斋按,见"伊尹作书曰,先王顾諟天之明命,以承上下神祇")

20. （元）朱祖义《尚书句解》卷四《商书·太甲上第五》

惟尹躬克左右厥辟，宅师（尹之身，又能左右辅翼其君成汤。奄宅此天下之众）。

21. （明）王樵《尚书日记》卷七《商书·太甲上》

（归善斋按，见"伊尹作书曰，先王顾諟天之明命，以承上下神祇"）

22. （清）库勒纳等撰《日讲书经解义》卷四《商书·太甲上》

（归善斋按，见"惟嗣王不惠于阿衡"）

肆嗣王丕承基绪

1. （汉）孔氏传、（唐）陆德明音义、孔颖达疏《尚书注疏》卷七

肆嗣王丕承基绪。
传，肆，故也，言先祖勤德，致有天下，故子孙得大承基业，宜念祖修德。
音义，丕，普悲反，徐甫眉反。

2. （宋）苏轼《书传》卷七《商书·大甲上第五》

肆嗣王丕承基绪，惟尹躬先见于西邑夏。
丕，大也。夏都在亳西。

3. （宋）林之奇《尚书全解》卷十六《商书·太甲上》

（归善斋按，见"惟尹躬克，左右厥辟，宅师"）

4. （宋）史浩《尚书讲义》卷八《商书·太甲》

（归善斋按，见"伊尹作书曰，先王顾諟天之明命，以承上下神祇"）

5. （宋）夏僎《尚书详解》卷十二《商书·太甲》

（归善斋按，见"惟嗣王不惠于阿衡"）

6. （宋）时澜《增修东莱书说》卷八《商书·太甲上第五》

（归善斋按，见"天监厥德，用集大命，抚绥万方"）

7. （宋）黄度《尚书说》卷三《商书·太甲》

（归善斋按，见"伊尹作书曰，先王顾諟天之明命，以承上下神祇"）

8. （宋）袁燮《絜斋家塾书钞》卷五《商书·太甲》

（归善斋按，见"惟嗣王不惠于阿衡"）

9. （宋）蔡沈《书经集传》卷三《商书·太甲上》

（归善斋按，见"伊尹作书曰，先王顾諟天之明命，以承上下神祇"）

10. （宋）黄伦《尚书精义》卷十七《商书·太甲》

（归善斋按，见"惟尹躬克，左右厥辟，宅师"）

11. （宋）陈经《尚书详解》卷十四《商书·太甲》

（归善斋按，见"惟嗣王不惠于阿衡"）

12. （宋）钱时《融堂书解》卷六《商书·太甲上》

（归善斋按，见"惟嗣王不惠于阿衡"）

13.（宋）魏了翁《尚书要义》

原阙。

14.（宋）陈大猷《书集传或问》卷上《商书·太甲上中》

（归善斋按，未解）

15.（宋）胡士行《尚书详解》卷四《商书·太甲上第五》

（归善斋按，见"天监厥德，用集大命，抚绥万方"）

16.（元）吴澄《书纂言》

（归善斋按，未解）

17.（元）陈栎《书集传纂疏》卷三《朱子订定蔡氏集传·太甲上》

（归善斋按，见"伊尹作书曰，先王顾諟天之明命，以承上下神祇"）

18.（元）许谦《读书丛说》卷五《商书·太甲》

（归善斋按，未解）

19.（元）董鼎《书传辑录纂注》卷三《商书·太甲上》

（归善斋按，见"伊尹作书曰，先王顾諟天之明命，以承上下神祇"）

20.（元）朱祖义《尚书句解》卷四《商书·太甲上第五》

肆嗣王丕承基绪（故太甲得以大继承基业）。

21.（明）王樵《尚书日记》卷七《商书·太甲上》

（归善斋按，见"伊尹作书曰，先王顾諟天之明命，以承上下神祇"）

22.（清）库勒纳等撰《日讲书经解义》卷四《商书·太甲上》

（归善斋按，见"惟嗣王不惠于阿衡"）

惟尹躬先见于西邑夏，自周有终，相亦惟终

1.（汉）孔氏传、（唐）陆德明音义、孔颖达疏《尚书注疏》卷七

惟尹躬先见于西邑夏，自周有终，相亦惟终。
传，周，忠信也，言身先见夏君臣，用忠信有终。夏都在亳西。
音义，先见，并如字，注同。相，息亮反。
《尚书注疏》卷七《考证》
"自周有终"传"周，忠信也"。
苏轼曰，自，由也，由忠信之道，则有终。
王柏曰，"周"当作"君"。
金履祥曰，古文"君"字与"周"字相似，故误。
吴氏《经说》亦云当作"君"。

2.（宋）苏轼《书传》卷七《商书·大甲上第五》

（归善斋按，另见"肆嗣王丕承基绪"）
自周，有终。
自，由也，忠信为周，由忠信之道，则有终也。
相亦惟终。其后嗣王罔克有终。相亦罔终。

言君臣一体，祸福同也。

3.（宋）林之奇《尚书全解》卷十六《商书·太甲上》

（归善斋按，见"惟尹躬克，左右厥辟，宅师"）

4.（宋）史浩《尚书讲义》卷八《商书·太甲》

（归善斋按，见"伊尹作书曰，先王顾諟天之明命，以承上下神祇"）

5.（宋）夏僎《尚书详解》卷十二《商书·太甲》

惟尹躬先见于西邑夏，自周有终，相亦惟终。其后嗣王罔克有终，相亦罔终。嗣王戒哉。祗尔厥辟，辟不辟，忝厥祖。

伊尹上既言成汤能慎德，故伊尹得以左右，而太甲得以缵承其义，犹未足也，故又言有夏之时，君相之间，所以有终，不终者，以为太甲之鉴戒。夏都安邑，其地在亳西，故谓之西邑夏。夏在商，前其事在伊尹之前，故言先见伊尹，谓我先见当时有夏先世之君，自能以忠信自处，而君道有终，故为辅相，亦能终其辅相之业。其后嗣王业，既不能以忠信自处，而君道无终，故为辅相者，亦不能终其辅相之业。伊尹言此，盖谓汤之顾諟天命，尽其严恭之道，可谓自周有终矣。故我得以左右厥辟宅师，而有终。今太甲，苟不能以忠信自终，则我亦何以克终哉。言欲使我致其克终之效，惟在嗣王先能有终而已。故嗣王诚不可不戒。所戒者，惟当尽其为君之道而已。若为君而不能尽其为君之道，则忝辱乃祖矣。太甲可不念哉，此正伊尹言此之意也。施博士谓，忠信所以谓之周者，以作伪，则心劳日拙，而所为常缺露而不周。忠信则无伪，无伪故周而无缺。此说则然也。

6.（宋）时澜《增修东莱书说》卷八《商书·太甲上第五》

惟尹躬先见于西邑夏，自周有终，相亦惟终。

夏都亳之西，故谓之西邑夏。尹见夏有道之君，凡百所为，无不纤悉。内而修身，外而治朝廷，大而治天下，全备而无一毫亏阙，不满人意之处。其君如此，是宜为相者，亦感动奋发，相与同保其终。夫君道之周，而保终之道，在是周者，谨畏之至。如《孟子》"周于德，周于利"之"周"也，而其中自有惟终之理，相于此时，虽不终者，亦将有终，况能自终者，其有终可知矣。

7. （宋）黄度《尚书说》卷三《商书·太甲》

（归善斋按，见"伊尹作书曰，先王顾諟天之明命，以承上下神祇"）

8. （宋）袁燮《絜斋家塾书钞》卷五《商书·太甲》

惟尹躬先见于西邑夏，自周有终，相亦惟终。其后嗣王，罔克有终，相亦罔终，嗣王戒哉。

周，如《孟子》所谓"周于德"者，纯全无亏之谓也。"为山九仞，功亏一篑"，做得九分一分未尽，非所谓"周"也。惟周，则能有终。如太甲其初，有明德，既立而不明，可以谓之周乎？为善不周，是有始而无终也，可以谓之终乎？君有终，则臣有终；君罔终，则臣亦罔终。天下惟君与相尔，然为人臣者，未尝不视其君，主信则臣忠。元首明，则股肱良。端本澄源，盖在上也。夫忠臣事君，固不以君罔终，而遂不克终。然人君苟有失德，则人臣亦不能以自全。盖君臣之义，自不终尔。如太甲不明，使伊尹有放君之过，所以有罔终之虑也。

9. （宋）蔡沈《书经集传》卷三《商书·太甲上》

惟尹躬先见于西邑夏，自周有终，相亦惟终。其后嗣王，罔克有终，相亦罔终，嗣王戒哉。祇尔厥辟，辟不辟，忝厥祖。

先见，如字。相，去声，下同。夏都安邑，在亳之西，故曰西邑夏。周，忠信也。《国语》曰"忠信为周"。

施氏曰，作伪心劳，日拙则缺露，而不周；忠信则无伪，故能周而无缺。夏之先王，以忠信有终，故其辅相者，亦能有终。其后夏桀，不能有终，故其辅相者，亦不能有终。嗣王其以夏桀为戒哉，当敬尔所以为君之道。君而不君，则忝辱成汤矣。太甲之意，必谓伊尹足以任天下之重，我虽纵欲，未必遽至危亡，故伊尹以"相亦罔终"之言，深折其私，而破其所恃也。

10. （宋）黄伦《尚书精义》卷十七《商书·太甲》

（归善斋按，见"惟尹躬克，左右厥辟，宅师"）

11. （宋）陈经《尚书详解》卷十四《商书·太甲》

（归善斋按，见"惟嗣王不惠于阿衡"）

12. （宋）钱时《融堂书解》卷六《商书·太甲上》

（归善斋按，见"惟嗣王不惠于阿衡"）

13. （宋）魏了翁《尚书要义》

原阙。

14. （宋）陈大猷《书集传或问》卷上《商书·太甲上中》

（归善斋按，未解）

15. （宋）胡士行《尚书详解》卷四《商书·太甲上第五》

惟尹躬先见于西邑夏（夏邑在亳西），自周（忠信）有终（善终），相（辅臣）亦惟终。其后嗣王（桀），罔克有终，相亦罔终

主圣，则臣直，此尹责任太甲之意。吕云，周者谨畏之至，如《孟子》周于德，周于利之"周"。夏之方有道也，无一毫亏阙疏漏之处。

16. （元）吴澄《书纂言》

（归善斋按，未解）

17.（元）陈栎《书集传纂疏》卷三《朱子订定蔡氏集传·太甲上》

惟尹躬先见于西邑夏，自周有终，相亦惟终。其后嗣王，罔克有终，相亦罔终，嗣王戒哉。祗尔厥辟，辟不辟，忝厥祖。

夏都安邑，在亳之西，故曰西邑夏。周，忠信也。《国语》曰，忠信为周。施氏曰，作伪，心劳日拙，则缺露而不周；忠信，则无伪，故能周而无缺。夏之先王以忠信有终，故其辅相者，亦能有终。其后夏桀，不能有终，故其辅相者，亦不能有终。嗣王其以夏桀为戒哉，当敬尔所以为君之道。君而不君，则忝辱成汤矣。太甲之意，必谓，伊尹足以任天下之重，我虽纵、欲，未必遽至危亡，故伊尹以"相亦罔终"之言，深折其私，而破其所恃也。

纂疏

问，古注以"忠信"训"周"，恐未安？曰，"自周"二字本不可晓。

吕氏曰，自周，如"周于德"之"周"，谓君道周备，无亏缺也。

愚案，既以桀之无终戒之，又以不敬而不君戒之，无终则有累于相臣；不君，则有辱于乃祖，仍是以先王与尹躬警之也。

18.（元）许谦《读书丛说》卷五《商书·太甲》

（归善斋按，未解）

19.（元）董鼎《书传辑录纂注》卷三《商书·太甲上》

惟尹躬先见于西邑夏，自周有终，相亦惟终。其后嗣王，罔克有终，相亦罔终。嗣王戒哉。祗尔厥辟，辟不辟，忝厥祖。

夏都安邑，在亳之西，故曰西邑夏。周，忠信也。《国语》曰，忠信为周。施氏曰，作伪心劳日拙，则阙露而不周；忠信则无伪，故能周而无阙。夏之先王以忠信有终，故其辅相者，亦能有终。其后，夏桀不能有终，故其辅相者亦不能有终。嗣王，其以夏桀为戒哉。当敬尔所以为君之道。君而不君，则忝辱成汤矣。太甲之意，必谓，伊尹足以任天下之重，我虽纵欲，未必遽至危亡，故伊尹以相亦罔终之言，深折其私，而破其所恃也。

辑录

问，古注及诸家，皆以"周"训"忠信"，窃谓以忠信自周，则可；以忠信训"周"，恐未安。未知如何？先生曰，"自周"二字，本不可晓。《答潘子善》。

纂注

苏氏曰，自，由也，由忠信之道，则有终。言臣一体，祸福同也。阙。

吕氏曰，自周，如"周于德"之"周"，谓君道周备，无一毫亏也。"自周"之中，自有有终之理者。新安陈氏曰，既以桀之无终戒之，又以不敬而不君戒之。无终，则累于相臣，不君则辱于乃祖，仍是以先王与尹躬儆之也。

20.（元）朱祖义《尚书句解》卷四《商书·太甲上第五》

惟尹躬先见于西邑夏（尹之身先见亳之西所都安邑，有夏之君），自周有终（自周备其治身、治国之道，能保其终），相亦惟终（辅相亦保其终）。

21.（明）王樵《尚书日记》卷七《商书·太甲上》

"惟尹躬先见于西邑夏"至"忝厥祖"。

夏都在亳西。孔氏曰，周，忠信也。按，周，则事皆实心，行皆实践，不始勤而终怠，不外修而内荒，不心昵佞人而貌敬正士，不朝为而暮废，操持一而有常，此其所以有终也。有终，谓令闻无陨，而令绪无坠也。相与君一体，相亦惟终，与国咸休也。

安危在君，自古危亡之世，未尝无忠信之臣，而君不听用，则不得不至于俱亡。君不君，而臣可恃；君不终，而臣能终，无是理也。

无终而累于相，不辟而忝于祖。伊尹此言甚痛。

22. （清）库勒纳等撰《日讲书经解义》卷四《商书·太甲上》

惟尹躬先见于西邑夏，自周有终，相亦惟终。其后嗣王，罔克有终，相亦罔终。嗣王戒哉。祗尔厥辟，辟不辟，忝厥祖。

此一节书是，又举夏事以儆嗣王也。夏都安邑，在商亳都之西，故曰西邑夏。周，忠信而无亏之意。祖，指成汤。伊尹曰，从来君臣一体，休戚相关，未有君不君，而臣独得以自全者。我尝见西邑之夏，其先王皆有忠信之德，诚意相孚，能享国长久，而有终。故当时辅相之臣，亦能与国咸休，而有终。其后夏桀，无道，不能有终，故其辅相者，亦与之同其僇辱，而不能有终。可见君安，则臣亦安；君危，则臣亦危也。嗣王今日其可不以夏桀为戒哉。惟当敬尔所以为君之道，而勉于忠信。若君而不君，则不能丕承基绪，而忝辱其祖矣。虽有臣欲尽忠匡辅，又何足恃哉。可见人君与臣，相须甚切。贤臣，必责难于君；贤君，必以难自责。君臣，皆以不终为戒，此所以克有终也。唐虞之治，亦自君臣咨儆致之，岂独夏先王哉。

（元）陈师凯《书蔡传旁通》卷三《商书·太甲上》

夏都安邑。
今河东解州安邑县也。

（明）梅鷟《尚书考异》三《商书·太甲上》

惟尹躬，先见于西邑夏，自周有终，相亦惟终。其后嗣王，罔克有终，相亦罔终。
《缁衣》，尹吉曰，惟云云，亦惟终。

（明）袁仁《尚书砭蔡编》

自周有终，相亦惟终。
竟以"忠信"为"周"，于理可通，于文不类。周者，无缺漏之意，由忠信而出者也。人有伪，则不胜其缺漏矣。按古篆文，"周"字与

"君"字相类。当曰,自君有终,相亦惟终,此必字之相类,而讹者。

(明) 陈泰交《尚书注考》

自周有终,训"周",忠信也。虽有周亲,训"周",至也。《周书》训"周",文王国号。王朝步自周,训"周",镐京也。

(清) 朱鹤龄《尚书埤传》卷八《商书·太甲》

西邑夏,自周有终。

人主所居,谓之邑,此曰西邑夏。《武成》曰,大邑周是也。《诗》亦曰"商邑翼翼"。

其后嗣王罔克有终,相亦罔终

1. (汉) 孔氏传、(唐) 陆德明音义、孔颖达疏《尚书注疏》卷七

其后嗣王罔克有终,相亦罔终。

传,言桀君臣,灭先人之道德,不能终其业,以取亡。

2. (宋) 苏轼《书传》卷七《商书·大甲上第五》

(归善斋按,见"惟尹躬先见于西邑夏,自周有终,相亦惟终")

3. (宋) 林之奇《尚书全解》卷十六《商书·太甲上》

(归善斋按,见"惟尹躬克,左右厥辟,宅师")

4. (宋) 史浩《尚书讲义》卷八《商书·太甲》

(归善斋按,见"伊尹作书曰,先王顾諟天之明命,以承上下神祇")

5. （宋）夏僎《尚书详解》卷十二《商书·太甲》

（归善斋按，见"惟尹躬先见于西邑夏，自周有终，相亦惟终"）

6. （宋）时澜《增修东莱书说》卷八《商书·太甲上第五》

其后嗣王，罔克有终，相亦罔终。

后嗣，指桀而言也。桀所为不周，恣行暴虐，岂得而有终乎？故臣亦罔见其能有终者。夫桀之相，岂尽无终者邪。自桀之不周观之，君先已罔终矣，感应之理，岂得不然。虽有能终者，亦无所用其力，况与桀俱化者邪。此言欲以感动太甲，尽正己物正之学，则主圣而臣必良矣。参二段而观之，伊尹责任太甲之意，何如哉。

7. （宋）黄度《尚书说》卷三《商书·太甲》

（归善斋按，见"伊尹作书曰，先王顾谉天之明命，以承上下神祇"）

8. （宋）袁燮《絜斋家塾书钞》卷五《商书·太甲》

（归善斋按，见"惟尹躬先见于西邑夏，自周有终，相亦惟终"）

9. （宋）蔡沈《书经集传》卷三《商书·太甲上》

（归善斋按，见"惟尹躬先见于西邑夏，自周有终，相亦惟终"）

10. （宋）黄伦《尚书精义》卷十七《商书·太甲》

（归善斋按，见"惟尹躬克，左右厥辟，宅师"）

11. （宋）陈经《尚书详解》卷十四《商书·太甲》

（归善斋按，见"惟嗣王不惠于阿衡"）

12. （宋）钱时《融堂书解》卷六《商书·太甲上》

（归善斋按，见"惟嗣王不惠于阿衡"）

13. （宋）魏了翁《尚书要义》

原阙。

14. （宋）陈大猷《书集传或问》卷上《商书·太甲上中》

（归善斋按，未解）

15. （宋）胡士行《尚书详解》卷四《商书·太甲上第五》

（归善斋按，见"惟尹躬先见于西邑夏，自周有终，相亦惟终"）

16. （元）吴澄《书纂言》

（归善斋按，未解）

17. （元）陈栎《书集传纂疏》卷三《朱子订定蔡氏集传·太甲上》

（归善斋按，见"惟尹躬先见于西邑夏，自周有终，相亦惟终"）

18. （元）许谦《读书丛说》卷五《商书·太甲》

（归善斋按，未解）

19. （元）董鼎《书传辑录纂注》卷三《商书·太甲上》

（归善斋按，见"惟尹躬先见于西邑夏，自周有终，相亦惟终"）

20. （元）朱祖义《尚书句解》卷四《商书·太甲上第五》

其后嗣王（桀也）罔克有终（无能保其终），相亦罔终（辅相亦无善终)。

21.（明）王樵《尚书日记》卷七《商书·太甲上》

（归善斋按，见"惟尹躬先见于西邑夏，自周有终，相亦惟终"）

22.（清）库勒纳等撰《日讲书经解义》卷四《商书·太甲上》

（归善斋按，见"惟尹躬先见于西邑夏，自周有终，相亦惟终"）

嗣王戒哉，祗尔厥辟，辟不辟，忝厥祖

1.（汉）孔氏传、（唐）陆德明音义、孔颖达疏《尚书注疏》卷七

嗣王戒哉，祗尔厥辟，辟不辟，忝厥祖。
传，以不终为戒，慎之至。敬其君道，则能终。忝，辱也。为君不君，则辱其祖。

2.（宋）苏轼《书传》卷七《商书·大甲上第五》

嗣王戒哉，祗尔厥辟。
辟，君也，敬其为君之道。
辟不辟，忝厥祖，王惟庸罔念闻。
忝，辱也。以不善为常闻，伊尹之训若不闻然。
（归善斋按，见"惟尹躬克，左右厥辟，宅师"）

3.（宋）林之奇《尚书全解》卷十六《商书·太甲上》

（归善斋按，见"惟尹躬克，左右厥辟，宅师"）

4. (宋)史浩《尚书讲义》卷八《商书·太甲》

(归善斋按,见"伊尹作书曰,先王顾諟天之明命,以承上下神祇")

5. (宋)夏僎《尚书详解》卷十二《商书·太甲》

(归善斋按,见"惟尹躬先见于西邑夏,自周有终,相亦惟终")

6. (宋)时澜《增修东莱书说》卷八《商书·太甲上第五》

嗣王戒哉,祗尔厥辟,辟不辟,忝厥祖。王惟庸罔念闻。

伊尹列举善恶之证,明白如此,嗣王岂得不戒哉。君之不君,不特自辱,又辱乃祖成汤矣。伊尹忠诚恳切,太甲方且以为常,虽听尹言,若无所念,无所闻也。

7. (宋)黄度《尚书说》卷三《商书·太甲》

(归善斋按,见"伊尹作书曰,先王顾諟天之明命,以承上下神祇")

8. (宋)袁燮《絜斋家塾书钞》卷五《商书·太甲》

祗尔厥辟,辟不辟,忝厥祖。王惟庸罔念闻。

伊尹言此,是警太甲最深切处,谓王今为君矣,不与前日相似。前日处于宫中,不过是一王者之子孙尔,今为天下君,此岂小事。唐太宗谓,朕昔为秦王,为一府之主,今为天子,为四海之主。既为四海之主,如何与在下时同,此是伊尹告太甲以君道。周公告成王曰,告嗣天子,王矣。又曰,孺子王矣,皆所以深警之也。

9. (宋)蔡沈《书经集传》卷三《商书·太甲上》

(归善斋按,见"惟尹躬先见于西邑夏,自周有终,相亦惟终")

10. （宋）黄伦《尚书精义》卷十七《商书·太甲》

（归善斋按，见"惟尹躬克，左右厥辟，宅师"）

11. （宋）陈经《尚书详解》卷十四《商书·太甲》

（归善斋按，见"惟嗣王不惠于阿衡"）

12. （宋）钱时《融堂书解》卷六《商书·太甲上》

（归善斋按，见"惟嗣王不惠于阿衡"）

13. （宋）魏了翁《尚书要义》

原阙。

14. （宋）陈大猷《书集传或问》卷上《商书·太甲上中》

（归善斋按，未解）

15. （宋）胡士行《尚书详解》卷四《商书·太甲上第五》

嗣王戒哉，祗尔厥辟（君），辟不辟（尽君道），忝（辱）厥祖。王惟庸（如常），罔（无）念闻（不念，故闻如不闻）。伊尹乃言曰（又谆诲之），先王昧（晦）爽（明）丕（大）显（明），坐以待旦。旁求俊彦，启（闻）迪（导）后人，无越（违）厥命（汤付托之命）以自覆（败）。

汤未明求衣，大自显明，洗濯澡雪，无一毫物累，不俟日之东升也。旁求，非一路也。汤之为子孙谋，其艰如此而可违越，以自败乎？吕云，命，正理也。

16. （元）吴澄《书纂言》

(归善斋按，未解)

17. （元）陈栎《书集传纂疏》卷三《朱子订定蔡氏集传·太甲上》

(归善斋按，见"惟尹躬先见于西邑夏，自周有终，相亦惟终")

18. （元）许谦《读书丛说》卷五《商书·太甲》

(归善斋按，未解)

19. （元）董鼎《书传辑录纂注》卷三《商书·太甲上》

(归善斋按，见"惟尹躬先见于西邑夏，自周有终，相亦惟终")

20. （元）朱祖义《尚书句解》卷四《商书·太甲上第五》

嗣王戒哉（太甲不可以为戒）。祗尔厥辟（当敬尔君道），辟不辟（苟为君不尽君道），忝厥祖（忝辱其祖成汤）。

21. （明）王樵《尚书日记》卷七《商书·太甲上》

(归善斋按，见"惟尹躬先见于西邑夏，自周有终，相亦惟终")

22. （清）库勒纳等撰《日讲书经解义》卷四《商书·太甲上》

(归善斋按，见"惟尹躬先见于西邑夏，自周有终，相亦惟终")

（明）梅鷟《尚书考异》三《商书·太甲上》

祗尔厥辟，辟不辟，忝厥祖。王惟庸罔念闻。

《坊记》，子云，父子不同位，以厚敬也。《书》云，厥辟不辟，忝厥祖。

王惟庸罔念闻

1.（汉）孔氏传、（唐）陆德明音义、孔颖达疏《尚书注疏》卷七

王惟庸罔念闻。

传，言太甲守常不改，无念闻伊尹之戒。

疏，正义曰，伊尹作书以告，太甲不念闻之。

2.（宋）苏轼《书传》卷七《商书·大甲上第五》

（归善斋按，见"嗣王戒哉，祗尔厥辟，辟不辟，忝厥祖"）

3.（宋）林之奇《尚书全解》卷十六《商书·太甲上》

王惟庸罔念闻，伊尹乃言曰：先王昧爽丕显，坐以待旦，旁求俊彦，启迪后人。无越厥命以自覆，慎乃俭德。惟怀永图，若虞机张，往省括于度则释。钦厥止，率乃祖攸行。惟朕以怿，万世有辞

《孟子》曰，人不足与适也，政不足与间也。惟大人为能格君心之非。君仁莫不仁，君义莫不义，君正莫不正。一正君，而国定矣。伊尹作书以戒太甲，其反复所陈若此者，盖太甲至于欲败度，纵败礼，殊不以社稷之安危为念者，其意必以谓伊尹之力，足以任天下之重，吾虽盘乐怠傲，然有伊尹在，必不至于亡也，故伊尹为之称其祖成汤慎德于先，然后己得以左右之于后。夏之先世，能以忠信有终，则相亦惟终。其后嗣王不克有终。则相亦罔终。且告以"辟不辟，忝厥祖"，盖以谓苟不能尽其为君之道，则我亦未如之何矣。意此，盖以格其心之非也。汉昭帝薨，霍光迎昌邑王贺，贺亦恃有霍光为之辅佐，故其即位以后，行淫乱益甚，凡二十七日，而为光所废。其见废也，谓霍光曰，闻天子有争臣七人，虽无道，不失其天下。彼盖以谓，我虽无道，而光犹可恃，以不失其天下也。

太甲之意，谅亦如，此然伊尹之于太甲，则为之称道，今古以教诲之，至于再三，而犹不改，然后营桐宫而使居之，卒至于克终允德。而霍光之于昌邑王，直废之而已，乌睹所谓格君心之非者哉。不格其心之非，而遂废之，废之而更立君。而田延年以谓是举也，合于伊尹之废太甲，光遂信以为诚，然光之不学无术也如此。孔子曰，惟上智与下愚不移。盖上智不可移而为愚，若尧、舜之不可与为恶是也；下愚不可移而为智，若桀、纣之不可与为善是也。苟智而未至于上智，愚而未至于下愚，皆可移也。故智者而与之为恶，则将移而为恶；愚者而与之为善，则将移而为智，此则谓中人之性，以其可上而可下也。太甲，实中人之性也。伊尹知其性之可移而为智，故谆谆然以诲之，则冀其改过以迁善。然其所性虽可移，而未易移也，故诲之谆谆，听我藐藐，而有类夫下愚之不移者。盖由其所陷溺者深，故其移之为难。惟其有可移之理，而移之为难，是虽终于克终允德，而其始也，则犹罔念闻于伊尹之言也。

薛氏曰，王惟庸者，王当思而用之也。罔念闻者，心不是念耳，不是听也。王虽罔念闻，而伊尹所以绳愆纠谬，格其非心之意，不可以已也，故于是又申前之义，以谓先王所以授我以遗孤之托，凡欲使我以道德仁义，辅导尔子孙而已。今至于欲败度，纵败礼，则是我之所以辅翼者不至，而负乃祖所以寄托之意，为罪大矣，故为之详陈所以祗厥辟之义，其言宽而不迫，逊而不怒，优游餍饫以入之也。昧，晦也。爽明也。昧爽者，或晦或明也。或晦而或明，未旦之时也，言先王于未旦之时，大明其德，正心诚意，养其平旦之气，以待平明出而听朝也。其所以孜孜汲汲，不遑宁处者，无他，惟欲旁求俊彦之士，以启迪尔后世之子孙而已。盖古之所谓托六尺之孤者，非特扶持其位，使之不倾而已，必使之成就其德，正之，直之，辅之，翼之，以格其非心，使之知创业之艰难，念守文之不易，而为成德之主，斯无负于寄托矣。如太甲、成王，皆中材之主，伊、周，受托于汤、武而相之，皆能使其德之成就，而为一代之显王。盖汤、武之所以托之者如此，而伊、周所以不负其所托者亦以此。至于后世，所谓受遗托孤者，则不复论其德之如何，惟冀其位之不失而已。如霍光、诸葛孔明，世皆以伊、周许之。予尝观此二人者，其忠义之心，诚无负于国家社稷，其视曹孟德、司马懿辈，欺人孤儿寡妇，而夺之位，譬如霄壤之殊，而较于伊、周之事，则非二子之所及也。何则不能启迪其主之德，以格其君心之非，使为成德之主，而徒屑意于事，为之末，则仅能使其位之不倾而已。故伊尹论其所以授寄托于先王者，则以启迪后人为言，盖所以成就尔太甲之德者，是汤之所以望于我也。

汤之所以望于我，以启迪后人者，其任固专于伊尹，而曰旁求俊彦者，以见汤之立贤无方，其所赖以启迪者众也。惟伊尹与其一时之俊彦，咸以启迪为任。而今也，太甲欲败度，纵败礼，诲之谆谆，听我藐藐，则是将陨越厥命，以自取覆亡，虽有俊彦，亦未如之何矣。欲无越厥命，以自取覆者，则在于求其所以自颠覆之道，而反诸其本，故曰"慎乃俭德，惟怀永图"，此盖所以启迪之也。秦，为宫室之丽，起咸阳而西，离宫三百，钟鼓帷帐，不移而具，而其后世，曾不得聚庐而托处；为驰道之丽，东穷燕齐，南极吴楚，隐以金椎，树以青松，而其后世，曾不得蓬颗，以蔽冢而托葬。自古人君，侈靡之极者无如秦，而乱亡之速，子孙无置锥之地，亦莫若秦，盖奢侈败亡之征也。禹，卑宫室，菲饮食，恶衣服，岂故为是俭陋而已哉，诚知夫"怀永图"者，必自夫"慎乃俭德"故也。太甲欲败度，纵败礼，盖已昧夫所谓"永图"矣。苟其骎骎焉日入于奢侈，而不知反则至于越厥命，以自覆，亦岂难哉。

故所以格其非心，而反之于善者，则蔽以一言，谓欲怀永图，必自夫慎乃俭德，可谓切中其疾。夫人臣之进谏于君，如医者之用药，惟其切中所受病之处，苟为以寒益寒，以热益热，则是促人之死而已。如汉之武帝，可谓穷奢极侈，而不知纪极矣。而董仲舒对□，于其时以谓，俭非圣人之中制者，此则与夫公孙弘所谓，人主病不广大，人臣病不节俭者，无以异也。议者论仲舒之□，缓而不切。以此言观之，则其言岂非缓而不切也哉。"慎乃俭德，惟怀永图"言之于太甲纵欲之时，可谓不费辞矣。

能怀永图，以慎乃俭德，则神全气定，不为外物之所变迁，其心安然而不挠，然后可以泛应万机之务，而无有过举矣。故继之曰"若虞机张往省括于度则释"，此言应物之审也。机弩，牙也；括，矢括也。度，其所准望。盖正鹄也。弩之发者在机，矢之所中者在括，苟能虞机而张之，省括于度而释之，使机必应于括，括必应于度，则百发百中。苟此三者，差之于毫厘之间，则失之者在寻丈之外矣。杨子曰，修身以为弓，矫思以为矢，立义以为的，奠而后发，发必中矣。其立意，正与此同。所谓奠而后发者，则虞机省括之谓也。夫其应物之审如此，故能"钦厥止"，以"率乃祖攸行"。夫为人子孙者，孰不欲率其祖之所行。苟使应物不审，而不能敬其所止，则其心荡然无所适从，而小人之善纷更者，得以进其尝试之说，于是变乱先王之政刑，至于小大，而天下始大乱矣。

伊尹之告太甲，其序如此者，盖太甲之不明也，由其不惠于阿衡，故至于欲败度，纵败礼。由其纵欲以败度礼，故至于颠覆汤之典刑，是以其启迪之也。首告以先王所以旁求俊彦，遗尔后人，次又告以俭德之为可永图，末遂告之以钦厥止，率乃祖之攸行，盖其所以绳愆纠谬，格其非心者，不可不推本其所以然者也。王能如此，则我伊尹之心，乃可以喜悦，其无负先王之所寄托，而至于万世犹有辞也。有辞，盖谓为万世之所称也，是所谓相亦惟终者也。苟使嗣君，终不能改过自艾，则越厥命，以自覆，而商之社稷，遂不复存，则相亦罔终矣，尚何至于万世有辞也哉。

4.（宋）史浩《尚书讲义》卷八《商书·太甲》

王惟庸罔念闻，伊尹乃言曰，先王昧爽丕显，坐以待旦，旁求俊彦，启迪后人。无越厥命以自覆。慎乃俭德，惟怀永图。若虞机张，往省括于度则释，钦厥止，率乃祖攸行。惟朕以怿，万世有辞。

惟庸，思庸也。太甲一闻"忝厥祖"之戒，乃能思庸以听伊尹之训己，不可不谓之贤君也。然既闻矣，当尊其所闻念之不能忘可也。今乃曰"罔念闻"，是太甲貌从而心犹未服也。伊尹能逆知其意，故又引先王之勤劳，以感动之。其曰"昧爽丕显"，"旁求俊彦，启迪后人"者，盖言"昧爽向明"也，丕显，大明也。成汤自昏至晓，不遑安寝，思求俊美之士，所以开导嗣王也。如此可"坠厥命"，以自取颠覆乎？"慎乃俭德，惟怀永图"，是其先务也。虽然，伊尹此书，方欲回太甲不明之心，岂无他术，而必以俭为永图，何哉？盖俭德之共也，夫惟俭，则玩好弗宝，嗜欲弗亲，中之所存，湛若止水，万务之来应而不乱，兹实治心之要术也。尧舜"茅茨土阶"是德也；大禹"菲食卑宫"是德也；乃祖成汤"不迩声色，不殖货利"亦是德也。嗣王谨之，岂不可以为长久之图乎？谨之犹射也，括在弦，机在手，苟不虞乎，方张之时，而省乎将释之际，则于先王之准度，必差之毫厘，谬以千里矣。故曰"钦厥止，率乃祖攸行"，既能如其所止而钦焉，是吾之心术正，而知止其所也。又能率先王俭德而行焉，是射而中的也。如是，则岂惟尹心悦怿，抑嗣王亦有万世无穷之闻。此"惟朕以怿，万世有辞"之意也。

5. （宋）夏僎《尚书详解》卷十二《商书·太甲》

王惟庸罔念闻，伊尹乃言曰，先王昧爽丕显，坐以待旦。旁求俊彦，启迪后人。无越厥命以自覆。慎乃俭德，惟怀永图。若虞机张，往省括于度则释，钦厥止，率乃祖攸行。惟朕以怿，万世有辞。

庸，常也，言伊尹书之所戒，非不深切着明，太甲但以为常，而心未尝念，而耳未尝闻。伊尹自念先王付托之重义，不可以不听。遂已而不言，于是又陈先王未明求衣，勤求贤士，以为后世子孙计，在太甲不可越厥命以自覆也。昧，晦也。爽，明也。昧爽，盖晦而未明之时也，言成汤勤劳国家，未明而起，大明其德，坐以待旦。既旦又必广求贤后美彦之士，以开启道迪后世子孙，其所以如是者，盖以莫大之基，创之在我，守之在后人，故求贤以辅之者，欲其相与保丕基也。今太甲既承其基绪，要当善继，善守，不至违越成汤付托之命，以自取覆亡可也。惟慎其俭德，而怀念其长久之计，使先王莫大之业，至太甲而愈固，不至中绝而已。盖人心，着则放，俭则收。心放，则欲败度，纵败礼。如唐明皇，侈心一动，而极天下不足以穷其欲，故未几，盗起函陵而不知，岂能思远图乎？惟俭，则外无所玩，内无所汩，心无外虑，必能念长久之□矣。此伊尹所以必欲慎俭德，以怀永图也。既欲太甲慎俭德，而怀永图，故又取虞人张机取兽事，以喻之。机，弩牙也。括，矢末也。度，其所准望者，盖正鹄也。盖谓，人君之治天下，不可率意而行，惟当慎俭德，怀永图而后可。譬如虞人张弩于机，不可妄发，必退而省察，而矢括合于所准望之处，然后释放之，则发无不中矣。伊尹既以虞人张机之事，警人君，当慎俭德，怀永图而行事，又恐太甲未知所谓俭德之说，故又明告之曰，俭德，不必求诸他也，但敬尔所止。所止，即君心所止之处也。犹《大学》言，为人君者，止于仁者是也，言太甲欲求俭德，但敬其所止，率循乃祖成汤之所已行而行之，则所谨者，无非俭德；而所怀者，无非远图也。伊尹告戒之辞，既尽矣，故又诱掖之曰，王诚能"钦厥止，率乃祖攸行"，则我心喜悦，其能无负先王之付托，而王亦可以有万世无穷之令闻也，故曰"惟朕以怿，万世有辞"。万世虽久，自有称美之辞也。

6. （宋）时澜《增修东莱书说》卷八《商书·太甲上第五》

（归善斋按，见"嗣王戒哉，祇尔厥辟，辟不辟，忝厥祖"）

7. （宋）黄度《尚书说》卷三《商书·太甲》

王惟庸罔念闻。

庸，用。王惟自用，无念闻伊尹之训。

8. （宋）袁燮《絜斋家塾书钞》卷五《商书·太甲》

（归善斋按，见"嗣王戒哉，祇尔厥辟，辟不辟，忝厥祖"）

9. （宋）蔡沈《书经集传》卷三《商书·太甲上》

王惟庸罔念闻。

庸，常也。太甲惟若寻常，于伊尹之言，无所念听。此史氏之言。

10. （宋）黄伦《尚书精义》卷十七《商书·太甲》

（归善斋按，见"惟尹躬克，左右厥辟，宅师"）

11. （宋）陈经《尚书详解》卷十四《商书·太甲》

王惟庸罔念闻。伊尹乃言曰，先王昧爽丕显，坐以待旦，旁求俊彦，启迪后人，无越厥命以自覆。慎乃俭德，惟怀永图。若虞机张，往省括于度则释。钦厥止，率乃祖攸行。惟朕以怿，万世有辞。

太甲之不明至此极矣。其始立也，《伊训》之书，《肆命》之书，《徂后》之书所以告之详矣，犹且不惠于阿衡，及伊尹作书，历举汤之敬心，与有夏之君臣，亦甚切矣，犹且"罔念闻"，惟其庸愚之故，是以听伊尹之言，如无所念闻然。伊尹，于是面命而言之曰，"先王昧爽丕显，坐以待旦",昧爽者,天欲明而未明之时。汤于此时,丕显其心,无一毫人欲之累,坐以待旦,其勤如此,犹以为未足也,旁招俊彦之人,求之非一方也,以启迪我后之人。古之君臣,所以遗其子孙者,莫大于得人。汤以伊尹遗太甲,周武王以周、召遗成王,武帝以霍光遗昭、宣,皆此类也。尔太甲当念先王所以望后人之意,而不可陨坠其命以自覆亡也。命者,即天理也。"慎乃俭德,惟怀永图",此又指太甲之病,从而箴救之。太甲之所以欲败度,纵败礼者,以其不自俭也。俭者,非止节用之,谓心有所节而不敢为者,皆俭也。惟俭,则可以为永久之谋。如虞人之张机,必省察其矢括之合于度则释,言事当审诸己,而不可轻为也。欲知其所以审诸己而不可轻为,其要则在于敬其止,以取法于先王,敬其所止,则心纯一而不杂。率乃祖之所行,则动合旧章而无过。若太甲能敬其心,取法先王,而事无所轻举,岂有不合于伊尹之心,此朕之所以怿也。不惟怿在伊尹,虽太甲亦有美名于万世矣。

12. (宋) 钱时《融堂书解》卷六《商书·太甲上》

(归善斋按,见"惟嗣王不惠于阿衡")

13. (宋) 魏了翁《尚书要义》

原阙。

14. (宋) 陈大猷《书集传或问》卷上《商书·太甲上中》

(归善斋按,未解)

15. (宋) 胡士行《尚书详解》卷四《商书·太甲上第五》

(归善斋按,见"嗣王戒哉,祗尔厥辟,辟不辟,忝厥祖")

16. (元) 吴澄《书纂言》

(归善斋按,未解)

17.（元）陈栎《书集传纂疏》卷三《朱子订定蔡氏集传·太甲上》

王惟庸罔念闻。

庸，常也。太甲惟若寻常于伊尹之言，无所念听，此史氏之言。

纂疏

问，诸家于"庸"字绝句。窃谓，只作一句读。以"庸"训"用"，如"王庸作书以告"，如何？曰，六字一句。

真氏，曰，"辟不辟"之言，殆甚于汉人所谓"帝不谛"者，汉君怒而诛之。太甲虽无所念听，然不闻其怒也，所以卒于思庸欤。

18.（元）许谦《读书丛说》卷五《商书·太甲》

（归善斋按，未解）

19.（元）董鼎《书传辑录纂注》卷三《商书·太甲上》

王惟庸罔念闻。

庸，常也。太甲，惟若寻常于伊尹之言，无所念听。此史氏之言。

辑录

问，诸家皆于"庸"字绝句，窃谓只作一句读，以"庸"训"用"，如《说命中》"王庸作书以告"之"庸"，未知是否？先生曰，六字一句。《答潘子善》。

纂注

真氏曰，"辟不辟"之言，殆甚于汉人之所谓"帝不谛"也。然汉君怒而诛之。太甲虽以为常无所念听，然不闻其怒也，此所以卒至于"思庸"欤。

20.（元）朱祖义《尚书句解》卷四《商书·太甲上第五》

王惟庸（奈何太甲惟以尹言为常谈）罔念闻（而心未尝念耳，未尝闻）。

21. （明）王樵《尚书日记》卷七《商书·太甲上》

王惟庸罔念闻。

"庸"字，句绝，古注皆然。

22. （清）库勒纳等撰《日讲书经解义》卷四《商书·太甲上》

王惟庸罔念闻。伊尹乃言曰，先王昧爽丕显，坐以待旦，旁求俊彦，启迪后人。无越厥命以自覆。

此二节书是，又因太甲之不顺，而再陈先德以劝之也。昧爽，天将明未明之候。丕显，大显其德也。日出曰旦。俊彦，有才德者。旁求，多方求之。启迪，开发之意。越，谓颠坠；覆，败亡也。史臣曰，伊尹作书之意，至真切矣。乃太甲，但视为寻常，罔有念及，而若不听闻者，于是伊尹乃言曰，王亦知先王为善之勤，而虑后之远乎？先王每当昧爽之时，澄神涤虑，使虚灵之体，湛然毕露，以大显明其德，若心有所得，则汲汲然，坐以待旦，举而行之。盖先王之心，惟恐修于己者，有未至；而施于事者，有未及也。又恐后世子孙，溺于宴安，罔念先德，则又博求天下才德兼全之士，置之左右，以开导我后人，使其有所依据，皆知修德勤政，以保守其先业也。然则为后人者，正宜效法其德，而听用其人，以绍先王基绪之隆，庶几无忝厥祖耳。其可以纵欲败度，陨此求贤启迪之命，以自取覆亡哉甚矣。古帝王为善，惟日不足，而又必树人，以为久远之计。人主而欲为法乎？天下燕翼乎？孙子则亦惟修身尊贤尽之矣。

伊尹乃言曰：先王昧爽丕显，坐以待旦

1. （汉）孔氏传、（唐）陆德明音义、孔颖达疏《尚书注疏》卷七

伊尹乃言曰，先王昧爽丕显，坐以待旦。

传，爽，显，皆明也，言先王昧明思大明其德，坐以待旦而行之。

音义，昧，音妹。

疏，伊尹乃又言曰，先王以昧爽之时，思大明其德。既思得其事，则坐以待旦明，则行之。

传，正义曰，昭七年《左传》云"是以有精爽，至于神明从爽，以至于明"，是爽谓未大明也。昧，是晦；冥爽，是未明，谓夜向晨也。《释诂》云，丕，大也。显，光也。光，亦明也。于夜昧冥之时，思欲大明其德。既思得之，坐以待旦而行之，言先王身之勤也。

2. （宋）苏轼《书传》卷七《商书·太甲上第五》

伊尹乃言曰，先王昧爽丕显，坐以待旦。

方天昧明之间，先王已大明其心，思道以待旦。

3. （宋）林之奇《尚书全解》卷十六《商书·太甲上》

（归善斋按，见"王惟庸罔念闻"）

4. （宋）史浩《尚书讲义》卷八《商书·太甲》

（归善斋按，见"王惟庸罔念闻"）

5. （宋）夏僎《尚书详解》卷十二《商书·太甲》

（归善斋按，见"王惟庸罔念闻"）

6. （宋）时澜《增修东莱书说》卷八《商书·太甲上第五》

伊尹乃言曰，先王昧爽丕显，坐以待旦。

伊尹作书而太甲方罔念闻，至是，又谆谆提耳而言之，故谓之"乃言"。"先王昧爽丕显"，昧爽者，天未明将分之际也。汤于是时，已大自显明，洗濯其心，澡雪其志，坐以待旦。汤待旦之时，其存心养性，湛然清净，无一毫物累，同乎太虚，不啻日之东升，将照临于天下。以汤此心观之，可谓以勤劳而得天下，似可少逸矣，犹坐以待旦，则下于汤者，果如何而勤邪，伊尹所以暗箴太甲之病也。

7.（宋）黄度《尚书说》卷三《商书·太甲》

伊尹乃言曰，先王昧爽丕显，坐以待旦，旁求俊彦，启迪后人。无越厥命以自覆。慎乃俭德，惟怀永图。若虞机张，往省括于度则释。钦厥止，率乃祖攸行，惟朕以怿，万世有辞。

此谏语也，昧，未；爽，明；丕，大；显，亦明也。未明而大显之平旦清明之气也，显存晦亡。旁，非一方。启迪，开明而蹈行之。旁求俊乂，启迪后人。夫是以伊尹有托孤寄子之责。越，颠坠也，坠厥宗，忝厥祖。越命自覆，悚然危亡之戒。人之纵欲为侈，快意朝夕，不为久长之谋也。机，弩牙；括，筈。虞人张机，必省与度，准乃释，不苟发也。孔氏曰，机有度，以准望。古机犹有存者，铜为之植，度于其侧。《大学》在知止，在止于至善。能钦其所止，则能率循成汤之所行也。大抵伊训太甲之书，专务教敬，而敬必本于爱也。太甲自谓，欲败度，纵败礼，是由俭德之阙，故伊尹举要谏之。

8.（宋）袁燮《絜斋家塾书钞》卷五《商书·太甲》

伊尹乃言曰，先王昧爽丕显，坐以待旦，旁求俊彦，启迪后人，无越厥命以自覆。

昧，暗也。爽，明也。昧爽者，天将明而未明之时也。当昧爽之时，此心洞然大明，见得成汤之心，夙夜清明如此。所谓平旦之气，所谓存其夜气，坐以待旦，欲出而治天下也。盖念念天下，虽寝寐亦不忘也。伊尹言"昧爽"二字，极有深意，若使沉湎于酒，亲近女色，当昧爽之时，方且昏蔽，何能丕显。太甲欲败度，纵败礼，料度昧爽之时，必不能丕显。成汤所以如此，亦不是自然而然，这个大段有工夫，只观"不迩声色"，岂有一毫物欲，得以昏蔽其心乎？这便是成汤朝夕工夫处。旁求者，无所往而不求也。观"旁求"二字，想见成汤之朝，允布列在位，无非俊乂之才也。

9.（宋）蔡沈《书经集传》卷三《商书·太甲上》

伊尹乃言曰，先王昧爽丕显，坐以待旦，旁求俊彦，启迪后人，无越厥命以自覆。

昧，晦；爽，明也。昧爽云者，欲明未明之时也。丕，大也。显，亦明也。先王于昧爽之时，洗濯澡雪，大明其德，坐以待旦而行之也。旁求者，求之非一方也。彦，美士也，言汤孜孜为善，不遑宁处如此，而又旁求俊彦之士，以开导子孙。太甲毋颠越其命，以自取覆亡也。

10.（宋）黄伦《尚书精义》卷十七《商书·太甲》

伊尹乃言曰，先王昧爽丕显，坐以待旦。旁求俊彦，启迪后人。无越厥命以自覆。慎乃俭德，惟怀永图。若虞机张，往省括于度则释。钦厥止，率乃祖攸行，惟朕以怿，万世有辞。

无垢曰，伊尹意言，汤旁求得我，以开导汝，汝倘不听，是先王之命，将失坠于下，而汝社稷亦自颠覆，而不救矣。贤者不听，则听小人之言。小人之言进，宗社岂有安固之理乎？

又曰，惟欲，则奢侈无度；惟纵，则思虑不审。俭德之说，所以杜其欲。虞机之说，所以救其纵。惟俭，则可以为长久之计；惟审，则可以应天下之变。夫虞之射鸟兽，必先省夫矢，传于括，括应于度。度者，所射之物也。然后释然舍去，所以百发百中。倘惟在此，有丝毫不审，则在彼，有霄壤之远矣。岂有放心荡意，而天下自治者乎？然为俭在审，必有其要。"钦厥止"，则不期俭而自俭；"率乃祖攸行"，则不期审而自审。此又伊尹指大甲径路，使之力寡而功倍也。

史氏曰，舍纷华而入枯淡，弃刍豢而甘藜藿，此人情之所不能安者也。前是而后违，朝行而夕改，始勤而终怠，其不能为远谋者，必矣。慎之于初，而使之无伪；怀之于久，而使之不易。率吾自然之性，有加无已。此中材之主所当知者也。伊尹所以望太甲者，如此。

11.（宋）陈经《尚书详解》卷十四《商书·太甲》

(归善斋按，见"王惟庸罔念闻")

12.（宋）钱时《融堂书解》卷六《商书·太甲上》

伊尹乃言曰，先王昧爽丕显，坐以待旦，旁求俊彦，启迪后人。无越厥命以自覆。

丕，显。先儒以为大显其德，未安。圣人纯德孔明，无时不显，何昼，何夜，何蚤，何莫，必日出而大显其德。岂昧爽之先，有不大显乎？丕显，天大明也。旦，日出也，言汤自天未明以至大明，常坐待日出。急急求贤，以启迪其后人也。

13.（宋）魏了翁《尚书要义》

原阙。

14.（宋）陈大猷《书集传或问》卷上《商书·太甲上中》

（归善斋按，未解）

15.（宋）胡士行《尚书详解》卷四《商书·太甲上第五》

（归善斋按，见"嗣王戒哉，祗尔厥辟，辟不辟，忝厥祖"）

16.（元）吴澄《书纂言》

（归善斋按，未解）

17.（元）陈栎《书集传纂疏》卷三《朱子订定蔡氏集传·太甲上》

伊尹乃言曰，先王昧爽丕显，坐以待旦，旁求俊彦，启迪后人，无越厥命以自覆。

昧，晦；爽，明也。昧爽云者，欲明未明之时也。丕，大也。显，亦明也。先王于昧爽之时，洗濯澡雪，大明其德，坐以待旦，而行之也。旁求者，求之非一方也。彦，美士也，言汤孜孜为善，不遑宁处如此，而又旁求俊彦之士，以开导子孙。太甲毋颠越其命，以自取覆亡也。

18. （元）许谦《读书丛说》卷五《商书·太甲》

（归善斋按，未解）

19. （元）董鼎《书传辑录纂注》卷三《商书·太甲上》

伊尹乃言曰，先王昧爽丕显，坐以待旦。旁求俊彦，启迪后人。无越厥命以自覆。

昧，晦；爽，明也。昧爽云者，欲明未明之时也。丕，大也。显，亦明也。先王于昧爽之时，洗濯澡雪，大明其德，坐以待旦，而行之也。旁求者，求之非一方也。彦，美士也，言汤孜孜为善，不遑宁处如此，而又旁求俊彦之士，以开导子孙。太甲毋颠越其命，以自取覆亡也。

20. （元）朱祖义《尚书句解》卷四《商书·太甲上第五》

伊尹乃言曰（尹乃复言），先王昧爽丕显（汤每当晦而未明之时，大明其德），坐以待旦（坐以待明旦）。

21. （明）王樵《尚书日记》卷七《商书·太甲上》

"伊尹乃言曰，先王昧爽"至"无越厥命以自覆"。

昧爽，夜向晨也。《孟子》谓，平旦之气，其好恶，与人相近也者，几希。凡人之心，有丧则有复，故平旦。清明之气，仁义之良心，犹炯然其不泯，而况圣人之气，无时不清明，而天理无时不昭著者乎。然而犹必曰，洗濯澡雪，大明其德者，此圣人敬戒之心，即"顾諟明命"之功也。坐以待旦而行之，行之为何事？盖丕显在心，旦而应事，则行之于事矣。太甲之不明，所谓梏亡之多，伊尹特指昧爽之心法，欲其此，而得夫复善之机也。

陈氏雅言曰，圣人之心，惟恐修于己有未至，而施于事者有未及，故既昧爽丕显，待旦而行，犹未已也。以吾之德，能修于吾身，而不能使吾之子孙常修是德；吾之政能行于吾身，而不能使吾之子孙常行是政，故旁求俊彦，使吾之子孙，欲有为焉。则有开而发之者，有顺而导之者，庶几，德无不修，政无不行矣。其虑后之远，又如此。

"无越厥命以自复","命"字，蔡传无解。命，盖先王付授之命，付以基业，付以贤臣，必言所以嗣德听贤之意，以教命太甲。此盖太甲所自知也，故尹于此言，王无念闻于尹，则亦无念闻于先王之命乎？先王之命，不可违越，越则自取覆亡尔。

伊尹前言汤之修人纪，而继之以"敷求哲人，俾辅尔后嗣"，此言汤之"昧爽丕显"，而继之以"旁求俊彦，启迪后人"，反复言之，不出此二端者，盖太甲知乃祖贻我以天下，贻我以安逸，而不知乃祖之心，不如是也，乃祖之所以贻其子孙者，一是德，二是贤才，能法其德而听用其人，其基业乃可得而保尔。

22.（清）库勒纳等撰《日讲书经解义》卷四《商书·太甲上》

（归善斋按，见"王惟庸罔念闻"）

（明）梅鷟《尚书考异》三《商书·太甲上》

先王昧爽丕显，坐以待旦。

昭三年叔向引谗鼎之铭曰，昧旦丕显，后世犹怠。《孟子》曰，周公坐以待旦。

（明）陈泰交《尚书注考》

先王昧爽，训昧，晦。时甲子昧爽，训昧冥。丕显，训显，亦明也。惟良显哉，训显，以名言。

旁求俊彦，启迪后人

1.（汉）孔氏传、（唐）陆德明音义、孔颖达疏《尚书注疏》卷七

旁求俊彦，启迪后人。

传，旁，非一方；美士曰彦，开道后人，言训戒。

音义，俊，亦作畯。迪，大历反。

疏，其身既勤于政，又乃旁求俊彦之人，置之于位，令以开导后人。先王之念，子孙其忧勤。

传正义曰，旁，谓四方求之，故言非一方也。美士曰彦，《释训》文。舍人曰，国有美士，为人所言道也。

2. （宋）苏轼《书传》卷七《商书·大甲上第五》

旁求俊彦，启迪后人。

彦，美士也，以贤者遗子孙开道之。

3. （宋）林之奇《尚书全解》卷十六《商书·太甲上》

（归善斋按，见"王惟庸罔念闻"）

4. （宋）史浩《尚书讲义》卷八《商书·太甲》

（归善斋按，见"王惟庸罔念闻"）

5. （宋）夏僎《尚书详解》卷十二《商书·太甲》

（归善斋按，见"王惟庸罔念闻"）

6. （宋）时澜《增修东莱书说》卷八《商书·太甲上第五》

旁求俊彦，启迪后人。

旁者，求之非一路也。当汤之时，朝廷之上，左右前后，无非俊彦矣。汤之心，犹不自足，方且旁求，必欲尽天下之贤，使启迪于我后之人。汤之心，以为得天下之艰，常有易失之意，求贤必至于旁求，以启迪后嗣，为万世子孙之虑者，亦远矣。

7. （宋）黄度《尚书说》卷三《商书·太甲》

（归善斋按，见"伊尹乃言曰，先王昧爽丕显，坐以待旦"）

273

8. （宋）袁燮《絜斋家塾书钞》卷五《商书·太甲》

（归善斋按，见"伊尹乃言曰，先王昧爽丕显，坐以待旦"）

9. （宋）蔡沈《书经集传》卷三《商书·太甲上》

（归善斋按，见"伊尹乃言曰，先王昧爽丕显，坐以待旦"）

10. （宋）黄伦《尚书精义》卷十七《商书·太甲》

（归善斋按，见"伊尹乃言曰，先王昧爽丕显，坐以待旦"）

11. （宋）陈经《尚书详解》卷十四《商书·太甲》

（归善斋按，见"王惟庸罔念闻"）

12. （宋）钱时《融堂书解》卷六《商书·太甲上》

（归善斋按，见"伊尹乃言曰，先王昧爽丕显，坐以待旦"）

13. （宋）魏了翁《尚书要义》

原阙。

14. （宋）陈大猷《书集传或问》卷上《商书·太甲上中》

（归善斋按，未解）

15. （宋）胡士行《尚书详解》卷四《商书·太甲上第五》

（归善斋按，见"嗣王戒哉，祗尔厥辟，辟不辟，忝厥祖"）

16. （元）吴澄《书纂言》

（归善斋按，未解）

17.（元）陈栎《书集传纂疏》卷三《朱子订定蔡氏集传·太甲上》

（归善斋按，见"伊尹乃言曰，先王昧爽丕显，坐以待旦"）

18.（元）许谦《读书丛说》卷五《商书·太甲》

（归善斋按，未解）

19.（元）董鼎《书传辑录纂注》卷三《商书·太甲上》

（归善斋按，见"伊尹乃言曰，先王昧爽丕显，坐以待旦"）

20.（元）朱祖义《尚书句解》卷四《商书·太甲上第五》

旁求俊彦（广求贤俊美彦之士），启迪后人（使之开启道进后世子孙）。

21.（明）王樵《尚书日记》卷七《商书·太甲上》

（归善斋按，见"伊尹乃言曰，先王昧爽丕显，坐以待旦"）

22.（清）库勒纳等撰《日讲书经解义》卷四《商书·太甲上》

（归善斋按，见"王惟庸罔念闻"）

无越厥命以自覆

1.（汉）孔氏传、（唐）陆德明音义、孔颖达疏《尚书注疏》卷七

无越厥命以自覆。

传，越，坠失也，无失亡祖命，而不勤德以自颠覆。

音义，越，于月反，本又作粤。覆，芳服反，注同。

疏，若是嗣王今承其后，无得坠失其先祖之命以自覆败。

2．（宋）苏轼《书传》卷七《商书·大甲上第五》

无越厥命以自覆。

越，坠失也。

3．（宋）林之奇《尚书全解》卷十六《商书·太甲上》

（归善斋按，见"王惟庸罔念闻"）

4．（宋）史浩《尚书讲义》卷八《商书·太甲》

（归善斋按，见"王惟庸罔念闻"）

5．（宋）夏僎《尚书详解》卷十二《商书·太甲》

（归善斋按，见"王惟庸罔念闻"）

6．（宋）时澜《增修东莱书说》卷八《商书·太甲上第五》

无越厥命以自复。

命者，正理也，禀于天，而正理不可易者，所谓命也。使太甲循正理而行，安有覆亡之患哉。

7．（宋）黄度《尚书说》卷三《商书·太甲》

（归善斋按，见"伊尹乃言曰，先王昧爽丕显，坐以待旦"）

8．（宋）袁燮《絜斋家塾书钞》卷五《商书·太甲》

（归善斋按，见"伊尹乃言曰，先王昧爽丕显，坐以待旦"）

9．（宋）蔡沈《书经集传》卷三《商书·太甲上》

（归善斋按，见"伊尹乃言曰，先王昧爽丕显，坐以待旦"）

10. （宋）黄伦《尚书精义》卷十七《商书·太甲》

(归善斋按，见"伊尹乃言曰，先王昧爽丕显，坐以待旦")

11. （宋）陈经《尚书详解》卷十四《商书·太甲》

(归善斋按，见"王惟庸罔念闻")

12. （宋）钱时《融堂书解》卷六《商书·太甲上》

(归善斋按，见"伊尹乃言曰，先王昧爽丕显，坐以待旦")

13. （宋）魏了翁《尚书要义》

原阙。

14. （宋）陈大猷《书集传或问》卷上《商书·太甲上中》

(归善斋按，未解)

15. （宋）胡士行《尚书详解》卷四《商书·太甲上第五》

(归善斋按，见"嗣王戒哉，祗尔厥辟，辟不辟，忝厥祖")

16. （元）吴澄《书纂言》

(归善斋按，未解)

17. （元）陈栎《书集传纂疏》卷三《朱子订定蔡氏集传·太甲上》

(归善斋按，见"伊尹乃言曰，先王昧爽丕显，坐以待旦")

18. （元）许谦《读书丛说》卷五《商书·太甲》

(归善斋按，未解)

19.（元）董鼎《书传辑录纂注》卷三《商书·太甲上》

（归善斋按，见"伊尹乃言曰，先王昧爽丕显，坐以待旦"）

20.（元）朱祖义《尚书句解》卷四《商书·太甲上第五》

无越厥命以自覆（今无远越汤付托之命自取覆亡）。

21.（明）王樵《尚书日记》卷七《商书·太甲上》

（归善斋按，见"伊尹乃言曰，先王昧爽丕显，坐以待旦"）

22.（清）库勒纳等撰《日讲书经解义》卷四《商书·太甲上》

（归善斋按，见"王惟庸罔念闻"）

（明）梅鷟《尚书考异》三《商书·太甲上》

无越厥命，以自覆。慎乃俭德，惟怀永图。若虞机张，往省括于度则释。

《缁衣》，太甲曰，"无越"云云，自覆也。若虞机张，往省括于度则释。

慎乃俭德，惟怀永图

1.（汉）孔氏传、（唐）陆德明音义、孔颖达疏《尚书注疏》卷七

慎乃俭德，惟怀永图。
传，言当以俭为德，思长世之谋。
疏，王当慎汝俭约之德，令其以俭为德，而谨慎守之。惟思为长世

之谋。

2.（宋）苏轼《书传》卷七《商书·大甲上第五》

慎乃俭德，惟怀永图。

以约失之者，鲜矣，未有泰侈而能久者也。

3.（宋）林之奇《尚书全解》卷十六《商书·太甲上》

（归善斋按，见"王惟庸罔念闻"）

4.（宋）史浩《尚书讲义》卷八《商书·太甲》

（归善斋按，见"王惟庸罔念闻"）

5.（宋）夏僎《尚书详解》卷十二《商书·太甲》

（归善斋按，见"王惟庸罔念闻"）

6.（宋）时澜《增修东莱书说》卷八《商书·太甲上第五》

慎乃俭德，惟怀永图。

既言"俭德"，又言"慎乃"，盖德者，本然之理；慎者，用工之地也。俭德，汤固有之德也。伊尹以此箴太甲之病源也。太甲欲、纵之败，正与俭德相反。俭者，非特节俭之谓，一念收敛，无非德之所聚。太甲之病在于"放"，伊尹急欲其心收聚而不放，则精神会聚，所怀者孰非永图，兢兢固守，常有钦谨之意，自然凡事务长久之理。惟其心放而不收，故昏于纵、欲，徒视目前之利，此岂久享富贵道理，宜尹以是言箴其病。

7.（宋）黄度《尚书说》卷三《商书·太甲》

（归善斋按，见"伊尹乃言曰，先王昧爽丕显，坐以待旦"）

8.（宋）袁燮《絜斋家塾书钞》卷五《商书·太甲》

慎乃俭德，惟怀永图。若虞机张，往省括于度则释。钦厥止，率乃祖攸行。惟朕以怿，万世有辞。

"俭德"两字，是伊尹说太甲病处。太甲欲败度，纵败礼，其不俭甚矣。故伊尹使之收敛，慎乃俭德。思古明王，交于万物有道，自奉养有节焉。人主所以自奉养者，岂可不节俭。人主又不与常人同，彼其享四海九州之奉，意之所欲，无不可者，往往易得适情纵意，苟不自为检束，严其防闲，则恣其心之所欲，何所不至。大抵创业之君，躬履艰难，所以能恭俭。守成之主，坐享治安，往往易得侈靡，伊尹告太甲以俭德，既切中太甲之病矣。又于上加一"慎"字，盖使之常怀临深、履薄之念，保护此俭德也。

"惟怀永图"，言其所图谋处，当为深长计，不可只理会区区目前。大抵人多只是理会目前，不曾为悠久之计虑，且如人主，享崇高富贵之极，适情纵欲，何所不可。欲声色，则声色在前；欲货利，则货利便有。所以欲无不遂，求无不得，其一时间，亦可以为乐矣。然不思后日之事，吾之心术，因此而蛊惑，朝廷纲纪，由此而废坏。天下将日趋于乱亡，此岂所以为"永图"也哉？太甲欲败度，纵败礼，只缘求目前之快活，不曾思量后来。自古淫荒之君，皆只是求快活于目前。且如唐明皇，使其思后日有覆亡之祸，则何至此极哉。今观伊尹告太甲，不可轻看他，如良医察脉，灼见其病源。一句是一服药。

"若虞机张，往省括于度则释"，此两句犹更亲切。"省"之一字，其义甚深。太甲欲败度，纵败礼，只缘念虑之起，不曾省察。观"欲败度，纵败礼"两句，想见如近女色，好游畋，私喜怒，妄赏赐，亲用便僻侧媚之人，似此类，皆有之使其念虑之萌，从而省察，女色果可近乎？赏赐，果可妄乎？便僻侧媚，果可亲用乎？是数者，果合于法度乎？合于法度则可为，既不合于法度，却岂可冒而为之。虞人张机，省括于度而释，则可以必中。不然百发而百败矣。

止者，人顿放此身之处也。《大学》曰，为人君，止于仁；为人臣，止于敬；为人子，止于孝；为人父，止于慈；与国人交，止于信。《诗》云"绵蛮黄鸟，止于丘隅"。子曰，"于止，知其所止，可以人而不如鸟乎"。人莫不有所止，这个所止，不可不钦，钦则得其所止矣。太甲置其身于欲、纵之中，欲与纵，岂所止之处乎？此无他，不钦故也。人之所止,岂可不审,在止于至善,善则其所止也。仁人之安宅,义人之正路,仁与义则其所止也。太甲欲"钦厥止",亦不必他求,"率乃祖攸行"足矣。乃祖昧爽丕显,今吾乃如此昏迷;乃祖不迩声色,今吾乃以欲而败度,岂所谓率乃祖之攸行乎?能率循成汤之所行,则得其所止者矣。

王若能"钦厥止率乃祖之攸行",则我之心,庶乎怿。"怿"之一字,见得伊尹忧国爱君之心,深切如此。彼见太甲欲败度,纵败礼,汤之典刑,已自颠覆,商家基绪,盖岌岌然。其心之忧。顷刻不能以自安。惟得太甲悔过迁善,伊尹之心始怿。观此一句,便见得伊尹之心。予弗克俾厥后为尧舜,其心愧耻若挞于市,此伊尹之心也。"万世有辞"者,其声闻之远,直至万世之下,称赞无穷也。古人事业,不但只了目前,直是要到万世之下,莫不称赞。周公告成王曰"惇大成裕,汝永有辞",康王命毕公亦曰"公其惟时,成周建无穷之基,亦有无穷之闻"。声闻至于万世,这方才是,且如伊尹当时辅导太甲,功烈巍巍如此,故其至今日皆称颂之。若使有些少建立,一时之称誉亦有之矣,何以能久。读"惟朕以怿"一句,见得古人忧国爱君之忠如此;读"万世有辞"一句,又见得古人所期远大如此。

9. (宋)蔡沈《书经集传》卷三《商书·太甲上》

慎乃俭德,惟怀永图。

太甲欲败度,纵败礼,盖奢侈失之,而无长远之虑者。伊尹言,当谨其俭约之德,惟怀永久之谋,以约失之者鲜矣。此太甲受病之处,故伊尹特言之。

10. (宋)黄伦《尚书精义》卷十七《商书·太甲》

(归善斋按,见"伊尹乃言曰,先王昧爽丕显,坐以待旦")

11. (宋)陈经《尚书详解》卷十四《商书·太甲》

(归善斋按,见"王惟庸罔念闻")

12.（宋）钱时《融堂书解》卷六《商书·太甲上》

慎乃俭德，惟怀永图。若虞机张，往省括于度则释。钦厥止，率乃祖攸行，惟朕以怿，万世有辞。王未克变。

率乃祖攸行，须知能顾明命，方是率祖汤之急于求贤，皆是天命所当然。惟怀永图，直为太甲作通盘计较，是何等恳至。

13.（宋）魏了翁《尚书要义》

原阙。

14.（宋）陈大猷《书集传或问》卷上《商书·太甲上中》

（归善斋按，未解）

15.（宋）胡士行《尚书详解》卷四《商书·太甲上第五》

慎乃俭（节）德（德者，本然之理；慎者，用功之地），惟怀（思）永（长）图（谋）。若虞（虞人）机（弩牙）张（上弦），往省（视）括（矢末）于度（合法）则释（发矢）。钦厥止（"为君止仁，为臣止忠"之"止"），率（循）乃祖攸（所）行。惟朕以怿（喜），万世有辞（称美）。

俭，非特节制，一念收敛，无非德之所聚。所谓以约失之者，鲜。尹所以箴太甲欲、纵之病根也。"放"心收，则图永其发心，如射之审；而知止，如乃祖矣。尹受汤之托，至此乃怿，而太甲亦有无穷之闻，此曲尽诱掖之术也。

16.（元）吴澄《书纂言》

（归善斋按，未解）

17.（元）陈栎《书集传纂疏》卷三《朱子订定蔡氏集传·太甲上》

慎乃俭德，惟怀永图。

太甲欲败度，纵败礼，盖奢侈失之而无长远之虑者。伊尹言，当谨其俭约之德。惟怀永久之谋，以约失之者鲜矣。此太甲受病之处，故伊尹特言之。

纂疏

真氏曰，此太甲不惠时也，故训之如此。俭，则心小而为虑远；侈，则心大；而为谋疏。是时太甲方以欲败度，纵败礼，心为二者所蔽，若浮云之翳日月，未知斯言之为忠也，一旦处仁迁义，而本心复明，然后知受病之源端，在于此。

愚谓，永图，即前所谓有终也。

18.（元）许谦《读书丛说》卷五《商书·太甲》

（归善斋按，未解）

19.（元）董鼎《书传辑录纂注》卷三《商书·太甲上》

慎乃俭德，惟怀永图。

太甲欲败度，纵败礼。盖奢侈失之，而无长远之虑者。伊尹言，当谨其俭约之德，惟怀永久之谋，以约失之者鲜矣。此太甲受病之处，故伊尹特言之。

辑录
俭，节制也。语注。

纂注
新安胡氏曰，永图，即前所谓"有终"也。
真氏曰，此太甲"不惠于阿衡"之时也，故伊尹训之者如此。夫俭，则心小而为虑者远；侈，则心大，而为谋者疏。方是时，太甲方以欲败度，纵败礼，心为二者所蔽，若浮云之翳日月，未知斯言之为忠也。一旦处仁迁义，而本心复明，然后知受病之源，端在于此，克终之美，光昭简册。伊尹训戒之功，夫岂小哉？

20.（元）朱祖义《尚书句解》卷四《商书·太甲上第五》

慎乃俭德（惟谨修汝节俭之德），惟怀永图（怀念长久之图）。

21.（明）王樵《尚书日记》卷七《商书·太甲上》

慎乃俭德，惟怀永图。

既动以先王，又直指其受病之源而药之。人主生于深宫，长于妇寺，未尝知忧，未尝知惧，故骄侈之病，千人一同。太甲，以中人之资，虽以汤之家法，保傅之得人，而不免焉忽于俭德，而不知慎，故欲败度，纵败礼而不能自还尔。然不知意广欲多，止目前之快，而俭于动，俭于用，凡事知所收敛，而不敢肆者，身之利，而天下之福也。德虽多，莫先于俭。身心家国之长计，以俭而得，以不俭而失，故曰"慎乃俭德，惟怀永图"。

《易》云"俭德辟难"，俭德"不可荣以禄"，俭德，是收敛其德，与此处说"俭德"不同。此处"俭德"，只是"节俭"之德也。世儒说经，卑者，欲推而高之。只如此处说"俭"，即有狭小节俭之意，故不肯专以一事为言，殊不知俭德，亦非小矣。孟子曰"贤君必恭俭"。史称文景致治，亦只尽于"恭俭"二言，何则？其为人也，俭必寡欲，心有不存焉者寡矣。其为人也，侈必多欲，心有存焉者寡矣。圣人之言，通乎上下，言近而指远，此类是也。

"永图"就在"俭德"中，小注陈雅言之说，非本意。

22.（清）库勒纳等撰《日讲书经解义》卷四《商书·太甲上》

慎乃俭德，惟怀永图。若虞机张，往省括于度则释。钦厥止，率乃祖攸行，惟朕以怿，万世有辞。

此二节书是，勉太甲慎德，以率先也。永图，谓远虑。虞，虞人。机，弩牙也。括，箭尾着弦之处。度，射之准。则，省察也。释，发矢也。止，当然不易之理。怿，悦也。伊尹曰，从来国家，多以纵欲奢侈失之者，但知安于一时之乐，而不能为长久之谋也。盖纵欲之源，皆起于心，不可不谨。我王今日但当慎其俭约之德，事事知所收敛，而不至于放肆。所怀者，皆为永远之图谋。念不在一日，而在终身；志不在一时，而在百世，则不至陨厥命，而覆亡可免也。然王之慎德，当如虞人之射弩。然虞人之射，既张其机矣，犹必往察其括之合于法度，然后释之，则发无不中。人君之处事，亦犹是也。万事莫不有度，君所以为度，在敬汝所当止，肃恭谨敛，务求义理所在，而审处之耳。然不必远求也，若乃祖之所行，即是其所当止，但视当时所已行者，而率循之，无敢逾越。王能如是，则事事合宜，动无过举。近可以慰悦尹心，而不负先王所托；远，可以有誉万世，而为守成之令主矣。王可不自勉哉？可见守约者，施博，慎俭德，怀永图，皆守约之事。而其效，至传令名于万世。以视秦皇，汉武，侈心自放者，何如哉？

（元）王充耘《读书管见》卷上《商书·太甲》

慎乃俭德。

慎乃俭德，惟怀永图，是总言以戒其纵侈之病。下面若虞机张省括则释，是申之以譬喻。钦厥止率乃祖攸行，是正言以尽其意。盖射者，犹不肯妄发。人君安可轻动而不思为长久之计乎？凡事皆有当然之则，一定而不可移者，所谓"止"者，此也。人君要道，敬守此理，不敢逾越，但有所为，一循祖宗成宪，则便是能慎德，而可以久长之道也。大臣安得不欢喜，而后世安得不仰其令名。夫君有不明，臣不可以不忠。为臣之道，惟知媚于天子而已。今伊尹有"以怿"之言，又有"承王之休亡敦"之语，使太甲而纵欲，则伊尹遂可厌之乎？是不然媚于天子，此人臣事君之常道，而伊尹则自任以天下之重，其所为安可以常理拘也。观其自谓"予弗狎于弗顺"，而放太甲于桐，则可见矣。然而有伊尹之志，则可；无伊尹之志，则篡也。不可以为常法也。

（元）陈悦道《书义断法》三《商书·太甲上》

慎乃俭德，惟怀永图。若虞机张，往省括于度则释。钦厥止，率乃祖攸行。

　　太甲受病处，在于欲败度，纵败礼，一旦改过，能以俭德自待，亦足以为久远之图矣。然天下酬应无穷，至善之所"止"有在，非敬无以得其所止；非守家法，无以知其所止。正如虞人之机张，省括于度而释也。今日之俭德，永图知改过矣。然遵先王之法，而过者未之有也。不择其所当行而法其所已行，安知他日，无轻发之失，而不能持之以久乎？

（明）马明衡《尚书疑义》三《商书·大甲》

　　慎乃俭德，惟怀永图。
　　人能自持其心，则其心精明自然，不至侈肆，而思虑深长；不能自持其心，则日益昏昧，放肆邪侈，愈入愈深，图于何有？故俭则不放，永图则能思。不放，能思，道理自见。此尹之告语，最契口处。大甲虽一时未通，然克"终允德"，毕竟由此而入。盖居桐而近汤墓，则自然起其思慕，而亦无由以侈肆。心油然而生，幡然而悟矣。是伊尹既有以知太甲受病之处，而又得所以处之之方，非圣人之实学，其孰能之？故人臣不可不知学。若使不知学者当之，纵有伊尹之忠，亦无所济也。

（清）朱鹤龄《尚书埤传》卷八《商书·太甲》

　　慎乃俭德。
　　太甲欲败度，纵败礼，故伊尹以俭德为之砭。昔人有言，人君之患，不自外来，尝由身出。夫欲盛，则费广。费广，则赋重。赋重，则民愁。民愁，则国危矣。此论于继体之主尤切。

（元）王充耘《书义矜式》卷三《商书·太甲上》

　　慎乃俭德，惟怀永图。若虞机张，往省括于度则释。钦厥止，率乃祖攸行。
　　大臣告君以自治之方，既以物理之不可妄发者为喻，复以君身之不可妄动者为戒。盖射之与治，事虽殊而理则一，所以善于告君者，既曲喻之于先，复正戒之于后也。昔者，伊尹之告太甲以为必当谨其俭约之德，惟怀永久之谋。人君自治，孰有先于此者乎？其所以戒之者至矣。然恐其泛然视之，而君莫我听也，故又即物理以喻之，以为譬，若虞人之弩机既张，而必往察其括之合夫法度，然后发，其不敢妄发也。如此，则人君之为治，其可有一毫之妄动乎？敬一心之所止，率乃祖之所行如是，而后可也。诚知君身之不可妄动，则所以谨其身，而远其谋者，不难矣。孔子曰，以约失之者鲜矣，是持身不可以不谨也。又曰，人无远虑，必有近忧，是为谋不可以不长也。况乎人君一身，关四海之盛衰，系生民之休戚，于是，而不加谨焉，则轻举妄动，所以觖天下之望者多矣。

大臣告君宜无出此。然君非生知之知，苟不旁引曲喻，使理之可明白昭晰于其前，岂能必其坦然由之而无疑哉。故即射以观之，而为治之理可见矣。夫虞人之射，其艺甚微，其得失甚薄，然犹临事知戒，未尝废法，而妄动，则人主之持身，岂射者之不若乎？其不可妄动也，明矣。夫事事物物，莫不各有当止之地，设施措注，前王又有一定之法，不此之守，而欲慎其德，而远其谋，吾未见其可也。伊尹之告太甲，其不曰骄奢纵侈，非所以为德也。必敬以持已，而无一事之敢轻苟，且自便，又非所以为谋也。必言而思其所终，行而思其所弊，而无一事之敢忽。如是而后，可也。以是告君，可谓切而要矣。然犹以为晰理之不明，则听信之不笃，故复即虞人之射，以为喻焉。夫虞者，山泽之官，以射猎为职者也。射之为技，有机，有括，机所以发。其往括，所以求其度机，不戒而妄发，则其发也，必非所遇；矢不省而遽释，则其遇也，必非所中。故必目存乎括，心省乎度，使心手相应，而有以合乎度之中，如是而后释焉，其不中者鲜矣。射之微技，志于得兽，而所以慎者尚如此，况握四海九州之权者哉。是故，动静云为，而吾心有本然之度也，必肃恭收敛，而求止其所当止。纪纲法度，先王有已然之法也，必持循据守，而行其所当行。止所当止，所以立本也；行所当行，所以致用也。体用兼全，本末具举，吾见其是为无动，动而不合于法度者寡矣。是则，射之与治，又岂有二理哉。

伊尹以为太甲告者，诚以太甲所以欲败度，纵败礼，此盖以奢侈，失之而无长远之虑者也，故首以"慎乃俭德，惟怀永图"者言之，喻言以晓之者，欲其听之审也；正言以戒之者，欲其行之笃也。伊尹之心，岂不以成汤所行，无非大中至正之理，可以为万世准的，正犹机括之有法度也。使太甲能以一心为机括，以乃祖所行者为法度，则其所以谨俭德，而怀永图者至矣吁。

（清）张英《书经衷论》卷二《商书·太甲上中下》

"俭德"，"永图"，上篇告诫切要之语，"止"是矣，所谓"钦厥止"者，正谓此也。盖亦知太甲之纵欲败度，必至于此，而预为戒之也。

若虞机张，往省括于度则释

1.（汉）孔氏传、（唐）陆德明音义、孔颖达疏《尚书注疏》卷七

若虞机张，往省括于度则释。

传，机，弩牙也。虞，度也。度机，机有度以准望，言修德夙夜思之，明旦行之，如射，先省矢括于度释则中。

音义，省，息井反。括，故活反。度，如字。虞度，待洛反。中，丁仲反。

疏，谋为政之事，譬若以弩射也，可准度之，机已张之，又当以意往省视矢括，当于所度，则释而放之，如是而射则无不中矣，犹若人君，所修政教，欲发命也，当以意夙夜思之，使当于民心，明旦行之，则无不当矣。

传正义曰，括，谓矢末。机张省括，则是以射喻也。机，是转关，故为弩牙。虞，训度也。度机者，机有法度，以准望，所射之物准望，则解经虞也。如射者弩，以张讫机关，先省矢括，与所射之物，三者于法度相当，乃后释弦发矢，则射必中矣，言为政亦如是也。

2.（宋）苏轼《书传》卷七《商书·大甲上第五》

若虞机张，往省括于度则释。

虞，虞人也。机张，所以射鸟兽者。省，察也。括，隐括也。度，机

之准望也。释，舍也。《诗》曰"舍矢如破"。准望有毫厘之差，则所中有寻丈之失矣，言人君所为，得失微，而祸福大，亦如此也。

3.（宋）林之奇《尚书全解》卷十六《商书·太甲上》

（归善斋按，见"王惟庸罔念闻"）

4.（宋）史浩《尚书讲义》卷八《商书·太甲》

（归善斋按，见"王惟庸罔念闻"）

5.（宋）夏僎《尚书详解》卷十二《商书·太甲》

（归善斋按，见"王惟庸罔念闻"）

6.（宋）时澜《增修东莱书说》卷八《商书·太甲上第五》

若虞机张，往省括于度则释。

虞者，虞人之虞也。虞人既张其机，欲以发矢，必先省察其括，循于度，然后可释。

7.（宋）黄度《尚书说》卷三《商书·太甲》

（归善斋按，见"伊尹乃言曰，先王昧爽丕显，坐以待旦"）

8.（宋）袁燮《絜斋家塾书钞》卷五《商书·太甲》

（归善斋按，见"慎乃俭德，惟怀永图"）

9.（宋）蔡沈《书经集传》卷三《商书·太甲上》

若虞机张，往省括于度则释。钦厥止，率乃祖攸行。惟朕以怿，万世有辞。

虞，虞人也。机，弩，牙也。括，矢拊也。度，法度，射者之所准望者也。释，发也。言若虞人之射，弩机既张，必往察其括之合于法度，然后发之，则发无不中矣。钦者，肃恭收敛。止，见《虞书》。率，循也。钦厥止者，所以立本。率乃祖者，所以致用，所谓"省括于度则释"也。王能如是，则动无过举。近，可以慰悦尹心；远，可以有誉于后世矣。安汝止者，圣君之事，生而知者也。钦厥止者，贤君之事，学而知者也。

10.（宋）黄伦《尚书精义》卷十七《商书·太甲》

（归善斋按，见"伊尹乃言曰，先王昧爽丕显，坐以待旦"）

11.（宋）陈经《尚书详解》卷十四《商书·太甲》

（归善斋按，见"王惟庸罔念闻"）

12.（宋）钱时《融堂书解》卷六《商书·太甲上》

（归善斋按，见"慎乃俭德，惟怀永图"）

13.（宋）魏了翁《尚书要义》

原阙。

14.（宋）陈大猷《书集传或问》卷上《商书·太甲上中》

（归善斋按，未解）

15.（宋）胡士行《尚书详解》卷四《商书·太甲上第五》

（归善斋按，见"慎乃俭德，惟怀永图"）

16.（元）吴澄《书纂言》

（归善斋按，未解）

17.（元）陈栎《书集传纂疏》卷三《朱子订定蔡氏集传·太甲上》

若虞机张，往省括于度则释。钦厥止，率乃祖攸行。惟朕以怿，万世有辞。

虞，虞人也。机，弩牙也。括，矢括也。度，法度，射者之所准望者也。释，发也，言若虞人之射弩，机既张，必往察其括之合于法度，然后发之，则发无不中矣。钦者，肃恭收敛。止，见《虞书》。率，循也。钦厥止者，所以立本。率乃祖者，所以致用，所谓"省括于度则释"也。王能如是，则动无过举。近，可以慰悦尹心；远，可以有举于后世矣。安汝止者，圣君之事，生而知者也；钦厥止者，贤君之事，学而知者也。

纂疏

唐孔氏曰，括，矢末也。

陈氏大猷曰，言欲永终，当谨始发也。万事莫不有度，君所以为度，在敬。汝所当止，如君止于仁，子止于孝之类。万世有辞，所谓"永图"也。

愚谓，商人尚敬，敬不特商，一代之家法，实万世相传之心法。汤所以圣，敬也；太甲，所以欲、纵，不敬也，故尹之训，拳拳于敬。罔不祗肃，汤之敬也。"钦厥止，率祖攸行"，勉太甲尽敬，以法先王也。万世誉之，即有终于"永图"也。曰有终，曰永图，曰万世有辞，劝之也；曰罔克有终，曰自覆，戒之也。

此章，仍是以"先王"始之，以"尹躬"结之。王能谨慎钦敬而有终，先王之望，尹躬之幸也。王不谨慎钦敬而自覆，非先王之望，尹躬之责不尽也。尹本自任以天下之重，又受先王托孤之重任，故告戒之辞，节节提起先王，而以尹躬相关系对，言之忠诚恳切，可谓极矣。

18. （元）许谦《读书丛说》卷五《商书·太甲》

（归善斋按，未解）

19. （元）董鼎《书传辑录纂注》卷三《商书·太甲上》

若虞机张，往省括于度则释。钦厥止，率乃祖攸行。惟朕以怿，万世有辞。

虞，虞人也。机，弩牙也。括，矢括也。度，法度，射者之所准望者也。释，发也，言若虞人之射，弩机既张，必往察其括之合于法度，然后发之，则发无不中矣。钦者，肃恭收敛；止，见《虞书》；率，循也。钦厥止者，所以立本；率乃祖者，所以致用，所谓"省括于度则释"也。王能如是，则动无过举。近，可以慰悦尹心；远，可以有誉于后世矣。安汝止者，圣君之事，生而知者也；钦厥止者，贤君之事，学而知者也。

辑录

诸家多训"虞"为"度"，窃谓只作"虞人"说，如何？先生曰，作"虞人"说为是。贺孙。

纂注

唐孔氏曰，括，矢末也。

陈氏大猷曰，言，欲永终，当谨始发也。万事莫不有度，君所以为度。在敬汝所当止，如君止于仁，子止于孝之类。

王氏曰，语"静"之道，则曰慎乃俭德。钦厥止，语"动"之道，则曰"若虞机张"，"率乃祖攸行"。

陈氏大猷曰，万世有辞所谓"永图"也。

林氏曰万世有辞，所谓"相亦惟终"也。

新安陈氏曰，"罔不祗肃"，言汤之敬也；"钦厥止，率乃祖攸行"，勉太甲尽敬以法先王也。曰有终，曰永图，曰万世有辞，劝之也；曰罔克有终，曰自覆，戒之也。此章仍是以"先王"始之，以"尹躬"结之。王能钦敬而有终，先王之望，尹之幸也。王不能钦敬而自覆，非先王之望，尹之不能尽其责也。尹本自任，以天下之重，又受先王托孤之重任，故告戒之辞，节节提起"先王"而以与"尹躬"相关系收结之。

20.（元）朱祖义《尚书句解》卷四《商书·太甲上第五》

若虞机张（譬如虞人取兽，弩牙既张），往省括于度则释（必退而省察矢末，合于准望之处，然后释放之，则发无不中）。

21.（明）王樵《尚书日记》卷七《商书·太甲上》

"若虞机张"至"万世有辞"。

诸家多训"虞"为度，朱子谓，作虞人说为是。机，弩牙；括，矢之尾末，岐而衔弦处；度者，高下之准也。

正义曰，射者，弩已张讫机关，先省矢括，与所射之物三者于法度相当，然后释弦发矢，则射必中矣。言为政亦如是也。

射者必有度，吾心之止烈祖之行，吾之度也。

程子曰，夫子曰于止知其所止，谓当止之所也。夫有物必有则，父止于慈，子止于孝，君止于仁，臣止于敬。万物庶事，莫不各有其所。得其所，则安；失其所，则悖。

愚谓，得其所则安，敬则得之；失其所则悖，不敬则失之，故曰"钦厥止"。

惟圣人，然后能安汝止，君子则当敬其止。盖人不敬，则心无主。心无主，则静易昏，动易扰，乌知止之所在。惟常肃恭收敛，使思虑未萌而知觉，不昧则常有以主乎静中之动，而静有定止；事物纷纠而品节不差，则常有以主乎动中之静，而动有定止，止以理。言止，在于心而止，其止者心也。圣人敬止，所谓"安汝止"也；君子敬而后止，所谓"钦厥止"也。

静中之动者，其理已具，未动而有能动者在也；动中之静者止之，各于其所动亦静也。而所以主乎静中之动，主乎动中之静者，则敬而已矣，故曰"钦厥止"。

"钦厥止"，所以立本然，以义制事，莫过于烈祖。烈祖之所行，莫非礼义之成法，得其所止之标准也。王惟率之而不违，则事事有依据之实，如此，则近可以慰悦尹心，远可以有誉于后世矣。

22.（清）库勒纳等撰《日讲书经解义》卷四《商书·太甲上》

（归善斋按，见"慎乃俭德，惟怀永图"）

（元）陈师凯《书蔡传旁通》卷三《商书·太甲上》

虞，虞人也。
掌山泽之官。
括，矢括也。
括，矢末也。

（元）陈悦道《书义断法》三《商书·太甲上》

（归善斋按，见"慎乃俭德，惟怀永图"）

（明）马明衡《尚书疑义》三《商书·大甲》

若虞机张，往省括于度则释。
是即虑善以动，不妄动也。人惟不思而侈肆，则任意妄行，生于其心，发于其政，害于其事矣。惟知不放而思，岂敢妄动，而不敬乎？所谓俭德、永图者，此其实功也。

（明）陈泰交《尚书注考》

往省括于度，训度，法度。欲败度，训度，就事言之也。

（清）朱鹤龄《尚书埤传》卷八《商书·太甲》

省括、钦厥止。
矢括，孔疏，矢末也。《说文》矢括，筑弦处。
程泰之云，矢之尾末岐，而衔弦处也。
《近思录》云，心有主则虚。又云，心有主，则实。有主者，敬也。朱子曰，敬，则内欲不萌，外诱不入。自其内欲不萌而言，则曰虚；自其外诱不入而言，则曰实，只是一时事（程子谓，中心无主，如虚器入水，破屋致寇，故言有主则实，实则外患不能入）。

（元）王充耘《书义矜式》卷三《商书·太甲上》

（归善斋按，见"慎乃俭德，惟怀永图"）

钦厥止，率乃祖攸行

1．（汉）孔氏传、（唐）陆德明音义、孔颖达疏《尚书注疏》卷七

钦厥止，率乃祖攸行。
传，止，谓行所安止，君止于仁，子止于孝。
疏，王又当敬其身所安止，循汝祖之所行。

2．（宋）苏轼《书传》卷七《商书·大甲上第五》

钦厥止。
止，居也。孔子曰，"居敬而行简"。
率乃祖攸行。惟朕以怿，万世有辞。
辞，所以名言于天下后世者也。

3．（宋）林之奇《尚书全解》卷十六《商书·太甲上》

（归善斋按，见"王惟庸罔念闻"）

4．（宋）史浩《尚书讲义》卷八《商书·太甲》

（归善斋按，见"王惟庸罔念闻"）

5．（宋）夏僎《尚书详解》卷十二《商书·太甲》

（归善斋按，见"王惟庸罔念闻"）

6．（宋）时澜《增修东莱书说》卷八《商书·太甲上第五》

钦厥止，率乃祖攸行，惟朕以怿，万世有辞，王未克变。
所谓止者，为人君止于仁，为人臣止于忠之类也。言当钦其所止，率循乃祖成汤之所行，则惟朕以怿，万世之后，亦有声闻。伊尹视万世之毁誉，其责尽在一身。《孟子》曰"伊尹圣之任也"，于此可见夫。伊尹之休戚，系万世之毁誉，则知尹之一身，当商家天下之大期。太甲以能顺我之言，则我欣然悦怿。自尹之怿，似未足为利害也，而万世之辞系焉，盖此见尹任天下之重处。尹之悦怿，见太甲之为，有万世垂谟之意，是以尹之怿也，不为尹怿，为万世而怿，其有辞于太甲也，固宜。

7. （宋）黄度《尚书说》卷三《商书·太甲》

（归善斋按，见"伊尹乃言曰，先王昧爽丕显，坐以待旦"）

8. （宋）袁燮《絜斋家塾书钞》卷五《商书·太甲》

（归善斋按，见"慎乃俭德，惟怀永图"）

9. （宋）蔡沈《书经集传》卷三《商书·太甲上》

（归善斋按，见"若虞机张，往省括于度则释"）

10. （宋）黄伦《尚书精义》卷十七《商书·太甲》

（归善斋按，见"伊尹乃言曰，先王昧爽丕显，坐以待旦"）

11. （宋）陈经《尚书详解》卷十四《商书·太甲》

（归善斋按，见"王惟庸罔念闻"）

12. （宋）钱时《融堂书解》卷六《商书·太甲上》

（归善斋按，见"慎乃俭德，惟怀永图"）

13. （宋）魏了翁《尚书要义》

原阙。

14. （宋）陈大猷《书集传或问》卷上《商书·太甲上中》

（归善斋按，未解）

15.（宋）胡士行《尚书详解》卷四《商书·太甲上第五》

（归善斋按，见"慎乃俭德，惟怀永图"）

16.（元）吴澄《书纂言》

（归善斋按，未解）

17.（元）陈栎《书集传纂疏》卷三《朱子订定蔡氏集传·太甲上》

（归善斋按，见"若虞机张，往省括于度则释"）

18.（元）许谦《读书丛说》卷五《商书·太甲》

（归善斋按，未解）

19.（元）董鼎《书传辑录纂注》卷三《商书·太甲上》

（归善斋按，见"若虞机张，往省括于度则释"）

20.（元）朱祖义《尚书句解》卷四《商书·太甲上第五》

钦厥止（太甲常敬所止之处），率乃祖攸行（止在率循尔祖成汤所行）。

21.（明）王樵《尚书日记》卷七《商书·太甲上》

（归善斋按，见"若虞机张，往省括于度则释"）

22.（清）库勒纳等撰《日讲书经解义》卷四《商书·太甲上》

（归善斋按，见"慎乃俭德，惟怀永图"）

（元）陈师凯《书蔡传旁通》卷三《商书·太甲上》

安汝止者，圣君之事，生而知者也；钦厥止者，贤君之事，学而知者也。

钦者，肃恭收敛之谓。安汝止者，自然而然。钦厥止者，使然而然，故有圣贤之别。

（元）陈悦道《书义断法》三《商书·太甲上》

（归善斋按，见"慎乃俭德，惟怀永图"）

（清）朱鹤龄《尚书埤传》卷八《商书·太甲》

（归善斋按，见"若虞机张，往省括于度则释"）

（元）王充耘《书义矜式》卷三《商书·太甲上》

（归善斋按，见"慎乃俭德，惟怀永图"）

（清）张英《书经衷论》卷二《商书·太甲上中下》

（归善斋按，见"慎乃俭德，惟怀永图"）

惟朕以怿，万世有辞

1.（汉）孔氏传、（唐）陆德明音义、孔颖达疏《尚书注疏》卷七

惟朕以怿，万世有辞。
传，言能循汝祖所行，则我喜悦，王亦见叹美无穷。
音义，怿，音亦。
疏，若能如此，惟我以此喜悦，王于万世，常有善辞，言有声誉，亦见叹美无穷也。

2.（宋）苏轼《书传》卷七《商书·大甲上第五》

（归善斋按，见"钦厥止，率乃祖攸行"）

3.（宋）林之奇《尚书全解》卷十六《商书·太甲上》

（归善斋按，见"王惟庸罔念闻"）

4.（宋）史浩《尚书讲义》卷八《商书·太甲》

（归善斋按，见"王惟庸罔念闻"）

5.（宋）夏僎《尚书详解》卷十二《商书·太甲》

（归善斋按，见"王惟庸罔念闻"）

6.（宋）时澜《增修东莱书说》卷八《商书·太甲上第五》

（归善斋按，见"钦厥止，率乃祖攸行"）

7.（宋）黄度《尚书说》卷三《商书·太甲》

（归善斋按，见"伊尹乃言曰，先王昧爽丕显，坐以待旦"）

8.（宋）袁燮《絜斋家塾书钞》卷五《商书·太甲》

（归善斋按，见"慎乃俭德，惟怀永图"）

9.（宋）蔡沈《书经集传》卷三《商书·太甲上》

（归善斋按，见"若虞机张，往省括于度则释"）

10.（宋）黄伦《尚书精义》卷十七《商书·太甲》

（归善斋按，见"伊尹乃言曰，先王昧爽丕显，坐以待旦"）

11.（宋）陈经《尚书详解》卷十四《商书·太甲》

（归善斋按，见"王惟庸罔念闻"）

12. (宋)钱时《融堂书解》卷六《商书·太甲上》

(归善斋按,见"慎乃俭德,惟怀永图")

13. (宋)魏了翁《尚书要义》

原阙。

14. (宋)陈大猷《书集传或问》卷上《商书·太甲上中》

(归善斋按,未解)

15. (宋)胡士行《尚书详解》卷四《商书·太甲上第五》

(归善斋按,见"慎乃俭德,惟怀永图")

16. (元)吴澄《书纂言》

(归善斋按,未解)

17. (元)陈栎《书集传纂疏》卷三《朱子订定蔡氏集传·太甲上》

(归善斋按,见"若虞机张,往省括于度则释")

18. (元)许谦《读书丛说》卷五《商书·太甲》

(归善斋按,未解)

19. (元)董鼎《书传辑录纂注》卷三《商书·太甲上》

(归善斋按,见"若虞机张,往省括于度则释")

20. (元)朱祖义《尚书句解》卷四《商书·太甲上第五》

惟朕以怿(则我心喜悦其无负先王付托),万世有辞(王亦可万世有称美之辞)。

21.（明）王樵《尚书日记》卷七《商书·太甲上》

(归善斋按，见"若虞机张，往省括于度则释")

22.（清）库勒纳等撰《日讲书经解义》卷四《商书·太甲上》

(归善斋按，见"慎乃俭德，惟怀永图")

王未克变

1.（汉）孔氏传、（唐）陆德明音义、孔颖达疏《尚书注疏》卷七

王未克变。
传，未能变，不用训。太甲性轻脱，伊尹至忠，所以不已。
音义，轻，遣政反。
疏，传正义曰，未能变者，据在后能变，故当时为未能也。时既未变，是不用伊尹之训也。太甲终为人主，非是全不可移，但体性轻脱，与物推迁，虽有心向善，而为之不固。伊尹至忠，所以进言不已，是伊尹知其可移，故诲之不止，冀其终从己也。

2.（宋）苏轼《书传》卷七《商书·大甲上第五》

王未克变。伊尹曰，兹乃不义，习与性成。
性无不善者。今王习为不义，则性沦于习巾，皆成于恶也。

3.（宋）林之奇《尚书全解》卷十六《商书·太甲上》

王未克变。伊尹曰，兹乃不义，习与性成。予弗狎于弗顺，营于桐宫，密迩先王，其训，无俾世迷。王徂桐宫居忧，克终允德。

伊尹虽丁宁恳切如此，而王犹安于不善，未能变也。故伊尹以谓，此乃习于不义之事，且将失其所固有之性，而沦于恶习，且将与性俱成于恶矣。夫苟其所固有之善，犹有存者，则其所以谆谆以诲之者，如此之深切着明，岂不少悟，而知所愧耻者哉。今也，曾是莫听，安其危而乐，其所以亡者，则是不义之习，殆将成其性。若其固有者矣，岂复可以言语而动之哉。故当此时，可以势动，而不可以理听也，故惟使之弗狎习于弗顺之事，而放僻邪侈之习，皆无因而至前，则其外驰之心息矣。而又有以动其哀戚之情，而作其愧耻之意，是以孝敬之心油然而生矣。虽不暇谆谆而诲之，而其反于善也，盖有不期然而然矣，故曰"予弗狎于弗顺，营于桐宫，密迩先王其训无俾世迷"，盖于是营之于成汤之墓侧，而使居之，以密迩先王，而思其训，无使终迷而不反也。墟墓之间，未施哀于民而民哀。既夺其所嗜好之习，而致之于哀戚易感之地，放远小人之党，择贤俊而与之居。彼其至于自怨自艾，处仁迁义，盖理之必然也。王于是而往桐宫而居忧，卒能思念其祖，而终其信德也。

《孟子》曰，教亦多术矣，予不屑之教诲者，是亦教诲之而已矣。盖君子之教人，有如时雨化之者，有成德者，有达材者，有答问者，有私淑艾者。若夫道之而弗从，诱之而不达，而君子犹不忍弃也，而私以善淑之，使之愤悱启发入于善，而不自知，此不屑之教诲也。《王制》论先王之教民，其不帅教者，命国之右乡，移之左；左乡移之右。不变移之郊，又不变移之遂，又不变然后屏之远方，终身不齿，此皆不忍绝之于自弃之域，而私以善淑之，盖所谓不屑之教也。伊尹之于太甲，诲之谆谆，听我藐藐，度其不可以教也，则营诸桐宫，而使居焉，以感动其忧戚之心，终以"克终允德"，非不屑之教而何？然而，以不屑教之，而其名曰"放"者，盖其所以欲败度，纵败礼，道之而弗从，诱之而弗达者，彼以为伊尹受成汤寄托之重，以天下为己任，我虽无道，而有伊尹必不至于亡也。其所见如此，非有以摧折激励，以生其忧患之心，则若存若亡，终不可得而正也，故其迁之于桐宫。命之曰"放"，盖示以将废而不得立，彼知其将不得立也，于是愤悱而反于善，此其所以为教也。然则，使太甲而终不改，则奈何，是亦废之而已。盖其迁于桐宫也，既处之于人情、天理之极，以观之矣。于人情、天理之极，而不知自反焉，是无所可望也。已古之人，将知人君之德，必于其哀戚之所感动者而观之，当哀戚而不哀戚，岂复可以君天下乎？鲁襄公卒，欲立公子裯，穆叔不欲，曰，是人也，居丧而不哀，在戚而有嘉容，是谓不度。不度之人，鲜不为患。武子不听，卒立之。比及葬，三易衰，衰衽如故衰，而昭公卒以不终。汉成帝，为太子，中山哀王薨，太子前吊，元帝感悲不能自止，而太子殊不哀，元帝大恨曰，安有人不慈仁，可奉宗庙为民父母乎。而成帝，卒为汉室基祸之主。盖人情、天理之极，苟为有人之心者，则宜于此焉变矣。于是而不变，尚何望焉？使太甲居桐宫，遭放黜，而愤悱哀戚之心，不由是而感发，则虽与天下共废之可也。惟其困于心，衡于虑，而后改作也，故终有天下，为商太宗，天下万世，仰其德之无敦，是放之之效也。世徒知伊尹之放其君，而不求其所以放之之意，则是伊尹不免于惭德，而乱臣贼子亦将以之为口实矣。故《孟子》发明其心，以贻天下后世，曰，有伊尹之志则可；无伊尹之志，则篡也。此言简而尽矣。

4.（宋）史浩《尚书讲义》卷八《商书·太甲》

王未克变。伊尹曰，兹乃不义，习与性成。予弗狎于弗顺，营于桐宫，密迩先王，其训，无俾世迷。王徂桐宫居忧，克终允德。

《孟子》曰，惟大人为能格君心之非。太甲之未克变，岂若后世，愎谏遂非，而果于不义者之所为乎，心之所思，尚有纤瑕微累，未能尽去云尔。伊尹事君。如良医用药，必欲去疾之根柢，而至于十全，然后其心乃安。故当未变之时，求其不义，而攻其性习，将使嗣王摆去旧染，脱然如洗心换骨，舍愚而即贤，由狂而作圣，乃可谓之变也。凡人之生，性无不善，上智下愚，卒至背驰，非性本然，以习而相远也。尧舜之圣性也，桀纣之恶习也。习之既久，安得不与性成。人能及其未远而变焉，此所谓不远复，而善补过也。伊尹知此，既使嗣王，弗近于弗顺，是远罪也，营于桐宫，又使嗣王密迩先王之训，是迁善也。迁善远罪，岂终迷而弗悟者哉，故曰"无俾世迷"，此伊尹以先觉，觉后觉之效验也。至是嗣王始往桐宫，庐成汤之墓，以尽居忧之礼，又能念成汤之勤劳，而求克终以信其德。呜呼！伊尹之格君心，非有点铁成金之力，安能使嗣王克变如是哉。

5.（宋）夏僎《尚书详解》卷十二《商书·太甲》

王未克变。伊尹曰，兹乃不义，习与性成。予弗狎于弗顺，营于桐宫，密迩先王，其训，无俾世迷。王徂桐宫居忧，克终允德。

王未克变者，谓伊尹叮咛反复告之甚切，而王犹安于不善，而未能变于善者。王既未能变于善，伊尹于是告于朝曰，兹乃恣行不义之事，循习不改，且与性俱成。盖性者，天性之自然，不待求而得之也。不义之事，以人所自作，非出天性。今太甲为不义，循习之久，亦若出于天性之自然。如所谓习惯，若自然者，即习与性成也。所习如此，则安于不义，不可以言语动矣。故伊尹于是知，太甲不可以理告，当以势动之，故言，我今但使之不狎习于不顺之事，而放僻邪侈之习，无因至前，既以息其外驰之心，且以动其哀戚之情，而作其愧耻之意，则孝敬之心油然而生，虽不谆谆然诲之，而自反于善矣。于是营于桐宫，成汤之墓侧，使之居之，朝夕密迩先王之训，无使终其世迷而不反也。《记》曰，墟墓之中，未施哀于民，而民哀，是以伊尹所以置太甲于桐者，盖夺其嗜好之习，而置之哀戚易感之地，欲其速于自怨自艾也。惟伊尹能若是，以格其非，故太甲往桐居丧，果能思念其祖，而终于允德也。林少颖引《孟子》曰，教亦多术矣，予不屑之教诲也者，是亦教诲之而已矣。盖君子教人，有如时雨化之者，有成德者，有达财者，有答问者，有私淑艾者。谓之有私淑艾，道之弗从，诱之弗达，君子犹不忍弃，而私以善治之，使之愤悱，启发入于善，而不知，此不屑之教诲也。伊尹于太甲，诲以谆谆，听之藐藐，度其不可教，则营桐宫以居之，以感动其哀戚之情，此非不屑之教而何？然以不屑之教，而名曰放者，盖太甲所以敢败度败礼，而不听伊尹之训者，其意谓，伊尹以天下为己任，我虽无道，有伊尹之佐，必不至于亡。其所见如此，非有以摧折激励，以生其忧患之心，则终不可正。迁之桐宫，而命之曰放，盖示以将废，而不得立，彼必愤悱，而反于善，此放之，乃所以教之也。然则，使太甲终不改，则奈何？是亦废之而已。盖迁于桐宫，则处于天理人情之极处。处其极，而犹不自反，是无可望也，虽与天下共废之可也。世徒知伊尹之放，而不求其所以放之意，故《孟子》发明其心，曰，有伊尹之志，则可；无伊尹之志，则篡也。此言简当而尽矣。少颖此说，虽与前胡益之论伊尹放君之事少异，要之，于理皆通，故当存之。陈少南又谓，伊尹放太甲，使太甲终不明，伊尹终弃之欤。抑知其有思庸之资，而姑放之欤。考《书》序不言太甲不明，而言太甲既立不明，是伊尹既授天下，狃于富贵，故狎于不顺尔。然则，伊尹举是以污其身，而善其君乎？此说与少颖虽异，然亦通，故存之。

6. （宋）时澜《增修东莱书说》卷八《商书·太甲上第五》

（归善斋按，见"钦厥止，率乃祖攸行"）

7. （宋）黄度《尚书说》卷三《商书·太甲》

王未克变。伊尹曰，兹乃不义，习与性成。予弗狎于弗顺，营于桐宫，密迩先王，其训，无俾世迷。

周公曰，祖甲不义惟王，旧为小人，继体而立，而执丧不如礼，不义莫甚焉，此汉之所以废昌邑也。然霍光解玺之际，昌邑犹能言，古天子有争臣七人，不失其天下。是则，汉公卿安能无愧色。伊尹谏太甲，言语略尽，而犹未克变，是不可以口舌争矣。不义之习，将与性俱成。性无有不善，习或移之。狎习予非敢。习为不顺，有不得已者。伐桀、放太甲，皆非顺。经营桐墓，立宫使居之，成汤遗德余烈，足以感动人。《清庙》曰"对越在天，骏奔走在庙，不显不承，无射于人斯"。密迩先王而训之，择端良之士与王居，便嬖近习一切屏绝，不使溺于世俗，迷而不反。

8. （宋）袁燮《絜斋家塾书钞》卷五《商书·太甲》

王未克变。伊尹曰，兹乃不义。习与性成。予弗狎于弗顺，营于桐宫，密迩先王，其训，无俾世迷。王徂桐宫居忧，克终允德。

王未克变，又不与"王惟庸罔念闻"同。"王惟庸罔念闻"，是漠然若无所闻也。"王未克变"，则亦省矣，彼闻伊尹之训，自反诸心，先王昧爽丕显，而我乃如此昏荒。先王旁求俊彦，而我乃亲近小人。俭德所当谨也，而我乃适情纵意。法度不可失也，而我乃以欲败度。言中其病，安得不省，但天理不足以胜其私欲。两者交战，欲为善乎，则人欲炽盛不能尽克；欲为不善乎，则闻伊尹之训如此，知善之不可不为。既不肯为不善，又未能决意为善，此所谓"王未克变"。正交战之时也。伊尹谓事至此，亦别无所处，只得处于岑寂孤静之地，使之远去耳目之纷华，所谓"无俾世迷"。盖尘世中，最能迷惑得人，今人自有生来为尘世所汩，直斯丧至。

今日伊尹见得太甲为世所迷，所以迁于桐宫，使之与世俗相远，故"王徂桐宫居忧"，却能"克终允德"。向也，王未克变，至迁于桐宫，于是乎变矣。《孟子》形容得好，曰"自怨自艾于桐处仁迁义"。怨者，怨此身也。艾者，常如灼艾也。其所以怨艾，又不因他人，皆是自如此。处仁迁义，则得其所止矣。只看"居处"二字，他之居忧，直是居忧。古人居忧，不与后世同。古人居忧，直是不易。所以孟子谓，养生者，不足以当大事，惟送死，可以当大事。今天子之礼，虽不可得而见，以《仪礼·士丧礼》推之，岂易事也哉。谓之"王徂桐宫居忧"则是真实，尽得居丧之礼也。"允德"二字，未易轻看。"允"者，实也。朴实头，是有所得也。所谓"惟天下至诚"，是也。太甲当时，虽败度、败礼，然外面亦自缘饰者，非"允德"也。今焉，悔过迁善，方才真实，是有德故谓之"允德"。自古人主有"允德"者，极少。虽曰为善，而或出于好名，或出于矫伪，皆不可谓之"允德"。

习与性，成人之所习，最不可不谨。盖习之既熟，却与性一般，此岂不利害。太甲之欲败度，纵败礼，非性也，习也。人性本善，欲与纵，岂人之性也哉。但太甲习得熟了，欲变而不能，则与性无异。何谓性，不可磨灭者是也。穷天地，亘古今，此性只如此，何尝磨灭，着是性到得为恶既深，亦磨灭不得，则与性同，此所谓习与性成者也。且如乍见孺子入井，皆有怵惕恻隐之心，不待思量计较，是心倏然而起。这个是性。至于见淫声美色，此心便喜；为人所犯，此心便怒，亦不待思量计较而发，可以谓之性乎？此所谓习与性成者也。由此观之，人之所习，岂可不谨。后世霍光，废昌邑王，欲比伊尹。不知此岂可同日语哉？伊尹辅导太甲，能使"克终允德"，霍光则便从而废之，岂可与伊尹并。光所以犹可恕者，其本心忠义也。若论君臣之大义，君岂可废也哉？三代王佐，干甚么事，太甲坏得狼狈如此，后来终始为商家之贤君。此岂易及也。后世莫说霍光,且如诸葛孔明,非不贤也,辅相蜀主,只能终其身。孔明一死,刘禅至于见擒。此无他,只缘渠工夫未到,伊尹力量,是甚次第。

9. (宋)蔡沈《书经集传》卷三《商书·太甲上》

王未克变。

不能变其旧习也,此亦史氏之言。

10. (宋)黄伦《尚书精义》卷十七《商书·太甲》

王未克变。伊尹曰,兹乃不义,习与性成。予弗狎于弗顺,营于桐宫,密迩先王,其训,无俾世迷。

无垢曰:言"未克变",是太甲心虽省悟,然心不胜欲,所以欲变而未能也。伊尹见其未能非言语所能救也,当造化以驱除其恶,使之一变,而归于道焉。此岂小夫浅识,所能究其万一哉。

又曰:所谓"习"者,乃"气习"之"习",是其生也,适禀天地之恶德,受阴阳之乖气,其为不义,亦性情所不能自已者也。使圣人无造化之术,则亦何贵于圣人哉?其造化之术,如何?伊尹乘欲变未能之几,乃使不近于弗顺义理之人,以绝其为恶之萌,放之于桐宫,以起其悲怆之心;密迩先王,其训,以发其仁义之性。盖人之为恶者,非有苦楚之,则其恶不去。先王所以有墨、劓、剕、宫之刑,有桎梏、徽纆之法,以戕其形体,以苦其心志,不如是,恶气不殒,善心不生。

11. (宋)陈经《尚书详解》卷十四《商书·太甲》

王未克变。伊尹曰,兹乃不义,习与性成。予弗狎于弗顺,营于桐宫,密迩先王,其训,无俾世迷。王徂桐宫居忧,克终允德。

其始也,不惠于阿衡;其次也,庸罔念闻,则视伊尹之言,如以水投石也。至此,王未克变,则伊尹之言,浸淫于太甲之耳,欲变而未能也。盖其善根将发,而习恶尤胜。伊尹于此时,知其不可以口舌争也,于是谋之于群臣之中,求所以转移太甲之心,以谓兹乃不义之事。其习与性成矣,太甲之性,本来无此,特为习所胜,则性亦与习成,予不可使狎近于不顺之人,于是营桐宫。桐宫,乃成汤所葬之地。使之"密迩先王其训"，起其哀思之念，而屏远其可欲之事，困心衡虑，而后有得，无俾一世之人迷惑也。然则，太甲之不明，何与庶人，盖君仁，莫不仁。君苟迷惑，则一世之人皆迷矣。王徂桐宫居忧，果能修其诚信之德。允德者，以其诚心之发见也。伊尹之放太甲也，岂得已而为之哉？其不惠于阿衡也，作书以告之；其罔念闻也，则以言而警之，其未克变也，而后俾之往桐宫，作书者述此三节，而伊尹之事判然无疑于天下后世。呜呼！大臣格君心之非者，当如是哉。

12.（宋）钱时《融堂书解》卷六《商书·太甲上》

（归善斋按，见"慎乃俭德，惟怀永图"）

13.（宋）魏了翁《尚书要义》

原阙。

14.（宋）陈大猷《书集传或问》卷上《商书·太甲上中》

（归善斋按，未解）

15.（宋）胡士行《尚书详解》卷四《商书·太甲上第五》

王未克变。伊尹曰，兹（此）乃不义（非义之事），习与性成（性无不善，为习所移）。予弗（不可）狎（复使亲习）于弗顺（谓声色游畋），营（造）于桐宫（汤所葬地），密（亲）迩（近）先王其训。无俾世（永世）迷（昏乱），王徂（往）桐宫居忧，克终允（信）德。

尹不指太甲之非，但以先王反复言之，使其善端生，而非心自格。

观《伊训》之作，乃太甲过未形之时，其言哀痛严备，如武库之矛□，森列也。至《太甲》首篇，太甲之过已形，而尹之戒，乃一节缓于一节，温乎春风，和气中有陶然自得之意。盖臣之事君，如子之事父，敬不违，劳不怨，色愈恭，气愈和，言愈从容而不迫也。以尹元老，事太甲幼主，而如此，此所以为圣也。

16.（元）吴澄《书纂言》

（归善斋按，未解）

17.（元）陈栎《书集传纂疏》卷三《朱子订定蔡氏集传·太甲上》

王未克变。
不能变其旧习也，此亦史氏之言。

18.（元）许谦《读书丛说》卷五《商书·太甲》

（归善斋按，未解）

19.（元）董鼎《书传辑录纂注》卷三《商书·太甲上》

王未克变。
不能变其旧习也，此亦史氏之言。

20.（元）朱祖义《尚书句解》卷四《商书·太甲上第五》

王未克变（太甲犹安于不善，未能变于善）。

21.（明）王樵《尚书日记》卷七《商书·太甲上》

"王未克变"至"无俾世迷"。

王于伊尹之言，不能无动，但未克变其旧习，伊尹以为此非口舌所能回，须有以处之。

正义曰，未能变者，据后能变，故当时为未能也。太甲终为令王，非是全不可移。但体性轻脱，与物推迁，虽有心向善，而为之不固。

张氏曰，伊尹所陈力亦尽矣。太甲心虽省悟，然心不胜欲，所以欲变，而未能。伊尹乘其欲变未能之机，使不近弗顺之人，以革其习心，居之桐宫，密迩先王，以兴其善心，此圣人造化之妙也。

伊尹之言，初不止此。《伊训》之后，《肆命》、《徂后》二篇已亡。

其余忠规切谏固应多矣。反复之而不听，乃有桐宫之营。

伊尹指太甲所为，乃不义，习与性成。孔子曰"性相近也，习相远也"，生之谓性，人为之谓习。太甲于不义之事，始乎习成乎性，不可使狎于不惠之人，盖昵不顺之人，为不义之事，以类牵引，此习之所以成也。桐，汤之墓所也。营宫，秘近于先王，欲其朝夕哀思，以与起其善心，以是训之，无使终身迷惑，而不悟也。

《书》中言"性"，自成汤始，再见于伊尹，而与习对言，此论性者，所当讲也。"性"之为字，从心从生，有会意，有假借。天命之谓性，此会意也；人之生，受于天，而生之理，具于心，是之曰性。其动，则为情，此性之所以得名也。习与性成，少成若天性。《论语》"性相近，习相远"，《孟子》"尧舜性之"，此等"性"字，并假借也。但取"生"字为义，盖曰，天所生为性，人所为曰习尔。习惯如自然。汤、武反之，亦习之力也。六书之法，假借一类甚多。先儒不明于会意、假借二义，故多费分疏。夫子"性相近"之言，盖不专为言性而发，谓性本相近，由习乃相远，习于善，则善；习于恶，则恶。习于善，而智益智；习于恶，而愚益愚。习于善，而恶者可变而为善；习于恶，而善者亦流而为恶。盖习之所关乃如此，可不慎乎？夫子之言，正与伊尹之言相发。孟子道性善，成汤之论性也。夫子谓相近，伊尹之意也。知两"性"字不同，可以论性矣。

魏太常曰，若谓夫子"性相近"一言，正是论性之所以得名处。则荀、杨、韩子，恶混三品之说，皆不谬于圣人。而孟子道性善，却反为一偏之说矣。孟子见得分明，故道得直截，而程子又明之，曰，性即理也。则诸说不攻自破矣。

《孟子集注》"子不狎于不顺"，狎，习见也。不顺，言太甲所为，不顺义理也。朱子以伊尹不忍习见太甲不义之事，故放诸桐。蔡仲默不用其说，作不使太甲狎于近习，其意固佳，但于本文"予弗狎"，文势未顺，须添字而后可通。

序曰，太甲既立不明，伊尹放诸桐，孔氏曰，不知朝政，故曰放。公孙丑曰，贤者之为人臣也，其君不贤，则固可放与。

愚观成汤之自言，则曰，聿求元圣，与之勠力。伊尹之言，则曰，惟尹躬克，左右厥辟。又曰，惟尹躬暨汤，咸有一德。则汤之所以任属乎尹，与尹之所以自任者可见矣。反复之而不听，则易位。孟子论贵戚之卿尚然，况伊尹乎。

22.（清）库勒纳等撰《日讲书经解义》卷四《商书·太甲上》

王未克变。伊尹曰，兹乃不义，习与性成。予弗狎于弗顺，营于桐宫，密迩先王，其训，无俾世迷。王徂桐宫居忧，克终允德。

此三节书是，史臣叙太甲不从尹言，而尹迁之桐宫，以兴起其善也。狎，是狎习。弗顺，谓不顺理义之人。桐，地名，成汤陵墓所在。徂，往也。史臣曰，伊尹之训辞，诚恳已至，王于尹言，自宜心动，但习染既深，犹未克变。伊尹乃私计之曰，我观王之所为，多不义之事，习为不善，若天生性成者。然此必左右近习，有不顺义理之人，从臾以导其为非者，我不可使其狎而近之。于是营宫于桐，使亲近先王陵墓。憸人既远，祖德相依，以是训之。庶几，朝夕哀思，善念兴起，无使终身迷惑，而不悟也。王既往桐宫，居忧三年，果能自怨自艾，尽改其平日之所为，实有其德于身，而不至终迷矣。

《孟子》称尧舜性之，汤武反之，可见性之者少。当慎习，以复性也。太甲要非生而不德，所狎之人不顺耳。迁桐之举，使无小人在侧，而如有先王在前，则非僻消，而其习端矣。推而言之，程颐所云，接贤士大夫之时多，必能养成圣德，正谓此也。

伊尹曰：兹乃不义，习与性成

1.（汉）孔氏传、（唐）陆德明音义、孔颖达疏《尚书注疏》卷七

伊尹曰，兹乃不义，习与性成。

传，言习行不义，将成其性。

音义,义,本亦作谊。

疏,正义曰,伊尹以王未变,乃告于朝廷群臣曰,此嗣王所行,乃是不义之事,习行此事,乃与性成,言为之不已,将以不义为性也。

传正义曰,狎、习,是相近之义,故训为近也。不顺,即是近不顺也。习为不义,近于不顺,则当日日益恶,必至灭亡,故伊尹言己不得使王近于不顺,故经营桐墓,立宫墓傍,令太甲居之,不使复知朝政,身见废退,必当改悔为善也。

2. (宋)苏轼《书传》卷七《商书·大甲上第五》

(归善斋按,见"王未克变")

3. (宋)林之奇《尚书全解》卷十六《商书·太甲上》

(归善斋按,见"王未克变")

4. (宋)史浩《尚书讲义》卷八《商书·太甲》

(归善斋按,见"王未克变")

5. (宋)夏僎《尚书详解》卷十二《商书·太甲》

(归善斋按,见"王未克变")

6. (宋)时澜《增修东莱书说》卷八《商书·太甲上第五》

伊尹曰,兹乃不义习与性成,予弗狎于弗顺,营于桐宫,密迩先王,其训,无俾世迷。王徂桐宫居忧,克终允德。

王未克变,视罔念闻,亦少异矣。然未有转移之机其,变犹未克也。伊尹爱太甲眷眷之意,无忿怒之辞,叹惜以为非其本然,乃习与性成耳。深思转移之理,不可复使之日近声色,与左右近习玩,狎于不顺之事,营葺桐宫,密迩先王,无俾长与斯世而俱迷,是伊尹已知其迁桐,而必变也。人君者,所以指天下之迷也。君仁莫不仁,君义莫不义。人君之迷,即一世之迷,故曰世迷。桐宫,汤所葬之地。庐于墓侧,朝夕有所耸动,玩狎之习日远，感发之机日接，克变之理在是也。盖此心居于忧，则善端自生，百非不得而入。忧，则心收；乐，则心放也。王往桐宫居于忧，果至于克终允德，伊尹未尝数太甲之非，但以先王反复言之，告戒之道，斥其过恶，则激而不听。故言先王之美如此，使善恶自相形也。《太甲》一篇，合《伊训》而观之，然后知伊尹纳诲之不可及。后世人臣谏君至于再三而不从，辞气忿怒，浸至不平。伊尹三节，进戒一节反缓于一节。《伊训》之作，太甲过未形之时也。其言痛伤，有哀痛不能自已之意，及其过已形，而《太甲》一篇，乃雍容和缓，不伤悼痛切。《伊训》言"尔惟不德罔大，坠厥宗"，坠厥宗，则九庙为墟矣，使人凛然有危惧之意。至《太甲》但曰"忝厥祖"，忝祖之言，视坠宗之言，孰为严。其曰"无越厥命以自覆"，"无"之一字，辞旨从容，亦非若"坠厥宗"之断断也。况又曰"惟怀永图"，曰"万世有辞"，期望之意愈至详。味《太甲》首篇，温乎春风，和气中，有陶然自得之意。及观《伊训》格言大训，明备森严，如在武库，矛□森列，何也？臣之事君，如子之事父。事父母。几谏，见志不从，又敬不违，劳而不怨。夫父母有过，谏之于几微，而不从常情，或有忿激之心。忿激之心生，则谏诤之言过，其伤多矣。为孝子者，加敬而不违，虽劳而不怨，其色愈恭，其气愈和，其言愈从容，而不敢迫也。伊尹，圣人；太甲，庸君。伊尹元老，太甲幼主，而事之如父，此其所以圣也。

7. （宋）黄度《尚书说》卷三《商书·太甲》

（归善斋按，见"王未克变"）

8. （宋）袁燮《絜斋家塾书钞》卷五《商书·太甲》

（归善斋按，见"王未克变"）

9. （宋）蔡沈《书经集传》卷三《商书·太甲上》

伊尹曰，兹乃不义，习与性成。予弗狎于弗顺，营于桐宫，密迩先王，其训，无俾世迷。

狎，习也。弗顺者，不顺义理之人也。桐，成汤墓陵之地。伊尹指太甲所为，乃不义之事，习恶而性成者也。我不可使其狎习不顺义理之人，于是营宫于桐，使亲近成汤之墓，朝夕哀思，兴起其善，以是训之，无使终身迷惑，而不悟也。

10.（宋）黄伦《尚书精义》卷十七《商书·太甲》

（归善斋按，见"王未克变"）

11.（宋）陈经《尚书详解》卷十四《商书·太甲》

（归善斋按，见"王未克变"）

12.（宋）钱时《融堂书解》卷六《商书·太甲上》

伊尹曰，兹乃不义，习与性成。予弗狎于弗顺，营于桐宫，密迩先王，其训，无俾世迷。王徂桐宫居忧，克终允德。

"兹乃不义"以至"无俾世迷"，是与在廷议桐宫时语也。

13.（宋）魏了翁《尚书要义》

原阙。

14.（宋）陈大猷《书集传或问》卷上《商书·太甲上中》

（归善斋按，未解）

15.（宋）胡士行《尚书详解》卷四《商书·太甲上第五》

（归善斋按，见"王未克变"）

16.（元）吴澄《书纂言》

（归善斋按，未解）

17.（元）陈栎《书集传纂疏》卷三《朱子订定蔡氏集传·太甲上》

伊尹曰，兹乃不义，习与性成。予弗狎于弗顺，营于桐宫，密迩先王，其训，无俾世迷。

狎，习也。弗顺者，不顺义理之人也，桐，成汤墓陵之地。伊尹指太甲所为乃不义之事，习恶而性成者也。我不可使其狎习不顺义理之人，于是营宫于桐，使亲近成汤之墓，朝夕哀思，兴起其善，以是训之，无使终身迷惑，而不悟也。

纂疏

陈氏经曰，性本无恶，特习为不义，为习所胜，若与性俱成。

贾谊曰，少成，若天性；习惯，如自然。

18.（元）许谦《读书丛说》卷五《商书·太甲》

（归善斋按，未解）

19.（元）董鼎《书传辑录纂注》卷三《商书·太甲上》

伊尹曰，兹乃不义，习与性成，予弗狎于弗顺，营于桐宫，密迩先王，其训，无俾世迷。

狎，习也。弗顺者，不顺义理之人也。桐，成汤墓陵之地。伊尹指太甲所为乃不义之事，习恶而性成者也。我不可使其狎习不顺义理之人，于是营宫于桐，使亲近成汤之墓，朝夕哀思，兴起其善，以是训之，无使终身迷惑，而不悟也。

纂注

陈氏经曰，习为不义，若与性俱成。

贾谊曰，少成若天性，习惯如自然。

20.（元）朱祖义《尚书句解》卷四《商书·太甲上第五》

伊尹曰（伊尹乃言），兹乃不义（此乃悠行不义之事），习与性成

（循习不改，其与性俱成，所谓习惯成自然）。

21. （明）王樵《尚书日记》卷七《商书·太甲上》

（归善斋按，见"王未克变"）

22. （清）库勒纳等撰《日讲书经解义》卷四《商书·太甲上》

（归善斋按，见"王未克变"）

（明）梅鷟《尚书考异》三《商书·太甲上》

兹惟不义，习与性成，予弗狎于不顺。

孔子曰，少成若天性，习惯如自然。贾子曰，习与智长，故切而不媿，化与心成，故中道若性。公孙丑曰，伊尹曰，予不狎于不顺。

（明）马明衡《尚书疑义》三《商书·大甲》

兹乃不义，习与性成，予弗狎于弗顺。

所谓"习与性成"者，匪性本如是也，由习而化焉。狎于不顺之人，所以习也。故使居桐，以远小人，而亲圣祖，以进善道也。观是，则伊尹一念恳切之诚，谓太甲天资，犹可以为善。惟为富贵在前，小人亲近，使非密迩先王，如是以处之则无克变之理，处之而克变，则汤祚永延，在此举也。不处而不变，则汤祚遂绝，在此举也。存亡之机，系此一举，伊尹之心，盖亦三复于是矣。况当其时，汤在位方十三年，大丁未立而死，外丙、仲壬皆幼，此其变故，故危疑之秋，一发千钧之时也，犹幸有太甲者，天资可以为善。而惟习之移，伊尹之属意，当何如耶？与汤共大命，集天下方安，汤之聿求元圣，则其所属望者，何如而忍弃之，不一膺于怀耶？尹之心，公天下之心也。其诚意相孚，德望系属，已非一日，天下信之，有不足言矣。非惟天下，虽大甲亦信，特不胜一时纵欲之私耳。使伊尹一有避嫌疑畏之心，则置天下于不安。昔日与汤僇力以伐夏救民者，亦以其责不容辞也。夫不以辞于伐夏更革之大变，而辞于嗣王转移之一几，是岂圣人之心哉？吾意，伊尹于是亦自不可得而辞矣。今观"密迩先王，其训，无俾世迷"，则伊尹未尝有一毫怨憾废绝之意，而冀望之勤如此，岂曰"放之"云哉？下文云"王徂桐宫居忧"，是亦大甲犹在谅阴，百官听于冢宰之时也。上文云"伊尹祠于先王奉嗣王，祗见厥祖"，不知大甲所居之丧，是成汤，是仲壬，皆不可考。但可以见其未免丧之时，是又何妨于处桐耶？后世不明圣人之心，并亦不识圣人之事。见其事迹奇异，遂承袭以为放大甲也。《孟子》亦言，伊尹放之于桐三年。又曰，放大甲于桐。盖《孟子》论事，最活落，只论其道理之大者，而不屑屑于其事迹之小节。但云有伊尹之志，则可；无伊尹之志，则篡，便自明白无疑。承袭之言何必较也。

（清）朱鹤龄《尚书埤传》卷八《商书·太甲》

习与性成。

王樵曰，《书》中言"性"，始自成汤，再见伊尹。性字，从心从生，六书有会意，有假借。天命之性，此会意也。人之生受于天，而生之理具于心，是之谓性。其动，则为情，此性之所以得名也。"习与性成"，"性相近，习相远"，"尧舜性之"，此等，并假借也。但取生字为义，若曰，天所生为性，人所为曰习耳。《孟子》道性善，成汤之意也。夫子言相近，伊尹之意也（此解本之新安陈氏，见《大全》）。

魏太常（校）云，若谓"性相近"一言，正是论性之所以得名，则荀、扬、韩子，三品之说，皆不谬于圣人，而《孟子》所云"性善"反为一偏之见矣。

陈启源曰，方麓辨"性"，义极精，但分为会意、假借，则失六书之旨。按徐铉《说文》序云假借者，本无其字，依声托意，"令，长"是也。盖令，本号令之令，假借为县令之令。长，本长短之长，假借为官长之长，与本字意义无涉，特取其声音相同而用之。今性，是本性，保守此性，便是"性之"。"恒性"之性，是本性也；"性习"之性是"性之"也，非二也。正如诚者，天道；诚之者，人道。两"诚"字，虽不不同，岂得分为六书之二体哉。

予弗狎于弗顺，营于桐宫，密迩先王，其训，无俾世迷

1.（汉）孔氏传、（唐）陆德明音义、孔颖达疏《尚书注疏》卷七

予弗狎于弗顺，营于桐宫，密迩先王，其训，无俾世迷。

传，狎，近也。经营桐墓，立宫令太甲居之，近先王，则训于义，无成其过，不使世人迷惑怪之。

音义，俾，必尔反，后篇同。近，附近之近。令，力呈反。

疏，正义曰，我不得令王近于不顺之事，当营于桐墓，立宫使比近先王，当受人教训之，无得成其过失，使后世人迷惑怪之。

2.（宋）苏轼《书传》卷七《商书·大甲上第五》

（归善斋按，另见"王未克变"）

予弗狎于弗顺，营于桐宫，密迩先王，其训，无俾世迷。

狎，近也。王之不义，以近群小故也，故独使居于桐宫，密迩先王之陵墓，以思哀而生善心，此先王之训也。迷，读如"怀宝迷邦"之"迷"。我不训正，太甲则是怀道，以迷天下也。

3.（宋）林之奇《尚书全解》卷十六《商书·太甲上》

（归善斋按，见"王未克变"）

4.（宋）史浩《尚书讲义》卷八《商书·太甲》

（归善斋按，见"王未克变"）

5.（宋）夏僎《尚书详解》卷十二《商书·太甲》

（归善斋按，见"王未克变"）

6.（宋）时澜《增修东莱书说》卷八《商书·太甲上第五》

（归善斋按，见"伊尹曰，兹乃不义，习与性成"）

7.（宋）黄度《尚书说》卷三《商书·太甲》

（归善斋按，见"王未克变"）

8.（宋）袁燮《絜斋家塾书钞》卷五《商书·太甲》

（归善斋按，见"王未克变"）

9.（宋）蔡沈《书经集传》卷三《商书·太甲上》

（归善斋按，见"伊尹曰，兹乃不义，习与性成"）

10.（宋）黄伦《尚书精义》卷十七《商书·太甲》

（归善斋按，见"王未克变"）

11.（宋）陈经《尚书详解》卷十四《商书·太甲》

（归善斋按，见"王未克变"）

12.（宋）钱时《融堂书解》卷六《商书·太甲上》

（归善斋按，见"伊尹曰，兹乃不义，习与性成"）

13.（宋）魏了翁《尚书要义》

原阙。

14.（宋）陈大猷《书集传或问》卷上《商书·太甲上中》

（归善斋按，未解）

15.（宋）胡士行《尚书详解》卷四《商书·太甲上第五》

（归善斋按，见"王未克变"）

16.（元）吴澄《书纂言》

（归善斋按，未解）

17.（元）陈栎《书集传纂疏》卷三《朱子订定蔡氏集传·太甲上》

（归善斋按，见"伊尹曰，兹乃不义，习与性成"）

18.（元）许谦《读书丛说》卷五《商书·太甲》

（归善斋按，未解）

19.（元）董鼎《书传辑录纂注》卷三《商书·太甲上》

（归善斋按，见"伊尹曰，兹乃不义，习与性成"）

20.（元）朱祖义《尚书句解》卷四《商书·太甲上第五》

予不狎于弗顺（我今不可使狎于不顺之人），营于桐宫（于是营造桐宫，于成汤所葬之地），密迩先王其训（使密迩成汤之训，起其哀思，而绝其私欲），无俾世迷（无使终其世，迷而不反）。

21.（明）王樵《尚书日记》卷七《商书·太甲上》

（归善斋按，见"王未克变"）

22.（清）库勒纳等撰《日讲书经解义》卷四《商书·太甲上》

（归善斋按，见"王未克变"）

（元）陈师凯《书蔡传旁通》卷三《商书·太甲上》

桐，成汤墓陵之地。

《史记正义》曰，《晋太康地记》云，尸乡，南有亳坂，东有城，太甲所放处也。案，尸乡，在洛州偃师县西南五里。

（明）梅鷟《尚书考异》三《商书·太甲上》

（归善斋按，另见"伊尹曰，兹乃不义，习与性成"）

营于桐宫，密迩先王，其训，无俾世迷。王徂桐宫居忧，克终允德。

《公孙丑》曰，放太甲于桐。《吴语》，董褐曰，孤以下密迩于天子，居于桐，处仁迁义。又成十六年，子叔声伯曰，以鲁之密迩仇雠。《史记》，帝太甲既立三年，不明，暴虐，不遵汤法，乱德。于是伊尹放之于桐宫三年，伊尹摄行政，当国以朝诸侯，帝太甲居桐宫三年，悔过，自责反善，于是伊尹乃迎太甲而授之政。帝太甲修德，诸侯咸归，殷百姓以宁，伊尹嘉之，乃作《太甲训》三篇，褒帝太甲，称太宗。《晋语》，寺人勃鞮曰，伊尹放太甲，而卒以为明王。又曰，左相以终，克成令名。

（清）王夫之《尚书稗疏》卷三《商书·太甲上》

桐。

桐宫，密迩先王之墓，而远于亳，今偃师县有汤陵，盖非也。使汤墓在偃师，则太甲未尝一日去亳，但可云自野归庭，不得言归亳矣。成汤之墓，实在山西荣河县。元癸未岁，沦于河，今祀汤陵，犹于此，而不于偃师。汤所以远葬于彼者，以汤既克夏，夏之王畿，不以分封，而仍为商千里之邦畿。伊尹葬汤于彼，亦以镇抚夏民，即周公营雒之意。故后祖乙，因之以迁耿，而太甲所徂之桐，则在今闻喜县，与荣河接壤。传注未为之考，固失之疏。而杜预以南亳有汤冢，尤为差忒。

（清）蒋廷锡《尚书地理今释·太甲上》

桐宫。

按，桐宫，汤墓所在。《元和志》云，殷汤陵在河中府宝鼎县北四十三里，即今山西平阳府荥河县也。荥河县志云，殷汤陵在百祥村，公元时，沦入汾河，以石柩迁葬。明洪武初，建陵寝于其东，而江南凤阳府亳州北相传有汤陵，陵东有桐宫，当属附会。

王徂桐宫居忧

1.（汉）孔氏传、（唐）陆德明音义、孔颖达疏《尚书注疏》卷七

王徂桐宫居忧。
传，往入桐宫，居忧位。
疏，传正义曰，亦既不知朝政之事，惟行居丧之礼。居忧位，谓服治丧礼也。伊尹亦使兵士卫之，选贤俊教之，故太甲能终信德也。

2.（宋）苏轼《书传》卷七《商书·大甲上第五》

王徂桐宫居忧，克终允德。
（归善斋按，未解）

3.（宋）林之奇《尚书全解》卷十六《商书·太甲上》

（归善斋按，见"王未克变"）

4.（宋）史浩《尚书讲义》卷八《商书·太甲》

（归善斋按，见"王未克变"）

5.（宋）夏僎《尚书详解》卷十二《商书·太甲》

（归善斋按，见"王未克变"）

6. （宋）时澜《增修东莱书说》卷八《商书·太甲上第五》

(归善斋按，见"伊尹曰，兹乃不义习与性成")

7. （宋）黄度《尚书说》卷三《商书·太甲》

王徂桐宫居忧，克终允德。

孔氏曰，居忧位，盖专使典丧也。允，信。《孟子》有诸己之谓信，信则不变，保克终矣。太甲之放，为居丧无礼。而自《伊训》而下，谏辞未尝及之，惟教之立爱、立敬，以修人纪。鉴于三风十愆之训，以敬慎其身，推而顾察天命，承事鬼神，终先王大业，莫不由此。居丧失礼，岂待指事哉。至此，犹未克变，将恐其恶遂成，乃始攻其不义之习，名之曰不义。夫其得已乎？徂桐居忧，实始自觉，不但迁善，且能信德，登而进之，允实光辉，太甲遂为商之令主，此伊尹格天事业。

8. （宋）袁燮《絜斋家塾书钞》卷五《商书·太甲》

(归善斋按，见"王未克变")

9. （宋）蔡沈《书经集传》卷三《商书·太甲上》

王徂桐宫居忧，克终允德。

徂，往也。允，信也。有诸己之谓信，实有其德于身也。凡人之不善，必有从臾以导其为非者。太甲桐宫之居，伊尹既使其密迩先王陵墓，兴发其善心，又绝其比昵之党，而革其污染，此其所以"克终允德"也。次篇，伊尹言"嗣王克终厥德"，又曰"允德协于下"，故史氏言"克终允德"，结此篇，以发次篇之意。

10. （宋）黄伦《尚书精义》卷十七《商书·太甲》

王徂桐宫居忧，克终允德。

无垢曰，"王未克变"，言未变，非不欲变也，力不能尔。然而小人在侧，恶习在前，则又忘之矣，是欲变之时，乃允德也。允德者，诚心发见也。惟徂桐宫居忧，悲哀哭泣，以怆其心；衰绖苴麻，以惨其气；茹菜食粥，以沮其骄，则前日欲变之心，旷然大明矣。是不徂桐宫，不居忧戚，则前日欲变之心，不能终也。既终允德，为何如哉？乃知成汤之心，乃见伊尹之用，乃怆昔时之失路，乃喜今日之自新。形色言语，一皆顺理，动容启处一皆丕变。伊尹之功，其大矣哉。

张氏曰，人性未尝不善，其所以不善者，非性之罪，习使之然耳。孔子曰，性相近也，习相远也。太甲之所以不义者，习以成性而已。

11．（宋）陈经《尚书详解》卷十四《商书·太甲》

（归善斋按，见"王未克变"）

12．（宋）钱时《融堂书解》卷六《商书·太甲上》

（归善斋按，见"伊尹曰，兹乃不义，习与性成"）

13．（宋）魏了翁《尚书要义》

原阙。

14．（宋）陈大猷《书集传或问》卷上《商书·太甲上中》

（归善斋按，未解）

15．（宋）胡士行《尚书详解》卷四《商书·太甲上第五》

（归善斋按，见"王未克变"）

16．（元）吴澄《书纂言》

（归善斋按，未解）

17.（元）陈栎《书集传纂疏》卷三《朱子订定蔡氏集传·太甲上》

王徂桐宫居忧，克终允德。

徂，往；允，信也，有诸己之谓信，实有其德于身也。凡人之不善，必有从臾以导其为非者，太甲桐宫之居，伊尹欲使其密迩先王陵墓，以兴发其善心，又绝其比昵之党，而革其污染，此其所以"克终允德"也。次篇伊尹言"嗣王克终厥德"，又曰"允德协于下"，故史氏言"克终允德"，结此篇，以发次篇之意。

纂疏

愚谓，伊尹此举，盖处君臣之变者，身任先王托孤之重，深轸宗社颠覆之忧，知太甲之性，不过中人，平日诱以为恶之近习，必多；而辅以善之大臣，尹之外，无闻焉。孤忠，不能胜引诱之众徒，言不能开迷惑之久，遂营桐宫以居之，如见先王之在前，而无群小之在侧，善心油然以生，而污习脱然以除。此不言之教，达变之权，惟自任以天下之重，如尹之开国元老，大忠至公者能之，而非泛然之大臣所敢为也。

又案，千古性学，开端于"若有恒性"之一言，其次则"习与性成"之言也。恒性，以"天地"之性言；"习与性成"，以气质之性言。《孟子》性善之论，本"恒性"而言也。孔子"性近习远"之论，自"习与性成"而发也。若有恒性，本有善而无恶，惟习于恶，而后性流于恶。其既流也，性若成矣。然能谨所习，而习于善则善，反之，而天地之性存焉。此太甲所以终允德也。天地之性，气质之性，虽至横渠张氏，始剖判言之，已肇端于汤、尹言性之初矣。

董氏鼎曰，伊尹初述，侮圣言，逆忠直，远耆德，比顽童之戒，太甲犹不惠阿衡，狎于弗顺，"乱风"尚存焉。非尹果敢达权，为迁桐之举，使人动心忍性，增益不能，呜呼危哉。

18.（元）许谦《读书丛说》卷五《商书·太甲》

（归善斋按，未解）

19.（元）董鼎《书传辑录纂注》卷三《商书·太甲上》

王徂桐宫居忧，克终允德。

徂，往；允，信也。有诸已之谓信，实有其德于身也。凡人之不善，必有从□以导其为非者。太甲桐宫之居，伊尹既使其密迩先王陵墓，以兴发其善心，又绝其比昵之党，而革其污染，此其所以"克终允德"也。次篇伊尹言"嗣王克终厥德"，又曰"允德协于下"，故史氏言"克终允德"，结此篇以发次篇之义。

纂注

新安陈氏曰，伊尹此举，盖处君臣之变者，知太甲之性，不过中人，平日诱以为恶之近习，必多；而辅以善之大臣，惟一伊尹而已。孤忠，不能胜引诱之众徒，言不能开迷惑之久，遂营桐宫，以居之。此不言之教，达变之权，惟自任以天下之重，如伊尹之开国元老，大忠大公者能之，而非泛焉之大臣，所敢为也。

又案，千古性学，开端于"若有恒性"之一言；其次则伊尹"习与性成"之一言也。恒性，以天地之性言；与性成，以气质之性言。天地之性，气质之性，虽至近世横渠张氏而剖判言之，已肇端于汤尹言性之初矣。

顽愚，谓太甲嗣位，伊尹已述侮圣言，逆忠直，远耆德，比顽童之戒，太甲乃不惠阿衡，庸罔念闻，而狎于不顺，非"乱风"之犹存乎？苟非伊尹超然深识，通权达变，为迁桐之举，有以动心忍性，增益其所不能，其不危乎？

20.（元）朱祖义《尚书句解》卷四《商书·太甲上第五》

王徂桐宫居忧（太甲往桐宫，居丧）。

21.（明）王樵《尚书日记》卷七《商书·太甲上》

王徂桐宫居忧，克终允德。
孔氏曰，往入桐宫居忧，能思念其祖，终其信德。

正义曰，居忧，谓服治丧礼也。

按不知朝政，三年不言也，徂桐宫居忧也。"放"者，后人之言尔，非史氏明着其文，人鲜不以伊尹为幽，而夺之政矣。桐宫居忧，犹今之庐墓尔。史氏记其实，曰"居忧"。伊尹言其设教之意，曰"密迩先王其训"。

22.（清）库勒纳等撰《日讲书经解义》卷四《商书·太甲上》

（归善斋按，见"王未克变"）

（明）梅鷟《尚书考异》三《商书·太甲上》

（归善斋按，见"予弗狎于弗顺，营于桐宫，密迩先王，其训，无俾世迷"）

（明）袁仁《尚书砭蔡编》

王徂桐宫，居忧。

世传伊尹以臣放君，稽之经文，殊不然。古礼君薨听于冢宰，新主宅忧，亮阴三年。太甲以孙继祖位，未能率德，伊尹恐其居宫燕逸，故营桐宫于成汤之墓，奉王居忧其间，以终三年之丧，使之密迩先王，远离寺妇，以成就君德，正是遵行古礼，何尝放君哉？

（明）陈第《尚书疏衍》卷三

王徂桐宫居忧，克终允德。

君薨，亮阴，三年不言，礼也。在他嗣君，本宅忧于宫中。伊尹以太甲不惠，故居之于桐，欲其处静土，而兴思；顾汤坟，而克念祖德也。丧纪方毕，君过已复，故迎之即位，亦礼也。伊尹始终以礼事其君，太甲始终以礼自匡正。至于百官总己，以听冢宰，古之人皆然，何必伊尹后世谓，太甲不贤，伊尹放之。太甲贤，又反之，综其实，皆非矣。

愚独有感于亮阴之制之善也。何者？天下，大器也。主器大事也，着代大变也，故纳之幽忧寂寞，则善心易生；服之衰绖苴屦，则侈心易息；啜之馆粥蔬食，则欲心不流。观之用人行政，则国是易习，故教之居父母之丧，实所以厉君人之德也。历考殷、周之君不类者，多；克肖者，寡。以其仅守旧仪，而弗克致诚以行之耳。《礼》曰，武丁者，殷之贤王也。继世即位，而慈良于丧。当此之时，殷衰而复兴，礼废而复起，故谓之高宗也。汉文至德谦让，惧人以毁而废事也。遗诏已葬服大红十五日，小红十四日，纤七日释服。自是天子不行三年之丧矣。固以朝无可信之臣，不敢恭默而久任之，亦以情有不笃于所哀，而虚文无益也。其惟晋之武帝，北魏之孝文乎，外虽御事，内实居丧，且其所以答群臣，文辞郁然，可观议于千载之上，而千载之下兴于孝也，不谓之贤且难乎？故亮阴之礼，未废，当法太甲、高宗三年之丧；不行，当法晋魏二帝。

（清）朱鹤龄《尚书埤传》卷八《商书·太甲》

桐宫居忧。

《史记正义》，《晋太康地记》云，尸乡，南有亳坂，东有城，太甲所放处也。尸乡，在洛州偃师县西南五里。按，桐宫居忧，是于汤墓，行谅阴之礼，其为服成汤之丧，明矣。古者，天子七月而葬，太甲居丧必多违礼，故因葬而营宫于此，使之哀慕思过，本是宅忧，特稍变其礼耳，岂真有放废之事乎？孔疏云，使之远离国都，往居墓侧，与放逐事同，故后人亦称"放"也，此语得之。

克终允德

1.（汉）孔氏传、（唐）陆德明音义、孔颖达疏《尚书注疏》卷七

克终允德。

传，言能思念其祖，终其信德。

2.（宋）苏轼《书传》卷七《商书·大甲上第五》

（归善斋按，未解）

3.（宋）林之奇《尚书全解》卷十六《商书·太甲上》

（归善斋按，见"王未克变"）

4.（宋）史浩《尚书讲义》卷八《商书·太甲》

（归善斋按，见"王未克变"）

5.（宋）夏僎《尚书详解》卷十二《商书·太甲》

（归善斋按，见"王未克变"）

6.（宋）时澜《增修东莱书说》卷八《商书·太甲上第五》

（归善斋按，见"伊尹曰，兹乃不义习与性成"）

7.（宋）黄度《尚书说》卷三《商书·太甲》

（归善斋按，见"王徂桐宫居忧"）

8.（宋）袁燮《絜斋家塾书钞》卷五《商书·太甲》

（归善斋按，见"王未克变"）

9.（宋）蔡沈《书经集传》卷三《商书·太甲上》

（归善斋按，见"王徂桐宫居忧"）

10.（宋）黄伦《尚书精义》卷十七《商书·太甲》

（归善斋按，见"王徂桐宫居忧"）

11.（宋）陈经《尚书详解》卷十四《商书·太甲》

（归善斋按，见"王未克变"）

12. （宋）钱时《融堂书解》卷六《商书·太甲上》

（归善斋按，见"伊尹曰，兹乃不义，习与性成"）

13. （宋）魏了翁《尚书要义》

原阙。

14. （宋）陈大猷《书集传或问》卷上《商书·太甲上中》

（归善斋按，未解）

15. （宋）胡士行《尚书详解》卷四《商书·太甲上第五》

（归善斋按，见"王未克变"）

16. （元）吴澄《书纂言》

（归善斋按，未解）

17. （元）陈栎《书集传纂疏》卷三《朱子订定蔡氏集传·太甲上》

（归善斋按，见"王徂桐宫居忧"）

18. （元）许谦《读书丛说》卷五《商书·太甲》

（归善斋按，未解）

19. （元）董鼎《书传辑录纂注》卷三《商书·太甲上》

（归善斋按，见"王徂桐宫居忧"）

20. （元）朱祖义《尚书句解》卷四《商书·太甲上第五》

克终允德（果能修其诚信之德，以自终）。

21.（明）王樵《尚书日记》卷七《商书·太甲上》

（归善斋按，见"王徂桐宫居忧"）

22.（清）库勒纳等撰《日讲书经解义》卷四《商书·太甲上》

（归善斋按，见"王未克变"）

（明）梅鷟《尚书考异》三《商书·太甲上》

（归善斋按，见"予弗狎于弗顺，营于桐宫，密迩先王，其训，无俾世迷"）

（明）陈第《尚书疏衍》卷三

（归善斋按，见"王徂桐宫居忧"）

商书　太甲中第六

惟三祀十有二月朔

1.（汉）孔氏传、（唐）陆德明音义、孔颖达疏《尚书注疏》卷七《太甲中》

惟三祀十有二月朔。

传，汤以元年十一月崩，至此二十六月，三年服阕。

音义，阕，苦穴反。

疏，正义曰，周制，君薨之年，属前君，明年始为新君之元年。此殷法，君薨之年，而新君即位，即以其年为新君之元年。惟三祀者，太甲即位之三年也。汤以元年十一月崩，至此年十一月，为再期，除丧服也。至十二月服阕，阕，息也，如丧服息，即吉服，举事贵初，始故于十二月朔以冕服，奉嗣王归于亳。

2.（宋）苏轼《书传》卷七《商书·太甲中第六》

惟三祀十有二月朔。

此亦三年正月也。

3. （宋）林之奇《尚书全解》卷十六《商书·太甲中》

惟三祀十有二月朔，伊尹以冕服，奉嗣王归于亳。

曾子曰，慎终追远，民德归厚矣。先王之所以制为丧祭之礼，岂苟为是文饰而已哉。盖以孝慈之心，人皆有之。民之所以生厚者，其本在于此，故先王之制礼，使民知，丧以慎终，祭以追远。事死如事生，事亡如事存，以反其所谓孝慈之本。苟其心之所固有者，油然而生，则自能归厚矣。太甲即位之初，般乐怠傲，不明居丧之礼。伊尹推本其心术之所蔽，惟其孝慈之心不笃，故至于是，遂乃营桐宫之地，使之往居焉，盖使之慎终追远，以生其孝慈之心，而反之于忠厚也。彼太甲之性，既非下愚之不移，而一旦去其般乐怠傲之习，寝苫块，啜粥，面深墨以居，始虽出于勉强不得已而为之，及其久也，则其固有之性，发于哀戚之间，殆有不期然而然者，故及其终丧也，则既能处仁迁义，非复昔日之太甲矣。故伊尹于是迎之以归，当是时也，以天时言之，则适当，夫三年之丧毕，冢宰之摄国事，至是而可以归政；以人事言之，则太甲徂桐宫居忧，密迩先王，其训，至是而亦可以即政矣。伊尹可以归政，太甲可以即政，天时、人事，于是而合，此所以顺天、人之望，而迎之以归也。太甲以元年十一月居仲壬之丧，至此三年十二月朔，盖二十五朔，祥禫之祭，已毕于前月。至是，则可以变凶而即吉矣。故伊尹以吉服奉之，以归于亳也。《周官·司服》，王之吉服，祀昊天上帝，则服大裘而冕，祀五帝亦如之。享先王，则衮冕；享先公飨射，则鷩冕；祀四望山川，则毳冕；祭社稷五祀，则希冕；祭群小祀，则玄冕。六冕，冕皆有服。其服，皆玄衣纁裳。此但云"冕服"，不言其冕之名。汉孔氏但以冕为冠，亦无明说。唐孔氏云，天子六冕，大裘之冕祭天，尚质。弁师惟掌五冕，备物尽文，惟衮冕耳。此盖衮冕之服，义或然也。以冕服奉嗣王归于亳，盖于是除丧即位，而始践天子之位也。

4. （宋）史浩《尚书讲义》卷八《商书·太甲中》

惟三祀十有二月朔，伊尹以冕服，奉嗣王归于亳，作书曰，民非后，罔克胥匡以生；后非民，罔以辟四方。皇天眷佑有商，俾嗣王克终厥德，实万世无疆之休。王拜手稽首，曰，予小子不明于德，自底不类，欲败度，纵败礼，以速戾于厥躬。天作孽，犹可违；自作孽，不可逭。既往背师保之训，弗克于厥初。

尚赖匡救之德，图惟厥终。伊尹以冕服，迎王归于故都。冕服，祭服，为朝于庙也。想见伊尹之心，知太甲已能处仁迁义，企及成汤矣。故敢以朝于庙也。方其奉王在庙，拳拳然思汤所以托孤之义而已，所以许汤之心，几乎不济矣。今而获以圣贤之嗣，来朝于庭，如奉君之宝玉，出使千万里外，无所玷阙，复归之君，岂不欢喜慰释乎？而太甲当是时，亦必自知，苟非伊尹之勤勤，虽求为中材庸主不可得，而况得见今日乎？君臣之间，相感之厚，相得之欢，可不言而喻也。昔《五子之歌》，述皇祖之训曰，民可近不可下，民惟邦本，本固邦宁。成汤之心，岂外是哉。今嗣王贤圣矣，可不告以先王所以传付后嗣之本意乎。后君之继承者，辟君之法度者。民非君，不能相正以生；后非民，不能临制四方。皇天于商，眷佑未衰，故使嗣王克终其德，岂非万世无疆之美耶。太甲于此，既已觉悟，当追省昨非，以自首露，言予不肖，是不明于德之故。以欲而败度，以纵而败礼，而召祸于其身也。使天祸我，犹可禳免；祸自己召，何可逃耶？既往前日也，背师保之训，不听伊尹之言也。厥初之不善，今已自悔矣，则正救其恶，岂不有望于将来。其曰"图惟厥终"，实成汤改过不吝之心也。汤之典刑，于是乎在成汤之灵，显显在庙，实式临之。呜呼！贤哉。呜呼！圣哉。

5.（宋）夏僎《尚书详解》卷十二《商书·太甲中》

《太甲中》。

惟三祀十有二月朔，伊尹以冕服，奉嗣王归于亳。

伊尹既以太甲不惠阿衡，迁于桐宫，密迩先训，今既悔过思庸，克终厥德，可以即政，又适当三年之丧毕，冢宰摄政至是可归，故伊尹于是因其去凶即吉之时，以冕服奉之归于亳邑，践天子位。伊尹喜之，故又作书以勉之，即下文所言是也。此篇盖自桐归时事，故作书者，推原其本意，言"惟三祀十有二月朔，伊尹以冕服奉嗣王归于亳"也。盖仲壬以太甲元年十一月内崩，今太甲即位三年十二月朔，即二十五月，而祥禫之祭已毕矣，故可以去凶即吉也。曾氏谓先儒论三年之丧则同，而月数或异。孔颖达则谓，二十五月丧终，合《礼记》"三年之丧二十五月而毕"之文。孔安国则谓，二十六月丧毕，合《礼》"祥而缟，是月禫徙月乐"之文。郑康成则谓，中月为间一月，为祥，后复更有一月禫，故三年之丧二十七月而毕。今按伊尹言，元祀十二月，此篇言三祀十二月正，合《礼经》二十五月丧毕之义，则二十五月丧毕，商制也；二十七月丧终者，周制也。曾氏之说理恐诚然。冕，冠名也，谓之冕服，当是衮冕之服也。余尝谓，伊尹之志，其自知，则在迁太甲于桐之日；人之知其志，则在奉太甲归亳之时。《孟子》谓有伊尹之志则可，以其于迁之之时，已有奉之之志也。

6.（宋）时澜《增修东莱书说》卷九《商书·太甲中第六》

惟三祀十有二月朔，伊尹以冕服，奉嗣王归于亳，作书曰，民非后，罔克胥匡以生；后非民，罔以辟四方。皇天眷佑有商，俾嗣王克终厥德，实万世无疆之休。

太甲既克终允德，伊尹复辟，以冕服奉嗣王复于亳，即君位，乃作书曰，民苟非君，则不能相匡以生；君苟非民，亦何以君万方。言君民之势，不可一日相无也。桐宫之迁，岂得已哉，赖天之灵，克终允德，乃皇天之眷佑，默俾之，实万世无疆之休，味此数语，伊尹痛定之辞也。使太甲终于不变，尹将若何。既克终矣，喜慰如何哉？"实"云者，尹之心可想矣。然太甲始改过，伊尹即许其克终厥德，何哉？盖太甲居桐，动心忍性，自怨自艾之深，必知其能终也。

7.（宋）黄度《尚书说》卷三《商书·太甲中》

惟三祀十有二月朔，伊尹以冕服，奉嗣王归于亳。

三年丧毕，冕服而见于庙，是谓即政，朝庙，礼之常也。自桐归亳，而见庙，因复政厥辟，事之变也。居之不疑，从容有常，君臣之际无迹可寻，非圣人孰能与于此。

8.（宋）袁燮《絜斋家塾书钞》卷五《商书·太甲中》

惟三祀十有二月朔，伊尹以冕服，奉嗣王归于亳，作书曰，民非后，罔克胥匡以生；后非民，罔以辟四方。

君、民一体也。民固不可无君，君亦不可无民。天下之民，所以安居而暇食，优游以生死，果谁之力乎？人君为之也。是民无君，固不能相养也。然民惟邦本，本固邦宁。君而无民，岂能独立于上耶？太甲前日所以欲败度，纵败礼，为其不知此理而已。彼自处于崇高富贵，意之所欲，无有不遂。惟见民不可以无我，而我何赖于民也。是以，适情纵、欲，无复畏忌，使其深知此理，其敢自肆乎？何者？一人自肆于上，则人心必离。人心既离，则人主势不能以独立。苟念及此，岂能荒于声色，岂敢盘于游畋，岂敢亲近小人，岂敢沉湎于酒？三代圣王，所以兢兢业业，不敢有一毫自肆，正以深见此理，以为吾稍不戒惧，而民心去矣。民心既去，而吾何以辟四方耶。太甲前日不见此理，所以敢于自恣，今既悔过，良心复矣。然伊尹犹惧其未坚，故告之以此，使太甲知君、民一体之义，则虽欲自恣，亦岂敢乎？斯言也，所以固太甲已复之良心也。如此等句，皆是三代时节言语。在后世不如此说。后世以崇高富贵自处，但见生杀予夺操制在我，惟曰民不可无君，而孰知君不可无民。三代圣王，但见君民一体，忘其君之为尊，民之为卑，岂敢自处于崇高富贵，下视斯民，为可忽也。夫是之谓三代圣人之心。

9.（宋）蔡沈《书经集传》卷三《商书·太甲中》

惟三祀十有二月朔，伊尹以冕服，奉嗣王归于亳。

太甲终丧，明年之正朔也。冕，冠也。唐孔氏曰，周礼天子六冕，备物尽文，惟衮冕耳，此盖衮冕之服，义或然也。奉，迎也。丧既除，以衮冕吉服，奉迎以归也。

10.（宋）黄伦《尚书精义》卷十七《商书·太甲中》

惟三祀十有二月朔，伊尹以冕服，奉嗣王归于亳。

无垢曰，太甲，元祀十二月朔即位，至三祀十有二月朔，是三十有六月矣。此以知太甲，虽服阕犹在桐宫也，至三祀十二月朔，乃商家正月朔也。然后奉之以归。

东坡曰，汤放桀，伊尹放太甲，古未有是皆圣人不得已之变也。故汤以惭德为法，受恶，曰，此我之所甚病也。乱臣贼子庶乎其少，衰矣。汤不放桀，伊尹不放太甲，独病一时而已，将使后世无道之君，谓天下无若我何？此其为病与惭均耳。圣人以为惭已以救天下后世，故不得已而为之，以为不得已之变，则可；以为道固当尔，则不可。使太甲不思庸，伊尹卒放之而更立王，则其惭有大于汤者矣。

11.（宋）陈经《尚书详解》卷十四《商书·太甲中》

惟三祀十有二月朔，伊尹以冕服，奉嗣王归于亳，作书曰，民非后，罔克胥匡以生；后非民，罔以辟四方。皇天眷佑有商，俾嗣王克终厥德，实万世无疆之休。

此章深见伊尹欣幸不已之意。始者，其君不明而放之，君、臣之际，几于不克终矣。至此，其君"克终允德"而复之，君臣相与之情，得以如初。伊尹之忠节，至此而益明，其欣幸之意，当何如耶？"三祀十有二月朔"，即三年之正月初一日也，丧服亦阕矣。伊尹以冕服，奉嗣王以归亳，遂作书以告太甲，所以叙其情，曰"民非后，罔克胥匡以生"，谓太甲，在桐宫时，民旷年无君，常如不能相正以有生，则民不可以无君也如此。"后非民，罔以辟四方"，亦谓太甲在桐宫时，不得其民而有之无以为四方之君，君之不可以无民如此。今也，太甲复归于亳，则太甲有其民，而民亦有其君矣。此非天佑商家，何以能使嗣王能终厥德乎，万世无疆之休，将于此乎在。使太甲终于不明，而伊尹终于放君，则其何以垂休后代耶？太甲之明也，实伊尹启迪之力，何以归之天耶？盖天下之理，可必者在我，而不可必者在天。伊尹能尽其所以为臣之道，而不能必太甲之悔过，则太甲之所以悔过者，归之天可也。设若人事之不尽，而一切委之于天，《伊训》、《肆命》、《徂后》之书不作。桐宫之放，尹无所置力，而谓太甲不明，天实为之，殆非圣贤所谓"以义合命"者也。

12.（宋）钱时《融堂书解》卷六《商书·太甲中》

惟三祀十有二月朔，伊尹以冕服，奉嗣王归于亳，奉嗣王归亳。始克尽人臣之职，故曰有伊尹之志则可，以伊尹卒能奉归也。

13.（宋）魏了翁《尚书要义》

原阙。

14.（宋）陈大猷《书集传或问》卷上《商书·太甲上中》

或问，鲁氏曰，《伊训》元祀十有二月，至此三祀十二月朔，适合《礼经》所谓三年之丧，二十五月而毕。于此，为即吉之月，明矣。二十五月丧毕者，商制；二十七月终丧者，周制也。此说如何？曰，所谓二十五月而毕者，以除丧服言也。二十七月而毕者，连禫服言也。鲁氏此说，虽偶合二十五月之数，以为商制，未必然。若然，则是成汤在太甲元祀十二月没，而太甲于柩前改年，而不待逾年也，可乎？

15.（宋）胡士行《尚书详解》卷四《商书·太甲中第六》

惟三祀十有二月朔，伊尹以冕（冠）服（衮），奉嗣王归于亳。毕三年丧。

16.（元）吴澄《书纂言》

（归善斋按，未解）

17.（元）陈栎《书集传纂疏》卷三《朱子订定蔡氏集传·太甲中》

惟三祀十有二月朔，伊尹以冕服，奉嗣王归于亳。

太甲终丧明年之正朔也。冕，冠也。唐孔氏曰，周礼，天子六冕，备物尽文惟衮冕耳。此盖衮冕之服，义或然也。奉，迎也。丧既除，以衮冕吉服，奉迎以归也。

18.（元）许谦《读书丛说》卷五《商书·太甲》

（归善斋按，未解）

19.（元）董鼎《书传辑录纂注》卷三《商书·太甲中》

惟三祀十有二月朔，伊尹以冕服，奉嗣王归于亳。

太甲终丧，明年之正朔也。冕，冠也。唐孔氏曰，周礼，天子六冕，备物尽文，惟衮冕耳，此盖衮冕之服，义或然也。奉，迎也。丧既除，以衮冕吉服，奉迎以归也。

20.（元）朱祖义《尚书句解》卷四《商书·太甲中第六》

《太甲中第六》。

惟三祀（三年丧毕）十有二月朔（初一日）。

21.（明）王樵《尚书日记》卷七《商书·太甲中》

"惟三祀十有二月朔"至"归于亳"。

适当除丧之日，伊尹以冕服，奉嗣王归于亳。

22.（清）库勒纳等撰《日讲书经解义》卷四《商书·太甲中》

《太甲中》。

此伊尹奉迎太甲归亳之后，勉以修德法祖，而史臣述其君臣往复之语，为中篇。

惟三祀十有二月朔，伊尹以冕服，奉嗣王归于亳。作书曰，民非后，罔克胥匡以生；后非民，罔以辟四方。皇天眷佑有商，俾嗣王克终厥德，实万世无疆之休。

此二节书是，记太甲改过之初，而伊尹始迎归以致庆也。胥，相也。匡，正也。史臣曰，太甲居忧于桐宫，能悔过迁善，到三年之时，服制已满。伊尹乃于岁首十二月正朔之日，用衮冕之服，奉太甲复还归于亳都，而作书以告，曰，从来君与民，实相须为理者也。民非君，则不能相正，而得遂其生。民固不可无君，君非民，则何以君临四方，而奉之为主，是君尤不可无民也。我王当不明于德之时，上下皆不能保，民几无君，而君几无民矣。幸赖皇天眷顾，佑我有商，使嗣王幡然悔悟，能终其德，是举商家之基绪，将坠者，今日自是其可久，子子孙孙，皆得以享灵长之庆矣。岂不为万世无穷之休美乎？方太甲未明厥德，尹惟尽人事所当为，及克终允德，则又归之皇天之眷佑，盖惟尽人事，乃所以迓天休。而人事未尽，不得辄诿之于天者，又如此。

（清）朱鹤龄《尚书埤传》卷八《商书·太甲》

惟三祀十有二月。

孔传，汤以元年十一月崩，至此，二十六月，三年服阕（《舜典》疏云，三年之丧，二十五月而毕，与此文异），疏云，祥禫之制，前儒不同。按，《士虞礼》云，期而小祥，又期而大祥，中月而禫。

王肃云祥月之内又禫，祭服弥宽，变弥数也。此孔传谓二十六月服阕，则与王肃同。郑玄以中月为间，一月云祥，后复，更有一月。而禫则三年之祭，凡二十七月，与孔异。今用郑氏之说。

伊尹以冕服，奉嗣王归于亳

1.（汉）孔氏传、（唐）陆德明音义、孔颖达疏《尚书注疏》卷七《太甲中》

伊尹以冕服，奉嗣王归于亳。

传，冕，冠也。逾月，即吉服。

音义，冕，音免。

疏，正义曰，冕，是在首之服冠内之，别名冠，是首服之大名，故传以"冕"为"冠"。案，《王制》云"殷人冔而祭"，《大雅》云"常服黼冔",冔，是殷之祭冠。今云"冕"者，盖"冕"为通名。《王制》又云，有虞氏皇而祭；夏后氏收而祭；殷人冔而祭；周人冕而祭，并是当代别名。殷礼不知天子几冕。周礼，天子六冕，大裘之冕祭天，尚质。弁师，惟掌五冕，备物尽文，惟衮冕耳。此以冕服，盖以衮冕之服也。顾氏云，祥禫之制，前儒不同。案，《士虞礼》云，期而小祥，又期而大祥，中月而禫。王肃云，祥月之内又禫，祭服弥宽，而变弥数也。《礼记·檀弓》云，"祥而缟，是月禫，徙月乐"。王肃云，是祥之月而禫，禫之明月可以乐矣。案，此孔传云二十六月服阕，则与王肃同。郑玄以中月为间一月，云祥后复更有一月而禫，则三年之丧，凡二十七月，与孔为异。

2.（宋）苏轼《书传》卷七《商书·太甲中第六》

伊尹以冕服，奉嗣王归于亳。

始，吉服也。

3.（宋）林之奇《尚书全解》卷十六《商书·太甲中》

（归善斋按，见"惟三祀十有二月朔"）

4.（宋）史浩《尚书讲义》卷八《商书·太甲中》

（归善斋按，见"惟三祀十有二月朔"）

5.（宋）夏僎《尚书详解》卷十二《商书·太甲中》

（归善斋按，见"惟三祀十有二月朔"）

6.（宋）时澜《增修东莱书说》卷九《商书·太甲中第六》

（归善斋按，见"惟三祀十有二月朔"）

7.（宋）黄度《尚书说》卷三《商书·太甲中》

（归善斋按，见"惟三祀十有二月朔"）

8. （宋）袁燮《絜斋家塾书钞》卷五《商书·太甲中》

（归善斋按，见"惟三祀十有二月朔"）

9. （宋）蔡沈《书经集传》卷三《商书·太甲中》

（归善斋按，见"惟三祀十有二月朔"）

10. （宋）黄伦《尚书精义》卷十七《商书·太甲中》

（归善斋按，见"惟三祀十有二月朔"）

11. （宋）陈经《尚书详解》卷十四《商书·太甲中》

（归善斋按，见"惟三祀十有二月朔"）

12. （宋）钱时《融堂书解》卷六《商书·太甲中》

（归善斋按，见"惟三祀十有二月朔"）

13. （宋）魏了翁《尚书要义》

原阙。

14. （宋）陈大猷《书集传或问》卷上《商书·太甲上中》

（归善斋按，未解）

15. （宋）胡士行《尚书详解》卷四《商书·太甲中第六》

（归善斋按，见"惟三祀十有二月朔"）

16. （元）吴澄《书纂言》

（归善斋按，未解）

17.（元）陈栎《书集传纂疏》卷三《朱子订定蔡氏集传·太甲中》

（归善斋按，见"惟三祀十有二月朔"）

18.（元）许谦《读书丛说》卷五《商书·太甲》

（归善斋按，未解）

19.（元）董鼎《书传辑录纂注》卷三《商书·太甲中》

（归善斋按，见"惟三祀十有二月朔"）

20.（元）朱祖义《尚书句解》卷四《商书·太甲中第六》

伊尹以冕服，奉嗣王归于亳（尹以衮冕吉服，奉太甲自桐归亳，践天子位）。

21.（明）王樵《尚书日记》卷七《商书·太甲中》

（归善斋按，见"惟三祀十有二月朔"）

22.（清）库勒纳等撰《日讲书经解义》卷四《商书·太甲中》

（归善斋按，见"惟三祀十有二月朔"）

（元）陈师凯《书蔡传旁通》卷三《商书·太甲中》

冕，冠也。唐孔氏曰，周礼天子六冕，备物尽文，惟衮冕耳。此盖衮冕之服。

疏云，有虞氏皇而祭，夏后氏收而祭，殷人冔而祭，周人冕而祭，并是当代冠名。冔是殷之祭冠。今云冕者，盖冕为通名。

愚案，天子六冕祀昊天，则大裘而冕。享先王，则衮冕；享先公飨射，则鷩冕；祀四望山川，则毳冕；祭社稷五祀，则希冕；祭群小祀，则玄冕。祀天之冕无旒。余五冕皆玄冕，朱里、延纽、五采，十有二就，皆五采玉有十二，玉笄、朱纮。冕之为体，《周礼》无文。叔孙通作汉礼器制度，取法于周。凡冕，以板广八寸，长尺六寸，上玄下朱覆之，乃以五采缫绳，贯五采玉，垂于延前后，谓之邃延。《周礼》疏云，古者，绩麻三十升布，染之，上以玄，下朱衣之，于冕之上下延者即是。上玄者，纽者缀于冕之两旁垂之，或两旁作孔，以笄贯之，使得其牢固也。冕前低一寸，得冕名，冕则俛也。缫，杂文之名也，合五采丝为之绳，垂于延之前后，各十二就成也。绳之每一匝，贯五采玉十二斿，则十二玉也。每就间盖一寸。十二斿，则用玉二百八十八。纮者，用朱绳一条，先属一头于左旁笄上，以一头绕于颐下，至向上于右笄，上绕之。盖有笄者，屈组以为纮，垂为饰；无笄者，缨而结其绦也。颖达以此为衮冕者，盖据享先王言耳，其实周冕，文胜于商，孔子云"服周之冕"可见也。

（明）梅鷟《尚书考异》三《商书·太甲中》

伊尹以冕服，奉嗣王归于亳，作书曰，民非后，罔克胥匡以生；后非民，罔以辟四方。

《周语》，内史兴曰，太宰以王命，命冕服，内史赞三命，而后即冕服。又前篇，内史过曰，夫晋侯非嗣也。《表记》，"民非后"四句，"罔"作"无"，"克"作"能"。无"匡"，"生"作"宁"。

（明）陈泰交《尚书注考》

伊尹以冕服，奉嗣王，训冕，冠也。冕执钺，训冕，大夫服。
伊尹以冕服，奉嗣王，训奉，迎也。乃奉其恫，训奉，承也。

作书曰：民非后，罔克胥匡以生

1.（汉）孔氏传、（唐）陆德明音义、孔颖达疏《尚书注疏》卷七《太甲中》

作书曰，民非后，罔克胥匡以生。

传，无能相匡，故须君以生。

音义，胥，息余反。

2. (宋) 苏轼《书传》卷七《商书·太甲中第六》

作书曰，民非后，罔克胥匡以生。

胥，匡，相正也。

3. (宋) 林之奇《尚书全解》卷十六《商书·太甲中》

作书曰，民非后，罔克胥匡以生；后非民，罔以辟四方。皇天眷佑有商，俾嗣王克终厥德，实万世无疆之休。

王之归亳，盖喜其能处仁迁义，而不坠成汤之业也。于是作为简册之书，以称美之，曰，民非君，则无能相胥正以生，不能相胥正以生，则乱矣；君非民，则无以君四方，无以君四方，则亡矣，言君、民之势，相待以存也。夏之民，惟其遭桀之乱，不能相正以生，故相率而去，以就汤而君之。汤以民之归之故，遂以君四方，而有天下，盖民之情，至于乱而无以正之，则固择夫能正之者以为君之，而赖之以君四方矣。太甲之始，不明厥德，斯民已择其所以能正之者而君之，若去桀而从汤矣，当是时，虽伊尹亦未如之何也。故太甲之不明于初，是乃取乱亡之道也。有可以取乱亡之道，而卒能处仁迁义，以念成汤之训，此岂人力之所能为哉？盖以皇天之于商家眷顾佑助之，不使成汤之业，再传而遂亡也，故天诱其衷于冥冥之中，使嗣王克终厥德，则民所赖以生者，不失其正之之望矣。民不失其所望，我商家之所以君四方者，又可以保之而不失矣，是诚万世无疆之休美也。夫太甲之所以能终厥德者，是诚伊尹之力也。盖非营桐宫，而使居之致之于哀戚之地，加之以放逐之名，以作其愤悱之志，则太甲亦终为下流之归而已。而其所以奉之归亳，作书以序其意，乃以为皇天眷佑有商，俾嗣王克终厥德，虽实一时谦抑之意，然君子能致人于悔过迁善之地，而不能必其人有悔过迁善之心。伊尹之始事汤，盖尝五就桀矣，岂非以夫民所赖之，胥正以生者，在桀将欲使之迁善悔过，而不失其所以辟四方之道乎？其所以事桀者，虽不得而尽见，然以夫所以成就太甲之德者而观之，则其于桀五就之而不厌，所以使之迁善远罪者，必已尽其道矣，而桀之下愚，终无自怨自艾之意，故伊尹不得已相汤而伐之。今也，太甲乃能听其训己之言，而克终允德，非天之眷佑有商，畴克尔哉。

窃谓天之于人，其吉凶祸福之间，若未尝有切切然，与于其间者，然而要其所终，而究其成，则实未尝有锱铢之差。积善之家，必有余庆；积不善之家，必有余殃。成汤之孙，宜其余庆之所钟，无有不善者，而太甲为之孙。秦始皇之后，宜其余殃之所逮，无有令淑之人，而扶苏为之子。太甲为之孙，宜商祚遂至于亡矣，然而成汤以宽仁之德，伐夏吊民，以有天下，其善之所积者厚矣。岂应一再传而遂亡哉？故虽太甲欲败度，纵败礼，而终克终允德，以守成汤之业，此无他，以汤之社稷，有必存之理，则虽太甲为之孙而终不亡也。扶苏之仁厚，而为秦始皇之子，则秦若可以存矣，然始皇虐用其民，以残虐嗜杀而得天下，其不善之所积者厚矣。苟使扶苏立，则秦未可以遽亡也。故始皇崩于沙丘，而扶苏卒以得罪重之，以二世之暴戾，而秦遂以灭。此天实以秦之社稷有必亡之理，则扶苏为之子，而终亦不得存也。论至于此，则是天地报应之理，虽若眇忽茫昧，而不可晓，及要其极致，而究其所以然，则不啻若影响之应形声，可不戒哉。

4. （宋）史浩《尚书讲义》卷八《商书·太甲中》

（归善斋按，见"惟三祀十有二月朔"）

5. （宋）夏僎《尚书详解》卷十二《商书·太甲中》

作书曰，民非后，罔克胥匡以生；后非民，罔以辟四方。皇天眷佑有商，俾嗣王克终厥德，实万世无疆之休。

太甲居桐，既克终厥德，故伊尹奉以归亳，既归之后，喜其能处仁迁义，不坠成汤之业，于是作为简册之书，以称美之，曰，民非君，则不能相正以生。盖民生各有欲，无主则乱。君非民，则无以君四方，故得乎邱民，则可以为天子也。惟君民之间相须如此，而太甲，昔也乃不明于德，则民无赖以为生。民无以为生，则商之为商，未可知也。尚赖皇天眷顾佑助我商，不使成汤之基绪，一再传遂泯，由是使嗣王者，能终其德。嗣王能终其德，则民之所赖，以相正而生者得矣。民得以相正而生，则民不失望，而商家之所以君四方者，可以永保矣。此所以实为万世无穷之休美也。林少颖谓，太甲能终厥德，实伊尹之力。今尹乃谓，皇天眷佑者，虽一时谦抑之意，然亦若天有以使之然者。成汤之后，宜余庆，所终无有不善者，而太甲为之孙。始皇之后，宜余殃，所逮无有令淑，而扶苏为之子。太甲为孙，宜商祚遂殄矣。然成汤以宽仁有天下，岂应一再传而遂亡，故太甲虽欲纵而乃能克终允德，此无他，天以汤社稷有必存之理，则虽太甲为孙，而终不亡也。扶苏为子，秦若可存矣，然始皇虐用其民，苟扶苏立，则秦未遽亡，故始皇崩，而扶苏以罪死，秦遂以灭。此无他，天以秦社稷有必亡之理，则虽扶苏仁厚，而不得存也。以是知，太甲悔过，虽伊尹之力，亦天有以使之然也。

6.（宋）时澜《增修东莱书说》卷九《商书·太甲中第六》

（归善斋按，见"惟三祀十有二月朔"）

7.（宋）黄度《尚书说》卷三《商书·太甲中》

作书曰，民非后，罔克胥匡以生；后非民，罔以辟四方。皇天眷佑有商，俾嗣王克终厥德，实万世无疆之休。

胥，相；匡，正。《周官》，九两系万民，胥匡以生也。君民匹敌之势，桀涂炭斯民，汤由是伐桀。太甲几又失之，故伊尹以为复政第一语。传曰，祖有功，而宗有德。汤取天下诚有功矣，使太甲无克承之德，商之载祀，何以能久。秦汉以后，传祚久近之效，皆可见。太甲克终厥德，是为商万世无疆之休，诚有天命焉。

8.（宋）袁燮《絜斋家塾书钞》卷五《商书·太甲中》

（归善斋按，见"惟三祀十有二月朔"）

9.（宋）蔡沈《书经集传》卷三《商书·太甲中》

作书曰，民非后，罔克胥匡以生；后非民，罔以辟四方。皇天眷佑有商，俾嗣王克终厥德，实万世无疆之休。

民非君，则不能相正以生；君非民，则谁与为君者，言民固不可无君，而君尤不可失民也。太甲改过之初，伊尹首发此义，其喜惧之意深矣。夫太甲不义，有若性成，一旦翻然改悟，是岂人力所至。盖天命眷商，阴诱其衷，故嗣王能终其德也。向也，汤绪几坠。今其自是有永，岂不为万世无疆之休乎？

10.（宋）黄伦《尚书精义》卷十七《商书·太甲中》

作书曰，民非后，罔克胥匡以生；后非民，罔以辟四方。皇天眷佑有商，俾嗣王克终厥德，实万世无疆之休。

无垢曰，前日天下失太甲，皇皇然，惟恐无君。正以两贵不能以相事，两贱不能以相使。是民非君，无能相正以生也。此言天下之心也。前日太甲在桐宫，形单影只，无有亲附，四海之内，其谁与归？是君非民，罔以辟四方也。此太甲之心也。今太甲复归朝廷，天下知有君可依，自此方有生路，其喜为何如？太甲知民复归往于我，自此吾得以号令天下，其喜为何如？是伊尹一举既消天下怨忿之心，而生其爱君之意。

又曰，圣人以人合天，不委于天；以义断命，不委于命。圣贤第知人事，与义理而已。安肯少假于造化，使其自治自乱，而一委于天命乎？伊尹之意，以谓太甲不悔过，是天意不佑商家也。今既悔过，乃天眷佑之意未已，此亦开慰太甲之意尔。圣贤所学，方欲造化天地，岂有一听于天命之理乎？

张氏曰，民得君则治安，非后，则无能相正以生矣。君得民，则可与守邦，非民，则无以行法于四方矣。君、民之相须也如此。则太甲方其不明于德，伊尹营桐宫以放之，及其克终允德，则伊尹以冕服而奉之。其放也，其奉也，伊尹岂容私意于其间哉？尽其爱君之诚，以听命于天而已。此嗣王之"克终厥德"，而伊尹所以归之于天也。

东莱曰，民非君，则强陵弱，众暴寡，民无以为生矣。后非民，则无以为君于天下，此见伊尹之心，谓君、民本一体，不可以须臾离。

11.（宋）陈经《尚书详解》卷十四《商书·太甲中》

（归善斋按，见"惟三祀十有二月朔"）

12. （宋）钱时《融堂书解》卷六《商书·太甲中》

作书曰，民非后，罔克胥匡以生；后非民，罔以辟四方。皇天眷佑有商，俾嗣王，克终厥德，实万世无疆之休。

伊尹作书，独首发君、民相须之义。前此，许多训语都只就太甲身上攻，他病却未暇及，此正如荡子不务职业，一旦悔过而归，其长上方以家事语之，此伊尹，至喜至幸之情也。

13. （宋）魏了翁《尚书要义》

原阙。

14. （宋）陈大猷《书集传或问》卷上《商书·太甲上中》

（归善斋按，未解）

15. （宋）胡士行《尚书详解》卷四《商书·太甲中第六》

作书曰，民非后，罔克胥（相）匡（正）以生，后非民，罔以辟（君）四方。皇天眷（顾）佑（助）有商，俾嗣王克终厥德，实万世无疆之休（美福）。

太甲自怨自艾于桐，天启之也。此尹痛定之语，使太甲终不变，尹当若何？克终矣，喜慰如何哉。

16. （元）吴澄《书纂言》

（归善斋按，未解）

17. （元）陈栎《书集传纂疏》卷三《朱子订定蔡氏集传·太甲中》

作书曰，民非后，罔克胥匡以生；后非民，罔以辟四方。皇天眷佑有商，俾嗣王克终厥德，实万世无疆之休。

民非君，则不能相正以生。君非民，则谁与为君者，言民固不可无君，而君尤不可失民也。太甲改过之初，伊尹首发此义，其喜惧之意深矣。夫太甲不义，有若性成。一旦翻然改悟，是岂人力所至，盖天命眷商，阴诱其衷，故嗣王能终其德也。向也，汤绪几坠，今其自是有永，岂不为万世无疆之休乎？

纂疏

林氏曰，太甲克终，伊尹力也，而归之天者，君子能致人于悔过迁善之地，不能必其人有悔过迁善之心。尹尝五就桀矣，即其感悟太甲者观之，于桀必尽其忠诚，而桀终不改，则太甲悔悟，庸非天乎？汤宜有余庆，故太甲为之孙；始皇宜有余殃，故扶苏为之子，天也。

陈氏经曰，若人事不尽，而一切诿之天，书不作，桐宫不营，而谓太甲不明，天实为之，则非圣贤以人合天，以义合命之道矣。

吕氏曰，使太甲不改，事将若何？今既克终，喜慰何如哉？玩味"实"字，可见。

愚谓，克终允德，即前篇望其有终者也。万世无疆之休，即前篇望其万世有辞者也。前愿之而未得，今得遂其所愿。向也，汤绪几覆；今也，祚可灵长，先王之望遂矣，伊尹之责塞矣，乌得不因其迁善之一初，而许与期望之于悠久哉。

18.（元）许谦《读书丛说》卷五《商书·太甲》

（归善斋按，未解）

19.（元）董鼎《书传辑录纂注》卷三《商书·太甲中》

作书曰，民非后，罔克胥匡以生；后非民，罔以辟四方。皇天眷佑有商，俾嗣王克终厥德，实万世无疆之休。

民非君，则不能相正以生；君非民，则谁与为君者，言民固不可无君，而君尤不可失民也。太甲改过之初，伊尹首发此义，其喜惧之意深矣。夫太甲不义，有若性成，一旦翻然改悟，是岂人力所至，盖天命眷商，阴诱其衷，故嗣王能终其德也。何也？汤绪几坠，今其自是有永，岂不为"万世无疆之休"乎？

纂注

林氏曰，太甲终厥德，伊尹力也，而归之天者，君子能致人于悔过迁善之地，不能必其人有悔过迁善之心。尹尝五就桀矣，事虽不可见，即其感悟太甲者，观之于桀，必尽其忠诚矣，而桀终不改，则太甲悔过，庸非天乎。汤宜有余庆，故太甲为之孙；始皇宜有余殃，故扶苏为之子，天也。

陈氏经曰，若人事不尽，而一切诿于天，《太甲》之书不作，桐宫之居不营，而谓太甲不明，天实为之，则非圣贤，以人合天，以义合命之道矣。

吕氏曰，使太甲不改，事将若何？今既克终，喜慰何如哉？玩味"实"字，可见。

新安陈氏曰，克终厥德，即前篇所望"其有终"者也。此所谓"万世无疆之休"，即前篇所望其"万世有辞"者也。前愿之而未得，今得遂其所愿。向也，汤绪几覆；今也，自是可久。先王之望遂矣，伊尹之责塞矣。其欣幸为何如？而得不因其迁善之一初，而许与期望之于悠久也哉。

20.（元）朱祖义《尚书句解》卷四《商书·太甲中第六》

作书曰（喜而作书），民非后（民非君），罔克胥匡以生（无能相守其正以生）。

21.（明）王樵《尚书日记》卷七《商书·太甲中》

"作书曰，民非后，罔克胥匡以生"至"实万世无疆之休"。

谓民固不可无君，而君尤不可失民者。民无君，复有明君者出。君失民，庙社一绝不可复续。

"民非君不能相正以生"，故上有明君，天下无乱，生民之至愿也。君非民，无以君四方，故人心不可失，一失不可复放。君民相保，有治无乱，此老臣上为其君，下为其民之至情也。

林氏曰，太甲克终允德，伊尹力也，而归之天者，君子能致人于悔过迁善之地，不能必其人有悔过迁善之心。尹尝五就桀矣，事虽不可见，即其感悟太甲者，观之于桀必尽其忠诚矣，而桀终不改，则太甲悔过，庸非天乎。

22.（清）库勒纳等撰《日讲书经解义》卷四《商书·太甲中》

（归善斋按，见"惟三祀十有二月朔"）

（明）梅鷟《尚书考异》三《商书·太甲中》

（归善斋按，见"伊尹以冕服，奉嗣王归于亳"）

后非民，罔以辟四方

1.（汉）孔氏传、（唐）陆德明音义、孔颖达疏《尚书注疏》卷七《太甲中》

后非民，罔以辟四方。
传，须民以君四方。
音义，疆，居良反。

2.（宋）苏轼《书传》卷七《商书·太甲中第六》

后非民，罔以辟四方。
言民去之，则吾无与为君者。

3.（宋）林之奇《尚书全解》卷十六《商书·太甲中》

（归善斋按，见"作书曰，民非后，罔克胥匡以生"）

4.（宋）史浩《尚书讲义》卷八《商书·太甲中》

（归善斋按，见"惟三祀十有二月朔"）

5.（宋）夏僎《尚书详解》卷十二《商书·太甲中》

(归善斋按，见"作书曰，民非后，罔克胥匡以生")

6.（宋）时澜《增修东莱书说》卷九《商书·太甲中第六》

(归善斋按，见"惟三祀十有二月朔")

7.（宋）黄度《尚书说》卷三《商书·太甲中》

(归善斋按，见"作书曰，民非后，罔克胥匡以生")

8.（宋）袁燮《絜斋家塾书钞》卷五《商书·太甲中》

(归善斋按，见"惟三祀十有二月朔")

9.（宋）蔡沈《书经集传》卷三《商书·太甲中》

(归善斋按，见"作书曰，民非后，罔克胥匡以生")

10.（宋）黄伦《尚书精义》卷十七《商书·太甲中》

(归善斋按，见"作书曰，民非后，罔克胥匡以生")

11.（宋）陈经《尚书详解》卷十四《商书·太甲中》

(归善斋按，见"惟三祀十有二月朔")

12.（宋）钱时《融堂书解》卷六《商书·太甲中》

(归善斋按，见"作书曰，民非后，罔克胥匡以生")

13.（宋）魏了翁《尚书要义》

原阙。

14. （宋）陈大猷《书集传或问》卷上《商书·太甲上中》

（归善斋按，未解）

15. （宋）胡士行《尚书详解》卷四《商书·太甲中第六》

（归善斋按，见"作书曰，民非后，罔克胥匡以生"）

16. （元）吴澄《书纂言》

（归善斋按，未解）

17. （元）陈栎《书集传纂疏》卷三《朱子订定蔡氏集传·太甲中》

（归善斋按，见"作书曰，民非后，罔克胥匡以生"）

18. （元）许谦《读书丛说》卷五《商书·太甲》

（归善斋按，未解）

19. （元）董鼎《书传辑录纂注》卷三《商书·太甲中》

（归善斋按，见"作书曰，民非后，罔克胥匡以生"）

20. （元）朱祖义《尚书句解》卷四《商书·太甲中第六》

后非民罔以辟四方（君非民，无以君临四方）。

21. （明）王樵《尚书日记》卷七《商书·太甲中》

（归善斋按，见"作书曰，民非后，罔克胥匡以生"）

22.（清）库勒纳等撰《日讲书经解义》卷四《商书·太甲中》

（归善斋按，见"惟三祀十有二月朔"）

（明）梅鷟《尚书考异》三《商书·太甲中》

（归善斋按，见"伊尹以冕服，奉嗣王归于亳"）

皇天眷佑有商，俾嗣王克终厥德，实万世无疆之休

1.（汉）孔氏传、（唐）陆德明音义、孔颖达疏《尚书注疏》卷七《太甲中》

皇天眷佑有商，俾嗣王克终厥德，实万世无疆之休。
传，言王能终其德，乃天之顾佑商家，是商家万世无穷之美。

2.（宋）苏轼《书传》卷七《商书·太甲中第六》

皇天眷佑有商，俾嗣王克终厥德，实万世无疆之休。王拜手稽首曰，予小子不明于德，自厎不类。
不类，犹失常也。

3.（宋）林之奇《尚书全解》卷十六《商书·太甲中》

（归善斋按，见"作书曰，民非后，罔克胥匡以生"）

4.（宋）史浩《尚书讲义》卷八《商书·太甲中》

（归善斋按，见"惟三祀十有二月朔"）

5.（宋）夏僎《尚书详解》卷十二《商书·太甲中》

（归善斋按，见"作书曰，民非后，罔克胥匡以生"）

6.（宋）时澜《增修东莱书说》卷九《商书·太甲中第六》

（归善斋按，见"惟三祀十有二月朔"）

7.（宋）黄度《尚书说》卷三《商书·太甲中》

（归善斋按，见"作书曰，民非后，罔克胥匡以生"）

8.（宋）袁燮《絜斋家塾书钞》卷五《商书·太甲中》

皇天眷佑有商，俾嗣王克终厥德，实万世无疆之休。

伊尹谓，王今日所以悔过，乃成汤之德，在民未泯，皇天眷佑我商家，故使嗣王克终厥德，是乃天意也。今幸而克终厥德，可不愈知勉乎哉，皆是惧太甲此心始复，尚未坚固，所以此书，无非坚固太甲之心，使其前日之欲、纵更不复再起。玩其辞气，盖可见也。

9.（宋）蔡沈《书经集传》卷三《商书·太甲中》

（归善斋按，见"作书曰，民非后，罔克胥匡以生"）

10.（宋）黄伦《尚书精义》卷十七《商书·太甲中》

（归善斋按，见"作书曰，民非后，罔克胥匡以生"）

11.（宋）陈经《尚书详解》卷十四《商书·太甲中》

（归善斋按，见"惟三祀十有二月朔"）

12.（宋）钱时《融堂书解》卷六《商书·太甲中》

（归善斋按，见"作书曰，民非后，罔克胥匡以生"）

13.（宋）魏了翁《尚书要义》

原阙。

14.（宋）陈大猷《书集传或问》卷上《商书·太甲上中》

（归善斋按，未解）

15.（宋）胡士行《尚书详解》卷四《商书·太甲中第六》

（归善斋按，见"作书曰，民非后，罔克胥匡以生"）

16.（元）吴澄《书纂言》

（归善斋按，未解）

17.（元）陈栎《书集传纂疏》卷三《朱子订定蔡氏集传·太甲中》

（归善斋按，见"作书曰，民非后，罔克胥匡以生"）

18.（元）许谦《读书丛说》卷五《商书·太甲》

（归善斋按，未解）

19.（元）董鼎《书传辑录纂注》卷三《商书·太甲中》

（归善斋按，见"作书曰，民非后，罔克胥匡以生"）

20.（元）朱祖义《尚书句解》卷四《商书·太甲中第六》

皇天眷佑有商（皇天眷顾，佑助我商），俾嗣王克终厥德（使太甲能终其德），实万世无疆之休（实为万世无穷休美）。

21.（明）王樵《尚书日记》卷七《商书·太甲中》

（归善斋按，见"作书曰，民非后，罔克胥匡以生"）

22.（清）库勒纳等撰《日讲书经解义》卷四《商书·太甲中》

（归善斋按，见"惟三祀十有二月朔"）

（清）张英《书经衷论》卷二《商书·太甲上中下》

"皇天眷佑有商"只此三语，便使伊尹欢欣拥戴之意，千载如见具此种忠爱真挚；而后放桐之举，不为人所疑，真化工之笔也。太甲悔过之言，亦可谓迫且切矣。非心知其前此之非，而能如是乎？故曰太甲悔过，自怨自艾。

王拜手稽首曰：予小子不明于德，自厎不类

1.（汉）孔氏传、（唐）陆德明音义、孔颖达疏《尚书注疏》卷七《太甲中》

王拜手稽首曰，予小子不明于德，自厎不类。
君而稽首于臣，谢前过。类，善也。暗于德，故自致不善。
音义，厎，之履反。

2.（宋）苏轼《书传》卷七《商书·太甲中第六》

（归善斋按，见"皇天眷佑有商，俾嗣王克终厥德，实万世无疆之休"）

3.（宋）林之奇《尚书全解》卷十六《商书·太甲中》

王拜手稽首曰，予小子不明于德，自厎不类，欲败度，纵败礼，以速

戾于厥躬。天作孽，犹可违；自作孽，不可逭。既往背师保之训，弗克于厥初，尚赖匡救之德，图惟厥终。

拜手，首至手也。稽首，首至地也。既首至手，乃复申头以至于地，钦之至也。臣之于君，则有此礼。太甲之于伊尹，而拜手稽首者，尽钦于师保，故其礼如。此蜀先主敕后主曰，汝与丞相从事，事之如父。太甲拜手稽首于伊尹，是亦事之如父也，非其事之如父，则其放之也，安得不怒其复之也，安得而不憾彼商人之见；其或废或立，皆在其掌握，亦安得而不疑也哉。太甲既拜手稽首矣，于是悔谢前过，而述其自怨自艾之意，以谓予小子不明于己之德丧，其固有之良心，而自致于不类。不类，犹不肖，盖谓丧其德，而失人道之正也。《诗》曰"克明克类"，惟克明，然后能克类。既不明于德，所以"自厎不类"也。惟其自厎不类，故欲败度，纵败礼，以速戾于厥躬。

王氏曰，欲而无以节之，则败度；纵而无以操之，则败礼。欲而无以节之谓，广其宫室，侈其衣服之类；纵而无以操之，谓惰其志气，弛其言貌之类。此说比先儒为长。要之，多欲者，必纵肆；纵肆者，必多欲。不类之人，必有此二者之失，故其至于败度、败礼，而不自反，则召罪戾于其身也。"速戾于厥躬"盖指放于桐宫之事也。孽，灾也。违、逭，皆逃避也。天作孽，谓己无以致之，而其灾出于天之所作者，盖无妄之灾也。此则可以违避。若乃欲败度，纵败礼，则是自作之灾孽也，其召"戾于厥躬"必矣。此则不可逃矣。《孟子》曰，不仁者可与言哉？安其危而利其灾，乐其所以亡者，不仁而可与言，则何亡国败家之有？夫人必自侮而后人侮之，家必自毁而后人毁之，国必自伐而后人伐之。遂引此言为证，盖为国家者，苟有畏危亡之心，常思兢兢业业，以维持之，而我无以致危亡之道，则虽有天作之灾，吾犹可恐惧修省而避之。苟其咎自我，作安其危，而利其灾，乐其所以亡者，于是自取之而已。其危亡之至，岂可得而逃哉。《孟子》之言，所以申明太甲之意，以谕后世也。太甲云，我之所以速戾于厥躬者，盖自作之咎，既往者，背违师保之教训，不能修德于其初矣，尚有赖于伊尹正救之德，图谋其终，以逭夫自作之孽也。盖于是，始知伊尹之忠，而望其启沃，即序所谓"思庸"者也。夫伊尹云，太甲克终厥德，盖以谓皇天眷佑有商之所致。至太甲言其不明，则曰"天作孽犹可违，自作孽不可逭"，不以其所不明者，归之于天，何也？莫之为而为者，天也；莫之致而至者，命也。古之人所为，非其力之所能致者，然后归之于无可奈何，而委分于天，如伊尹之于太甲，能言烈祖之成德，以训之。至于不改，又谆谆而诰戒之。至于又不改，则营桐宫而居之。其所以自尽者，能如是而已矣。至于"克终允德"，则非伊尹之所能必也。而太甲遂能克终允德，岂非天乎？若夫太甲之"自厎不类，欲败度，纵败礼"，实自为也，岂莫之为而为之者哉；实自致也，岂莫之致而至之者哉。故其孽，皆自作之孽而不可以归于天也。如以"自作之孽"，而归之于天，则人事废矣。西伯既戡黎，祖伊恐，奔告于受，曰，天既讫我殷命。格人元龟，罔敢知吉，故天弃我，不有康食，不虞天性，不迪率典。而纣答之曰，呜呼！我生不有命在天。祖伊反曰，呜呼！乃罪多参在上，乃能责命于天，殷之即丧，指乃功，不无戮于尔邦。夫祖伊言天之命，而纣亦言天命。祖伊乃以为纣责命于天，而深陈其不可者。盖命非人主之所言也。安危存亡之势，皆于己取之而已矣。苟为责命于天，而谓己无预乎事，则无复有悔过迁善之心矣。若夫人臣之于君，虽在我者，能尽夫为臣之道，而从与不从，在夫君。从之，则安且治；不从，则危且乱。从与不从之间，而治乱安危分焉，非己之所能必也。伊尹之言，太甲从之者，天也。祖伊之言，纣不从之者，亦天也。故二子可以言天，若太甲，与纣不可以言天矣。太甲以为自作孽，遂终厥德；纣以为我生不有命在天，故至于亡。学者观诸此，则可以知天命之所自出矣。

4.（宋）史浩《尚书讲义》卷八《商书·太甲中》

（归善斋按，见"惟三祀十有二月朔"）

5.（宋）夏僎《尚书详解》卷十二《商书·太甲中》

王拜手稽首曰，予小子不明于德，自厎不类，欲败度，纵败礼，以速戾于厥躬。天作孽，犹可违；自作孽，不可逭。既往背师保之训，弗克于厥初，尚赖匡救之德，图惟厥终。

伊尹上既叹美太甲能终厥德，故王于是拜手稽首，谢其前过。曾氏谓，拜手者，手至首。稽首者，首至手，致恭之极也。先儒皆以拜手为手至首，稽首为首至地。既手至首，乃复曰头至地，此说恐误。按《荀子》曰，平衡曰拜，下衡曰稽首，至地曰稽颡，则稽首才入于下衡而已，何至于及地也。会氏此说，似乎有理。臣之见君，则用此礼。今太甲于伊尹，乃如此者，盖尽其礼以敬师保如此，伊尹既美其能终厥德，故太甲于是拜手稽首，以述其自怨自艾之意也。谓我小子，昔也，以不明于德，丧其固有之良心，而自至于不类。不类，犹云不肖。《诗》曰"克明克类"，惟克明故能克类。今太甲不明于德，所以自厎不类也。惟其自厎不类，故欲以败其度，纵以败其礼。王氏谓，欲者，广其宫室，侈其衣服之类。欲而无节，则必败其常度。纵者，堕其志气，地其言貌之类。欲而无已，则必败礼节，此说比诸儒为长。要之，多欲必纵，肆纵肆必多欲，不类之人，必有此失。此所以败度而败礼。惟太甲自厎不类，有此二失，伊尹戒之，不能自改，故至迁桐，而罪戾，皆太甲自速召戾也。太甲既知迁桐之戾乃其自速，故言曰，天作孽犹可违，自作孽不可逭，谓迁桐之戾，非天所至，乃己自为此，所以不可逃也。孽，灾也。灾初生，有芽蘖也。天作孽，谓己无以致之，而其灾出于天之所作者，盖无妄之灾也，故可以违避。若乃欲败度，纵败礼，则自作之灾孽也，其召戾于身也，必矣，其可逭逃也哉？太甲既言迁桐之罪，乃己自招，于是悔其既往背师保之训，谓我前此违背伊尹师保之教训，不能修德于其初，今幸知悔，庶几有赖于伊尹匡救之德，图以善其终也。盖太甲于是始知伊尹之忠，而望其启沃，此即序谓之"思庸"也。

6.（宋）时澜《增修东莱书说》卷九《商书·太甲中第六》

王拜手稽首曰，予小子不明于德，自厎不类，欲败度，纵败礼，以速戾于厥躬。天作孽，犹可违；自作孽，不可逭。既往背师保之训，弗克于厥初，尚赖匡救之德，图惟厥终。

太甲既悔，乃知前日之非，拜手稽首曰，我小子初以不明于德，自至不善，欲至于败度，纵至于败礼，以速召其罪，戾于厥躬。观此数语，非自怨自艾之深乎。自常人论之，桐宫之放，怨心必生。今太甲乃知凡其不类，无非自厎前日所见，度若败，吾欲者；礼若败，吾纵者，今日所见，乃欲之败度，纵之败礼也。人至改悔所见，莫不的切，自为此语，非灼然有见者不能。太甲之病，正在不明。至于自咎，亦谓不明于德。孔子序《书》以"不明"冠之篇首，察知其原也。方太甲不明之初，视欲与纵，为安泰恬愉之地；视度与礼，若荆棘束缚。然既明矣，乃知度与礼，自有安泰恬愉之实，而欲与纵乃荆棘也。以速戾者，见欲、纵之为戾急也。"天作孽犹可违"，避如水火之灾，人得而逃之。至于身所自作，则身自被害，一身之间，何所逃哉。"既往背师保之训"至"图惟厥终"，见太甲望伊尹扶持之切。当太甲不惠于阿衡之时，伊尹之言，惟恐太甲之不听。及太甲既明之后，太甲之心，惟恐伊尹之不言也。

7.（宋）黄度《尚书说》卷三《商书·太甲中》

王拜手稽首曰，予小子不明于德，自厎不类，欲败度，纵败礼，以速戾于厥躬。天作孽，犹可违；自作孽，不可逭。既往背师保之训，弗克于厥初，尚赖匡救之德，图惟厥终。

拜手，首至手；稽首，首至地。太甲之言，怨艾昔非，归恩师保，明白洞达，如此，可谓允德矣。

8.（宋）袁燮《絜斋家塾书钞》卷五《商书·太甲中》

王拜手稽首曰，予小子不明于德，自厎不类，欲败度，纵败礼，以速戾于厥躬。天作孽，犹可违；自作孽，不可逭。既往背师保之训，弗克于厥初，尚赖匡救之德，图惟厥终。

予小子不明于德，此太甲自言其过失之由也。人有过失，皆只是昏。此心常明，何缘有过。且当过失之起，试自省察是心，果明乎，果不明乎？知过生于不明，则知太甲所以欲败度，纵败礼者由其昏也。人皆有此礼度。礼度者，规矩绳墨是也。容止可观，进退可度。凡所为合于法度者，此度也；有绳约而不可逾越者，此礼也。一身之礼度，岂可不谨守，欲、纵之心日滋，则礼度败矣。目之欲色，耳之欲声，口之欲味，四肢之欲安逸，此皆欲也。既是有欲，则适情纵意不当为者，皆为之矣。何以能合法度。纵，是恣纵此心，既要放肆纵逸，何以能遵于礼。非礼勿视，非礼勿听，非礼勿言，非礼勿动，如此而后，礼度不失。太甲用功至深，所以见得前日之过，皆在于欲、纵也。

"天作孽犹可违"，如日月薄蚀，星辰失行之类，皆在天者也。吾能修德，则天变可消，故犹可逃避。自作孽不可逭，若自作了不善，如物为污秽，所染湔洗不去，虽后改悔自新，而前日不善之名，其可泯没乎？此其所以不可逭也。此是太甲悔过之切，知前日之过，皆是自为之。今既无可奈何矣。幸而今日之悔，尚赖尔匡救之德，庶其有终矣。大抵，人虽能悔过，然往往工夫便住了。太甲既悔过之后，其心进进不已，惟终之是图。观"尚赖"二字，可见其无穷之心也。呜呼！若太甲之悔过，真所谓悔过者欤。

"王拜手稽首"，以人君之尊而下拜其臣，且自言"予小子不明于德，自厎不类，欲败度，纵败礼，以速戾于厥躬"，又言"天作孽犹可违，自作孽不可逭"，又言"既往背师保之训，弗克于厥初，尚赖匡救之德，图惟厥终"，欲识三代哲王之心，观此处可见。今人，何曾如太甲之悔过。彼其怨艾之切，辞旨甚哀，而本心之良，卓然分明矣。向也，居于桐宫，虽已"克终允德"，犹惧其未坚固也，故伊尹告以君、民一体之义，告以"皇天眷佑有商，俾嗣王克终厥德"，使太甲既复之心，坚固不拔。今焉太甲，尚赖匡救，图惟厥终，则果能不负伊尹之所望也。

9．（宋）蔡沈《书经集传》卷三《商书·太甲中》

王拜手稽首曰，予小子不明于德，自厎不类。欲败度，纵败礼，以速戾于厥躬。天作孽，犹可违；自作孽，不可逭。既往背师保之训，弗克于厥初，尚赖匡救之德，图惟厥终。

逭，胡玩反。拜手，首至手也。稽首，首至地也。太甲致敬于师保，其礼如此不类，犹不肖也。多欲，则兴作而乱法度；纵肆，则放荡而隳礼仪。度就事言之也；礼就身言之也。速，召之急也。戾，罪；孽，灾；逭，逃也。既，往，已往也。已往既不信伊尹之言，不能谨之于始，庶几正救之力，以图惟其终也。当太甲不惠阿衡之时，伊尹之言，惟恐太甲不听。及太甲改过之后，太甲之心，惟恐伊尹不言。夫太甲固困而知之者，然昔之迷，今之复；昔之晦，今之明，如日月昏蚀，一复其旧，而光采炫耀，万景俱新，汤、武不可及已，岂居成王之下乎。

10.（宋）黄伦《尚书精义》卷十七《商书·太甲中》

王拜手稽首曰，予小子不明于德，自厎不类，欲败度，纵败礼，以速戾于厥躬。天作孽，犹可违；自作孽，不可逭。既往背师保之训，弗克于厥初，尚赖匡救之德，图惟厥终。

无垢曰，太甲未悔以前，善言能耸动之，而不能使其深入；既悔之后，伊尹謦欬謦笑之间，皆注乎太甲心术之内。如箭破的，如啄受啐，其言形动于外，盖天机自然不得而已。拜手稽首，岂虚为礼文哉？诚有不得不然者尔。夫转"不惠"、"惟庸"、"未变"之心，一旦而为拜手稽首，亦可以验伊尹之所学矣，岂特可以验伊尹之所学，善恶之在心，其形状亦可卜也。向者，恶注乎心，使人闻恳切善言，其倨傲乃如此；今也，善注于心，略闻善端，其尊敬乃如此，是善恶外见，又可于仪容间卜之矣。

又曰，自谓有余者，小人之态；常若不足者君子之心。伊尹前日告戒之几，太甲已得之矣，犹自以为不足而渴闻如此，是其志岂止欲为悔过之君而已乎？其为善之心，何其远且大也。

张氏曰，耳之于声，目之于色，口之于味，鼻之于臭，无非欲也。先王以人之有欲，于是为度以防之；惰其情貌，弛其支体，无非纵也，先王以人之有纵，于是制礼以防之。欲而无以节之，则至于败度；纵而无以操之，则至于败礼。败度、败礼，其为罪大矣。天作孽，则修德而可以禳，故曰犹可违；自作孽，则在己有以致之，何可逃乎？故曰"不可逭"。太甲以为既往之失，虽不可追，而将来者尚可图之也。然则，太甲之所以"克终厥德"，岂非伊尹之力欤。

东莱曰，太甲不明之初，视欲与纵，为安泰恬愉之地；视度与礼，反若荆棘束缚。然此时，惟恐欲之败度，纵之败礼。既明矣，乃知度与礼，自有安泰恬愉之地；欲与纵，乃荆棘也。故惟恐欲之败度，纵之败礼，以速戾于厥躬，言自得罪也。天作孽犹可违，避如天下水火之灾，人皆得以逃之。至于自身作罪，则身自被其害，一身之间，何所逃哉。

11.（宋）陈经《尚书详解》卷十四《商书·太甲中》

王拜手稽首曰，予小子不明于德，自厎不类，欲败度，纵败礼，以速戾于厥躬。天作孽，犹可违；自作孽，不可逭。既往背师保之训，弗克于厥初，尚赖匡救之德，图惟厥终。

《伊训》、《肆命》、《徂后》之书作矣，而太甲不明，嗣王戒哉之。训，陈矣。而罔念用面命之言，复，陈矣；而未克变，及桐宫之既放，亳之既归，则王于此，始有拜手稽首，始有不明于德之责。既有以"自作孽不可逭"而任诸己，复以"尚赖正救"而责诸臣，雍雍然有唐、虞揖逊气象，则知太甲固不可以言语口舌间，所能正救，而伊尹亦不以言语口舌之间，而为之正救也。然则，何为不知太甲之不明，而必立之，及其既不明，则放诸桐，以密迩先王，其训，伊尹必为是费力欤。曰，伊尹受汤之托，以立太甲，则太甲之不明，伊尹虽知之，亦不敢忘君命也。尹知太甲之不明，亦知太甲之能悔过，故以成汤之命而立太甲，无害也。向使太甲终于不明，则尹之心，其始必不立也。

君而稽首于其臣可乎？曰，伊尹乃受遗托孤之大臣，礼貌之所必加，而不可拘于君臣之常礼也。"予小子不明于德自厎不类"，不类，不善也。所以致于不善者，徒以不明之故。所以欲败度，纵败礼，以自取其戾。"天作孽犹可违"，谓灾之自天者，可以已而禳之。若成王悟而天反风，宋景公出仁人之言，而荧惑退舍是也。灾之自己作，则己受之，尚何逃耶？如秦、隋之奢侈，天下终为汉、唐所有，虽人力有不能振救也。"既往背师保之训"，弗能于其初悔之，不可追矣。"尚赖正救"，以图其终，则太甲之心惟恐伊尹之言不得以继闻也。

其迁善之喜，为何如耶？虽然伊尹亦尝明言烈祖之成德，以训于王矣，亦尝引先王制官之说，以告于王矣，书之作，亦未尝不在于先王"顾諟天之明命"矣，言之陈，亦未尝不在于"先王昧爽丕显"矣。凡所以为太甲告，历历于兹，殆未始弃成汤也。桐宫之放，亦不过"密迩先王其训"而已，奈何成汤之训，伊尹援引以为之告，则终不能变太甲不明之累，放之桐宫，使之密迩先王，乃可以使太甲终允德，何耶？夫古者，朝廷容面折廷诤之臣，以补人主之阙，话言以告之，而正所以诱掖之也。不言何以训诲欤？曰，此正伊尹造化太甲也。训导之，弗知；教诲之，弗率，是其心之奢侈外物，得以役之，于伊尹之言，无所受纳。营于桐宫，则口传不若意忆，外物无以役其心，声色无以役其耳目，自然善心油然而长，谓之"克终允德"，固宜。然成王有过，周公挞伯禽；太甲有过，伊尹放之于桐，无非所以造化之也。

太甲之克终允德也，闻伊尹"民非后罔克胥匡以生，后非民罔以辟四方"之数言，而太甲遂为之稽首，知其不明，不类，败度，败礼如此，其晓然见一己之过，何耶？盖向也，在不明之中，则方且以不类为是，以败度败礼者为当然，则伊尹之言如未闻也。至此则良善之心油然而生，始悟向者之非，庶几来者之可图，宜其历数己过如是，其晓然也。《孟子》曰，人恒过，然后能改。又曰，生于忧患，而死于逸乐。盖上智之资者，则不待有所激，而自然为善。苟非上智，则启发之机，必有待于愤悱者矣。太甲之悔过也，岂非桐宫之放，有以动心忍性而然欤。秦穆公无殽之败，则必无《秦誓》之作；汉武帝无巫蛊之祸，则必无"轮台之诏"。大抵欲观人之良心发者，必自其悔过者观之。

12. （宋）钱时《融堂书解》卷六《商书·太甲中》

王拜手稽首曰，予小子不明于德，自厎不类。欲败度，纵败礼，以速戾于厥躬。天作孽，犹可违；自作孽，不可逭。既往背师保之训，弗克于厥初，尚赖匡救之德，图惟厥终。

此正太甲思庸之实语也。伊尹告太甲，所存者五篇，而太甲止数语。呜呼！非真实，有见透脱病根改过，明白无所疑贰，安能倾倒吐露如此其的哉。自昔者"不惠于阿衡"，以至"惟庸罔念闻"，以至"王未克变"，太甲必煞多言语，为史氏所略。至"克终允德"，正是善端方萌，何故亦略不记录一二。大率，人初有见，故习乍脱，虽知自怨自艾，意态安能顿除，剖白罪状，敷陈情款，未必十分特达痛切，史氏略之于允德之初，而独表彰其数语，见得前日所言，未必如今日之特达痛切者。"不明于德"，一语不是德上有见，如何道得出，如何知得下面许多病，都在"不明于德"上。

13. （宋）魏了翁《尚书要义》

原阙。

14. （宋）陈大猷《书集传或问》卷上《商书·太甲上中》

（归善斋按，未解）

15. （宋）胡士行《尚书详解》卷四《商书·太甲中第六》

王拜手稽首曰，予小子不明于德，自厎（至）不类（善），欲（嗜好无节）败度（法），纵（志气昏惰）败礼（节）以速戾（罪）于厥躬。天作（如水火之灾）孽（灾生牙蘖）犹可违，自作孽不可逭（缓）。既（已）往（前）背（反）师保（尹）之训，弗克于厥初，尚赖（藉）匡救之德，图惟厥终。

桐宫之放，太甲不以为怨，而以为德，所见明矣。方其不明也，视纵、欲为安愉之地，视礼度若荆棘束缚。然既明矣，乃知纵、欲之荆棘，而礼度乃安愉之地也。得不力求匡救之训乎？其未明也，尹惟恐太甲之不听。其已明也，太甲惟恐尹之不言矣。

16. （元）吴澄《书纂言》

（归善斋按，未解）

17. （元）陈栎《书集传纂疏》卷三《朱子订定蔡氏集传·太甲中》

王拜手稽首曰，予小子不明于德，自厎不类，欲败度，纵败礼，以速戾于厥躬。天作孽，犹可违；自作孽不可逭。既往背师保之训，弗克于厥初，尚赖匡救之德，图惟厥终。

拜手，首至手也。稽首，首至地也。太甲致敬于师保，其礼如此。不类，犹不肖也。多欲，则兴作，而乱法度；纵肆，则放荡而隳礼仪。度，就事言之也；礼，就身言之也。速，召之急也；戾，罪孽，灾。逭，逃也。既往，已往也。已往，既不信伊尹之言，不能谨之于始，庶几正救之力，以图惟其终也。当太甲不惠阿衡之时，伊尹之言惟恐太甲不听；及太甲改过之后，太甲之心，惟恐伊尹不言。夫太甲固困而知之者，然昔之迷，今之复；昔之晦，今之明，如日月昏蚀，一复其旧，而光采炫耀，万景俱新。汤、武不可及，已岂居成王之下乎？

纂疏

愚谓，伊尹虽谓太甲克终厥德，太甲不敢自保，方赖伊尹正救，以图终焉。

18.（元）许谦《读书丛说》卷五《商书·太甲》

（归善斋按，未解）

19.（元）董鼎《书传辑录纂注》卷三《商书·太甲中》

王拜手稽首曰，予小子不明于德，自厎不类。欲败度，纵败礼，以速戾于厥躬。天作孽，犹可违；自作孽，不可逭。既往背师保之训，弗克于厥初，尚赖匡救之德，图惟厥终。

拜手，首至手也。稽首，首至地也。太甲致敬于师保，其礼如此。不类，犹不肖也。多欲，则兴作而乱法度；纵肆，则放荡而堕礼仪。度，就事言之也；礼，就身言之也。速，召之急也。戾，罪；孽，灾；逭，逃也。既往，已往也。已往，既不信伊尹之言，不能谨之于始，庶几正救之力，以图惟其终也。当太甲不惠阿衡之时，伊尹之言，惟恐太甲不听；及太甲改过之后，太甲之心，惟恐伊尹不言。夫太甲，固困而知之者，然昔之迷，今之复；昔之晦，今之明，如日月昏蚀，一复其旧，而光采炫耀，万景俱新。汤武不可及已，岂居成王之下乎？

辑录

古者，天子尊师重傅，太甲拜手稽首，成王拜手稽首，疏言，稽首，稽留之意，是首至地之久也。晋元帝拜王导，至其家，亦拜其妻。《格言》。

纂注

新安胡氏曰，伊尹虽谓太甲"克终厥德"，太甲不敢自保，方赖伊尹正救,以图惟厥终。

20.（元）朱祖义《尚书句解》卷四《商书·太甲中第六》

王拜手稽首曰（太甲于是手至首,为拜手,首至地为稽首,以谢前过曰）,予小子不明于德（我小子不明于德丧其良心）,自厎不类（自至于不善）。

21.（明）王樵《尚书日记》卷七《商书·太甲中》

"王拜手稽首曰,予小子不明于德"至"图惟厥终"。

朱子曰,古者,天子尊师重傅,太甲拜手稽首,成王拜手稽首。疏言,稽首,稽留之意,是首至地之久也。

真氏曰,欲者,嗜好也。纵者,放肆也。奉身当有法度,嗜好无节,则败度;检身当有礼,纵肆自任,则败礼。二字,乃太甲前日受病之源,故至此,首以自责。

朱子曰,伊尹之言,极痛切,文字亦只有许多,只是重遂感发得太甲如此。

按,重,谓其至诚恳恻处。

22.（清）库勒纳等撰《日讲书经解义》卷四《商书·太甲中》

王拜手稽首曰,予小子不明于德,自厎不类。欲败度,纵败礼,以速戾于厥躬。天作孽,犹可违;自作孽,不可逭。既往背师保之训,弗克于厥初,尚赖匡救之德,图惟厥终。

此一节书是,太甲致敬于伊尹,而求善终之道也。厎,致也。不类,犹言不肖。戾,罪也。孽,谓灾;逭,逃也。师保,谓伊尹。太甲既痛改前过,乃知伊尹之忠,遂拜手稽首而致其敬师之礼,曰,予小子,向者昏迷沈溺,罔识天性之本善,而不明于德,以自入于不肖,嗜好无节,坏其奉身之度,纵肆不恭,坏其修身之礼,以自速罪戾于其身。夫天欲降灾,尚赖人事,可以修救。若人所为不善,则孽自我而作者,又安可逃乎？余往者，既背师保之训，不能谨之于始，尚赖正救之力，绳愆纠谬，以求成就于有终哉。盖往者，虽悔无及；而来者，则犹可图也。从来帝王不贵无过，而贵改过。太甲悔过之言，深合圣王自治之旨，虽欲不谓之有商令主，不可得也。

（清）朱鹤龄《尚书埤传》卷八《商书・太甲》

王拜手稽首。

魏了翁曰，臣于君，稽首，敌以下顿首。拜手稽首者，头先至手，后乃至地也。

朱子曰，疏言，稽者，稽留之意，是首至地之久也。

欲败度，纵败礼，以速戾于厥躬

1.（汉）孔氏传、（唐）陆德明音义、孔颖达疏《尚书注疏》卷七《太甲中》

欲败度，纵败礼，以速戾于厥躬。

传，速，召也，言己放纵情欲，毁败礼仪法度，以召罪于其身。

音义，败，必迈反，徐甫迈反。纵，子用反。戾，郎计反。

疏，正义曰：《释言》云："速，征也。征，召也。"转以相训，故"速"为"召"也。"欲"者，本之于情；"纵"者放之于外。有欲而纵之，"纵"、"欲"为一也。准法谓之"度"，体见谓之"礼"，"礼"、"度"一也。故传并释之，言己放纵情欲，毁败礼仪法度，以召罪于其身也。

2.（宋）苏轼《书传》卷七《商书・太甲中第六》

欲败度，纵败礼，以速戾于厥躬。天作孽，犹可违；自作孽，不可逭。

孽，妖也。违、逭，皆避也。妖祥之来，有可以避者，此天作也。若妖由人兴，则无可避之理。

3.（宋）林之奇《尚书全解》卷十六《商书·太甲中》

（归善斋按，见"王拜手稽首曰，予小子不明于德，自厎不类"）

4.（宋）史浩《尚书讲义》卷八《商书·太甲中》

（归善斋按，见"惟三祀十有二月朔"）

5.（宋）夏僎《尚书详解》卷十二《商书·太甲中》

（归善斋按，见"王拜手稽首曰，予小子不明于德，自厎不类"）

6.（宋）时澜《增修东莱书说》卷九《商书·太甲中第六》

（归善斋按，见"王拜手稽首曰，予小子不明于德，自厎不类"）

7.（宋）黄度《尚书说》卷三《商书·太甲中》

（归善斋按，见"王拜手稽首曰，予小子不明于德，自厎不类"）

8.（宋）袁燮《絜斋家塾书钞》卷五《商书·太甲中》

（归善斋按，见"王拜手稽首曰，予小子不明于德，自厎不类"）

9.（宋）蔡沈《书经集传》卷三《商书·太甲中》

（归善斋按，见"王拜手稽首曰，予小子不明于德，自厎不类"）

10.（宋）黄伦《尚书精义》卷十七《商书·太甲中》

（归善斋按，见"王拜手稽首曰，予小子不明于德，自厎不类"）

11.（宋）陈经《尚书详解》卷十四《商书·太甲中》

（归善斋按，见"王拜手稽首曰，予小子不明于德，自厎不类"）

12.（宋）钱时《融堂书解》卷六《商书·太甲中》

(归善斋按，见"王拜手稽首曰，予小子不明于德，自厎不类")

13.（宋）魏了翁《尚书要义》

原阙。

14.（宋）陈大猷《书集传或问》卷上《商书·太甲上中》

(归善斋按，未解)

15.（宋）胡士行《尚书详解》卷四《商书·太甲中第六》

(归善斋按，见"王拜手稽首曰，予小子不明于德，自厎不类")

16.（元）吴澄《书纂言》

(归善斋按，未解)

17.（元）陈栎《书集传纂疏》卷三《朱子订定蔡氏集传·太甲中》

(归善斋按，见"王拜手稽首曰，予小子不明于德，自厎不类")

18.（元）许谦《读书丛说》卷五《商书·太甲》

(归善斋按，未解)

19.（元）董鼎《书传辑录纂注》卷三《商书·太甲中》

(归善斋按，见"王拜手稽首曰，予小子不明于德，自厎不类")

20.（元）朱祖义《尚书句解》卷四《商书·太甲中第六》

欲败度（以私欲，败坏其法度），纵败礼（以纵肆，败坏其礼节），以速戾于厥躬（以自速罪戾于其身）。

21.（明）王樵《尚书日记》卷七《商书·太甲中》

（归善斋按，见"王拜手稽首曰，予小子不明于德，自厎不类"）

22.（清）库勒纳等撰《日讲书经解义》卷四《商书·太甲中》

（归善斋按，见"王拜手稽首曰，予小子不明于德，自厎不类"）

（明）梅鷟《尚书考异》三《商书·太甲中》

欲败度，纵败礼。

昭十年，子皮曰，《书》曰云云，我之谓矣。夫子知度与礼，我实纵欲，而不能自克也。

（清）朱鹤龄《尚书埤传》卷八《商书·太甲》

欲败度，纵败礼。

真德秀曰，欲者，嗜好也。纵者，肆放也。奉身当有法度，嗜好无节，则败度；修德当有礼仪，纵肆不恭，则败礼（此解，胜蔡）。

天作孽，犹可违；自作孽，不可逭

1.（汉）孔氏传、（唐）陆德明音义、孔颖达疏《尚书注疏》卷七《太甲中》

天作孽，犹可违。自作孽，不可逭。

传，孽，灾；逭，逃也，言天灾可避，自作灾不可逃。

音义，孽，鱼列反。逭，胡乱反。

疏，传正义曰，《洪范》五行传有"妖孽眚祥"，《汉书五行志》说云，凡草物之类，谓之妖，妖犹夭胎，言尚微也。虫豸之类，谓之孽，孽则牙蘖矣。甚则异物生，谓之眚。自外来谓之祥，是蘖为灾初生之名，故为灾也。遁，逃也，《释言》文。樊光云，行相避逃，谓之遁，亦行不相逢也。天作灾者，谓若太戊桑谷生朝，高宗雊雉升鼎耳，可修德以禳之，是可避也。自作灾者，谓若桀放鸣条，纣死宣室，是不可逃也，据其将来修德可去。及其已至，改亦无益，天灾自作逃否亦同。且天灾，亦由人行而至，非是横加灾也。此太甲自悔之深，故言自作，甚于天灾耳。

2. （宋）苏轼《书传》卷七《商书·太甲中第六》

（归善斋按，见"欲败度，纵败礼，以速戾于厥躬"）

3. （宋）林之奇《尚书全解》卷十六《商书·太甲中》

（归善斋按，见"王拜手稽首曰，予小子不明于德，自厎不类"）

4. （宋）史浩《尚书讲义》卷八《商书·太甲中》

（归善斋按，见"惟三祀十有二月朔"）

5. （宋）夏僎《尚书详解》卷十二《商书·太甲中》

（归善斋按，见"王拜手稽首曰，予小子不明于德，自厎不类"）

6. （宋）时澜《增修东莱书说》卷九《商书·太甲中第六》

（归善斋按，见"王拜手稽首曰，予小子不明于德，自厎不类"）

7. （宋）黄度《尚书说》卷三《商书·太甲中》

（归善斋按，见"王拜手稽首曰，予小子不明于德，自厎不类"）

8. （宋）袁燮《絜斋家塾书钞》卷五《商书·太甲中》

（归善斋按，见"王拜手稽首曰，予小子不明于德，自厎不类"）

9. （宋）蔡沈《书经集传》卷三《商书·太甲中》

（归善斋按，见"王拜手稽首曰，予小子不明于德，自厎不类"）

10. （宋）黄伦《尚书精义》卷十七《商书·太甲中》

（归善斋按，见"王拜手稽首曰，予小子不明于德，自厎不类"）

11. （宋）陈经《尚书详解》卷十四《商书·太甲中》

（归善斋按，见"王拜手稽首曰，予小子不明于德，自厎不类"）

12. （宋）钱时《融堂书解》卷六《商书·太甲中》

（归善斋按，见"王拜手稽首曰，予小子不明于德，自厎不类"）

13. （宋）魏了翁《尚书要义》

原阙。

14. （宋）陈大猷《书集传或问》卷上《商书·太甲上中》

（归善斋按，未解）

15. （宋）胡士行《尚书详解》卷四《商书·太甲中第六》

（归善斋按，见"王拜手稽首曰，予小子不明于德，自厎不类"）

16. （元）吴澄《书纂言》

（归善斋按，未解）

17. （元）陈栎《书集传纂疏》卷三《朱子订定蔡氏集传·太甲中》

（归善斋按，见"王拜手稽首曰，予小子不明于德，自厎不类"）

18. （元）许谦《读书丛说》卷五《商书·太甲》

（归善斋按，未解）

19.（元）董鼎《书传辑录纂注》卷三《商书·太甲中》

（归善斋按，见"王拜手稽首曰，予小子不明于德，自厎不类"）

20.（元）朱祖义《尚书句解》卷四《商书·太甲中第六》

天作孽（天作灾孽），犹可违（违避）；自作孽（自作灾孽），不可逭（逭，逃）。

21.（明）王樵《尚书日记》卷七《商书·太甲中》

（归善斋按，见"王拜手稽首曰，予小子不明于德，自厎不类"）

22.（清）库勒纳等撰《日讲书经解义》卷四《商书·太甲中》

（归善斋按，见"王拜手稽首曰，予小子不明于德，自厎不类"）

（明）梅鷟《尚书考异》三《商书·太甲中》

天作孽犹可违，自作孽不可逭。

《缁衣》太甲云云，去"犹"字，增"也"字。末句作"不可以逭"。

既往背师保之训，弗克于厥初，尚赖匡救之德，图惟厥终

1.（汉）孔氏传、（唐）陆德明音义、孔颖达疏《尚书注疏》卷七《太甲中》

既往背师保之训，弗克于厥初，尚赖匡救之德图，惟厥终。

传，言已往之前，不能修德于其初，今庶几赖教训之德，谋终于善，悔过之辞。

音义,背,音佩,徐扶代反。

2. (宋)苏轼《书传》卷七《商书·太甲中第六》

既往背师保之训,弗克于厥初,尚赖匡救之德,图惟厥终。伊尹拜手稽首,曰,修厥身,允德协于下,惟明后。

允德,信有德也。下之协从,从其非伪者,盖欲天下,中心悦而诚服。苟非其德出于其固有之诚心,未有能至者。

3. (宋)林之奇《尚书全解》卷十六《商书·太甲中》

(归善斋按,见"王拜手稽首曰,予小子不明于德,自厎不类")

4. (宋)史浩《尚书讲义》卷八《商书·太甲中》

(归善斋按,见"惟三祀十有二月朔")

5. (宋)夏僎《尚书详解》卷十二《商书·太甲中》

(归善斋按,见"王拜手稽首曰,予小子不明于德,自厎不类")

6. (宋)时澜《增修东莱书说》卷九《商书·太甲中第六》

(归善斋按,见"王拜手稽首曰,予小子不明于德,自厎不类")

7. (宋)黄度《尚书说》卷三《商书·太甲中》

(归善斋按,见"王拜手稽首曰,予小子不明于德,自厎不类")

8. (宋)袁燮《絜斋家塾书钞》卷五《商书·太甲中》

(归善斋按,见"王拜手稽首曰,予小子不明于德,自厎不类")

9. (宋)蔡沈《书经集传》卷三《商书·太甲中》

(归善斋按,见"王拜手稽首曰,予小子不明于德,自厎不类")

10. （宋）黄伦《尚书精义》卷十七《商书·太甲中》

（归善斋按，见"王拜手稽首曰，予小子不明于德，自厎不类"）

11. （宋）陈经《尚书详解》卷十四《商书·太甲中》

（归善斋按，见"王拜手稽首曰，予小子不明于德，自厎不类"）

12. （宋）钱时《融堂书解》卷六《商书·太甲中》

（归善斋按，见"王拜手稽首曰，予小子不明于德，自厎不类"）

13. （宋）魏了翁《尚书要义》

原阙。

14. （宋）陈大猷《书集传或问》卷上《商书·太甲上中》

（归善斋按，未解）

15. （宋）胡士行《尚书详解》卷四《商书·太甲中第六》

（归善斋按，见"王拜手稽首曰，予小子不明于德，自厎不类"）

16. （元）吴澄《书纂言》

（归善斋按，未解）

17. （元）陈栎《书集传纂疏》卷三《朱子订定蔡氏集传·太甲中》

（归善斋按，见"王拜手稽首曰，予小子不明于德，自厎不类"）

18. （元）许谦《读书丛说》卷五《商书·太甲》

（归善斋按，未解）

19.（元）董鼎《书传辑录纂注》卷三《商书·太甲中》

（归善斋按，见"王拜手稽首曰，予小子不明于德，自厎不类"）

20.（元）朱祖义《尚书句解》卷四《商书·太甲中第六》

既往背师保之训（往者违背伊尹教训），弗克于厥初（不能修德于初），尚赖匡救之德（今庶几赖伊尹正救之德），图惟厥终（图谋以善其终）。

21.（明）王樵《尚书日记》卷七《商书·太甲中》

（归善斋按，见"王拜手稽首曰，予小子不明于德，自厎不类"）

22.（清）库勒纳等撰《日讲书经解义》卷四《商书·太甲中》

（归善斋按，见"王拜手稽首曰，予小子不明于德，自厎不类"）

（明）梅鷟《尚书考异》三《商书·太甲中》

尚赖匡救之德，图惟厥终。

僖二十六年，展喜曰，弥缝其阙，而匡救其灾。《囧命》又曰，实赖左右前后，有位之士，匡其不及。

伊尹拜手稽首

1.（汉）孔氏传、（唐）陆德明音义、孔颖达疏《尚书注疏》卷七《太甲中》

伊尹拜手稽首。
传，拜手，首至手。

疏，传正义曰，《周礼·大祝》辨九拜，一曰稽首，二曰顿首，三曰空首。郑玄云，稽首，拜头至地也。顿首，拜头叩地也。空首，拜头至手，所谓拜手也。郑惟解此三者拜之，形容所以为异也。稽首，头至地，头下至地也。顿首，头下至地，暂一叩之而，已此言拜手稽首者，初为拜头至手，乃复申头以至于地。至手，是为拜手；至地乃为稽首。然则，凡为稽首者，皆先为拜手，乃后为稽首，故拜手，稽首连言之。诸言拜手稽首，义皆同也。《大祝》又云，四曰振动，五曰吉拜，六曰凶拜，七曰奇拜，八曰褒拜，九曰肃拜。郑注云，振动者，战栗变动而拜；吉拜者，拜而后稽颡，谓齐衰不杖以下者之拜；凶拜者，稽颡而后拜，即三年丧拜也；奇拜者，谓君答臣一拜也；褒拜者，谓再拜，拜神与尸也；肃拜者，谓揖拜也，礼介者不拜，及妇人之拜也。《左传》云，天子在，寡君无所稽首，则诸侯于天子稽首也。诸侯相于则顿首也。君于臣，则空首也。

2. （宋）苏轼《书传》卷七《商书·太甲中第六》

（归善斋按，见"既往背师保之训，弗克于厥初，尚赖匡救之德，图惟厥终"）

3. （宋）林之奇《尚书全解》卷十六《商书·太甲中》

伊尹拜手稽首，曰，修厥身，允德协于下，惟明后先王子惠困穷，民服厥命，罔有不悦，并其有邦厥邻，乃曰：徯我后，后来无罚。王懋乃德，视乃厥祖，无时豫怠，奉先思孝，接下思恭，视远惟明，听德惟聪，朕承王之休无斁。

伊尹于是而尽敬于太甲，拜手稽首，以致其言，而又陈其所以告戒之意也。《孟子》曰，恻隐之心，人皆有之；羞恶之心，人皆有之；是非之心，人皆有之；辞逊之心，人皆有之。凡有四端，于我者，知皆扩而充之，若火之始然，泉之始达。苟能充之，足以保四海；苟不充之，不足以事父母。人有仁、义、礼、智也，岂以独善其一身而已哉。其心扩而充之，使其四端之充实，辉光发见于外，使四海之人，咸受其赐，然后为能尽其性之所固有。此古圣人之治天下，所以始于致知、格物、正心、诚意，以修其身矣。而遂举斯心以加诸彼，至于家齐，国治，而天下平也。

太甲之居于桐宫，既能自怨自艾，处仁迁义，以听伊尹之训己，其于欲败度，纵败礼，以速戾于厥躬者，亦已悔而不复为矣。于是伊尹，以冕服奉之，以归于亳，始践天子之位。于是时也，既能处仁迁义，则是既以伊尹之训，正心，诚意，以修厥身，而成其允德矣。故在夫以其仁、义、礼、智之实，扩而充之，使天下咸受其赐，然后为能尽为君之道，是以伊尹于其始践位，既言君之与民，其势相须以生。盖其为皇天之所眷佑，克终允德，以为万世无疆之休矣。于是又欲善推其所为以惠及斯民也，故遂告之曰，人君之正心、诚意以修厥身，必使允行之德，协于群下之心，然后可以为明后也。

苏氏曰，允德，信有德也。下之协从，从其非伪者，盖欲天下，中心悦而诚服。苟非其德出于固有之诚心，未有能至者，既言其理之如是，于是又以祖成汤之允德，所以协于下者，发明其意，而尽其义也。《孟子》曰，人皆有不忍人之心。先王有不忍人之心，斯有不忍人之政。以不忍人之心，行不忍人之政，治天下可运于掌上。盖先王之治天下，所以能使天下，中心悦而诚服者，无他，惟其不忍人之政，出于不忍人之心而已。其爱养百姓之心，惟恐一夫之失。其所视民之有困穷，而无告者，哀矜恻隐，若己实致之于困穷之地者，故其爱惠之心也，若子然。既视之若子矣，岂有不能尽其所以抚字鞠育之道哉。故困穷之民，先王之所以受天命之本于困穷，而能子惠之，则其深仁厚泽，无所不被，盖可见矣。惟其子惠及于困穷，则斯民信其有爱人利物之心矣，故服其命令，而罔有不悦也。罔有不悦，则欲以为君矣。故当时，与汤同为诸侯者，皆邻并而有邦矣。汤所有者，惟亳之民，以汤为君者，亦惟亳之民。今也，汤之德，惠及困穷，故邻国之民，非汤之所有者，亦皆以汤为君，而望其来，曰，徯我后，后来无罚。盖是时诸侯之邦，皆化于桀之虐政峻法，以荼毒斯民，民坠涂炭，不获保其生。而汤之在亳，独以仁政，至于困穷之民，无不被其泽者，其深仁厚泽，虽其所施者，未出于亳邑，而其恻怛爱民之意，已固结于天下，故邻国之徯之也。曰，我后之来，其无刑罚也，必矣，此其所谓"允德协于下"者也。

予窃以谓《孟子》之游诸侯，大率用此意。盖是时，诸侯皆以暴虐为政，非使民以攻战，则厚赋敛以虐之，严刑罚以胁之。孟子之意，以谓今之诸侯，苟有行仁政者，则诸侯之为暴虐者，皆为之驱民而归之矣。故曰，今夫，天下之人牧，未有不嗜杀人者，如有不嗜杀人者，则天下之民，皆引领而望之矣。又曰，彼夺其农时，使不得耕耨，以养其父母。父母冻饿，兄弟妻子离散，彼陷溺其民，王往而征之，夫谁与王敌。又曰，信能行此五者，则邻国之民，仰之若父母矣，率其子弟，攻其父母，自生民以来，未有能济者也。大凡此皆伊尹所谓"并其有邦厥邻，乃曰，徯我后，后来无罚"之意也。惟汤之子惠困穷，而其允德协于下，其见于已然之效者如此。今也，太甲继之，既能处仁迁义，克终允德矣，将欲扩而充之，使民服厥命，罔有不悦，亦如成汤之时，岂有他哉，惟在勉之而已。故继之曰，王懋乃德，视乃厥祖，无时豫怠，谓惟其不豫怠，以勉其德，则至于成汤，亦不难也。汤之盘铭曰，苟日新，日日新，又日新。汤之所以懋其德者，其新之又新也，如此岂有一时之豫怠也哉。故欲懋乃德，则当视乃祖之所以又日新者，无时豫怠，则其德愈崇，而民无不被其泽矣。

奉先思孝，接下思恭，视远惟明，听德惟聪，此又告之以懋乃德之实也。为汤之子孙，而欲懋其德，以子惠困穷，使民服厥命，罔有不悦，苟非孝恭以立本，聪明以致用，其安能使其民被其泽哉。故其上承祖宗之托，则其奉之也，不可不思孝；下膺臣民之归，则其接之也，不可不思恭。奉先思孝，则能懋乃德，视乃厥祖，无时豫怠矣；接下思恭，则能子惠困穷，使民服厥命，罔有不悦矣。

然人君以眇然之身，处于九重之上，垂旒蔽明，黈纩塞聪，而欲尽知四方情伪，以子惠其困穷，非其聪明足以察见人情之好恶，则其闻见，止于耳目所接之地而已，故又在夫明足以视远，聪足以听德，然后为尽。明曰视远，聪曰听德者。唐孔氏曰，视，戒见近迷远，故言"视远"；听，戒背正从邪，故曰"听德"，各准其事，相配为文。此说是也。而未若林子和之说为善。子和云，高其目，所视者远，然后可以为明；下其耳，所听者德，然后可以为聪。此盖言聪明之用，其所施者，有不同故也。既能孝恭以立本，聪明以致用，则为君之道尽矣。其能扩而充之者，斯可以协于下矣。伊尹之所以望大甲者，既得之矣，故终之曰，"朕承王之休无斁"，言我承王之休美，无有厌斁者也。

4.（宋）史浩《尚书讲义》卷八《商书·太甲中》

伊尹拜手稽首，曰，修厥身，允德协于下，惟明后。先王子惠困穷，民服厥命，罔有不悦，并其有邦厥邻，乃曰，徯我后，后来无罚。王懋乃德，视乃厥祖。无时豫怠，奉先思孝，接下思恭。视远惟明，听德惟聪，朕承王之休无斁。

太甲既悔过，责躬求正救以图终，伊尹得不举修身协下之要，以告之乎？修其身，使信德，协和于下，惟明君能之。古我成汤，以民为子，惠及困穷。夫困穷之人，宜若可缓矣。殊不知，哀矜无告，阴骘下民，天道之常。有王者，作能惠困穷，乃合天道。尧之告舜曰"天之历数在尔躬，允执其中，四海困穷，天禄永终"；舜亦以命禹。成汤继三圣之道，"子惠困穷"在所先者，则民服其命，无有不悦。"有邦厥邻"，咸起"来苏"之徯，固其所也。太甲既率乃祖攸行，懋乃后德，动视成宪，不敢豫而废时，亦不敢怠而忽事。上而奉先思孝，下而接下思恭。思者，心之官也。思既得之，至于耳目之官，亦罔不致谨焉。孰不为视不远则不足为明。"视乃厥祖"，庸非远乎？孰不为听不德则不足为聪。听伊尹之训己，庸非德乎。嗣王，至是变习成之性，无不义者，而尹亦承王之美，为无穷矣。

5.（宋）夏僎《尚书详解》卷十二《商书·太甲中》

伊尹拜手稽首，曰，修厥身，允德协于下，惟明后。先王子惠困穷，民服厥命，罔有不悦，并其有邦厥邻，乃曰，徯我后，后来无罚。王懋乃德，视乃烈祖，无时豫怠。奉先思孝，接下思恭。视远惟明，听德惟聪，朕承王之休无斁。

太甲既悔过，俯求伊尹匡救之助，故伊尹于是又拜手稽首，既答其致恭之礼，且告以治天下之要术也。盖伊尹前喜其能悔过，既言君民相资以生，今太甲克终厥德，则必可以君民，故此遂以治天下之术告之，使之正心诚意，以修其身。身修则惠及斯民矣，故首言"修厥身，允德协于下，惟明后"，盖谓，天下国家，其本在身，人君能正心诚意以修其身，使允信之德，协于群下之心，然后可以为明后也。苏氏谓，允德，信有德也。

下之协从，其从非伪也。盖欲天下中心，悦而诚服，苟非德出于诚心，未有能至者，是"协于下"必在有"允德"也。伊尹既言人君当修身以治天下，故于此，又以乃祖成汤之允德，所以协于下者，发明其意，而尽其义也。盖先王成汤，惟能修身以治天下，故能推不忍人之心，行不忍人之政，于困穷之民，则能子惠之，深仁厚泽，无所不被。民之服其命令者，无有不悦，非特亳之民悦，而与成汤相并有邦者，其邻国之民亦皆望其来，曰"徯我后，后来无罚"。盖是时，诸侯皆化，桀虐政荼毒其民，独汤能子惠困穷，此所以望汤之来，以汤既来，则可以免刑罚之苦也。汤所为既如此，太甲继之，可不懋勉其德，视法乃祖成汤之所已行，奉以周旋，而无一时，敢有犹豫怠惰之心哉。伊尹既欲其懋而无怠，故又告以今日所当为之事焉。盖太甲继汤之后，上有祖宗之托，则奉先之事不可后也；下有臣民之望，则接下之事不可后也。声色玩好，曰为耳目之蔽，则视亦未易以远，听亦未必尽德也，故伊尹于是又告之曰，必欲奉先当思孝也，思孝，则不忘祖矣。必欲接下当思恭也，思恭，则不绝物矣。必欲听远而听德，惟聪明是用也。能聪明则视必远，而听皆德矣。是四者，修身之道不越于此。太甲苟能率而循之，则身修而允德协于下矣，伊尹所以望于太甲者得矣。承王之休美而无有厌致，伊尹岂诬太甲哉。吾以此望之，而太甲能行是道足以副其所望。揆之人情固应喜而不能自已，岂惟伊尹而已。

6.（宋）时澜《增修东莱书说》卷九《商书·太甲中第六》

伊尹拜手稽首曰，修厥身，允德协于下，惟明后。

伊尹见太甲之克终，乃钦而重之，曰，修厥身，允德协于下。于太甲已为之工夫，从而大之也。允德，诚然之德也。太甲既已克终允德，则允德在太甲矣，但未知协于下耳，伊尹从而使之协于下，盖推之也。

7.（宋）黄度《尚书说》卷三《商书·太甲中》

伊尹拜手稽首，曰，修厥身，允德协于下，惟明后。先王子惠困穷，民服厥命，罔有不悦。并其有邦厥邻，乃曰，徯我后，后来无罚。

修身，固将以治国平天下也。自家而之国，自国而之天下，无所不协。斯之谓信，人皆有此信，故能协。太甲曰，不明于德；伊尹曰，惟明后。自昭明德，岂可已乎，皆有邦也。而邻国之民，望汤如此，汤来则厎善无罪罚，允德之协于下也。

8.（宋）袁燮《絜斋家塾书钞》卷五《商书·太甲中》

伊尹拜手稽首，曰，修厥身，允德协于下，惟明后。先王子惠困穷，民服厥命，罔有不悦，并其有邦厥邻，乃曰，徯我后，后来无罚。王懋乃德，视乃烈祖，无时豫怠。

三代王佐格心之业，与汉唐以来宰相不同。且看太甲既悔过之后，伊尹又如何告以修厥身，谓尔之一身，不可不常常修治。大抵心不待修，身不可不修。盖身是一物也。器之阙坏，须修治之。其器始全。身有不善，修则其善，全矣。伊尹谓，尔之心虽是已复，尔之身有病痛处，更当修之。下一"修"字分明，如器之坏补之使全。

"允德协于下"，允德者，实有所得也，凡人之德，若是外面缘饰，作些好事，有所为而然者，皆不可言允。允，是确实真个自得。太甲之悔过，可谓允德矣。既非因他人而然，又非有所为而然，真实自有所得。伊尹谓，此诚尔之允德也。然须至协于下，方可为明后。协者，合也，翕然皆合天下之心。天下皆称颂之，如此而后，谓之允德矣。若未能协于下，何以为允德。此是伊尹又进太甲一步，于是，即先王所以协于下者告之，谓先王视困穷之人，爱之分明如子，民服其教命，无有不悦者。有邦厥邻，皆徯望之。即《孟子》所谓，汤一征，自葛始，天下信之。东面而征，西夷怨；南面而征，北狄怨。奚为后，我民之望之，若大旱之望雨也。四海之内。皆曰非富天下也，为匹夫匹妇复雠也。孟子说一遍，仲虺亦曾说一遍，且一个方伯出来用兵，宜天下皆疑之。今而惟恐其来之后，天下之于汤，是信耶，是不信耶？孟子推明其本，只是一个"信"字。到得天下信之如此，方才是"允德协于下"处。王其可不自勉乎？

懋，如所谓"方懋厥德视乃厥祖"，不可顷刻豫怠。豫，是逸豫；怠是怠惰。人须常常勤勉，岂可有一毫豫怠。召公告武王"夙夜罔或不勤"，《诗》称文王"既勤止"。太甲前日之过，豫怠之故也。今既履至尊之位，苟豫怠之念一萌，则前日欲、纵之心便起，可不惧哉。

9.（宋）蔡沈《书经集传》卷三《商书·太甲中》

伊尹拜手稽首，曰，修厥身，允德协于下，惟明后。

伊尹致敬，以复太甲也。修身，则无败度、败礼之事。允德，则有诚身、诚意之实。德诚于上，协和于下，惟明后然也。

10.（宋）黄伦《尚书精义》卷十七《商书·太甲中》

伊尹拜手稽首，曰，修厥身，允德协于下，惟明后。先王子惠困穷，民服厥命，罔有不悦。并其有邦厥邻，乃曰，徯我后，后来无罚。王懋乃德，视乃烈祖，无时豫怠。奉先思孝，接下思恭。视远惟明，听德惟聪。朕承王之休无斁。

无垢曰，人平生立志，必有所准的，然后可以成功，如人之学射，必先设的于彼，然后吾正内志，直外体，审固弓矢，手布准绳，足蹈规矩，念念于的，日日于的，时时于的，如此则百发百中矣。舜不以尧为的，不能成重华之功；禹不以舜为的，不能成文命之功；汤不以禹为的，不能成表正之功。以至孔子，不以周公为的，何以集大成；孟子不以孔子为的，何以传正统。太甲将欲懋勉允德，安得不以汤为的。视乃厥祖，盖使视之为准的也。

又曰，太甲前日纵、欲时，则忽祖宗，忘臣民，所视者，皆目前之快，而不为万世之计；所听者，皆淫逸之言，而不知仁义之说。是孝恭聪明，皆为纵、欲所昏矣。今既悔过，纵、欲已除，如浮云开，而白日自皦；尘垢去，而轩鉴自明。孝恭聪明，尽皆发见，以奉祖宗，则此心为孝；以接臣民，则此心为恭。所见者，高远不与凡俗同，是此心为明矣；所听者，仁义不与巧佞合，是此心为聪矣。

东坡曰，颜渊问仁，孔子曰非礼勿视，非礼勿听，非礼勿言，非礼勿动。夫视听期于聪明而已，何与于礼？非礼勿视，非礼勿听，是礼也，何与于仁，曰，视听不以礼，则聪明之害物也，甚于聋瞽，何以言之，明之过也，则无所不视；抉人之私，求人之所不及，聪之过也，则无所不听，浸润之谮，肤受之愬或行焉。此其害，岂特聋瞽而已哉。故圣人"一"

之以礼，君臣上下，各视其所当视，各听其所当听，而仁不可胜用也。

史氏曰，人臣以勉君，为训则必论修德之方。人君以成宪为能，则必有为德之效。昔伊尹既复政厥辟，惧其弗克厥终，浩诫之辞，何其至哉。谓孝、恭、聪、明之四德，皆成汤之所常行也。吾能勉其未至，先世易忘，奉之则思孝；卑下易忽，接之则思恭；远者蔽而难察，视惟用其明。德言苦而难入，听惟用其聪。易者，不以为易；难者，不谓其难。惟先王成宪是效。然则，岂惟措人君于无过之地哉？成德之效，为人臣，亦与有荣焉尔。

张氏曰，治天下国家之道者，未有不自其身始，此伊尹之告太甲，所以先言修厥身也。能修厥身，使允德协于下，然后可以为"明明后"也。内，足以自信；外，足以使人信之者，允德也。君子之德，升则上，合乎天；降则下，合乎民。"允德协于下"者，言德之降而下，合于民也。困则不能以自兴；穷则不能以自达。子者，所以亲爱之也；惠者，所以周济之也。困穷者，犹子惠之，则其余可知矣。惟其能子惠困穷，此所以得民之心。能得民之心，此民之所以服厥命，而罔有不悦也。

又曰，高其目，而所视者远，然后可以为明。下其耳，而所听者德，然后可以为聪。孝恭，足以尽己之性；聪明，足以得物之情。则王之盛德，充实于内，而其美不可以有加矣。

东莱曰，明与聪，自有本然之聪，本然之明。惟视远、听德，然后为本然之聪明。人之能视近，而不能视远，以物有以蔽之也。惟物不能蔽，则能视远。能视远，则本然之明见矣。人之所以不能听德，以物有以杂之也。惟所听非物，而非礼勿听，然后为听德。能听德，则本然之聪见矣。

11.（宋）陈经《尚书详解》卷十四《商书·太甲中》

伊尹拜手稽首，曰，修厥身，允德协于下，惟明后。先王子惠困穷，民服厥命，罔有不悦。并其有邦厥邻，乃曰，徯我后，后来无罚。王懋乃德，视乃烈祖，无时豫怠。奉先思孝，接下思恭。视远惟明，听德惟聪。朕承王之休无斁。

此伊尹就太甲良心既发处，又从而推广之也。《孟子》曰，若火之始然，泉之始达，苟能充之，则足以保四海。太甲之心，正火之始然，泉之始达矣。故伊尹所以推广之之意，则曰"修厥身"，谓天下国家之本，皆在于身允德者，即诚实之德也。人欲不留，无一毫之伪，即允德也。太甲能悔过，即知允德矣。然允德之在身者，未足为允德之至，必使协于下，而后可以为明君。协于下者，爱人，而人亲之。治人，而人治之；礼人，而人答之，此协于下也。若爱人不亲，治人不治，礼人不答，其可谓之允德乎？于是，又即成汤之德，所以协于下者为证。"先王子惠困穷"，困穷之民，若不必恤也，而汤子爱之，加惠之，即允德之推也。未几，而民服厥命，则罔有不悦。未几而有邦厥邻之人，皆徯我君之来，有以恤我而无罚，何以使人至于是哉，允德之协于下也。观此当知，伊尹于戒王之际，未始一日忘于成汤也。

太甲即位之初，不明之时，伊尹固尝援引先王以为训矣。太甲悔过之后，若不必复泥于先王，可也。而且不忘焉，盖以大臣之告君，不患君之不从，而患其言之无所据。夫人之情，莫不信于有所据，而疑于泛然之辞也。伊尹欲其君行己之言，则不得不有以信其心欲。信其心，则不得无所据，是以即成汤，而为之据，使太甲心朗目耀，晓然于面前，无惑疑不决之患，则始终之词，不得以异其说，以至《太甲下》篇、《咸有一德》之篇，开口措辞之际，莫非成汤之事迹，则伊尹其善于告君钦。既以成汤而陈之于前，次以太甲而例之于后，意者，盖欲使太甲法成汤以为之据也。

"王懋乃德"，乃德非自外来也，即中心之允德也。"视乃烈祖成汤"，当以先王为准的。"无时豫怠"，则勉之又勉，有一时而豫怠，则不足以为允德矣。即此德，则奉先而思孝，以事亲；即此德，而接下则思恭，以待其臣；即此德，以视远则惟明，而不为浅近之见；即此德，以听德则惟聪，而不为侧言之信。其用不同，而其为允德，则一也。太甲而能至于此，则伊尹承王之休美，无所厌斁矣。人臣之乐，岂在于爵位之崇，一己之奉，为妻子计，为持禄保位计哉？君心既格，则人臣之乐，无以加此矣。

曰"朕"云者，天子自称曰"朕"，伊尹自称以为"朕"，盖古者"朕"之字，即训"我"，非有君、臣之别。自后世，始分"朕"为天子之称。禹曰"朕德罔克"，皋陶曰"朕言惠"，周公曰"朕复子明辟"，皆可证也。

12. （宋）钱时《融堂书解》卷六《商书·太甲中》

伊尹拜手稽首曰，修厥身，允德协于下，惟明后。先王子惠困穷，民服厥命，罔有不悦。并其有邦厥邻，乃曰，徯我后，后来无罚。王懋乃德，视乃烈祖，无时豫怠。奉先思孝，接下思恭。视远惟明，听德惟聪，朕承王之休无斁。

允德，实德也，千失万过，皆从不实上起。一毫不实，虚伪百端。"豫怠"二字，正是截太甲将来病根。纵欲之事，今虽无有，而宫庭旧观，依然在前，故态恶习，处处皆是熟路，少有逸豫懈怠，即纵、欲矣。奉先则当思孝，凡履尊居正，继志述事，少有愧于心，非孝也。非独有事宗庙，而谓之奉先也。接下，则当思恭，凡深宫广殿，侍御仆从，少有乖于礼，非恭也。非独体貌臣邻而谓之接下也。

（案此下疑有阙文）

13. （宋）魏了翁《尚书要义》

原阙。

14. （宋）陈大猷《书集传或问》卷上《商书·太甲上中》

（归善斋按，未解）

15. （宋）胡士行《尚书详解》卷四《商书·太甲中第六》

伊尹拜手稽首曰，修厥身允（诚实）德协（合）于下，惟明后。
协于下，验诸民也。协则果修，而真足为明后矣。
先王子惠困穷（德），民服厥命（协），罔有不悦。并（等）其有邦（为诸侯）厥邻（邻国），乃曰，徯（望）我后（汤），后来无罚（虐政）。
此以证"协于下"之说也。汤以七十里与服国等侯耳，德之感如此。况太甲已为明后，君万邦，而可不协乎？

16.（元）吴澄《书纂言》

（归善斋按，未解）

17.（元）陈栎《书集传纂疏》卷三《朱子订定蔡氏集传·太甲中》

伊尹拜手稽首曰，修厥身，允德协于下，惟明后。

伊尹致敬，以复太甲也。修身，则无败度、败礼之事；允德，则有诚身诚意之实。德成于上，协和于下，惟明后然也。

纂疏

愚谓，惟明后，与不明于德相应。太甲自谓，不明于德，尹遂以修身协下而为明后，许与期望之修身，本诸身也。允德协下，征诸庶民也。诚实之德，孚于人心，修身之验也。

18.（元）许谦《读书丛说》卷五《商书·太甲》

（归善斋按，未解）

19.（元）董鼎《书传辑录纂注》卷三《商书·太甲中》

伊尹拜手稽首曰，修厥身，允德协于下，惟明后。

伊尹致敬，以复太甲也，修身则无败度、败礼之事。允德，则有诚身诚意之实。德诚于上，协和于下，惟明后然也。

纂注

新安陈氏曰，惟明后，与"不明于德"相应，太甲自谓"不明于德"，尹遂以修身、协下而为明后者，许与期望之，岂苟然者？修身，本诸身者；允德、协下，征诸庶民也。诚实之德，孚契人心，其身修之验欤。

20.（元）朱祖义《尚书句解》卷四《商书·太甲中第六》

伊尹拜手稽首（尹亦拜手稽首，答其致恭之礼）。

21.（明）王樵《尚书日记》卷七《商书·太甲中》

伊尹拜手稽首曰，修厥身，允德协于下，惟明后。

太甲以不明自咎，故伊尹语以明君之事，惟在"修厥身，允德协于下"而已。盖昔日，太甲不明人心几去，今日悔过图终，新志甚美，而天下之仰望，亦方新。苟非慎厥身修，实德昭著，何以厌天下臣民之望系，遐迩爱戴之心乎？曰惟明后者，惟明后，智，足以决向往，而能自达于高明；勇，足以致成功，而不苟安于凡近。谓之元良，谓之上智，为其能如此而已。非怀二三之志，而暂明之天理，终不胜其锢蔽之人欲者所能也。其言"协下"，犹《中庸》论诚身，而以顺亲、信友、获上为征也。修身之事，亦不出于礼与度而已。严恭寅畏，天命自度，齐明盛服，非礼不动，则此身，日就月，将于天理之中，而不自知，其德之成矣。

22.（清）库勒纳等撰《日讲书经解义》卷四《商书·太甲中》

伊尹拜手稽首曰，修厥身，允德协于下，惟明后。先王子惠困穷，民服厥命，罔有不悦，并其有邦厥邻，乃曰，徯我后，后来无罚。

此二节书是，伊尹告太甲以修身之道，而援先德以示之也。允者，诚实之谓。协，和也。先王，指成汤。无罚，言免于暴虐。伊尹见太甲悔过求助，乃拜手稽首，而致其敬君之礼，曰，王今者，知不明于德，而悔欲纵之为，戾于厥躬，是欲使德之不明者，而务明之也。此其功，端自修身，始必也严于自治，使从前之积习，猛力以去之。从后之造诣，毕力以精之，如此则可无败度，败礼之事矣。由是出乎身，而加乎民，将诚实之德，孚契于人，自然人心协和，无不爱戴。此惟明后为然，非昏昧者，所可及也。然所谓"明后"，孰有过我先王者乎？先王之德无所不允，遂无所不协。若民之困穷而可怜者，尤必曲加体恤，而惠之若子。故当时亳邑之民，服其命令，无不得其欢心。且非特本国之民如此也，即其时，并我邦而为邻国者，其民苦其君之暴虐，亦莫不爱戴我先王，皆曰待我君来，君来其可无酷罚矣乎。此惟先王之允德协下，而所以得民心也。王今可不以先王为法哉？可见人君以修身为本，身修，则未常要结于民，而民自归之，所谓以德服人，中心悦服者此也。

（元）陈悦道《书义断法》三《商书·太甲中》

伊尹拜手稽首曰，修厥身，允德协于下，惟明后。

拜手稽首者，臣之礼。恭修己，治人者君之德盛。方其君臣上下之容仪，拜稽致恭，一时之礼已尽矣。及其明德新民之事业，随感而应，万世之令名，无穷焉，又岂非臣子之至愿哉？《太甲中》篇之书，作于太甲处仁迁义之后，伊尹拜稽首而，后言太甲进修之愈远，益喜之深，而期之之无穷也。

（明）梅鷟《尚书考异》三《商书·太甲中》

伊尹拜手稽首曰，修厥身，允德协于下，惟明后。先王子惠困穷，民服厥命，罔有不悦。

《淮南子·修务训》，汤夙兴夜寐，以致聪明；轻赋薄敛，以宽民氓；布德施惠，以振困穷；吊死问疾，以养孤孀。百姓亲附，政令流行。上篇"昧爽丕显，坐以待旦"，即"夙兴夜寐"之句也。

曰：修厥身，允德协于下，惟明后

1.（汉）孔氏传、（唐）陆德明音义、孔颖达疏《尚书注疏》卷七《太甲中》

曰，修厥身，允德协于下，惟明后。

传，言修其身，使信德合于群下，惟乃明君。

2.（宋）苏轼《书传》卷七《商书·太甲中第六》

（归善斋按，见"既往背师保之训，弗克于厥初，尚赖匡救之德，图惟厥终"）

3.（宋）林之奇《尚书全解》卷十六《商书·太甲中》

(归善斋按,"伊尹拜手稽首")

4.（宋）史浩《尚书讲义》卷八《商书·太甲中》

(归善斋按,"伊尹拜手稽首")

5.（宋）夏僎《尚书详解》卷十二《商书·太甲中》

(归善斋按,"伊尹拜手稽首")

6.（宋）时澜《增修东莱书说》卷九《商书·太甲中第六》

(归善斋按,"伊尹拜手稽首")

7.（宋）黄度《尚书说》卷三《商书·太甲中》

(归善斋按,"伊尹拜手稽首")

8.（宋）袁燮《絜斋家塾书钞》卷五《商书·太甲中》

(归善斋按,"伊尹拜手稽首")

9.（宋）蔡沈《书经集传》卷三《商书·太甲中》

(归善斋按,"伊尹拜手稽首")

10.（宋）黄伦《尚书精义》卷十七《商书·太甲中》

(归善斋按,"伊尹拜手稽首")

11.（宋）陈经《尚书详解》卷十四《商书·太甲中》

(归善斋按,"伊尹拜手稽首")

12.（宋）钱时《融堂书解》卷六《商书·太甲中》

(归善斋按,"伊尹拜手稽首")

13.（宋）魏了翁《尚书要义》

原阙。

14.（宋）陈大猷《书集传或问》卷上《商书·太甲上中》

（归善斋按，未解）

15.（宋）胡士行《尚书详解》卷四《商书·太甲中第六》

（归善斋按，"伊尹拜手稽首"）

16.（元）吴澄《书纂言》

（归善斋按，未解）

17.（元）陈栎《书集传纂疏》卷三《朱子订定蔡氏集传·太甲中》

（归善斋按，"伊尹拜手稽首"）

18.（元）许谦《读书丛说》卷五《商书·太甲》

（归善斋按，未解）

19.（元）董鼎《书传辑录纂注》卷三《商书·太甲中》

（归善斋按，"伊尹拜手稽首"）

20.（元）朱祖义《尚书句解》卷四《商书·太甲中第六》

曰，修厥身（曰，人君诚能正心诚意，以修其身体），允德协于下（信其有德合于群下之心），惟明后（然后可为明德之君）。

21.（明）王樵《尚书日记》卷七《商书·太甲中》

（归善斋按，"伊尹拜手稽首"）

22.（清）库勒纳等撰《日讲书经解义》卷四《商书·太甲中》

（归善斋按，"伊尹拜手稽首"）

（元）陈悦道《书义断法》三《商书·太甲中》

（归善斋按，"伊尹拜手稽首"）

先王子惠困穷，民服厥命，罔有不悦

1.（汉）孔氏传、（唐）陆德明音义、孔颖达疏《尚书注疏》卷七《太甲中》

先王子惠困穷，民服厥命，罔有不悦。

传，言汤子爱困穷之人，使皆得其所，故民心服，其教令无有不忻喜。

2.（宋）苏轼《书传》卷七《商书·太甲中第六》

先王子惠困穷民，服厥命，罔有不悦。并其有邦厥邻，乃曰，徯我后，后来无罚。

上失其道，民散久矣。凡丽于罚，皆君使之，汤来则我自无罪矣。

3.（宋）林之奇《尚书全解》卷十六《商书·太甲中》

（归善斋按，"伊尹拜手稽首"）

4.（宋）史浩《尚书讲义》卷八《商书·太甲中》

(归善斋按,"伊尹拜手稽首")

5.（宋）夏僎《尚书详解》卷十二《商书·太甲中》

(归善斋按,"伊尹拜手稽首")

6.（宋）时澜《增修东莱书说》卷九《商书·太甲中第六》

先王子惠困穷,民服厥命,罔有不悦,并其有邦厥邻,乃曰,徯我后,后来无罚。

伊尹又恐太甲用工迫切,故举先王之事,以优游劝谕之也。太甲之心,既明,已知所以用工矣。故告之之意,温然如春,盖彼之善端既发,必将涵养而成之,优游渐渍,使其自有所推广也。

7.（宋）黄度《尚书说》卷三《商书·太甲中》

(归善斋按,"伊尹拜手稽首")

8.（宋）袁燮《絜斋家塾书钞》卷五《商书·太甲中》

(归善斋按,"伊尹拜手稽首")

9.（宋）蔡沈《书经集传》卷三《商书·太甲中》

先王子惠困穷,民服厥命,罔有不悦。并其有邦厥邻,乃曰,徯我后,后来无罚。

此言汤德所以协下者,困穷之民,若己子,而惠爱之,惠之。若子,则心之爱者,诚矣。未有诚,而不动者也。故民服其命,无有不得其欢心。当时诸侯并汤而有国者,其邻国之民,乃以汤为我君,曰,待我君,我君来其无罚乎？言除其邪虐,汤之得民心也如此,即仲虺"后来其苏"之事。

10.（宋）黄伦《尚书精义》卷十七《商书·太甲中》

（归善斋按，"伊尹拜手稽首"）

11.（宋）陈经《尚书详解》卷十四《商书·太甲中》

（归善斋按，"伊尹拜手稽首"）

12.（宋）钱时《融堂书解》卷六《商书·太甲中》

（归善斋按，"伊尹拜手稽首"）

13.（宋）魏了翁《尚书要义》

原阙。

14.（宋）陈大猷《书集传或问》卷上《商书·太甲上中》

（归善斋按，未解）

15.（宋）胡士行《尚书详解》卷四《商书·太甲中第六》

（归善斋按，"伊尹拜手稽首"）

16.（元）吴澄《书纂言》

（归善斋按，未解）

17.（元）陈栎《书集传纂疏》卷三《朱子订定蔡氏集传·太甲中》

先王子惠困穷，民服厥命，罔有不悦。并其有邦厥邻，乃曰，徯我后，后来无罚。

此言汤德所以协下者，困穷之民，若己子而惠爱之。惠之若子，则心之爱者，诚矣，未有诚而不动者也，故民服其命，无有不得其欢心。当时，诸侯并汤，而有国者，其邻国之民，乃以汤为我君，曰，待我君，我君来其无罚乎？言除其邪虐。汤之得民心也如此，即仲虺"后来其苏"之事。

18.（元）许谦《读书丛说》卷五《商书·太甲》

（归善斋按，未解）

19.（元）董鼎《书传辑录纂注》卷三《商书·太甲中》

先王子惠困穷，民服厥命，罔有不悦。并其有邦厥邻，乃曰，徯我后，后来无罚。

此言，汤德所以"协下"者，困穷之民，若己子而惠爱之。惠之若子，则心之爱者诚矣，未有诚而不动者也。故民服其命，无有不得其欢心。当时，诸侯并汤而有国者，其邻国之民，乃以汤为我君，曰，待我君，我君来其无罚乎？言除其邪虐。汤之得民心也如此，即仲虺"后来其苏"之事。

辑录

并其有邦止，后来无罚，言汤与彼，皆有土诸侯，而邻国之人乃曰云云，此可见得民心处。贺孙。

20.（元）朱祖义《尚书句解》卷四《商书·太甲中第六》

先王子惠困穷（汤推父母爱子之情，惠爱困穷无告之民），民服厥命（民服其命令），罔有不悦（无不喜悦）。

21.（明）王樵《尚书日记》卷七《商书·太甲中》

"先王子惠困穷"至"后来无罚"。

既期以允德协下，因举先王之实事，以为法。先王之德，无所不允。自其诚，于爱民言之，心，皆视为赤子；政，尤先于困穷惠。曰子惠，其爱者诚矣，未有诚而不动者也。故民服其命，无有不得其欢心。至于并其有邦厥邻之民，乃以汤为我君，曰，待我君，我君来其无罚乎？盖邻国民不见德，惟罚是闻，冀王之来，除其邪虐，王德之"协下"可征矣。

22.（清）库勒纳等撰《日讲书经解义》卷四《商书·太甲中》

（归善斋按，"伊尹拜手稽首"）

（明）梅鷟《尚书考异》三《商书·太甲中》

（归善斋按，"伊尹拜手稽首"）

（元）王充耘《书义矜式》卷三《商书·太甲中》

先王子惠困穷，民服厥命，罔有不悦。

圣人有子民之实德，故足以得天下之欢心。盖爱人者，人恒爱之，理之必然者也。而况爱之有诚者乎，宜其心悦而诚服也。昔者，成汤爱民如子而无间于困穷，故民服其命，而至于"罔有不悦"。一感一应，犹影响。然是岂有他哉，亦以其爱之心，出于诚而已矣。世率谓，君尊也，而民卑；君贵也，而民贱，以尊临卑，以贵莅贱，于是视之犹草芥，而惟恐芟夷之不加，疾之如寇雠，而惟恐斩刈之不力。上之待下者如此，则下之报上者从可知矣。夫岂知天子，惟君万邦元后者，又所以父母斯民也。夫父母之于子，贤者爱之；不肖者怜之，惟恐有一之不得其所也。而况天下之罢癃，残疾，茕独，鳏寡，皆吾赤子之颠连无告者也。而奈何其鄙夷之，且贱恶之，恶在其为民父母也，故夫见孺子入井，而有怵惕恻隐之心。幼吾幼，而知所以（阙）人之幼。是心也，人皆有之，惟圣人为能（阙）。圣人能以不忍人之心，行不忍人之政，（阙）之地，所欲与聚，所恶勿（阙）。夫匹妇无一不被其泽，其（阙）之政犹之罔极之恩者，岂有（阙）而已矣。夫至诚而不动者，未之有（阙）也。上以诚而爱其下，（阙）爱之如父母，敬之（阙）迫之致哉？亦（阙）于诚而已矣。故曰爱人者人恒爱之，必然之理也。且汤之子惠困穷也，初非有心于服人也，亦非每人而悦之也，要亦尽吾君道之所当然者耳。而民之归之也，犹水之就下沛然莫之能御也。前王之得民心如此，则继世以有天下者，可不深思而敬守之哉，宜夫伊尹重以为太甲告也。吾今而后，知"抚我则后，虐我则雠"之说，为不可渝也。以民之无常，惟惠之、怀之，言为不可易也。彼有狗彘，食人之食，而不知检涂，有饿莩而不知发，乃是望民之加多，仓廪实，府库充，使壮者散而之四方，老者转乎沟壑。乃恶疾，视长上之死而不救之。二君者，亦有子惠之实于其民者乎，而欲民之悦服，多见其不知量也。反复其君世主之行事观之，未尝不三叹古人之不可及也。

并其有邦厥邻，乃曰：徯我后，后来无罚

1.（汉）孔氏传、（唐）陆德明音义、孔颖达疏《尚书注疏》卷七《太甲中》

并其有邦厥邻，乃曰，徯我后，后来无罚。

传，汤俱与邻并有国，邻国人乃曰，待我君来，言忻戴君来。无罚，言仁惠。

音义，徯，胡启反。

疏，正义曰，言汤昔为诸侯之时，与汤并居其有邦国，谓诸侯之国也。此诸侯国人，其与汤邻近者，皆愿以汤为君，乃言曰待我后，后来无罚于我，言羡慕汤德忻戴之也。

2.（宋）苏轼《书传》卷七《商书·太甲中第六》

（归善斋按，见"先王子惠困穷民，服厥命，罔有不悦"）

3.（宋）林之奇《尚书全解》卷十六《商书·太甲中》

（归善斋按，"伊尹拜手稽首"）

4.（宋）史浩《尚书讲义》卷八《商书·太甲中》

（归善斋按，"伊尹拜手稽首"）

5.（宋）夏僎《尚书详解》卷十二《商书·太甲中》

（归善斋按，"伊尹拜手稽首"）

6.（宋）时澜《增修东莱书说》卷九《商书·太甲中第六》

（归善斋按，见"先王子惠困穷民，服厥命，罔有不悦"）

7.（宋）黄度《尚书说》卷三《商书·太甲中》

（归善斋按，"伊尹拜手稽首"）

8.（宋）袁燮《絜斋家塾书钞》卷五《商书·太甲中》

（归善斋按，"伊尹拜手稽首"）

9.（宋）蔡沈《书经集传》卷三《商书·太甲中》

（归善斋按，"先王子惠困穷，民服厥命，罔有不悦"）

10.（宋）黄伦《尚书精义》卷十七《商书·太甲中》

（归善斋按，"伊尹拜手稽首"）

11.（宋）陈经《尚书详解》卷十四《商书·太甲中》

（归善斋按，"伊尹拜手稽首"）

12.（宋）钱时《融堂书解》卷六《商书·太甲中》

（归善斋按，"伊尹拜手稽首"）

13.（宋）魏了翁《尚书要义》

原阙。

14.（宋）陈大猷《书集传或问》卷上《商书·太甲上中》

（归善斋按，未解）

15.（宋）胡士行《尚书详解》卷四《商书·太甲中第六》

（归善斋按，"伊尹拜手稽首"）

16.（元）吴澄《书纂言》

（归善斋按，未解）

17.（元）陈栎《书集传纂疏》卷三《朱子订定蔡氏集传·太甲中》

（归善斋按，"先王子惠困穷，民服厥命，罔有不悦"）

18.（元）许谦《读书丛说》卷五《商书·太甲》

（归善斋按，未解）

19.（元）董鼎《书传辑录纂注》卷三《商书·太甲中》

（归善斋按，"先王子惠困穷，民服厥命，罔有不悦"）

20.（元）朱祖义《尚书句解》卷四《商书·太甲中第六》

并其有邦厥邻（以至与汤相并有国为邻之人），乃曰（亦言），徯我后（待我君汤），后来无罚（汤来可免刑罚之苦）。

21.（明）王樵《尚书日记》卷七《商书·太甲中》

（归善斋按，"先王子惠困穷，民服厥命，罔有不悦"）

22.（清）库勒纳等撰《日讲书经解义》卷四《商书·太甲中》

(归善斋按，"伊尹拜手稽首")

王懋乃德，视乃厥祖，无时豫怠

1.（汉）孔氏传、（唐）陆德明音义、孔颖达疏《尚书注疏》卷七《太甲中》

王懋乃德，视乃厥祖，无时豫怠。
传，言当勉修其德法，视其祖而行之，无为是逸豫怠惰。
音义，懋音茂。

2.（宋）苏轼《书传》卷七《商书·太甲中第六》

王懋乃德，视乃厥祖，无时豫怠。奉先思孝，接下思恭，视远惟明，听德惟聪。
视不及远，非明；听不择善，非聪。

3.（宋）林之奇《尚书全解》卷十六《商书·太甲中》

(归善斋按，"伊尹拜手稽首")

4.（宋）史浩《尚书讲义》卷八《商书·太甲中》

(归善斋按，"伊尹拜手稽首")

5.（宋）夏僎《尚书详解》卷十二《商书·太甲中》

(归善斋按，"伊尹拜手稽首")

6. (宋)时澜《增修东莱书说》卷九《商书·太甲中第六》

王懋乃德，视乃厥祖，无时豫怠。奉先思孝，接下思恭，视远惟明，听德惟聪，朕承王之休无斁。

伊尹又训太甲，以日新之功。盖始悔乍明，其力尚浅，虑其或解也。当太甲幼冲之初，《伊训》之书，惧其未能有所立也，则使之于亲而立其爱，于长而立其敬。既立之后，则已知有爱敬矣，于此使之思孝、思恭思者，日加省察之谓也。未知立爱立敬，虽欲思，而无致思之地。敬爱既立，则思省前日之所立者也。故立与思相应，而有先后。"视远惟明，听德惟聪"，明与聪，本然之有也。惟视远、听德，然后为本然之聪、明。人能视而不能视远，有物以蔽之也。物不能蔽，则本然之明见矣。人能听而不能听德，有物以杂之也。物不能杂，则本然之聪见矣。此皆太甲之所已用工，伊尹又从而广之也。圣人之言，未尝偏倚。"奉先思孝"至"听德惟聪"，辞气与进戒之言异。太甲已有见于实然之理，故伊尹明"孝"、"恭"之本心，指"聪"、"明"之本体，示之以用工之地也。能此，则朕亦承王之休美无厌斁之心矣。圣贤变化人主，先后缓急，各有次序。当急而缓，则视以为常；当缓而急，则激而不顾，此伊尹作成中主，变移气质之妙也。

7. (宋)黄度《尚书说》卷三《商书·太甲中》

王懋乃德，视乃烈祖，无时豫怠。奉先思孝，接下思恭，视远惟明，听德惟聪。

必将视乃厥祖，敬而勿失，始于家邦而已矣。斯须豫怠，何以为懋德。思孝思恭，无时而不在念也，形见于奉先、接下之际耳。蔽于近而亡，远何明之？有耽于非度而荒德，何聪之有？伊尹犹防太甲旧愿之作欤。

8. (宋)袁燮《絜斋家塾书钞》卷五《商书·太甲中》

（归善斋按，"伊尹拜手稽首"）

9. (宋)蔡沈《书经集传》卷三《商书·太甲中》

王懋乃德,视乃烈祖,无时豫怠。

汤之盘铭曰"苟日新,日日新,又日新",汤之所以懋其德者如此,太甲亦当勉于其德,视烈祖之所为,不可顷刻而逸豫怠惰也。

10. (宋)黄伦《尚书精义》卷十七《商书·太甲中》

(归善斋按,"伊尹拜手稽首")

11. (宋)陈经《尚书详解》卷十四《商书·太甲中》

(归善斋按,"伊尹拜手稽首")

12. (宋)钱时《融堂书解》卷六《商书·太甲中》

(归善斋按,"伊尹拜手稽首")

13. (宋)魏了翁《尚书要义》

原阙。

14. (宋)陈大猷《书集传或问》卷上《商书·太甲上中》

(归善斋按,未解)

15. (宋)胡士行《尚书详解》卷四《商书·太甲中第六》

王懋(勉)乃德,视乃烈祖,无时豫怠,奉先(祖)思孝,接下(臣)思恭,视远(不溺于近)惟明,听德(不流于欲)惟聪,朕承(奉)王之休(美)无致(厌致也)。

太甲明矣,当终以诚,故以懋,而无豫怠勉之思者,日加省察之谓也。《伊训》言立爱,立敬,立始,事思终事也。聪明本然之有也,远则不以近蔽之,德则不以欲杂之,而本然之聪明见矣。如此则王之休,孰大焉？

16.（元）吴澄《书纂言》

（归善斋按，未解）

17.（元）陈栎《书集传纂疏》卷三《朱子订定蔡氏集传·太甲中》

王懋乃德，视乃烈祖，无时豫怠。

汤之盘铭曰"苟日新，日日新，又日新"，汤之所以懋其德者如此。太甲亦当勉于其德，视烈祖之所为，不可顷刻而逸豫怠惰也。

18.（元）许谦《读书丛说》卷五《商书·太甲》

（归善斋按，未解）

19.（元）董鼎《书传辑录纂注》卷三《商书·太甲中》

王懋乃德，视乃厥祖，无时豫怠。

汤之盘铭曰，"苟日新，日日新，又日新"。汤之所以"懋其德"者如此，太甲亦当勉于其德，视烈祖之所为，不可顷刻而逸豫、怠惰也。

20.（元）朱祖义《尚书句解》卷四《商书·太甲中第六》

王懋乃德（今太甲欲懋勉其德），视乃厥祖（当观乃祖汤之已行），无时豫怠（无时敢有逸豫怠惰之心）。

21.（明）王樵《尚书日记》卷七《商书·太甲中》

王懋乃德，视乃烈祖，无时豫怠。

既举汤事，因勉太甲以法之曰"懋乃德，视乃烈祖"者，人志必有所准的，然后勉勉而可期其至。舜以尧为的，故能"重华"；颜子以孔子为的，故能"庶乎"。"视乃烈祖"，欲太甲以汤为的也。"苟日新，日日新，又日新"，烈祖之所以懋其德者如此，太甲勉勉不已之心，一以烈祖之心为心，烈祖之事为法，庶乎身修而德允者可至，不可有一时之豫怠。盖学如不及，犹恐失之豫怠，不必逸欲，只优游怠弛，少不自强，即与烈祖不相似矣。

汤之懋德，又子惠，以前事，即"检身若不及"之功也。由此敷之，而为子惠之仁；由此达之，而为徯后之望。

22.（清）库勒纳等撰《日讲书经解义》卷四《商书·太甲中》

王懋乃德，视乃烈祖，无时豫怠。奉先思孝，接下思恭。视远惟明，听德惟聪。朕承王之休无斁。

此二节书是，伊尹欲王以懋德，而告以懋德之实事也。惟，即思也。斁，厌也。伊尹曰，我先王之允德协下，盖惟能日新其德，而遂致得民如此也。王今继承大统，正当乘此怨艾之初，勉修其德。凡事一视烈祖之所为，以为准则，而无使一时有逸豫懈怠之意。如是，则可与烈祖之德相似矣。然懋德之事，何如，当奉祀先祖也，则思何以仰承，而善继善述，以尽其孝；当接见臣下也，则思何以礼貌，而听言纳谏，以尽其恭。欲远见万里之外，当使九州之休戚利害，无不周知而思明。明，则不蔽于浅近矣。欲听纳道义之言，当使百执事之谟谋献纳，闻言即悟而思聪。聪，则不惑于憸邪矣。王能于是四者，身体而力行之，则懋德法祖，王之休也。尹承王之休美，益思左右匡救而不遗其力矣。其何敢厌斁哉。伊尹陈保终之道，反复劝勉，不过法祖尽之。而孝、恭、明、聪，则法祖之实也。大臣爱君，不以宠眷爵禄为休，而以君之修德为休，抑何忠诚之笃乎。

（元）王充耘《书义矜式》卷三《商书·太甲中》

王懋乃德，视乃烈祖，无时豫怠。奉先思孝，接下思恭。视远惟明，听德惟聪。朕承王之休无斁。

人君当勉于修己，以法先王之勤。惟事必究其心，而无所忽，则臣奉君之美于无穷。夫修德，而足以无耻于前王，则其福，固足以及其臣下矣。是以，伊尹之告太甲，欲其勉于修德，以法先王之勤，不可顷刻安于豫怠也。然修德之要，岂有他哉。奉先也，当思所以尽其孝；接下也，当思所以致其恭。视则欲远而思明，听则在德而思聪。凡此皆懋德之所从事也。太甲果能究心于此，而无所忽焉，则修德于一己，而福及于群臣。为之臣者，固将承王之美，而无有厌斁者矣。于此，见人君修德之道匪轻，大臣辅弼之责至重。君德既修，而后臣责始尽，其所系盖如此。夫人君一身，系国家之安危，关生民之休戚，固当以修德为先。而大臣者盖与之共安危，而均休戚，尤以弼成君德为任。后德为臣，不德为臣，其任不亦重乎？况乎主圣，则臣下得以蒙其休。主为，则臣下不得以辞其责。苟君有善，而不知所以顺其美；有过，而不知所以救其恶，耽乐怠荒，轻举妄动，覆先王之令绪，而有愧于烈祖，则召危亡之辱，而祸及于其臣，固其势之所必至也。大臣盖知此，是以，于上下视听之间，既备述其当然之道，且以己之所仰赖者期之，可谓善戒其君者矣。夫人君为天下之表仪，必强于自治，而后可以治人，固当孜孜焉为善是求，汲汲焉为德是务，使己之德无愧于先王可也。懋敬厥德，先王所以修于己者如此，则日新厥德，后王可不思所以视效于此哉。夫其宵衣旰食，而无顷刻之安；焦心劳思，而无毫忽之怠。先王所以勤于己者又如此，而后王岂可安于豫怠，以违其祖哉。盖继志述事，在孝子之心，所当思；祭之如存，在孝子之心，所当勉。使孝敬之心，无时而忽之，则不敢有违其祖矣。上而祖考，固不敢以背违；下而群臣，亦恶可得而易忽之哉。此伊尹所以为善告君者欤。

奉先思孝，接下思恭

1.（汉）孔氏传、（唐）陆德明音义、孔颖达疏《尚书注疏》卷七《太甲中》

奉先思孝，接下思恭。

传，以念祖德为孝，以不骄慢为恭。

2.（宋）苏轼《书传》卷七《商书·太甲中第六》

（归善斋按，未解）

3. （宋）林之奇《尚书全解》卷十六《商书·太甲中》

(归善斋按，"伊尹拜手稽首")

4. （宋）史浩《尚书讲义》卷八《商书·太甲中》

(归善斋按，"伊尹拜手稽首")

5. （宋）夏僎《尚书详解》卷十二《商书·太甲中》

(归善斋按，"伊尹拜手稽首")

6. （宋）时澜《增修东莱书说》卷九《商书·太甲中第六》

(归善斋按，"王懋乃德，视乃厥祖，无时豫怠")

7. （宋）黄度《尚书说》卷三《商书·太甲中》

(归善斋按，"王懋乃德，视乃厥祖，无时豫怠")

8. （宋）袁燮《絜斋家塾书钞》卷五《商书·太甲中》

奉先思孝，接下思恭。
"奉先思孝，接下思恭"，如君子有九思，视思明，听思聪，色思温，言思忠，似此之类，思者心也。心之官，则思，盖此心常存。

9. （宋）蔡沈《书经集传》卷三《商书·太甲中》

奉先思孝，接下思恭，视远惟明，听德惟聪。朕承王之休无致。
思孝，则不敢违其祖；思恭，则不敢忽其臣。惟，亦"思"也，思明，则所视者远，而不蔽于浅近；思聪，则所听者德，而不惑于憸邪。此懋德之所从事者，太甲能是，则我承王之美，而无所厌致也。

10. （宋）黄伦《尚书精义》卷十七《商书·太甲中》

(归善斋按，"伊尹拜手稽首")

11. (宋)陈经《尚书详解》卷十四《商书·太甲中》

(归善斋按,"伊尹拜手稽首")

12. (宋)钱时《融堂书解》卷六《商书·太甲中》

(归善斋按,"伊尹拜手稽首")

13. (宋)魏了翁《尚书要义》

原阙。

14. (宋)陈大猷《书集传或问》卷上《商书·太甲上中》

(归善斋按,未解)

15. (宋)胡士行《尚书详解》卷四《商书·太甲中第六》

(归善斋按,"王懋乃德,视乃厥祖,无时豫怠")

16. (元)吴澄《书纂言》

(归善斋按,未解)

17. (元)陈栎《书集传纂疏》卷三《朱子订定蔡氏集传·太甲中》

奉先思孝,接下思恭。视远惟明,听德惟聪,朕承王之休无斁。

思孝,则不敢违其祖;思恭,则不敢忽其臣。惟,亦"思"也,思明,则所视者远,而不蔽于浅近;思聪,则所听者德,而不惑于憸邪。此懋德之所从事者,太甲能是,则我承王之美,而无所厌斁也。

纂疏

视听是物,聪明是则。视,不为恶色所蔽为明;听,不为奸人所欺,为聪。

陈氏大猷曰，孝、恭、聪、明，懋德之目，人君修德，必就受病处药之。太甲前日覆汤典刑，不惠阿衡，由不思孝，思恭也。既立不明，背弃师训，由视溺于近，听惑于邪也。今尽此四者，病去而德成矣。尹耻君不及尧、舜。太甲德成，尹责始尽，是承王美于无穷也。

愚谓，伊尹提起"先王子惠"，而勉以"视乃厥祖"，然后以朕承王休结之，仍是以先王、尹躬对言，以警动、期望之也。训惟为思，似不必然。

18.（元）许谦《读书丛说》卷五《商书·太甲》

（归善斋按，未解）

19.（元）董鼎《书传辑录纂注》卷三《商书·太甲中》

奉先思孝，接下思恭。视远惟明，听德惟聪。朕承王之休无斁。

思孝，则不敢违其祖；思恭，则不敢忽其臣。惟亦思也，思明，则所视者远，而不蔽于浅近；思聪，则所听者德，而不惑于憸邪，此"懋德"之所从事者。太甲能是，则我承王之美，而无所厌斁也。

辑录

能视远，谓之明，所视不远，不谓之明。能听德，谓之聪，所听非德，不谓之聪。视、听是物，聪明是则。蔡。

视，不为恶色所蔽，为明；听，不为奸人所欺，为聪。贺孙。

纂注

陈氏大猷曰，人君修德，须就受病处药之。太甲前日覆汤典刑，不惠阿衡，由不思孝、思恭也；既立不明，背弃师训，由视溺于近，听惑于邪也。今既尽此四者，则病根去而德成矣。尹耻君不及尧舜，太甲德成，尹责始尽，是承王之美于无穷也。

张氏曰，人志必有所准的，然后能有所立。舜不以尧为的，则不能重华；孔子不以周公为的，则不能大成；颜、孟不以孔子为的，则不能传道统。视乃厥祖，欲太甲以成汤为的也然。

新安陈氏曰，伊尹提起"先王子惠"，而勉以"视乃厥祖"，后以朕承王休结之，仍是以先王、尹躬对言，以警动期望之也。

愚谓，太甲之心，前日阴霾昏蚀，一旦天日开明迪哲，资诚不可及矣。孝、恭、明、聪四者，修身之要，允德之目也。

20. （元）朱祖义《尚书句解》卷四《商书·太甲中第六》

奉先思孝（奉先必思尽孝，所以不忘祖也），接下思恭（接下必思尽恭，所以不绝物也）。

21. （明）王樵《尚书日记》卷七《商书·太甲中》

"奉先思孝"至"朕承王之休无敦"。

金氏曰，改前日之颠覆，则"奉先思孝"，一为祖德之循；戒前日之罔念，则"接下思恭"，一为贤德之顺。

朱子曰，能视远，谓之明，所视不远，不谓之明；能听德，谓之聪，所听非德，不谓之聪。视听是物，聪明是则。视，不为恶色所蔽，为明；听，不为奸人所欺，为聪。

愚按，非明，不能见远，故视远思明；非聪，不能听德，故听德思聪。蔡传以惟亦思也，则其说当如此。

所听者德，曰聪，然听德不聪，则有领略不尽处，似含两意。

"惟"固有时训"思"，然经文上二句曰"思"，下二句曰"惟"，则似宜二义。朱子以此"惟"为"惟明后"之"惟"，最为得之。前能视远谓之明一段，正是此说，但蔡传不如此。

由家以及朝廷，孝恭为首；由朝廷以及天下，聪明为大。

"朕承王之休无敦"，谓承王图终之美意，当知无不言。臣言之，君行之，惟言之恐后也，何厌敦耶。或云，太甲德成，尹责始塞，是承王之美于无穷也，说盏了。

22. （清）库勒纳等撰《日讲书经解义》卷四《商书·太甲中》

（归善斋按，"王懋乃德，视乃厥祖，无时豫怠"）

（元）陈悦道《书义断法》三《商书·太甲中》

奉先思孝，接下思恭，视远惟明，听德惟聪，朕承王之休无斁。

人主一身，上承祖宗之托，而下抚人民之众，所以思尽其孝，致其恭者，何敢不勉。然人之一心，非视远则不明，非听德则不聪，所以视思明，听思聪，其曰"惟"者，亦"思"之义，尤不可不谨也。盖奉上、接下，尤为一身之所接，至于一念之发，视、听为先，一或蔽其聪、明，则其于身之所接，将不胜其弊，故伊尹之言，一节深一节。虽四者皆系于君德之美恶，而将顺其美，以垂无穷，则于视、听，尤为切要也。

（元）王充耘《书义矜式》卷三《商书·太甲中》

（归善斋按，"王懋乃德，视乃厥祖，无时豫怠"）

视远惟明，听德惟聪

1.（汉）孔氏传、（唐）陆德明音义、孔颖达疏《尚书注疏》卷七《太甲中》

视远惟明，听德惟聪。

传，言当以明视远，以聪听德。

疏，正义曰，人之心识所知在于闻见，闻见所得在于耳目，故欲言人之聪明，以视听为主。视若不见，故言惟明，明谓鉴察是非也。听若不明，故言惟聪，聪谓识知善恶也。视戒见近迷远，故言视远；听戒背正从邪，故言听德。各准其事，相配为文。

2.（宋）苏轼《书传》卷七《商书·太甲中第六》

（归善斋按，见"王懋乃德，视乃厥祖，无时豫怠"）

3.（宋）林之奇《尚书全解》卷十六《商书·太甲中》

（归善斋按，"伊尹拜手稽首"）

4.（宋）史浩《尚书讲义》卷八《商书·太甲中》

（归善斋按，"伊尹拜手稽首"）

5.（宋）夏僎《尚书详解》卷十二《商书·太甲中》

（归善斋按，"伊尹拜手稽首"）

6.（宋）时澜《增修东莱书说》卷九《商书·太甲中第六》

（归善斋按，"王懋乃德，视乃厥祖，无时豫怠"）

7.（宋）黄度《尚书说》卷三《商书·太甲中》

（归善斋按，"王懋乃德，视乃厥祖，无时豫怠"）

8.（宋）袁燮《絜斋家塾书钞》卷五《商书·太甲中》

视远惟明，听德惟聪，朕承王之休无斁。

此告太甲以真聪明也。"亶聪明作元后，元后作民父母"，人君之德，莫大于聪明。后世之君，察乎簿书期会之细，揣度人之所难知，如汉明帝，唐宣宗之徒，自以为聪明矣。然吾观其人知识不远，暗于大体，果可谓之明乎？忠言善教，诲之谆谆，听之藐藐；便佞之言，则悦而欲闻之。如是者果可谓之聪乎？所以视远听德，始可以为聪明。扬子云敢问，大聪明，曰惟天惟聪，惟天惟明。聪明自有大小，视远听德，此大聪明也。王进德之心无斁，则吾承王之休，亦无斁矣。所谓在彼无恶，在此无斁。二字更当玩味。

9.（宋）蔡沈《书经集传》卷三《商书·太甲中》

（归善斋按，"奉先思孝，接下思恭"）

10.（宋）黄伦《尚书精义》卷十七《商书·太甲中》

(归善斋按,"伊尹拜手稽首")

11.（宋）陈经《尚书详解》卷十四《商书·太甲中》

(归善斋按,"伊尹拜手稽首")

12.（宋）钱时《融堂书解》卷六《商书·太甲中》

(归善斋按,"伊尹拜手稽首")

13.（宋）魏了翁《尚书要义》

原阙。

14.（宋）陈大猷《书集传或问》卷上《商书·太甲上中》

(归善斋按,未解)

15.（宋）胡士行《尚书详解》卷四《商书·太甲中第六》

(归善斋按,"王懋乃德,视乃厥祖,无时豫怠")

16.（元）吴澄《书纂言》

(归善斋按,未解)

17.（元）陈栎《书集传纂疏》卷三《朱子订定蔡氏集传·太甲中》

(归善斋按,"奉先思孝,接下思恭")

18.（元）许谦《读书丛说》卷五《商书·太甲》

(归善斋按,未解)

19. （元）董鼎《书传辑录纂注》卷三《商书·太甲中》

（归善斋按，"奉先思孝，接下思恭"）

20. （元）朱祖义《尚书句解》卷四《商书·太甲中第六》

视远惟明（欲视远惟尽明），听德惟聪（欲听德，惟尽聪）。

21. （明）王樵《尚书日记》卷七《商书·太甲中》

（归善斋按，"奉先思孝，接下思恭"）

22. （清）库勒纳等撰《日讲书经解义》卷四《商书·太甲中》

（归善斋按，"王懋乃德，视乃厥祖，无时豫怠"）

（元）王充耘《读书管见》卷上《商书·太甲》

视远惟明，听德惟聪。

视远惟明，听德惟聪，传云，思明，则所视者远；思聪，则所听者德，非也。人情事，生则孝，事死则忘矣。接上则敬，接下则慢矣。视近则明，视远则昏，听佞则聪，听德则惑。犹魏文侯所谓，听古乐，则卧；听郑卫，则喜不知倦。人情大抵如此，故当有以矫之。子张问明，夫子告以不受浸润之谮，肤受之愬者，可以谓之明，又可谓之远。是以远与明对言，远亦明之类也。与此视远惟明不同，其注引之误也。

（元）陈悦道《书义断法》三《商书·太甲中》

（归善斋按，"奉先思孝，接下思恭"）

（明）梅鷟《尚书考异》三《商书·太甲中》

视远惟明，听德惟聪。

《周语》单穆子曰，故必听和，而视正；听和，则聪；视正，则明。聪，则言听；明，则德昭。又《论语》，可谓明也已矣，可谓远也已矣。

（元）王充耘《书义矜式》卷三《商书·太甲中》

(归善斋按，"王懋乃德，视乃厥祖，无时豫怠")

朕承王之休无斁

1.（汉）孔氏传、（唐）陆德明音义、孔颖达疏《尚书注疏》卷七《太甲中》

朕承王之休无斁。
传，王所行如此，则我承王之美无斁。
音义，斁，音亦，厌，于艳反。

2.（宋）苏轼《书传》卷七《商书·太甲中第六》

朕承王之休无斁。
斁，厌也。

3.（宋）林之奇《尚书全解》卷十六《商书·太甲中》

(归善斋按，"伊尹拜手稽首")

4.（宋）史浩《尚书讲义》卷八《商书·太甲中》

(归善斋按，"伊尹拜手稽首")

5.（宋）夏僎《尚书详解》卷十二《商书·太甲中》

(归善斋按，"伊尹拜手稽首")

6.（宋）时澜《增修东莱书说》卷九《商书·太甲中第六》

（归善斋按，"王懋乃德，视乃厥祖，无时豫怠"）

7.（宋）黄度《尚书说》卷三《商书·太甲中》

朕承王之休无致。

王无致，则朕承王休，亦无致。

8.（宋）袁燮《絜斋家塾书钞》卷五《商书·太甲中》

（归善斋按，"视远惟明，听德惟聪"）

9.（宋）蔡沈《书经集传》卷三《商书·太甲中》

（归善斋按，"奉先思孝，接下思恭"）

10.（宋）黄伦《尚书精义》卷十七《商书·太甲中》

（归善斋按，"伊尹拜手稽首"）

11.（宋）陈经《尚书详解》卷十四《商书·太甲中》

（归善斋按，"伊尹拜手稽首"）

12.（宋）钱时《融堂书解》卷六《商书·太甲中》

（归善斋按，"伊尹拜手稽首"）

13.（宋）魏了翁《尚书要义》

原阙。

14.（宋）陈大猷《书集传或问》卷上《商书·太甲上中》

（归善斋按，未解）

15. （宋）胡士行《尚书详解》卷四《商书·太甲中第六》

（归善斋按，"王懋乃德，视乃厥祖，无时豫怠"）

16. （元）吴澄《书纂言》

（归善斋按，未解）

17. （元）陈栎《书集传纂疏》卷三《朱子订定蔡氏集传·太甲中》

（归善斋按，"奉先思孝，接下思恭"）

18. （元）许谦《读书丛说》卷五《商书·太甲》

（归善斋按，未解）

19. （元）董鼎《书传辑录纂注》卷三《商书·太甲中》

（归善斋按，"奉先思孝，接下思恭"）

20. （元）朱祖义《尚书句解》卷四《商书·太甲中第六》

朕承王之休无斁（是则我承王之休美，无厌斁矣。斁，亦）。

21. （明）王樵《尚书日记》卷七《商书·太甲中》

（归善斋按，"奉先思孝，接下思恭"）

22. （清）库勒纳等撰《日讲书经解义》卷四《商书·太甲中》

（归善斋按，"王懋乃德，视乃厥祖，无时豫怠"）

（元）陈悦道《书义断法》三《商书·太甲中》

（归善斋按，"奉先思孝，接下思恭"）

（明）袁仁《尚书砭蔡编》

朕承王之休无斁。

"斁"字不可作"厌"字看。臣岂有厌君之理，只是无穷极之意。

（元）王充耘《书义矜式》卷三《商书·太甲中》

（归善斋按，"王懋乃德，视乃厥祖，无时豫怠"）

商书　太甲下第七

（宋）时澜《增修东莱书说》卷九《商书·太甲下第七》

《太甲下第七》。

上篇规谏其病，举先王之道，以为规摹；中篇悔过之初，言先王子惠之德，以涵养其心，终篇已知道矣，申告之以为君之次序。上篇之辞甚严，中篇和缓，终篇复严，正如医者之治疾，方疾未去，则用猛药以攻之，疾既去则用平药以补之，本根稍固，恐其余毒未尽，故复用猛药。伊尹之训太甲，此转甚力，工夫之深，尽在此篇，盖量其可言，而后言也。

伊尹申诰于王曰：呜呼！惟天无亲，克敬惟亲

1.（汉）孔氏传、（唐）陆德明音义、孔颖达疏《尚书注疏》卷七《太甲下》

伊尹申诰于王曰：呜呼！惟天无亲，克敬惟亲。

传，言天于人，无有亲疏，惟亲能敬身者。

疏，正义曰，伊尹以至忠之心，喜王改悔，重告王于，冀王大善。一篇皆诰辞也。天亲克敬，民归有仁，神享克诚，言，天、民与神，皆归于善也。奉天，宜其敬谨；养民，宜用仁恩；事神，当以诚信，亦准事相

配，而为文也。

2.（宋）苏轼《书传》卷七《商书·太甲下第七》

伊尹申诰于王。

申，重也。

曰，呜呼！惟天无亲，克敬惟亲。民罔常怀，怀于有仁。鬼神无常享，享于克诚，天位艰哉。德惟治，否德乱。与治同道，罔不兴；与乱同事，罔不亡。

尧舜让而帝之，哙让而绝，汤、武行仁义而王，宋襄公行仁而亡。与治同道，罔不兴；与乱同事，罔不亡也。必同道而后兴。道同者，事未必同也、周厉王弭谤，秦始皇禁偶语，周景王铸大钱，王莽作泉货，纣积巨桥之粟，隋炀帝洛口诸仓，其事同，其道无不同者，故与乱同事，则亡矣，

3.（宋）林之奇《尚书全解》卷十六《商书·太甲下》

伊尹申诰于王曰，呜呼！惟天无亲，克敬惟亲；民罔常怀，怀于有仁。鬼神无常享，享于克诚，天位艰哉。德惟治，否德乱，与治同道，罔不兴；与乱同事，罔不亡。终始慎厥与，惟明明后。

申，重也。伊尹于是重诰于王，以尽其所以警戒之意。盖优游餍饫，欲其入之深而不背也。书之六体，典、谟、训、诰、誓、命之文，虽曰其体有六，亦无截然为谟、为训、为誓、为命之理，盖其体亦有相参混者。如《太甲》三篇，与《伊训》皆是伊尹训太甲，言盖皆训体也。而此篇曰伊尹申诰于王，则训之与诰，义亦相通。盖此二字，亦皆是有所警戒之意。《无逸》曰"古之人犹胥训诰"，则是二字之义，盖不相远，学者于此，尤不可以穿凿通之也。呜呼者，叹而发其辞也。古人有言曰，善，亦何常师之有，蹈之则为君子，违之则为小人，惟善与不善之无常也。故太甲始也，欲败度，纵败礼，以速戾于厥躬，可谓其心，为小人之归矣。而其一旦幡然而改，则遂能"克终允德"，以听伊尹之训，已此有以见其不善之无常也。然虽幡然改于不善而徙夫善，而其中人易流之性，常为放僻邪侈之所变迁，安能保其终不至于弃其善，以从于不善也。故伊尹惧夫善

之无常也，则为之称道。夫天、人、神、鬼，所以祸福吉凶，向背之际，惟在善不善之间。盖所以警动其恐惧修省之意，而欲成其克终之善也。惟天无亲，民罔常怀，鬼神无常享，盖言天之所亲，民之所怀，鬼神之所享，皆无常也。其所以无常者，盖有德，则亲之，怀之，享之；无德，则不亲，不怀，不享矣。故曰，克敬惟亲，怀于有仁，享于克诚。盖谓惟有德则可常也。敬、仁、诚，皆是有德之名，但变其文耳。惟天与鬼神之所亲、享，民之所怀，其无常也。如此，则人君所处之天位，可谓难矣。其所以难者，盖有德则治，否德则乱故也。所以"德惟治者，以与治同道，罔不兴"故也；所以否德则乱者，以与乱同事罔不亡故也。治曰同道，乱曰同事，言治之难，而乱之易也。

苏氏曰，尧、舜让而帝之，哙让而绝。汤、武行仁政而王，宋襄行仁义而亡。与治同事，未必兴也，必同道而后兴。道同者，事未必同也。周厉王弭谤，秦始皇禁偶语，周景王铸大泉，王莽作泉货，纣积巨桥之粟，隋炀帝洛口诸仓，其事同，其道无不同者，故与乱同事，无不亡矣。此说为尽。大抵伊尹之诲太甲，每告之以成之甚难，而坏之甚易，故始之所训者，则谓"尔惟德罔小，万邦惟庆；尔惟不德罔大，坠厥宗"，至此又曰"与治同道，罔不兴；与乱同事，罔不亡"，欲与治同道，非大德不可也。苟与乱同事，以不德之小者，足以"坠厥宗"矣。此皆伊尹至忠之训也。夫与治同道则兴，兴之难也如此；与乱同事则亡，亡之易也如此。将欲同其所以治之之道，而不同其所以乱之之事者，无他，惟在谨其所与之人而已。所与者君子，固与治同道矣；所与者小人，则与乱同事矣。能终始之际，谨其所与君子，而不使小人得以乘间而进，惟是明明之主。明明者，明之至也。

4.（宋）史浩《尚书讲义》卷八《商书·太甲下》

伊尹申诰于王曰，呜呼！惟天无亲，克敬惟亲。民罔常怀，怀于有仁。鬼神无常享，享于克诚，天位艰哉。德惟治，否德乱。与治同道，罔不兴；与乱同事，罔不亡。终始慎厥与，惟明明后。

《易》曰重巽以申命。申者，重之义，申诰者，以其所言，重告之也。伊尹之于商，可谓社稷之臣矣。常人之心，谏于其君而不用，则有去而已。不恤其君之如何也。今伊尹幸太甲用其言，而底于贤圣矣，犹恐太甲折节于将恐、将惧之际，而解体于将安、将乐之时，故以已陈之言，重复告戒，譬如良医治疾，疾既去矣，虑其保护之失时，而疾疢之复至，乃告之以休养调适之方。期于长享安平尔，此一篇之大旨也。夫为君之道，上膺天命，下受民归，而中享祖宗之佑。命之靡常也，以敬，故亲民之难保也；以仁，故怀鬼神之无常享也；以诚，故格如是而得天位岂不艰哉。彼其栗栗危惧，若将陨于深渊，诚以造次颠沛，未尝不兴。念于此三者，循是三者德也。故能为治，否则乱矣。古之贤圣之君，虽世之相后，地之相去，千万之远，至其为治，若合符节，以道同也，其兴必然。彼桀、纣之恶，败端覆辙，不谋而同，其亡亦然。嗣王诚能鉴败亡之轨辙，而求贤圣之用心，始乎是而终乎？是岂不为慎厥与，而为明明之君乎？

5. （宋）夏僎《尚书详解》卷十二《商书·太甲下》

《太甲下》。

伊尹申诰于王，曰，呜呼！惟天无亲，克敬惟亲。民罔常怀，怀于有仁。鬼神无常享，享于克诚，天位艰哉。德惟治，否德乱，与治同道，罔不兴；与乱同事，罔不亡终。始慎厥与，惟明明后。

申，重也，谓伊尹前既反复告太甲，至此又重告于王，又尽其告戒之意也。呜呼，叹辞也，叹而后言，重其事也。盖伊尹以太甲自迁桐之后，悔过思庸，既复天位，伊尹既告以皇天眷佑有商，俾嗣王克终厥德，以见其喜之之意也，又告以修厥身，允德协于下，惟明明后，以见治天下之要在此而已。至此又恐太甲中人之性，易以流荡，始虽以迁桐之愧，能自改悔，既履天位，未必不复为声色嗜欲之所变迁，故伊尹于是又为之称道。夫天人鬼神之际，所以祸福吉凶向背者，惟在善不善之间，初无可以常保之理。盖所以警劝其恐惧修省之意，而成其克终之德也。伊尹之意，盖谓天无私亲也，能敬天者，则天亲之。不然则求其亲，不亲也。民本无常怀也，能仁民者，则民怀之。不然，则虽求其怀，不怀也。鬼神本无常享也，能诚以事神者，则神享之。不然，则虽求其享，不享也。夫民与鬼神无常如此，则人君处天之位，岂不难哉。伊尹既言处天位如此之难，故又言虽难矣，有德则治，无德则乱，故为人君者，诚能与治世同道，则无有不兴；与乱世同事，则无有不亡。治乱兴亡，在德不德而已。而所以德不德者，又在所与如何耳。则人君能慎所与，而与治同道，不至与乱同事，岂不足谓之明明之君哉。林少颖，治言同道，乱言同事，言治难而乱易也。故苏氏谓，尧舜让而帝，燕哙让而绝。汤、武行仁政而王，宋襄行仁义而亡。与治同事未必兴也，必同道而后兴。道同则事未必同也，周厉弭谤，秦皇禁偶语，周景铸大泉，王莽诈作泉货，纣积粟巨桥，隋炀洛口诸仓，其事同，其道无不同者，故与乱同事无不亡。此说尽之。

6.（宋）时澜《增修东莱书说》卷九《商书·太甲下第七》

伊尹申诰于王曰，呜呼！惟天无亲，克敬惟亲。民罔常怀，怀于有仁。鬼神无常享，享于克诚。天位艰哉。德惟治，否德乱。

申者，重复之意也。呜呼，不轻其言也。皇天本无私亲，能敬者则亲之。敬者，天之理也。民心本无常怀，有仁者则怀之。仁者，民之心也。鬼神亦无常享，惟诚则享之。诚者，鬼神之德也。上得天心，下得民心，幽得鬼神之心，始可以当天位，所以艰也。德惟治，德者，即所谓敬。仁，诚也。总之，于己则谓之德，见之于外，则有三者之异。有德则治，出治则入乱。治乱之定理也。三代以前，证验甚明。三代以后不知本原，故不知所谓德，然亦有暗合于德者。亦庶可为治，如汉高之宽大，光武之柔道是也。但习之不着，行之不察，此治之所以不如古也。

7.（宋）黄度《尚书说》卷三《商书·太甲下》

伊尹申诰于王。

言之悉矣，于此重发明之。

曰，呜呼！惟天无亲，克敬惟亲；民罔常怀，怀于有仁。鬼神无常享，享于克诚。

敬、仁、诚，所出同。

8.（宋）袁燮《絜斋家塾书钞》卷五《商书·太甲下》

伊尹申诰于王曰，呜呼！唯天无亲，克敬惟亲；民罔常怀，怀于有仁；鬼神无常享，享于克诚。

自"修厥身允德协于下"，是伊尹答太甲之言。然伊尹犹恐其既复之，良心未甚牢固，故又从而申诰之。当太甲悔过之后，事天必敬，抚民必仁，奉鬼神必诚。方是时，天亦亲之，民亦怀之，鬼神亦享之矣。此心一有懈怠，天即不亲，民即不怀，鬼神即不享。所以谓之无亲，谓之罔常，谓之无常，欲其深明此理，常存此心也。敬、仁、诚，此三字，当仔细思索。伊川言，主"一"之谓敬，无适之谓"一"，方其此心无一毫之驰散，无一毫之夹杂，既不思量此，又不思量彼。此是主一，此是无适，此所谓敬也。战战兢兢，如临深渊，如履薄冰。当临深履薄之时，此心有一毫之驰散乎。以此观之，则敬之道见矣。才是能敬天，即亲之。盖方其致敬，此心即天心也。天安得而不亲仁，是识痛痒处。前辈所谓痒疴疾痛，举切吾身，此两句论仁最亲切。《孟子》以乍见孺子入井，皆有怵惕恻隐之心为仁之端，自此而充之，举天下皆与吾为一体，则仁道尽矣。

后世人主所以赋敛重，刑罚峻，抚民不仁者，岂有他哉，不能与天下为一体而已。若是痒疴疾痛，举切吾身，则仁政，自然达于天下。吾抚民以仁，而民有不爱戴依归者乎？诚，即成也。《中庸》所谓"诚者，非自成己而已也，所以成物也"，至诚不杂，纯全无亏，是谓之诚。诚，则与鬼神为一，所以鬼神享之。《中庸》曰，鬼神之为德，其至矣乎，视之而不见，听之而不闻，体物而不可遗，使天下之人，斋明盛服，以承祭祀，洋洋乎如在其上，如在其左右。夫既不可得而闻见，而能使天下敬之，如此正以其德之盛也。谓之无物而有物，谓之有物而实无物，是谓体物而不可遗人。至于诚，则此心，即鬼神之心也。安得而不我享？鬼神是天地间至精之气。《易》曰，精气为物，游魂为变，是故知鬼神之情状。《记》曰，气也者，神之盛也；魄也者，鬼之盛也。合鬼与神，教之至也。众生必死，死必归土，此之谓鬼。骨肉，毙于下阴为野土；其气，发扬于上为昭明。焄蒿凄怆，此百物之精也。神之着也，因物之精，制为之极，明命鬼神，以为黔首，则百众以畏，万民以服。熟味此语，而所谓鬼神者可识矣。事天以敬为主，故言敬；抚民以仁为主，故言仁；奉鬼神以诚为主，故言诚。民与鬼神，岂不当敬，各随所主而言尔，然义亦相通。

9.（宋）蔡沈《书经集传》卷三《商书·太甲下》

《太甲下》。

伊尹申诰于王曰，呜呼！惟天无亲，克敬惟亲。民罔常怀，怀于有仁；鬼神无常享，享于克诚。天位艰哉。

申诰，重诰也。天之所亲，民之所怀，鬼神之所享，皆不常也。惟克敬有仁，克诚而后天亲之，民怀之，鬼神享之也。曰敬，曰仁，曰诚者，各因所主而言，天谓之敬者，天者理之所在，动静语默，不可有一毫之慢民，谓之仁者。民非元后，何戴？鳏寡孤独，皆人君所当恤。鬼神谓之诚者，不诚无物，诚立于此，而后神格于彼。三者所当尽如此。人君居天之位，其可易而为之哉。分而言之，则三；合而言之，一德而已。太甲迁善未几，而伊尹以是告之，其才固有大过人者欤。

10.（宋）黄伦《尚书精义》卷十八《商书·太甲下》

伊尹申诰于王曰，呜呼！惟天无亲，克敬惟亲。民罔常怀，怀于有仁。鬼神无常享，享于克诚。天位艰哉。德惟治，否德乱。与治同道，罔不兴；与乱同事，罔不亡。

无垢曰，敬而非诚，则不能格天；爱而非诚，则不能感人；诚而不用于爱敬，则不足以继祖宗。伊尹之意，以谓太甲悔过，其诚然耶。其亦免祸而勉强耶。人心之难知也久矣。伊尹于《太甲》中篇，戒以允德协于下矣，今又于爱敬之外，加以"诚"字。允即诚，诚即允也。使太甲不诚，则是忧苦之中，愈生奸诡，其何补乎？使太甲一出于诚，则皇天、万民、祖宗，皆得所托矣。

又曰，与有德之人，是与治同道也，虽乱必兴；与无德之人，是与乱同事也，虽治必亡。其始，与君子也，多出于抑情。抑情者，易怠。其终与小人也，多出于快意。快意者，无穷。以易怠之心，而君子以直道正之，每见其咈违耳；及快意之时，而小人以邪道悦之，每见其逊顺尔。此所以始锐于君子者，终入于小人之术也。"慎厥与"，非安礼义之君不能也。知礼义，则其心常明；任血气，则其心常昏。终始与君子日游礼义之中，其心明明，有如日月，曰"明明后"，岂欺我哉。

东莱曰，敬，是天之理；仁，是民之心；诚，乃鬼神之德。兢兢业业，无贰尔心。盖兢业之心，即天之心。故克敬，方得天之理，自然相亲。四方九州之广，本不可以智劫力求，惟以我同然之心，感彼同然之心，故自然常怀。鬼神之道，本自有诚，如《中庸》言，鬼神之德其至矣乎。至，言夫微之显，诚之不可掩如此，夫故惟克诚，则自然来享。

又曰，大凡与治世同道，无有不兴，使今日之治，如尧、舜之世，则安得不兴；与乱世同事，无有不亡，使今日之治，如桀、纣之世，则安得不亡。

11.（宋）陈经《尚书详解》卷十四《商书·太甲下》

伊尹申告于王曰，呜呼，惟天无亲，克敬惟亲；民罔常怀，怀于有仁；鬼神无常享，享于克诚。天位艰哉。

申告者，有重复不已之意。《太甲》三篇之书，当作三节看。上篇，乃其过未改之时，其君方在纵、欲之中，故伊尹所以攻之者尤峻。中篇，则方改过，伊尹有忻怿之情，故其辞宽缓和柔。下篇，则已改过之后矣。人莫难于过之已改。而过之未改者，为易。盖过之未改，其过显然，人所同见，故迷之极者，必返。而纵、欲之极者，必知变。苟能返而变，则良心顿回矣。及过已改之后，常兢兢业业，战惧是念，惟恐有过之在身，则庶乎知免矣。若自谓其过之已改，泰然无事，则必有进锐、退速之患，此伊尹之所虑也。故下篇之书，尤严，所以堤防之于其终，而指示之以践履笃实之地。

"呜呼！惟天无亲，克敬惟亲；民罔常怀，怀于有仁；鬼神无常享，享于克诚"，人君之有天下，上当有以得天，下当有以得民，幽当有以得鬼神。天之无亲，民之无常怀，鬼神之无常享，则人君者其何所恃哉？此盖于至难者。警之也，虽然至难之中，有至易者存。天、人之心与鬼神之心，吾不求之于彼，而求之于我。惟敬，则为天所亲。敬者，天之理也。惟仁，则为民所怀。仁者，人之心也。惟诚，则为鬼神所享。诚者，鬼神之德也。天位艰哉，自其无亲，无常怀，无常享观之，岂非至难。人君不可以位为逸乐之具也。

12. （宋）钱时《融堂书解》卷六《商书·太甲下》

伊尹申诰于王曰，呜呼！惟天无亲，克敬惟亲；民罔常怀，怀于有仁；鬼神无常享，享于克诚。天位艰哉。

至此重复致诰，言天位之艰。太甲向来，只缘以位为乐，所以纵、欲而不自检，安知此位之不易也。

13. （宋）魏了翁《尚书要义》

原阙。

14. （宋）陈大猷《书集传或问》卷上《商书·太甲下》

（归善斋按，未解）

15. （宋）胡士行《尚书详解》卷四《商书·太甲下第七》

伊尹申（重）诰于王曰，呜呼！惟天无亲（私亲），克敬惟亲；民罔常怀，怀于有仁；鬼神无常享，享于克诚。天位艰哉。德惟治，否（不）德乱。

敬，天德也。仁，人心也。诚，鬼神之德也。上得天心，下得民心，幽得鬼神之心，始足以当天位，所以艰也。德，即敬、仁、诚也。总于己为德，见于外，则有三者之异。德则治，出治则入乱矣。

16. （元）吴澄《书纂言》

（归善斋按，未解）

17. （元）陈栎《书集传纂疏》卷三《朱子订定蔡氏集传·太甲下》

伊尹申诰于王曰，呜呼！惟天无亲，克敬惟亲；民罔常怀，怀于有仁；鬼神无常享，享于克诚，天位艰哉。

申诰，重诰也。天之所亲，民之所怀，鬼神之所享，皆不常也。惟克敬，有仁、克诚，而后天亲之，民怀之，鬼神享之也。曰敬，曰仁，曰诚者，各因所主而言。天谓之敬者，天者理之所在，动静语默，不可有一毫之慢。民谓之仁者，民非元后，何戴？鳏寡孤独，皆人君所当恤。鬼神谓之诚者，不诚无物，诚立于此，而后神格于彼。三者所当尽如此，人君居天之位，其可易而为之哉？分而言之，则三；合而言之，一德而已。太甲迁善未几，而伊尹以是告之。其才，固有大过人者欤。

纂疏

真氏曰，敬、仁、诚，并言始于此三者，尧、舜、禹、汤之正传也。

吕氏曰，君必上得天心，下得民心，幽得鬼神之心，始可以当天位。天位所以惟艰也。

18.（元）许谦《读书丛说》卷五《商书·太甲》

（归善斋按，未解）

19.（元）董鼎《书传辑录纂注》卷三《商书·太甲下》

《太甲下》。

纂注

陈氏大猷曰，《伊训》作于太甲未有过之先，尹欲预防其纵，故其辞严。《太甲上》篇，作于太甲有过之时，尹不欲激之，而微转其机，故其辞婉。中篇，作于悔过之初，尹深自喜慰，故其辞温。下篇作于改过之后，尹虑其或不克终，故其辞深，以厉大臣，格言浅深有序，盖如此。

伊尹申诰于王曰，呜呼！惟天无亲，克敬惟亲；民罔常怀，怀于有仁；鬼神无常享，享于克诚。天位艰哉。

申诰，重诰也。天之所亲，民之所怀，鬼神之所享，皆不常也。惟克敬，有仁、克诚，而后天亲之，民怀之，鬼神享之也。曰敬，曰仁，曰诚者，各因所主而言，天谓之敬者，天者理之所在，动静语默，不可有一毫之慢。民谓之仁者，民非元后，何戴？鳏寡孤独，皆人君所当恤。鬼神谓之诚者，不诚无物，诚立于此，而后神格于彼。三者所当尽如此，人君居天之位，其可易而为之哉？分而言之，则三；合而言之，一德而已。太甲迁善未几，而伊尹以是告之。其才，固有大过人者欤。

纂注

真氏曰，敬、诚、仁并言，始于此。三者，尧、舜、禹、汤之正传也。

20.（元）朱祖义《尚书句解》卷四《商书·太甲下第七》

《太甲下第七》。

伊尹申诰于王曰（尹重诰于太甲），呜呼（嗟难）！惟天无亲，克敬惟亲（天无私亲，能敬，则天亲之）。

21.（明）王樵《尚书日记》卷七《商书·太甲下》

"伊尹申诰于王曰，呜呼！惟天无亲"至"天位艰哉"。

此太甲悔过思庸之后，伊尹犹恐其持守之未笃，申之诰告，以为惟天无亲，克敬者亲；民无常怀，所怀者仁；鬼神无常享，享于克诚。

天之所亲者敬，何也？盖天之主宰，曰帝；人之主宰，曰心。敬，是吾心自做主宰处，人之念虑感移，未尝不与。大化流通，日监在兹，天无往而不在。小人无忌惮，是弗以上帝为有灵也，故畏天之至者，当防未萌之欲。不显亦临，无射亦保，克敬如是，则天亲之矣。

民之所怀者仁，何也？盖天下各父其父，各子其子。惟元后一之，故君民者，天下之大，父子也，虽以势而相扶，实以恩而相固，故所欲，与之聚之；所恶，勿施尔也。克仁如是，则民怀之矣。

鬼神之所享者诚，何也？盖鬼神之德，不越乎实理之聚散；祭祀之理，不越乎实心之始终。有其诚，则有其神；不诚，无物。故交于神明之道，祭则七日戒，三日斋，若见所祭者。平居，则相在尔室，尚不愧于屋漏，无曰不显，莫予云觏神之格，思不可度，思矧可射。思克诚如是，则鬼神享之矣。

天位艰哉者，人君上事天，下治民，幽事鬼神。天亲之，民怀之，鬼神享之，而后谓之天子，谓之神、人之主。三者皆无常，而其责皆在于我，岂不艰哉？居其位者，其可易而为之哉？天无情，故直言无亲；民有情，故言无常怀。

吕氏曰，所谓无常者，其机在彼，而不在我也。道则在我，能尽其"在我"，则无常者，为有常矣。

真氏曰，敬、仁、诚并言，始于此三者，尧、舜、禹、汤之正传也。

22.（清）库勒纳等撰《日讲书经解义》卷四《商书·太甲下》

《太甲下》。

此伊尹申告太甲以修德保治，而史臣叙其语，为下篇。

伊尹申告于王曰，呜呼！惟天无亲，克敬惟亲；民罔常怀，怀于有仁；鬼神无常享，享于克诚。天位艰哉。

此一节书是，伊尹告太甲以君道之难也。伊尹重言以告于王，而叹息曰，人主一身，上为皇天之所式临。而明，则为万民所依；幽，则为鬼神所鉴。诚无有一之可忽者也。惟天居高在上，有尊无亲，然敬者，事天之理也。人君，能敬以自持，凡动静语默，无一念之敢忽，则天乃眷佑，而亲之矣。民情向背，初无恒情，然仁者，治民之理也，人君能仁以保民，抚绥鞠养，无一夫之不被，则民乃归往而怀之矣。鬼神幽隐，最为难测，然诚者，祭鬼神之理也。人君能竭诚对越，使实意感乎一气，相为联属，则鬼神自降福，而来享矣。可见人主居天之位，一念不谨，则不免于亵天、慢神、虐民之咎，其可以易而忽之哉？甚矣，天位之艰，而居天位者，不可不思其艰，以尽其道也。夫人主一身，而天、民、鬼神之心属焉。天民鬼神之心无常，而人君之为敬，为仁，为诚，则可以有常，其权亦在人君自操之耳。

（元）陈悦道《书义断法》三《商书·太甲下》

惟天无亲，克敬惟亲；民罔常怀，怀于有仁；鬼神无常享，享于克诚。天位艰哉。

谓之"天位"者，天、民、鬼神之所托也；谓之"艰哉"者，诚、敬、仁之难尽也。以天、人、鬼神之无常，而上下显微之间一有不尽其道，则离合之机，凛乎在前，何可不思其难而循"天理之则"哉。

（明）梅鷟《尚书考异》三《商书·太甲下》

惟天无亲，克敬惟亲；民罔常怀，怀于有仁；鬼神无常享，享于克诚。天位艰哉。

僖五年，宫之奇曰，鬼神，匪人实亲，惟德是依，故《周书》曰，皇天无亲，惟德是辅。杜注逸书又曰，黍稷匪馨，明德惟馨。又，民不易物，惟德系物（《旅獒》凡四处，用此节）。

（元）王充耘《书义矜式》卷三《商书·太甲下》

惟天无亲，克敬惟亲。

不可恃者，上天眷顾之情；所可恃者，君心感格之道。夫人君之格天，舍敬，其何以哉？是以伊尹之告太甲，谓天于君，岂有常亲之理，其眷顾之情，盖不得而恃也。然人君能尽一己之敬，则天心虽无常亲，而亦未尝不亲之，是其感格之道，盖有所在也。谓之无亲，则有不可必者；谓之惟亲，则固有甚可必者存焉，亦顾君心之敬否，何如耳？可不知所以敬之哉？尝读《书》至"天难忱斯"，"惟命靡常"，而后知天眷之无常，及至"皇天无亲，惟德是辅"，而后知格天之有道，尽其道，则可格乎天矣。且吾有以知之"天监厥德，用集大命"，人知天之所以厚于成汤，而不知汤所以得天者，以其"顾諟明命"而"罔不祗肃"也。皇天用训厥道，付畀四方，人知天之所以眷文王也，而不知文王之所以得乎天者，亦以其能昭事上帝，而小心翼翼也。论至于此，然后知人君未有敬谨，而不足以得天心，亦未有怠荒而能隆天眷者。宜乎，伊尹拳拳于太甲也。今夫，天高在上，无形迹之可见，无声臭之可闻，而其聪明不可欺，明威不可测。予之，而或夺之；福之，而或祸之，是天固无常亲也。人君在上，能使天之心与我为一者，无他，亦惟敬而已矣。方其敬也，出门如见大宾，使民如承大祭，视如对日星，听如惊雷霆，坐如近记过之史，行如随纠非之吏，兢兢焉，无须臾之或慢；业业焉，无一事之敢忽。君之尽其敬者如此，则申命用休，固非吾之有求乎天，而其来也，自不可辞。纯佑秉德，亦非天之有私于我也，而其至也，自不容御。谓之"克敬惟亲"，非欤。然则，无亲者，天也；惟亲者，吾使之也。为君者，苟以天无常亲，而不尽己之敬，则非天之无亲也，实君不能致其亲之之道也。苟能尽其道，则天与君，浑然为一，而无天人之间矣。太甲既立不明于德，至于以欲败度，纵败礼，盖亦恃天命之可常矣，而岂知天无常也哉。故幸其一旦改悟，而遽以是告之，庶其能钦崇乎天道，而永保乎天命也。伊尹之忠爱，何如哉。

民罔常怀，怀于有仁

1.（汉）孔氏传、（唐）陆德明音义、孔颖达疏《尚书注疏》卷七《太甲下》

民罔常怀，怀于有仁。

传，民所归无常，以仁政为常。

（归善斋按，另见"伊尹申诰于王，曰，呜呼！惟天无亲，克敬惟亲"）

2.（宋）苏轼《书传》卷七《商书·太甲下第七》

（归善斋按，见"伊尹申诰于王，曰，呜呼！惟天无亲，克敬惟亲"）

3.（宋）林之奇《尚书全解》卷十六《商书·太甲下》

（归善斋按，见"伊尹申诰于王，曰，呜呼！惟天无亲，克敬惟亲"）

4.（宋）史浩《尚书讲义》卷八《商书·太甲下》

（归善斋按，见"伊尹申诰于王，曰，呜呼！惟天无亲，克敬惟亲"）

5.（宋）夏僎《尚书详解》卷十二《商书·太甲下》

（归善斋按，见"伊尹申诰于王，曰，呜呼！惟天无亲，克敬

6.（宋）时澜《增修东莱书说》卷九《商书·太甲下第七》

（归善斋按，见"伊尹申诰于王，曰，呜呼！惟天无亲，克敬惟亲"）

7.（宋）黄度《尚书说》卷三《商书·太甲下》

（归善斋按，见"伊尹申诰于王，曰，呜呼！惟天无亲，克敬惟亲"）

8.（宋）袁燮《絜斋家塾书钞》卷五《商书·太甲下》

（归善斋按，见"伊尹申诰于王，曰，呜呼！惟天无亲，克敬惟亲"）

9.（宋）蔡沈《书经集传》卷三《商书·太甲下》

（归善斋按，见"伊尹申诰于王，曰，呜呼！惟天无亲，克敬惟亲"）

10.（宋）黄伦《尚书精义》卷十八《商书·太甲下》

（归善斋按，见"伊尹申诰于王，曰，呜呼！惟天无亲，克敬惟亲"）

11.（宋）陈经《尚书详解》卷十四《商书·太甲下》

（归善斋按，见"伊尹申诰于王，曰，呜呼！惟天无亲，克敬惟亲"）

12.（宋）钱时《融堂书解》卷六《商书·太甲下》

（归善斋按，见"伊尹申诰于王，曰，呜呼！惟天无亲，克敬惟亲"）

13.（宋）魏了翁《尚书要义》

原阙。

14.（宋）陈大猷《书集传或问》卷上《商书·太甲下》

（归善斋按，未解）

15.（宋）胡士行《尚书详解》卷四《商书·太甲下第七》

（归善斋按，见"伊尹申诰于王，曰，呜呼！惟天无亲，克敬惟亲"）

16.（元）吴澄《书纂言》

（归善斋按，未解）

17.（元）陈栎《书集传纂疏》卷三《朱子订定蔡氏集传·太甲下》

（归善斋按，见"伊尹申诰于王，曰，呜呼！惟天无亲，克敬惟亲"）

18.（元）许谦《读书丛说》卷五《商书·太甲》

（归善斋按，未解）

19.（元）董鼎《书传辑录纂注》卷三《商书·太甲下》

（归善斋按，见"伊尹申诰于王，曰，呜呼！惟天无亲，克敬惟亲"）

20.（元）朱祖义《尚书句解》卷四《商书·太甲下第七》

民罔常怀，怀于有仁（民本无常怀，归于有仁德之王）。

21.（明）王樵《尚书日记》卷七《商书·太甲下》

（归善斋按，见"伊尹申诰于王，曰，呜呼！惟天无亲，克敬惟亲"）

22.（清）库勒纳等撰《日讲书经解义》卷四《商书·太甲下》

（归善斋按，见"伊尹申诰于王，曰，呜呼！惟天无亲，克敬惟亲"）

（元）陈悦道《书义断法》三《商书·太甲下》

（归善斋按，见"伊尹申诰于王，曰，呜呼！惟天无亲，克敬惟亲"）

（明）梅鷟《尚书考异》三《商书·太甲下》

（归善斋按，见"伊尹申诰于王，曰，呜呼！惟天无亲，克敬惟亲"）

鬼神无常享，享于克诚

1.（汉）孔氏传、（唐）陆德明音义、孔颖达疏《尚书注疏》卷七《太甲下》

鬼神无常享，享于克诚。

传，言鬼神不系一人，能诚信者，则享其祀。

（归善斋按，另见"伊尹申诰于王，曰，呜呼！惟天无亲，克敬惟亲"）

2.（宋）苏轼《书传》卷七《商书·太甲下第七》

（归善斋按，见"伊尹申诰于王，曰，呜呼！惟天无亲，克敬

惟亲"）

3.（宋）林之奇《尚书全解》卷十六《商书·太甲下》

（归善斋按，见"伊尹申诰于王，曰，呜呼！惟天无亲，克敬惟亲"）

4.（宋）史浩《尚书讲义》卷八《商书·太甲下》

（归善斋按，见"伊尹申诰于王，曰，呜呼！惟天无亲，克敬惟亲"）

5.（宋）夏僎《尚书详解》卷十二《商书·太甲下》

（归善斋按，见"伊尹申诰于王，曰，呜呼！惟天无亲，克敬惟亲"）

6.（宋）时澜《增修东莱书说》卷九《商书·太甲下第七》

（归善斋按，见"伊尹申诰于王，曰，呜呼！惟天无亲，克敬惟亲"）

7.（宋）黄度《尚书说》卷三《商书·太甲下》

（归善斋按，见"伊尹申诰于王，曰，呜呼！惟天无亲，克敬惟亲"）

8.（宋）袁燮《絜斋家塾书钞》卷五《商书·太甲下》

（归善斋按，见"伊尹申诰于王，曰，呜呼！惟天无亲，克敬惟亲"）

9.（宋）蔡沈《书经集传》卷三《商书·太甲下》

（归善斋按，见"伊尹申诰于王，曰，呜呼！惟天无亲，克敬惟亲"）

10.（宋）黄伦《尚书精义》卷十八《商书·太甲下》

（归善斋按，见"伊尹申诰于王，曰，呜呼！惟天无亲，克敬惟亲"）

11.（宋）陈经《尚书详解》卷十四《商书·太甲下》

（归善斋按，见"伊尹申诰于王，曰，呜呼！惟天无亲，克敬惟亲"）

12.（宋）钱时《融堂书解》卷六《商书·太甲下》

（归善斋按，见"伊尹申诰于王，曰，呜呼！惟天无亲，克敬惟亲"）

13.（宋）魏了翁《尚书要义》

原阙。

14.（宋）陈大猷《书集传或问》卷上《商书·太甲下》

（归善斋按，未解）

15.（宋）胡士行《尚书详解》卷四《商书·太甲下第七》

（归善斋按，见"伊尹申诰于王，曰，呜呼！惟天无亲，克敬惟亲"）

16.（元）吴澄《书纂言》

（归善斋按，未解）

17.（元）陈栎《书集传纂疏》卷三《朱子订定蔡氏集传·太甲下》

（归善斋按，见"伊尹申诰于王，曰，呜呼！惟天无亲，克敬

惟亲"）

18.（元）许谦《读书丛说》卷五《商书·太甲》

（归善斋按，未解）

19.（元）董鼎《书传辑录纂注》卷三《商书·太甲下》

（归善斋按，见"伊尹申诰于王，曰，呜呼！惟天无亲，克敬惟亲"）

20.（元）朱祖义《尚书句解》卷四《商书·太甲下第七》

鬼神无常享（鬼神本无常享），享于克诚（享于克诚之人）。

21.（明）王樵《尚书日记》卷七《商书·太甲下》

（归善斋按，见"伊尹申诰于王，曰，呜呼！惟天无亲，克敬惟亲"）

22.（清）库勒纳等撰《日讲书经解义》卷四《商书·太甲下》

（归善斋按，见"伊尹申诰于王，曰，呜呼！惟天无亲，克敬惟亲"）

（元）陈悦道《书义断法》三《商书·太甲下》

（归善斋按，见"伊尹申诰于王，曰，呜呼！惟天无亲，克敬惟亲"）

（明）梅鷟《尚书考异》三《商书·太甲下》

（归善斋按，见"伊尹申诰于王，曰，呜呼！惟天无亲，克敬惟亲"）

天位艰哉

1.（汉）孔氏传、（唐）陆德明音义、孔颖达疏《尚书注疏》卷七《太甲下》

天位艰哉。

传，言居天子之位难，以此三者。

2.（宋）苏轼《书传》卷七《商书·太甲下第七》

(归善斋按，见"伊尹申诰于王，曰，呜呼！惟天无亲，克敬惟亲")

3.（宋）林之奇《尚书全解》卷十六《商书·太甲下》

(归善斋按，见"伊尹申诰于王，曰，呜呼！惟天无亲，克敬惟亲")

4.（宋）史浩《尚书讲义》卷八《商书·太甲下》

(归善斋按，见"伊尹申诰于王，曰，呜呼！惟天无亲，克敬惟亲")

5.（宋）夏僎《尚书详解》卷十二《商书·太甲下》

(归善斋按，见"伊尹申诰于王，曰，呜呼！惟天无亲，克敬惟亲")

6.（宋）时澜《增修东莱书说》卷九《商书·太甲下第七》

(归善斋按，见"伊尹申诰于王，曰，呜呼！惟天无亲，克敬惟亲")

7.（宋）黄度《尚书说》卷三《商书·太甲下》

天位艰哉，德惟治，否德乱。与治同道，罔不兴；与乱同事，罔不亡。终始慎厥与，惟明明后。

五帝异礼，三王不同乐，而其道"一"也。流连荒亡，不同事，而同乱始也。与治同道，终也。与乱同事，得非"缉熙光明"之学，有所阙歉。明明，言光明相继也。

8.（宋）袁燮《絜斋家塾书钞》卷五《商书·太甲下》

天位艰哉。德惟治，否德乱。

仁、敬、诚，是三者即所谓"德"也。天下治乱在予一人，居天位者，岂易事乎？古之人君，所以不以位为乐，知其艰，故也。不明之君，但见履崇高富贵之极，享四海九州之奉，耳听备声，目视备色，口尝备味，遂以位为可乐，不知有德，则居其位，而天下治。否德，则天下由之而乱，岂不甚可畏也哉？太甲良心虽已复，稍有懈怠，天、民、鬼、神之心去之，易治为乱，如反覆手，如之何而可以位为乐乎？

9.（宋）蔡沈《书经集传》卷三《商书·太甲下》

（归善斋按，见"伊尹申诰于王，曰，呜呼！惟天无亲，克敬惟亲"）

10.（宋）黄伦《尚书精义》卷十八《商书·太甲下》

（归善斋按，见"伊尹申诰于王，曰，呜呼！惟天无亲，克敬惟亲"）

11.（宋）陈经《尚书详解》卷十四《商书·太甲下》

（归善斋按，见"伊尹申诰于王，曰，呜呼！惟天无亲，克敬惟亲"）

12.（宋）钱时《融堂书解》卷六《商书·太甲下》

（归善斋按，见"伊尹申诰于王，曰，呜呼！惟天无亲，克敬

惟亲")

13.（宋）魏了翁《尚书要义》

原阙。

14.（宋）陈大猷《书集传或问》卷上《商书·太甲下》

（归善斋按，未解）

15.（宋）胡士行《尚书详解》卷四《商书·太甲下第七》

（归善斋按，见"伊尹申诰于王，曰，呜呼！惟天无亲，克敬惟亲"）

16.（元）吴澄《书纂言》

（归善斋按，未解）

17.（元）陈栎《书集传纂疏》卷三《朱子订定蔡氏集传·太甲下》

（归善斋按，见"伊尹申诰于王，曰，呜呼！惟天无亲，克敬惟亲"）

18.（元）许谦《读书丛说》卷五《商书·太甲》

（归善斋按，未解）

19.（元）董鼎《书传辑录纂注》卷三《商书·太甲下》

（归善斋按，见"伊尹申诰于王，曰，呜呼！惟天无亲，克敬惟亲"）

20.（元）朱祖义《尚书句解》卷四《商书·太甲下第七》

天位艰哉（以是数者而观，则君处天位，岂不难哉）。

21.（明）王樵《尚书日记》卷七《商书·太甲下》

（归善斋按，见"伊尹申诰于王，曰，呜呼！惟天无亲，克敬惟亲"）

22.（清）库勒纳等撰《日讲书经解义》卷四《商书·太甲下》

（归善斋按，见"伊尹申诰于王，曰，呜呼！惟天无亲，克敬惟亲"）

（元）陈悦道《书义断法》三《商书·太甲下》

（归善斋按，见"伊尹申诰于王，曰，呜呼！惟天无亲，克敬惟亲"）

（明）梅鷟《尚书考异》三《商书·太甲下》

（归善斋按，见"伊尹申诰于王，曰，呜呼！惟天无亲，克敬惟亲"）

（清）张英《书经衷论》卷二《商书·太甲上中下》

天之所亲，民之所怀，鬼神之所享，则天位由此而安。天之所不亲，民之所不怀，鬼神之所不享，则天位由此而危。然天无常亲，民罔常怀，鬼神无常享，转移予夺，只在一念之间，故曰"天位艰哉"。

德惟治，否德乱

1.（汉）孔氏传、（唐）陆德明音义、孔颖达疏《尚书注疏》卷七《太甲下》

德惟治，否德乱。

传,为政以德则治,不以德则乱。

2. (宋)苏轼《书传》卷七《商书·太甲下第七》

(归善斋按,见"伊尹申诰于王,曰,呜呼!惟天无亲,克敬惟亲")

3. (宋)林之奇《尚书全解》卷十六《商书·太甲下》

(归善斋按,见"伊尹申诰于王,曰,呜呼!惟天无亲,克敬惟亲")

4. (宋)史浩《尚书讲义》卷八《商书·太甲下》

(归善斋按,见"伊尹申诰于王,曰,呜呼!惟天无亲,克敬惟亲")

5. (宋)夏僎《尚书详解》卷十二《商书·太甲下》

(归善斋按,见"伊尹申诰于王,曰,呜呼!惟天无亲,克敬惟亲")

6. (宋)时澜《增修东莱书说》卷九《商书·太甲下第七》

(归善斋按,见"伊尹申诰于王,曰,呜呼!惟天无亲,克敬惟亲")

7. (宋)黄度《尚书说》卷三《商书·太甲下》

(归善斋按,见"天位艰哉")

8. (宋)袁燮《絜斋家塾书钞》卷五《商书·太甲下》

(归善斋按,见"天位艰哉")

9.（宋）蔡沈《书经集传》卷三《商书·太甲下》

德惟治，否德乱。与治同道，罔不兴；与乱同事，罔不亡。终始慎厥与，惟明明后。

治，去声。否，俯久反。德者，合敬、仁、诚之称也。有是德，则治；无是德则乱。治，固古人有行之者矣；乱，亦古人有行之者也。与古之治者同道，则无不兴；与古之乱者同事，则无不亡。治而谓之道者，盖治因时制宜，或损或益，事未必同，而道则同也。乱而谓之事者，亡国丧家，不过货、色、游、畋，作威杀戮等事，事同，道无不同也。治乱之分，顾所与如何耳。始而与治，固可以兴；终而与乱，则亡亦至矣。谨其所"与"，终始如一，惟明明之君为然也。上篇言"惟明后"，此篇言"惟明明后"，盖明其所已明，而进乎前者矣。

10.（宋）黄伦《尚书精义》卷十八《商书·太甲下》

（归善斋按，见"伊尹申诰于王，曰，呜呼！惟天无亲，克敬惟亲"）

11.（宋）陈经《尚书详解》卷十四《商书·太甲下》

德惟治，否德乱。与治同道，罔不兴；与乱同事，罔不亡。终始慎厥与，惟明明后。先王惟时懋敬厥德，克配上帝。今王嗣有令绪，尚监兹哉。

德者，即上文敬与仁与诚之德也。合之则为一，用之，以事天则为敬，以爱民则为仁，以事鬼神则为诚。有德，则其心常存，事事无所失，故治。无德，则心出其位，事事不止其所，故乱。与治世而同其道，则无有不兴；与乱世而同其事，则无有不亡。事与道，所以异者，必治世不同其道，而后可。事有变，而道无变，如三圣相授，所守者一道。若以事论，则夏商之官，非唐虞之官；夏商之刑，已非唐虞之刑，故不必同其事也。若乱世，则其道有不足言，但有一二事之同，则足以亡国。如厉王之弭谤，秦王之禁偶语之类是也。

"终始慎厥与"者，终始常一心，谨其所以与治同道，而无与乱同事可也。安危存亡之机，常在于决择之初，谨其所与，则知所趋向取舍矣。自非明明之君，安能决择如是之审哉。"先王惟时懋敬厥德"，此言当与先王同其道也。先王所以能配合上帝，与天同其大者，惟在于懋敬其德。敬，即天德也。能勉敬其德，不欺不愧，无作无辍，岂非天乎。今王监先王之善业，当以此为监，则与治同道者，得矣。伊尹此言，盖欲太甲亦以懋敬为心，纯一不已，方可以继先王，不可谓过已改，而无所事也。

12.（宋）钱时《融堂书解》卷六《商书·太甲下》

德惟治，否德乱。与治同道，罔不兴；与乱同事，罔不亡。终始慎厥与，惟明明后。先王惟时懋敬厥德，克配上帝。今王嗣有令绪，尚监兹哉。若升高，必自下；若陟遐，必自迩。无轻民事，惟难；无安厥位，惟危。慎终于始。

无轻民事，见得民事之重，便知天位之艰。懋勤厥德，是慎位以安民，终始如一。

13.（宋）魏了翁《尚书要义》

原阙。

14.（宋）陈大猷《书集传或问》卷上《商书·太甲下》

（归善斋按，未解）

15.（宋）胡士行《尚书详解》卷四《商书·太甲下第七》

（归善斋按，见"伊尹申诰于王，曰，呜呼！惟天无亲，克敬惟亲"）

16.（元）吴澄《书纂言》

（归善斋按，未解）

17.（元）陈栎《书集传纂疏》卷三《朱子订定蔡氏集传·太甲下》

德惟治，否德乱。与治同道，罔不兴；与乱同事，罔不亡。终始慎厥与，惟明明后。

德者，合敬、仁、诚之称也，有是德则治，无是德，则乱。治，固古人有行之者矣；乱，亦古人有行之者也。与古之治者同道，则无不兴；与古之乱者同事，则无不亡。治而谓之道者，盖治因时制宜，或损或益，事未必同，而道则同也。乱而谓之事者，亡国丧家，不过货、色、游、畋，作威杀戮等事。事同，道无不同也。治乱之分，顾所"与"，如何耳？始而"与"治，固可以兴；终而"与"乱，则亡亦至矣。谨其"所与"，终始如一，惟明明之君为然也。上篇言"惟明后"，此篇言"惟明明后"，盖明其所已明，而进乎前者矣。

纂疏

真氏曰，道指全体而言，如尧、舜之仁，汤、武之义是也。事指一事而言，如太康畋游，桀纣暴虐之类是也。必同道乃兴，宋襄以不禽二毛，自比文王。不知一事之同，而他事之不副，其能兴乎？苟同事必亡，三风十愆，或有其一，无不亡者。兴之难，而亡之易如此，斯天位所以艰钦。

夏氏曰，终始与治同道，而不与乱同事。

愚谓，此因赖匡救，图厥终之言，而进图终之道也。图终在常，不变其始而已。终始慎其"所与"，则不特初心之明，而为"明后"，且悠久常保此初心之明，而为"明明后"矣。尹虑太甲，怨艾于初，而转移于终，故言此。

18.（元）许谦《读书丛说》卷五《商书·太甲》

（归善斋按，未解）

19.（元）董鼎《书传辑录纂注》卷三《商书·太甲下》

德惟治，否德乱。与治同道，罔不兴；与乱同事，罔不亡。终始慎厥与，惟明明后。

德者，合敬、仁、诚之称也。有是德，则治；无是德，则乱。治，固古人有行之者矣；乱，亦古人有行之者也。与古之治者同道，则无不兴；与古之乱者同事，则无不亡。治，而谓之道者，盖治，因时制宜，或损或益，事未必同，而道则同也；乱，而谓之事者，亡国丧家，不过货、色、游、畋，作威杀戮等事。事同，道无不同也。治、乱之分，顾所"与"如何耳。始，而与治，固可以兴；终，而与乱，则亡亦至矣。谨其所"与"，终始如一，惟"明明"之君为然也。上篇言"惟明后"，此篇言"惟明明后"，盖"明"其所已"明"，而进乎前者矣。

纂注

真氏曰，"与治同道，罔不兴"，道，指全体而言，如尧舜之仁，汤武之义是也。"与乱同事罔不亡"，事，指一事而言，如太康畋游，桀、纣暴虐之类是也。必同道乃兴，宋襄公以不禽二毛，自比文王，不知一事之同，而他事之不副，其能有兴乎？苟同事必亡，三风十愆，或有其一，无不亡者。盖兴之难，而亡之易如此，斯天位之所以难欤终。

新安陈氏曰，此因"尚赖匡救，图惟厥终"之说，而进图之道也。图终之道，常不变其始而已。终始慎其所与，则不特初心之明，而为明后，且悠久常保此初心之明，而为"明明后"矣。尹盖虑太甲悔艾于初，而转移于终也，故言及此。

20.（元）朱祖义《尚书句解》卷四《商书·太甲下第七》

德惟治（有德则治），否德乱（无德则乱）。

21.（明）王樵《尚书日记》卷七《商书·太甲下》

"德惟治"至"惟明明后"。

敬、仁、诚，各以所主而言。合而言之，一德而已。尧、舜、禹、汤得之，则治；太康、夏桀失之，则乱。与治同道，如敬天、法祖、尊贤、爱民，自尧、舜、三王，以至千百世之下，有贤君者出，其道必同。道同者，为善不同，同归于治，故罔不兴。与乱同事，如桀、纣、幽、厉，虽各有以召乱，而声色，盘游，作威，聚敛，任用小人，拒远忠谏等事，无以大相远也。与乱同事，不必昏主，亦有英王而所为。与乱同事者，如以忿兴兵，好大喜功之类，皆亡之道也，不亡者幸尔。与治同道，虽事未必同，而不害其道之同。道，非事之所能尽。如宋襄公以不禽二毛拟文王，其人非也，则事亦非矣。传谓，鲁隐公者谓之轻千乘之国，则可谓之蹈道，则未也。其道非也，则其事亦非矣。太甲败度之时，几乎与桀同事矣，一旦悔过思庸，所由者，即汤之道，在力行不变尔，故伊尹以"终始慎厥与"深期之。

唐玄宗初政，庶几贞观，而晚节身自召乱，即太宗之身，亦几不克终。隋炀帝征辽，唐亦征辽。秦始皇求神仙，筑长城，营阿房。汉武帝亦求神仙，伐匈奴，营建章，前后一辙，皆所谓"与乱同事"者也。汉文景恭俭爱民，与民休息，虽未尝拟迹三王，而道固有与之同者矣，岂非"与治同道，罔不兴"之明验乎。

人心操舍无常，克终最难。始而与治兴，固由之；终而与乱亡，亦随之。兴亡，一反覆手，要须慎之又慎，终始不差。其所"与"，则不特初心之明，而为"明后"，且悠久常保此初心之明，而为"明明后"矣。此因"尚赖匡救，图惟厥终"之语，而深明图终之道也。

22. （清）库勒纳等撰《日讲书经解义》卷四《商书·太甲下》

德惟治，否德乱。与治同道，罔不兴；与乱同事，罔不亡。终始慎厥与，惟明明后。

此一节书是，伊尹告太甲以治乱之所关，终始之宜慎也。伊尹之言曰，天位维艰，人君所以常保此位者，亦在乎仁、敬、诚三者之德而已。有是德，则天佑之，民怀之，鬼神享之，而足以致治；无是德，则天之所不佑，民之所不怀，鬼神之所不享，而足以致乱。古之人有以德而致治者矣。人君之所行，能与治世之道，事事相同，诚敬以格天神，仁爱以抚民众，则国未有不兴者。古之人，亦有以否德而致乱者矣。人君之所行，苟与乱世之事，有一相同，或耽于货色，或淫于游畋，或恣于刑戮，或蔽于奸邪，则国未有不亡者。治乱安危，亦在乎慎所"与"而已。然人情谨始而怠终，诚能自践祚之初，至历年之久，兢兢业业，皆与治世之道相同，而不使一事苟同于乱世，则治可常保矣。此惟明哲之君，深明乎天、人治乱之理，而不为嗜欲所摇夺者。能有此也，欲保惟艰之天位，尚其慎所"与"哉。汉唐以来，治乱兴衰之故，备在史册。其兴，必有所以兴；其乱，必有所以乱。人君察其大纲，而于用人行政之间，自相衡度，则不越已然之陈迹，而可以知无穷之治乱，正古人所谓人毋于水鉴，当于人鉴之说也。

与治同道，罔不兴；与乱同事，罔不亡

1.（汉）孔氏传、（唐）陆德明音义、孔颖达疏《尚书注疏》卷七《太甲下》

与治同道，罔不兴；与乱同事，罔不亡。

传，言安危在所任，治乱在所法。

音义，治，直吏反，注及下同。

疏，传正义曰，任贤则兴，任佞则亡，故安危在所任。于善则治，于恶则乱，故治乱在所法。总言治国，则称"道"；单指所行，则言"事"。兴难而亡易，道大而事小，故大言"兴"，而小言"亡"也。此所云，惟言治乱在所与耳。下句云"终始慎厥与"，言当与贤，不与佞。治乱在于用臣，故传于此言"安危在所任"也。

2.（宋）苏轼《书传》卷七《商书·太甲下第七》

（归善斋按，见"伊尹申诰于王，曰，呜呼！惟天无亲，克敬惟亲"）

3.（宋）林之奇《尚书全解》卷十六《商书·太甲下》

（归善斋按，见"伊尹申诰于王，曰，呜呼！惟天无亲，克敬惟亲"）

4. （宋）史浩《尚书讲义》卷八《商书·太甲下》

（归善斋按，见"伊尹申诰于王，曰，呜呼！惟天无亲，克敬惟亲"）

5. （宋）夏僎《尚书详解》卷十二《商书·太甲下》

（归善斋按，见"伊尹申诰于王，曰，呜呼！惟天无亲，克敬惟亲"）

6. （宋）时澜《增修东莱书说》卷九《商书·太甲下第七》

与治同道，罔不兴；与乱同事，罔不亡。终始慎厥与，惟明明后。

所谓道，谓同此理也。迹，不必同。所谓事，盖不出此数事而已。出治则有道。为乱者，皆事也。尧、舜三代，因时制宜，或损或益，岂能尽同而为。君之道，如出一轨。桀、纣、秦始皇、隋炀帝之徒，虽各有为乱，而声色奢侈，拒谏蔽贤等事，无以大相异也。与治同道，无有不兴；与乱同事，无有不亡。必当终始，谨其所与，乃惟明明之后。所谓"与"，乃是几微处，意之所向也。一毫不谨，乱亡自此出。大抵心之所喜，即厥与之所分也。如见纷华，而有悦之之心，则所与在于乱矣，故"与"者，治乱之初也，治乱之分差于毫厘，用心正则所"与"在。治用心有毫厘不正，则所"与"即入于乱。惟终始常持此心，则谓之"明明后"，以其明明，则能见治乱之机也。

7. （宋）黄度《尚书说》卷三《商书·太甲下》

（归善斋按，见"天位艰哉"）

8. （宋）袁燮《絜斋家塾书钞》卷五《商书·太甲下》

与治同道，罔不兴；与乱同事，罔不亡。终始慎厥与，惟明明后。

乱不可以言道，故谓之"事"，如荒于声色，盘于游畋，皆事也。治乱只观其所与如何。这个所"与"，须当致谨。且如人主，谁不知与治同道则兴，与乱同事则亡。然每至于失其所"与"者，不知谨故也。周宣王三代之贤君也，观《诗》所载，始而美宣王，未几而规宣王，未几而刺宣王矣。唐明皇与宪宗，初皆英明之主，一时功烈，岂不赫然。其后明皇有播迁之变，宪宗有篡弑之祸，只以此三君观之，所"与"岂可不谨其初，以为我纵有些少逸乐宴安，亦未害事，不知此即"与乱同事"也，卒至于狼狈不可收拾，此皆不谨之故。能"终始慎厥与"，则明而又明，故曰惟明明后，不特为明后而已，彻头彻后，更无遗憾所以谓之明明。若其初为善，后不克终，则不可谓之明明矣。古人多说明明二字，明明天子令闻不已，百官修辅厥后，惟明明，皆明而又明也。

9.（宋）蔡沈《书经集传》卷三《商书·太甲下》

（归善斋按，见"德惟治，否德乱"）

10.（宋）黄伦《尚书精义》卷十八《商书·太甲下》

（归善斋按，见"伊尹申诰于王，曰，呜呼！惟天无亲，克敬惟亲"）

11.（宋）陈经《尚书详解》卷十四《商书·太甲下》

（归善斋按，见"伊尹申诰于王，曰，呜呼！惟天无亲，克敬惟亲"）

12.（宋）钱时《融堂书解》卷六《商书·太甲下》

（归善斋按，见"伊尹申诰于王，曰，呜呼！惟天无亲，克敬惟亲"）

13.（宋）魏了翁《尚书要义》

原阙。

14.（宋）陈大猷《书集传或问》卷上《商书·太甲下》

（归善斋按，未解）

15.（宋）胡士行《尚书详解》卷四《商书·太甲下第七》

与治同道（事不必同，同此理而已），罔不兴；与乱同事（乱之事无不同），罔不亡。终始慎厥与（与治与乱，与者，治乱之初也），惟明明后。

与治同事，未必兴也，必同道而后兴。燕哙、宋襄学尧、舜、汤、武之事者也。乱之事同，则道无不同，周厉弭谤，秦皇禁偶语，纣巨桥，隋洛口仓，无不亡者。能于其与之端而谨之，非明而又明者，不能也。

16.（元）吴澄《书纂言》

（归善斋按，未解）

17.（元）陈栎《书集传纂疏》卷三《朱子订定蔡氏集传·太甲下》

（归善斋按，见"德惟治，否德乱"）

18.（元）许谦《读书丛说》卷五《商书·太甲》

（归善斋按，未解）

19.（元）董鼎《书传辑录纂注》卷三《商书·太甲下》

（归善斋按，见"德惟治，否德乱"）

20.（元）朱祖义《尚书句解》卷四《商书·太甲下第七》

与治同道，罔不兴（人君与治世同道，则无有不兴），与乱同事，罔不亡（与乱世同事，无有不亡）。

21.（明）王樵《尚书日记》卷七《商书·太甲下》

（归善斋按，见"德惟治，否德乱"）

22.（清）库勒纳等撰《日讲书经解义》卷四《商书·太甲下》

（归善斋按，见"德惟治，否德乱"）

（清）朱鹤龄《尚书埤传》卷八《商书·太甲》

同道罔不兴、同事罔不亡。

真德秀曰，道，举全体而言；事，特一端耳。必同道乃兴。宋襄不禽二毛自比文王，一事同，而他事之不同，其能有兴乎？苟同其事，三风十愆，或有其一，无不亡者。盖兴之难，而亡之易如此。

（清）张英《书经衷论》卷二《商书·太甲上中下》

与治同道，罔不兴；与乱同事，罔不亡。始终慎厥与，惟明明后。

旨哉，斯言。人君但以终日所行之事，平心易气，衡之于古，不存一毫自恕自覆之念。果此事为尧，为舜，为汤，为武，即欲不跻世。于唐虞、三代，不可得也。倘此事为秦皇，为汉武，为隋炀，即欲不同于秦隋末季，不可得也。苟所行，尽晚近世主之事，而自欲治，登于三古谀诵之者，至比于圣帝明王，岂非上下相蒙哉。

终始慎厥与，惟明明后

1.（汉）孔氏传、（唐）陆德明音义、孔颖达疏《尚书注疏》卷七《太甲下》

终始慎厥与，惟明明后。

传，明慎其所与治乱之机，则为明王、明君。

疏，正义曰，重言"明明"，言其为大明耳。传因文重，故言"明王、明君"，君、王，犹是一也。

2.（宋）苏轼《书传》卷七《商书·太甲下第七》

终始慎厥，与惟明明后。

慎，所与之人也，君子难合而易离，能与君子固难矣，能终始之尤难。

3.（宋）林之奇《尚书全解》卷十六《商书·太甲下》

（归善斋按，见"伊尹申诰于王，曰，呜呼！惟天无亲，克敬惟亲"）

4.（宋）史浩《尚书讲义》卷八《商书·太甲下》

（归善斋按，见"伊尹申诰于王，曰，呜呼！惟天无亲，克敬惟亲"）

5.（宋）夏僎《尚书详解》卷十二《商书·太甲下》

（归善斋按，见"伊尹申诰于王，曰，呜呼！惟天无亲，克敬惟亲"）

6.（宋）时澜《增修东莱书说》卷九《商书·太甲下第七》

（归善斋按，见"与治同道，罔不兴；与乱同事，罔不亡"）

7.（宋）黄度《尚书说》卷三《商书·太甲下》

（归善斋按，见"天位艰哉"）

8.（宋）袁燮《絜斋家塾书钞》卷五《商书·太甲下》

（归善斋按，见"与治同道，罔不兴；与乱同事，罔不亡"）

9.（宋）蔡沈《书经集传》卷三《商书·太甲下》

（归善斋按，见"德惟治，否德乱"）

10. （宋）黄伦《尚书精义》卷十八《商书·太甲下》

终始慎厥与，惟明明后。先王惟时懋敬厥德，克配上帝。今王嗣有令绪，尚监兹哉。若升高，必自下，若陟遐，必自迩。无轻民事，惟难；无安厥位，惟危，慎终于始。

无垢曰，夫上帝尊居宸极，而日月星辰，皆有纪而不乱。先王尊居九重，而朝廷邦国，亦有纪而不乱。是人主，即天帝，使人主在天，则为上帝；使上帝在人间，则为先王克配上帝，义盖如此。人主其可自轻乎？然而，有德则尊，无德则贱。尊则同于上帝，贱则等于匹夫。千官在列，万玉同趋，此尧、舜、禹、汤之所以为尊也。放于南巢，悬于白旗，此桀、纣之所以为贱也。悲夫人主，本同于上帝，乃卑贱至于若此。然则，有天下者，其于爱、敬、诚之三字在己，可不自强而求贤，可不以此为准耶？

又曰，夫学不躐等，教不陵节，悔过而少见先王之心，未可止。是而自欺也。其上有事焉，第如登泰山，而始升一级，适燕越，而始进一步耳。岂可止一级，遽自欺以为泰山之顶；止一步，遽自欺以为燕越之都乎。

张氏曰，若升高，必自下者，告之使进德也；若陟遐，必自迩者，告之使修业也。德欲崇，故以升高譬之；业欲广，故以陟遐譬之。《颖滨》曰"欲田甫田"，则必自其小者始。小之有余，而甫田可启矣。欲来远人，则必自其近者，始近者既服，而远人自至矣。苟由其道，其势，可以自得；苟不由其道，虽强求而不获也。

范祖禹曰，孔子云，为君难夫知所难，而后可以有为也。传曰，君以为易，则其难也，将至矣；君以为难，则其易也，将至矣。太宗知守文之难，所以能有终也。

11. （宋）陈经《尚书详解》卷十四《商书·太甲下》

(归善斋按，见"伊尹申诰于王，曰，呜呼！惟天无亲，克敬惟亲")

12.（宋）钱时《融堂书解》卷六《商书·太甲下》

（归善斋按，见"伊尹申诰于王，曰，呜呼！惟天无亲，克敬惟亲"）

13.（宋）魏了翁《尚书要义》

原阙。

14.（宋）陈大猷《书集传或问》卷上《商书·太甲下》

（归善斋按，未解）

15.（宋）胡士行《尚书详解》卷四《商书·太甲下第七》

（归善斋按，见"与治同道，罔不兴；与乱同事，罔不亡"）

16.（元）吴澄《书纂言》

（归善斋按，未解）

17.（元）陈栎《书集传纂疏》卷三《朱子订定蔡氏集传·太甲下》

（归善斋按，见"德惟治，否德乱"）

18.（元）许谦《读书丛说》卷五《商书·太甲》

（归善斋按，未解）

19.（元）董鼎《书传辑录纂注》卷三《商书·太甲下》

（归善斋按，见"德惟治，否德乱"）

20.（元）朱祖义《尚书句解》卷四《商书·太甲下第七》

终始慎厥与（终始所为，能谨其所与，与治同道，不与乱同事），惟明明后（斯为明明之君）。

21.（明）王樵《尚书日记》卷七《商书·太甲下》

（归善斋按，见"德惟治，否德乱"）

22.（清）库勒纳等撰《日讲书经解义》卷四《商书·太甲下》

（归善斋按，见"德惟治，否德乱"）

（清）张英《书经衷论》卷二《商书·太甲上中下》

（归善斋按，见"与治同道，罔不兴；与乱同事，罔不亡"）

先王惟时懋敬厥德，克配上帝

1.（汉）孔氏传、（唐）陆德明音义、孔颖达疏《尚书注疏》卷七《太甲下》

先王惟时懋敬厥德，克配上帝。
传，言汤惟是终始所与之难，勉修其德，能配天而行之。

2.（宋）苏轼《书传》卷七《商书·太甲下第七》

先王惟时懋敬厥德，克配上帝。
汤惟能如是，勉敬厥德，故能配天。天无言，无作而四时行，百物生。王亦如是，老子曰，王乃天，天乃道。

3. （宋）林之奇《尚书全解》卷十六《商书·太甲下》

先王惟时懋敬厥德，克配上帝。今王嗣有令绪，尚监兹哉。若升高，必自下，若陟遐，必自迩。

荀子曰，治生乎君子，乱生乎小人。自古治乱之所生，必自夫君子、小人进退之间。然人主即政之始，锐意于治，则往往多用君子。及其享富贵之日久，骄纵之心日生，而忘其祸乱之机，故每至于用小人。小人既用，则天下由是乱矣。盖始用君子，而卒用小人者，此中材庸主之通患也。故其国家，亦皆始治而终乱。且以唐室观之，高宗始与长孙无忌、褚遂良，则治；终与李义府、许敬宗则乱。明皇始与姚宋，则治；终与李林甫、杨国忠，则乱。德宗始与崔佑甫，则治；终与裴延龄、卢杞则乱。宪宗始与杜黄裳、裴度，则治；终与皇甫镈、程异则乱。此数主者始终之际，其用君子、小人相反如此，而治乱之应，亦如影响之不差，则是安危存亡之机，果在此，而不在彼也。太甲虽能自怨自艾，处仁迁义，以听伊尹之训已，然而，亦安能保其终不与小人，以至于乱天下者哉。夫以尧舜之圣，聪明睿智，出于天纵，其不惑于小人也必矣。然犹且忧欢兜，迁有苗，畏巧言令色孔壬，况如太甲中材之主也。伊尹论君子、小人之无常，治乱之难易，而总结之曰"终始慎厥与，惟明明后"，使太甲知夫安危存亡之本，以克慎厥终。古所谓一言而兴邦者，此类之谓也。伊尹既论天、人向背之理，与夫治乱难易之势，以致其所以诰戒之意，然犹未足以尽其义也，又称夫其祖成汤，知夫天之所亲，民之所怀，鬼神之所享，不可常也。有德而与治同道，则治；无德而与乱同事，则亡。治乱兴亡之际如此，其不可恃也。故于是勉敬其德，德日新，日日新，又日新，以慎其所与于终始之际，无时豫怠，是以自七十里兴，而伐夏吊民，以有天下，创业垂统，贻子孙万世之法，为商家之太祖，克配上帝之祀也。《孝经》曰，昔者，周公郊祀后稷，以配天；宗祀文王于明堂，以配上帝。古者，祭昊天上帝，必以其祖考之肇造基业者为之配，盖所以极其尊严之道，而尽其孝敬之仪。周之祀明堂，以文王配，则商之祀以成汤，配盖可知也。此曰"克配上帝"，盖是指其庙为太祖，而克配食于上帝之祀也。必言其克配上帝者，盖创业之君，其德至于配食上帝之祀，则是其始终之际，懋敬厥德者，至是而成矣。贾谊陈治安之□，谓大数既得，则天下顺治，海内之气清和咸理，生为明帝，没为明神，名誉之美，垂于无穷。礼，祖有功，而宗有德，使顾成之庙，称为太宗，上配太祖，与汉亡极，大抵论人主之盛德，必至于鸿名熙号，与天地宗庙之祀，相为无穷，然后，为至未至，于是则天之所亲，民之所怀，鬼神之所享，犹未敢自必其有常也。惟汤之所以兢兢业业，克终厥德也如此。而太甲继其有令善之绪，当夙夜庶几监视此成汤之所以懋敬者，率而行之。夫继世而有天下，莫不承祖考之绪。然有若仲康之世，所承者太康之绪；宣王之世，所承者，厉王之绪，则其欲大有为于天下，必也。有所变更移易，而治功不可以遽成。太甲之所承者汤之绪，可谓善矣。嗣有善绪，则其举而措之，天下无难矣。

　　长卿曰，轨迹夷易，易遵也；湛恩庞洪，易丰也；宪度着明，易则也；垂统理顺，易继也。是以业隆于襁褓，而崇冠乎二后，盖谓成王因文王之令绪，故其成德如此，其易也。太甲之继成汤，亦若是而已矣。故为太甲者，夫复何为哉，惟监成汤之德，以尽其持盈守成之志，则何施而不可哉？自此而下，于是丁宁反复告之，以嗣守成汤之令绪，持盈守成之道也。夫成汤之所以"懋敬厥德"，至于"克配上帝"者，夫岂于一日之间，袭而取之哉，盖由其明夫物之本末，事之终始，而知所先后，故其德，日新，日日新，又日新，而至于是也。故伊尹欲太甲之监于成汤之"懋敬厥德"，则首告之以若升高，必自下；若陟遐必自迩，盖以夫人之所以升高陟遐者，喻修德者之不可以无渐也。夫自下而升于高，自迩而陟于遐，皆由其跬步而积之。积跬步而不已，极其所如往，而无跬步之阔焉，然后能至。未有不积跬步而能至者，故《中庸》论君子之道，亦以谓譬如行远必自迩，譬如登高必自卑，盖进德修业之喻，未有如此之切者。成汤之"懋敬厥德"，所以铭于盘盂之上，以为朝夕之监戒，而曰，德日新，日日新，又日新，诚知夫，所以自修之道，如升高陟遐，然虽跬步不可废也，故太甲欲率乃祖之攸行，亦惟见于躬行之实，明夫先后本末始终之序，如自下而升高，自迩而陟遐，不可以陵节躐等，而无其序也。

4.（宋）史浩《尚书讲义》卷八《商书·太甲下》

　　先王惟时懋敬厥德，克配上帝。今王嗣有令绪，尚监兹哉。若升高，必自下；若陟遐，必自迩。无轻民事，惟难；无安厥位，惟危。慎终于始。

始戒之以"慎乃俭德"，中戒之以"懋乃德"，末戒之以"懋敬厥德"，其诚愈至，其言愈详，爱君之意有加而无已也。谨则知所择，懋则知所修，敬则知所守。德至于守，则可以终不变也。汤用是德，克配彼天。今王嗣有令绪，可不监此以法乎？"若升高，必自下；若陟遐，必自迩"，此千里之行起于足下也。盖人君修德，不过别白善恶。善恶在人始之，相去若毫末，终有胡粤之殊。则吾始行一步，可不谨乎？是故知稼穑之难，则于民事不敢轻；知天位之难，则于大宝不易处。人君嗣位之初，非不知此理，亦非不知致谨也，奈何，世已治安矣，民已富庶矣，四方之贡赋，极水陆之珍于口体。内庭之器用，夸玩好之，异于耳目。耳目之所接日新，口体之所奉益备。此心侈矣，此志荒矣。崇台榭，骋田猎，朝欢娱，夜宴乐，日肆于淫荒之涂溺，而不知流而忘反。向之民事不可轻之心，天位不易处之心，已丧之矣，虽有善谏不能入也。然则人君，岂可不以始行一步为标准乎？苟慎终如始，将与尧舜同条共贯，犹吾成汤也。舍是则皆始于尧、舜，而终于桀、纣尔。呜呼！后世尧舜之治，何其寂寥而难得也。坐朝之君，引尧舜以望其臣；进说之臣，举尧舜以誉其君。咨嗟景慕，似真不可及。殊不知嗣位之初，此心即尧舜也。诚能充是心，坚忍而力行，使终始惟一，尧舜何人哉，有为者亦若是而已矣。伊尹告嗣王以慎终于始，可谓得致君之要术也。

5. （宋）夏僎《尚书详解》卷十二《商书·太甲下》

先王惟时懋敬厥德，克配上帝。今王嗣有令绪，尚监兹哉。若升高，必自下，若陟遐，必自迩。无轻民事，惟难；无安厥位，惟危。慎终于始。

伊尹上既言天民鬼神无常如此，有德则兴，无德则亡，故于此遂言，先王成汤，惟知天民鬼神无常如此，于是勉敬其德，无时豫怠，是以自七十里伐夏吊民，以有天下终为商人之太祖，而克配上帝。所谓克配者，有二说。一说谓汤能修德，故其德足以配天为君，谓德与天合也。一说谓，周家宗祀文王，以配上帝。古者，祭上帝，必以肇造者为配，此曰"配上帝"，盖是庙为太祖，而克配于上帝也。二说皆通。成汤惟能懋德，故能克配上帝。今太甲嗣其令善之基绪，可不夙夜庶几鉴视成汤所以懋德者，率而行之哉？伊尹既欲太甲鉴成汤而懋德，又恐其以成汤为不可及，故又以升高、陟遐为喻，盖谓成汤之德，固高矣，远矣，太甲必欲跂而及之，非一朝一夕可能也。譬之登高，不能自至于高也，自下者始登之不已，终必至登；譬之行远，不能自至于远也，自近者始行之不已，终必至远。成汤之德，固不可及，积微小，而至高大，亦在勤以行之而已。伊尹既告以太甲以升高自下，陟遐自迩，又未必太甲能知其所当先者，故又告之曰"无轻民事，惟难；无安厥位，惟危"。盖人君者，下焉为亿兆之所倚赖，一有轻之之心，则乖离之衅生，必难之而后可上焉。有宗祖之付托，一有安之之心，则乱亡之基兆，必危之而后可。盖民事能思其难，则必能思艰，以图易；天位能思其危，则必能恐惧修省，无一朝之患。人君懋德不越，是二者而已，惟在"慎终于始"而已。盖欲慎其终，必于其始慎之，如升高必自下，如陟遐必自迩，慎之也。

6.（宋）时澜《增修东莱书说》卷九《商书·太甲下第七》

先王惟时懋敬厥德，克配上帝。今王嗣有令绪，尚监兹哉。

告太甲以用工之地也，使太甲但闻明明之说，将于何而用工？盖明明生于懋敬。敬，则此心存，存则视之而见，听之而闻，此便是明。不敬，则此心不存，不存则反是，此则谓之不明。克配上帝，与天相似者，敬即天之理也。"今王嗣有令绪，尚监兹哉"，言庶几监视此理，亦懋敬其德哉。人心，放则昏，敬则存也。

7.（宋）黄度《尚书说》卷三《商书·太甲下》

先王惟时懋敬厥德，克配上帝。今王嗣有令绪，尚监兹哉。

懋敬，自强不息也。

8.（宋）袁燮《絜斋家塾书钞》卷五《商书·太甲下》

先王惟时懋敬厥德，克配上帝。今王嗣有令绪，尚监兹哉。

自强不息之谓懋；兢兢业业之谓敬。能"懋敬厥德"，则此心即上帝之心也。我与上帝为一，故谓之克配上帝。惟皇上帝降衷于下民，举四海九州之人，此心，皆天心也。然人与天如此其相远，何哉，不能懋敬故也。此心虽本来与上帝同，不能懋敬，则与上帝，不啻有千万里之远矣。读《书》至此，岂可不知我之心，便是上帝之心。我能懋敬厥，便与天为一。天、人岂有二理也哉。

9.（宋）蔡沈《书经集传》卷三《商书·太甲下》

先王惟时懋敬厥德，克配上帝。今王嗣有令绪，尚监兹哉。

敬，即"克敬惟亲"之"敬"，举其一以包其二也。成汤勉敬其德，德与天合，故克配上帝。"今王嗣有令绪"，庶几其监视此也。

10.（宋）黄伦《尚书精义》卷十八《商书·太甲下》

（归善斋按，见"终始慎厥与，惟明明后"）

11.（宋）陈经《尚书详解》卷十四《商书·太甲下》

（归善斋按，见"伊尹申诰于王，曰，呜呼！惟天无亲，克敬惟亲"）

12.（宋）钱时《融堂书解》卷六《商书·太甲下》

（归善斋按，见"伊尹申诰于王，曰，呜呼！惟天无亲，克敬惟亲"）

13.（宋）魏了翁《尚书要义》

原阙。

14.（宋）陈大猷《书集传或问》卷上《商书·太甲下》

（归善斋按，未解）

15.（宋）胡士行《尚书详解》卷四《商书·太甲下第七》

先王惟时懋敬厥德，克配上帝，今王嗣有令（美）绪，尚监（视法）

兹哉。

明明生于懋敬，敬天德也。人心放于昏，敬则存也。

16.（元）吴澄《书纂言》

（归善斋按，未解）

17.（元）陈栎《书集传纂疏》卷三《朱子订定蔡氏集传·太甲下》

先王惟时懋敬厥德，克配上帝。今王嗣有令绪，尚监兹哉。

敬，即"克敬惟亲"之"敬"，举其一，以包其二也。成汤勉敬其德，德与天合，故克配上帝。今王嗣有令绪，庶几其监视此也。

纂疏

愚谓，此欲太甲与汤之治同道也。

18.（元）许谦《读书丛说》卷五《商书·太甲》

（归善斋按，未解）

19.（元）董鼎《书传辑录纂注》卷三《商书·太甲下》

先王惟时懋敬厥德，克配上帝。今王嗣有令绪，尚监兹哉。

敬，即"克敬惟亲"之"敬"，举其一以包其二也。成汤勉敬其德，德与天合，故克配上帝。今王嗣有令绪，庶几其监视此也。

纂注

新安胡氏曰，此欲太甲与汤之治同道也。

20.（元）朱祖义《尚书句解》卷四《商书·太甲下第七》

先王惟时懋敬厥德（汤惟是懋勉恭敬修其德），克配上帝（故其德，能配合上帝，与天同大）。

21. （明）王樵《尚书日记》卷七《商书·太甲下》

"先王惟时懋敬厥德"至"尚监兹哉"。

敬、仁、诚三言者，尧、舜以来相传之心法，合之一德，又约言之，一敬而已，故此专以敬言之。先王为明明之的，亦惟时懋敬其德而已。"惟时"云者，谓敬德之外，无复他道也。《诗》曰，"汤假不迟，圣敬日跻，昭格迟迟，上帝是祇"，言汤之生也，应期而降，适当其时，其圣敬又日跻升，以至昭格于天。迟迟，久也，言其纯亦不已也。此所谓"懋敬厥德，克配上帝"也。

真氏曰，成汤之敬德，至与天合，太甲其可不与之同道邪？能与汤合，则亦与天合矣。

愚按，"懋敬厥德，克配上帝"，此所谓"惟天无亲，克敬惟亲"也。程子曰，敬，则诚。又曰，才不敬，便私欲万端，害于仁，是敬可以该仁、诚，而克配上帝，则民怀、神享在其中矣。

22. （清）库勒纳等撰《日讲书经解义》卷四《商书·太甲下》

先王惟时懋敬厥德，克配上帝。今王嗣有令绪，尚监兹哉。

此一节书是，伊尹勉太甲法汤，以图治也。懋，勉也。配，对也。监，视也。伊尹之言曰，与治同道，不必远求，我先王成汤，能朝夕懋勉以敬修其德，纯粹无私，与天合一，故足以配乎上帝，而为临御万方之主。今王所嗣者，先王令善之统绪，亦惟视先王之懋敬者，以为法，而可哉。盖君德莫大于能敬，而敬莫贵于能勉懋。敬，则仁与诚在其中。克配上帝，则民怀，而鬼神无不享矣。语其用力之始，则曰懋敬；语其功化之极，则曰配帝。先儒谓伊尹彻上彻下，以告太甲诚圣学之心传，而君德之要领与。

（元）陈悦道《书义断法》三《商书·太甲下》

先王惟时懋敬厥德，克配上帝。今王嗣有令绪，尚监兹哉。

德，以敬为主；敬，以时懋为先。盖必此心之"纯一"不已，而后与天合，此商家一代相传之心法也。先王之令绪在此，今王之令绪，尚监于兹。基绪之令美，不独在王业，其盛德纯诚，可以上当天心，而垂裕后昆，皆其绪之美者。能监于此，则亦如汤之配上帝，其为令绪岂有加于此哉。

（明）梅鷟《尚书考异》三《商书·太甲下》

先王惟时懋敬厥德，克配上帝。
《诗》曰，聿修厥德。又曰，克配上帝。

今王嗣有令绪，尚监兹哉

1.（汉）孔氏传、（唐）陆德明音义、孔颖达疏《尚书注疏》卷七《太甲下》

今王嗣有令绪，尚监兹哉。
传，令，善也。继祖善业，当夙夜庶几视祖，此配天之德而法之。

2.（宋）苏轼《书传》卷七《商书·太甲下第七》

今王嗣有令绪，尚监兹哉。若升高，必自下，若陟遐，必自迩。
迩者，远之始；下者，高之本。升高而不自下，陟遐而不自迩，慕道而求速达，皆自欺而已。

3.（宋）林之奇《尚书全解》卷十六《商书·太甲下》

（归善斋按，见"先王惟时懋敬厥德，克配上帝"）

4.（宋）史浩《尚书讲义》卷八《商书·太甲下》

（归善斋按，见"先王惟时懋敬厥德，克配上帝"）

5. （宋）夏僎《尚书详解》卷十二《商书·太甲下》

（归善斋按，见"先王惟时懋敬厥德，克配上帝"）

6. （宋）时澜《增修东莱书说》卷九《商书·太甲下第七》

（归善斋按，见"先王惟时懋敬厥德，克配上帝"）

7. （宋）黄度《尚书说》卷三《商书·太甲下》

（归善斋按，未解）

8. （宋）袁燮《絜斋家塾书钞》卷五《商书·太甲下》

（归善斋按，未解）

9. （宋）蔡沈《书经集传》卷三《商书·太甲下》

（归善斋按，见"先王惟时懋敬厥德，克配上帝"）

10. （宋）黄伦《尚书精义》卷十八《商书·太甲下》

（归善斋按，见"终始慎厥与，惟明明后"）

11. （宋）陈经《尚书详解》卷十四《商书·太甲下》

（归善斋按，见"伊尹申诰于王，曰，呜呼！惟天无亲，克敬惟亲"）

12. （宋）钱时《融堂书解》卷六《商书·太甲下》

（归善斋按，见"伊尹申诰于王，曰，呜呼！惟天无亲，克敬惟亲"）

13. （宋）魏了翁《尚书要义》

原阙。

14.（宋）陈大猷《书集传或问》卷上《商书·太甲下》

(归善斋按，未解)

15.（宋）胡士行《尚书详解》卷四《商书·太甲下第七》

(归善斋按，见"先王惟时懋敬厥德，克配上帝")

16.（元）吴澄《书纂言》

(归善斋按，未解)

17.（元）陈栎《书集传纂疏》卷三《朱子订定蔡氏集传·太甲下》

(归善斋按，见"先王惟时懋敬厥德，克配上帝")

18.（元）许谦《读书丛说》卷五《商书·太甲》

(归善斋按，未解)

19.（元）董鼎《书传辑录纂注》卷三《商书·太甲下》

(归善斋按，见"先王惟时懋敬厥德，克配上帝")

20.（元）朱祖义《尚书句解》卷四《商书·太甲下第七》

今王嗣有令绪（今太甲继汤有令善之基绪），尚监兹哉（庶几监视乎此，率而行之）。

21.（明）王樵《尚书日记》卷七《商书·太甲下》

(归善斋按，见"先王惟时懋敬厥德，克配上帝")

22.（清）库勒纳等撰《日讲书经解义》卷四《商书·太甲下》

（归善斋按，见"先王惟时懋敬厥德，克配上帝"）

（元）陈悦道《书义断法》三《商书·太甲下》

（归善斋按，见"先王惟时懋敬厥德，克配上帝"）

若升高，必自下；若陟遐，必自迩

1.（汉）孔氏传、（唐）陆德明音义、孔颖达疏《尚书注疏》卷七《太甲下》

若升高，必自下；若陟遐，必自迩。
传，言善政有渐，如登高升远，必用下近为始，然后终致高远。

2.（宋）苏轼《书传》卷七《商书·太甲下第七》

（归善斋按，见"今王嗣有令绪，尚监兹哉"）

3.（宋）林之奇《尚书全解》卷十六《商书·太甲下》

（归善斋按，见"先王惟时懋敬厥德，克配上帝"）

4.（宋）史浩《尚书讲义》卷八《商书·太甲下》

（归善斋按，见"先王惟时懋敬厥德，克配上帝"）

5.（宋）夏僎《尚书详解》卷十二《商书·太甲下》

（归善斋按，见"先王惟时懋敬厥德，克配上帝"）

6. (宋)时澜《增修东莱书说》卷九《商书·太甲下第七》

若升高，必自下；若陟遐，必自迩。

自此乃画一之戒也。方太甲在桐宫之时，悔甚锐，见甚力。伊尹恐其勇于进，躐等而不循序，故告之以自下、自迩之说，使太甲知下学而上达，道在迩，而不可求诸远，然后以次而进，盖洒扫应对，即精义入神之理。礼乐刑政，即道心惟微之理。家人妇子，即治国平天下之理。教其于实地，而用工也。太甲既有见于道，忽略之意易以生，可不知至高、至远之理，实出于至下、至近之际乎？

7. (宋)黄度《尚书说》卷三《商书·太甲下》

若升高，必自下；若陟遐，必自迩。
道有本末，事有先后，未有一蹴而能至者也。

8. (宋)袁燮《絜斋家塾书钞》卷五《商书·太甲下》

若升高，必自下；若陟遐，必自迩。

此告太甲以真实做工夫处，且当从"下"与"迩"处做，不要弃卑近，而慕高远。自一身言之，则心为近，身为远，未能正心，何以修身。自家言之，则身为近，家为远，未能修身，何以齐家。推而上之，未能齐家，何以治国，何以平天下。二帝三王，其道德，其功业，所以巍巍若此，且看他从那里做去。"克明俊德"，然后始能亲九族，九族既睦，然后平章百姓。百姓昭明，然后协和万邦，至于黎民于变时雍，此不易之序也。齐桓公九合诸侯，不以兵车，非无功也。然所以止于霸者，只为不从"下"与"迩"处，做去。内嬖，如夫人者六人，只此一事，其荒淫如此，而徒夸耀于外，果何益哉？所以桓公一死，五公子争立，齐国大乱。汉武帝上嘉唐、虞，下悼桀、纣，所慕非不高也。然骄奢纵欲，巫蛊之祸，至父子不相保。唐太宗冠带百蛮，不可谓无功。然闺门之内，惭德多矣。再传而后，唐室中绝此，皆是无根之潢潦，朝满而夕除，要须盈科而后进，方是，岂可猎等也。此是伊尹告太甲治道之大本。自下而上，一级升一级，不患不高；自迩而去，一步远一步，不患不远。不然徒慕高远，果可以高远也哉？王、伯之所以异，三代、汉唐之所以不同，皆在此。

9.（宋）蔡沈《书经集传》卷三《商书·太甲下》

若升高，必自下；若陟遐，必自迩。

此告以进德之序也。《中庸》论君子之道，亦谓"譬如行远，必自迩；譬如登高，必自卑"。进德修业之喻，未有如此之切者。吕氏曰，自此乃伊尹画一，以告太甲也。

10.（宋）黄伦《尚书精义》卷十八《商书·太甲下》

（归善斋按，见"终始慎厥与，惟明明后"）

11.（宋）陈经《尚书详解》卷十四《商书·太甲下》

若升高，必自下；若陟遐，必自迩。无轻民事，惟难；无安厥位，惟危。慎终于始。有言逆于汝心，必求诸道；有言逊于汝志，必求诸非道。呜呼！弗虑胡获？弗为胡成？一人元良，万邦以贞。

《记》曰，君子之道，譬如行远，必自迩；譬如登高，必自卑。《易》曰，知崇礼卑，盖为学之道，当有次序，徐行后长，即尧舜人伦也。故皆天理。若夫语高遗卑，言体不及用，自谓穷神知化，而不足以开物成务；自谓得性命之渊源，而简薄于日用常行之间，皆升高而不自下，陟遐而不自迩者也。太甲之未改过，未知德者也。伊尹，故无用此言。及已改过，已知德矣，太甲之心，安知不以德为止。于是乎，以德为止，于是则日用行常之际，细微之事，未必不忽略。此伊尹所以有自下、自迩之言，欲其务实也。

民事不可轻，当以为难而后可。太甲若自谓吾过已改，吾德已知，于民事，如此足矣，岂非轻乎？位不可安，当以为危而后可。太甲若自谓吾过已改，吾德已知，于位如此，亦无害矣，岂非安乎？稍有一毫自矜、自恃之心，便谓之轻，谓之安。"慎终如始"，太甲此心，兢业战惧之于终，亦当如其始未改过之时，自怨自艾，处仁迁善，如此则可。若言逆汝心，而遂拒之；言逊汝志而遂受之，岂慎终如始之道哉？人之情安于顺己，而恶其拂己者，必是以己为是。此"有我"之心未忘也。今焉，屏去好恶逆顺之私情，而惟以理为主，则言之逆汝心者，必求其言之所以合于道，不然彼何为而逆我哉；言之逊汝志者，必求之非道，不然彼何为而逊我哉。虽然逆己之言，亦有时而不合于道者，逊己之言，亦有时合于道者。然逆己之言合道为多，逊己之言，不合道者为多，亦在夫求之者而已矣。"呜呼！弗虑胡获？弗为胡成？"此二句尤为切天下之理，必有思也，而后有所得；必有行也，而后有所成。伊尹所以告太甲之言，不为不谆谆矣。若太甲自不能思，思而不能行，又奚益。虑之者，所以知乎此；而为之者，所以行乎此也。若一人，至于元良而大善，则君仁，莫不仁；君义莫不义，万邦以贞，宁不信然。

12.（宋）钱时《融堂书解》卷六《商书·太甲下》

（归善斋按，见"伊尹申诰于王，曰，呜呼！惟天无亲，克敬惟亲"）

13.（宋）魏了翁《尚书要义》

原阙。

14.（宋）陈大猷《书集传或问》卷上《商书·太甲下》

（归善斋按，未解）

15.（宋）胡士行《尚书详解》卷四《商书·太甲下第七》

若升高，必自下；若陟遐（远），必自迩（太甲悔过之勇，尹恐其躐等故告以循序而进）。无轻（易）民事，惟难；无安厥位，惟危（无轻无安，防其心也。惟难，惟危，明其理也）。慎终于始。有言逆于汝心（不可谓其逆），必求诸道；有言逊（顺）于汝志（不可喜其逊），必求诸非道（逆未必皆道，然合道者多；逊未必非道，然非道者每以逊入）。

此画一之戒也。

16.（元）吴澄《书纂言》

（归善斋按，未解）

17.（元）陈栎《书集传纂疏》卷三《朱子订定蔡氏集传·太甲下》

若升，高必自下；若陟遐，必自迩。

此告以进德之序也，《中庸》论君子之道，亦谓"譬如行远，必自迩；譬如登高，必自卑"，进德修业之喻，未有如此之切者。

吕氏曰，自此乃伊尹画一，以告太甲也。

纂疏

愚谓，观法先王，岂一蹴能至。自下、自迩，欲其希圣进德之有序也。

18.（元）许谦《读书丛说》卷五《商书·太甲》

（归善斋按，未解）

19.（元）董鼎《书传辑录纂注》卷三《商书·太甲下》

若升高，必自下；若陟遐，必自迩。

此告以进德之序也。《中庸》论君子之道，亦谓譬如行远，必自迩，譬如登高，必自卑，进德修业之喻，未有如此之切者。吕氏曰，自此乃伊尹画一以告太甲也。

纂注

新安陈氏曰，观法先王，岂一蹴能至。自下、自迩，欲其希贤进德之有序也。

20.（元）朱祖义《尚书句解》卷四《商书·太甲下第七》

若升高（譬欲升高），必自下（自下而升）。若陟遐（譬欲陟远），必自迩（必自近而陟，莫不以渐进）。

21. (明) 王樵《尚书日记》卷七《商书·太甲下》

若升高，必自下；若陟遐，必自迩。

此言进德修业有序，当循序渐进也。上，欲太甲于"敬"字做工夫，乃学先王之要法。此下五者，又欲其矫乎情之偏。盖因太甲平日有是偏，历告之，使克去，非五者是敬德条件也。

22. (清) 库勒纳等撰《日讲书经解义》卷四《商书·太甲下》

若升高，必自下；若陟遐，必自迩。

此一节书是，伊尹告太甲以进德之有序也。伊尹之言曰，先王之敬德，足以配天观法乎。先王者，岂能一蹴而至其精微之域哉？先就一言一动之间，时存敬畏驯，至于无时不敬，无事不敬，念念合乎天理，而不参以一毫私欲之累，则配天之诣，不难至也。若升高者，然必自下，而后高可渐登。若陟遐者，然必自迩，而后远可渐至。此又法祖进德者所宜知也。盖下学上达者，乃圣功，而欲速躐等者，非王道。谨言动之几微，则义精仁熟之本也；同生民之休戚，则久道化成之基也。不希心于高远，亦不自画于卑近，盛德大业在是矣。

(元) 陈悦道《书义断法》三《商书·太甲下》

若升高，必自下；若陟遐，必自迩。无轻民事，惟难；无安厥位，惟危，慎终于始。

行远自迩，升高自卑，此言进德之有序也。善始之意，可以占终，此言临政之有初也。进德有序，故必自其下者；迩者，临政之初，故必因其难者、危者。自"下"、"迩"者，非可一蹴而径造；思艰、危者，不可一日而不慎也。既往不咎，方来可追，故伊尹之于太甲，既告之以修己之远业，而复告之以治人之远功，其爱君之意，岂有已哉。

(明) 梅鷟《尚书考异》三《商书·太甲下》

若升高，必自下。

《中庸》曰，辟如行远，必自迩；辟如登高，必自卑。

无轻民事，惟难

1.（汉）孔氏传、（唐）陆德明音义、孔颖达疏《尚书注疏》卷七《太甲下》

无轻民事，惟难。
传，无轻为力役之事，必重难之，乃可。

2.（宋）苏轼《书传》卷七《商书·太甲下第七》

无轻民事，惟难；无安厥位，惟危。
轻之则难，安之则危。

3.（宋）林之奇《尚书全解》卷十六《商书·太甲下》

无轻民事，惟难；无安厥位，惟危。慎终于始，有言逆于汝心，必求诸道；有言逊于汝志，必求诸非道。呜呼！弗虑胡获，弗为胡成。一人元良，万邦以贞。君罔以辩言乱旧政，臣罔以宠利居成功，邦其永孚于休。

夫既以懋敬厥德，如升高陟遐之，不可以无渐，然则，其所当先者，果何事哉？下焉为亿兆之所倚赖，一有轻之之心，则乖离之衅生矣，故必难之，而后可。难之者，深思远虑，惟恐一夫之失其所也。上焉为祖宗之所付托，一有安之之心，则乱亡之机兆矣，故必危之而后可。危之者，戒慎恐惧，如临深渊，如履薄冰，惟恐有一朝之患也。"无轻民事，惟难"，则民事日益修；"无安厥位唯危"，则天位日益安矣。

夫人君所以"懋敬厥德"，自其始而慎之，以至于终不越夫此二者而已，故继之曰"慎终于始"，言欲谨其终，必于其始谨之。始之不克谨，终亦无可见之效矣。如升高者，必自下而慎之；如陟遐者，必自迩而慎之。不慎其自下、自迩，而能至于高与遐者，未之有也。然自古，人君之治天下，处于持盈守成之世，亦莫不欲重民事，保天位，以终始其德。然往往或至于忽民事而不念，以危其位。则有始而无终者，无他，继体守成之君，生于深宫之中，长于妇人之手，未尝知忧，未尝知危，未尝知哀，未尝知惧。处富贵之极，不知下民之疾苦，虽自力于为善，而至于享逸乐之久，海内治安，上恬下嬉，廓然无事，则往往好人之顺己，而恶人之逆己，于是谄谀之言日进，而忠鲠之义不闻，此民事之所以日忘，而天位之所以日危，而德之所以不终。如唐明皇即位，姚宋为相，姚善应变，以成天下之务；宋善守文，以持天下之正，遂成开元之治。及其太平日久。一惑于声色玩好，尽忘其平日好贤、乐善之心，于是张九龄以忠直见疏，而李林甫、杨国忠以谄佞获用。一旦渔阳窃发，四海横流，而犹不悟。观其与裴士淹论宰相贤否，至宋璟曰，彼卖直以取容耳。彼宋璟者，乃明皇初年赖其忠直，以致太平者也。至其狎习于小人逊志之言，而逆耳之谏，久不接于耳也，则指之为卖直，而不自知。呜呼！明皇未足道也。以唐太宗之英睿，盖天锡之勇智，而又躬冒矢石，跋履艰难，以有天下，然至其治定功成之后，其从善纳谏之心，亦浸以陵替。故魏郑公曰，陛下贞观之初，导人使谏。三年以后，见谏者悦而从之。比三年，强勉受谏，而终不平也。夫始也，导人使谏，是惟恐人之不逆其志也。及其强勉受谏，而终不平，则是欲人之逊其志矣。此实溺于宴安之习，无敌国外患以儆其寅畏之心，则其好人之顺己，而恶人之逆已者，是人情之常也。而非魏郑公日陈其不克终之渐以类戒之，则其至于追咎忠谏之人，以为卖直取名，如明皇天宝之乱亦不难也。太甲之居于桐宫，困于心，衡于虑而作也。虽既能处仁迁义，以听伊尹之训，已而，伊尹惧其安于逸乐之久，则或至于好人之顺己，恶人之逆己，以浸不克终，故告之以慎终于始矣。又继之曰，有言逆于汝心，必求诸道；有言逊于汝志，必求诸非道。此盖告之以听言之道也。有言逆于汝心，是拂耳之言也。拂耳之言，不可以逆己而遂怒之，必以其言而求诸道，使其言果合于道，则固忠直之言也，虽逆耳而当从之也。有言逊于汝志，是顺耳之言也。顺耳之言不可以从己而遂喜之，必以其言而求诸非道，果非道，则固谄谀之言也，虽顺耳而当拒之也。逆顺之际，不徇吾好恶之情，而一断之于道，则君子得以伸其忠，小人无所容其奸矣。此"终始谨厥与"之要渐也。然言之逆顺，必以道而求之，苟其心不断然知夫道与非道之为异，则或至于以道，为非道；而以非道，为道矣。欲知道与非道之异，而不惑于是非，则奈何亦不过乎慎思之，力行之而已。故伊尹于是又叹其难，而曰，弗虑则不获，盖欲其深思之也。弗为则不成，欲其力行之也。慎思力行，则虑而获矣，为而成矣。此一人所以元良也。元良，言其大也。一人大善，则知道与非道之别，故逆耳之言，不可以情拒之，顺耳之言不可以情受之，如此，则君子在位，而小人不得容其谗佞于其间，此万邦所以正也。

《孟子》曰"君仁莫不仁，君义莫不义，君正莫不正。一正君，而国定矣"，"一人元良，万邦以正"之谓也。至于"一人元良，万邦以正"，则伊尹之所以期望于太甲者，尽于此矣。彼太甲能事斯言，躬行以"懋敬厥德"而慎之于终始之际，则能灼知君子小人之情状，而浸润之谮肤受之愬，必不得行彼小人之类进，其尝试之说，以变乱先王之政刑者，将无隙而入矣。故终之以"君罔以辩言乱旧政"，言先王之旧政，可以为万世常行之道。惟小人之辩言，为能乱之。君不信辩言，则旧政不乱矣。太甲能不以辩言乱旧政，则离师傅而弗反矣。故伊尹得以遂其功成身退之志，不以宠利居成功，而引身告老以归也。君罔以辩言乱旧政，则君之道得矣；臣罔以宠利居成功，则臣之道得矣。君臣各得其道，则我商家可以保其永久之年，信有休美于无穷矣。

自古膺受遗托孤之任，其进退之际，可谓至难矣。盖其德之可以托六尺之孤，必也耆年宿德，为一世之老成人，然后可以服天下之心，故其至于功成事定也，以其年齿论之，则可以告老而归。而以事势观之，则或未可以遽去者，盖为幼主者类多血气未定，趋舍未坚。苟其德未能至于离师傅而弗反，而吾则引身以去，使小人得以乘隙而进，则将至于辩言乱旧政，而贻四方之祸矣。故召公不悦周公之留辅成王，而周公反复再三，言其所以不得不留之意者，则其势未可以去，则亦不得以宠利居成功为嫌也。太甲之自桐宫而归也，既能处仁迁义，以克终允德矣。而其当时，内外协德，无有异心。上则无管蔡流言，下则无顽民之不率教者，伊尹之心，度其必能终始谨厥与，不以辩言乱旧政也，故谆复明告，以坚其心。于申诰之时，而遂示其所以引身求退之意。盖如是，而不能引身而去，则为以宠利居成功矣。昔霍光受武帝寄托，辅翼少主。昭帝即位，方年十四，而其时，又有上官，盖燕之徒，怀异志而窥伺神器。当此之时，不可一日而无光也。故方其不引身而去于昭帝之时，其义为得。至于宣帝之立，年已长矣，其聪明慈仁，足以独当万机之势，而守高皇之业，光可以归政矣，而犹执其权者，累年宠盛势极，卒成族灭之祸。予尝以为光在昭帝之时，是周召之势也；在宣帝之时，伊尹之势也。伊尹不以宠利居成功，而光居之，所以为不学无术也。

4. （宋）史浩《尚书讲义》卷八《商书·太甲下》

（归善斋按，见"先王惟时懋敬厥德，克配上帝"）

5. （宋）夏僎《尚书详解》卷十二《商书·太甲下》

（归善斋按，见"先王惟时懋敬厥德，克配上帝"）

6. （宋）时澜《增修东莱书说》卷九《商书·太甲下第七》

无轻民事，惟难；无安厥位，惟危，慎终于始。

所谓轻，非不顾之谓；所谓安，非安佚之谓。难与危，太甲初悔之心也。伊尹恐太甲既已用力，谓民事为已知，轻而视之。惟难者，难之之意，终不可忘也。图终之余，谓君位已可安，泰然居之。惟危者，危之之意，终不可忘也。欲接民事，惟有难而已。欲居君位，惟有危而已。无轻、无安，防其心也。惟难惟危，明其理也。慎终于始，言欲终之善，必谨于始。今正谨始之时也。太甲怨艾方新，岂有轻民事，安厥位之意。圣贤不已之工夫，其儆戒固如此。轻者，非谓太甲遂轻慢民事，虑其既明，处民事以为有余，而忘崇敬之意也。安者，非谓太甲遂安肆厥位，虑其既明，泰然安定，而失省察之机也。况惟艰惟危，尧舜以来，万世为君者之心，不可少释。太甲而可不知乎？方其不明，病在欲、纵，及其既悔，则已知义理之味。知之则将视以为常。此心止而不运，轻与安之所自出也。轻之，则将果难；安之，则将果危，其何以终乎？悔过之初，言克终允德，是伊尹已保太甲之克终矣。此又戒之以谨终，当如始，盖使之终不忘夫自怨自艾之时也。

7. (宋)黄度《尚书说》卷三《商书·太甲下》

无轻民事,惟难;无安厥位,惟危,慎终于始。

太甲,于是始亲政,故有慎终于始之戒。惟难惟危,慎之至也。始或废之,终何观焉。

8. (宋)袁燮《絜斋家塾书钞》卷五《商书·太甲下》

无轻民事,惟难;无安厥位,惟危。

太甲悔过之后,欲、纵消尽,良心着明。前日为昏昏之君,今日为聪明之君矣。然方其前日昏昏,则是非利害,罔或识别而已。今日之聪明,却恐恃此,而有轻忽天下之意。伊尹惧其有轻心也,故告之以"无轻民事,惟难"。天生民而立之君,使司牧之,所以立君,专为民事。既欲富之,又欲教之。其中多少事,岂可轻也。抚我则后,虐我则雠。其心至无常,又岂可轻也。古者,献民数于王,王拜而受之,其不轻而重也如此。学者须当识得如何是民事,则知其所以不轻者矣。"无安厥位,惟危",亦恐太甲谓悔过之后,位已安矣,所以警之以"惟危"之言。前日"欲败度,纵败礼",则为伊尹所放,今日虽既复厥辟,稍或怠慢,则天位亦未可保,如之何而可以位为安也。《易》曰,天地之大德,曰生;圣人之大宝,曰位。所以名其位,为大宝,盖以言其重如此。后世人主皆不识得这位,不知处四海九州之上,极其尊崇,此岂易居也哉?前曰"天位艰哉",《咸有一德》之书又言"常厥德,保厥位。厥德匪常,九有以亡"。伊尹拳拳之意,惟恐太甲以位为既安,故言其危,而难保如此。夫以太甲悔过之后,惧其恃聪明之资,而忽民事也。则告之以"无轻民事惟难",惧其以既安,而不知戒惧也,则告之以"无安厥位惟危"。味此二句,以求伊尹之深意。三代王佐格心之业夫,岂后世所能及哉。

9. (宋)蔡沈《书经集传》卷三《商书·太甲下》

无轻民事,惟难;无安厥位,惟危。

无、毋通。毋轻民事,而思其难;毋安君位,而思其危。

10.（宋）黄伦《尚书精义》卷十八《商书·太甲下》

（归善斋按，见"终始慎厥与，惟明明后"）

11.（宋）陈经《尚书详解》卷十四《商书·太甲下》

（归善斋按，见"若升高，必自下；若陟遐，必自迩"）

12.（宋）钱时《融堂书解》卷六《商书·太甲下》

（归善斋按，见"伊尹申诰于王，曰，呜呼！惟天无亲，克敬惟亲"）

13.（宋）魏了翁《尚书要义》

原阙。

14.（宋）陈大猷《书集传或问》卷上《商书·太甲下》

（归善斋按，未解）

15.（宋）胡士行《尚书详解》卷四《商书·太甲下第七》

（归善斋按，见"若升高，必自下；若陟遐，必自迩"）

16.（元）吴澄《书纂言》

（归善斋按，未解）

17.（元）陈栎《书集传纂疏》卷三《朱子订定蔡氏集传·太甲下》

无轻民事，惟难；无安厥位，惟危。
无、毋通。毋轻民事，而思其难；毋安君位，而思其危。

18.（元）许谦《读书丛说》卷五《商书·太甲》

（归善斋按，未解）

19. （元）董鼎《书传辑录纂注》卷三《商书·太甲下》

无轻民事，惟难；无安厥位，惟危。

无、毋通。毋轻民事，而思其难；毋安君位，而思其危。

20. （元）朱祖义《尚书句解》卷四《商书·太甲下第七》

无轻民事，惟难（无轻忽民事，必思其难）。

21. （明）王樵《尚书日记》卷七《商书·太甲下》

无轻民事，惟难；无安厥位，惟危。

居上者，易视民事为轻，而不知在民，则甚难也。上重之，而思其难，则利病，知而兴，作时废举，当危者，安其位者也。居安思危，则不至于危。

22. （清）库勒纳等撰《日讲书经解义》卷四《商书·太甲下》

无轻民事，惟难；无安厥位，惟危。慎终于始。有言逆于汝心，必求诸道；有言逊于汝志，必求诸非道。

此三节书是，伊尹告太甲以重民事，慎天位，谨始听言之道也。民事，农桑之事也。厥位，人君之位也。逆，违拂也。逊，随顺也。伊尹之言曰，人君富有四海，享万方之奉，而不知稼穑之艰难，轻视民事者，有之矣；不知小民终岁耕凿，尚有不足于食者，终岁蚕桑，尚有不足于衣者。慎毋轻民事，而思其难，可也。人君抚有成业，居九重之尊，而不察天心之向背，安视厥位者，有之矣。不知一念所动，天意视为去留；一事所施，民生视为休戚。慎毋安厥位，而思其危。可也。人情莫不欲令终，而必先慎之于其始。嗜欲之萌，偶开其端，而后必至于横决政令之发，姑为尝试，而害已极于无穷。未有始之不善，而可以善其终者。听言，尤人主之要道，惟当求义理之正，不当徇意见之偏，如其言忠鲠激直，犯颜色，触忌讳，是逆于汝心之言也。逆耳之言，难于听受，当虚心平气，思其言果有益于身心，果有裨于治理，是于道有合也，则不难屈己以从之。自此忠言谠论，日闻于前矣。如其言阿顺，从谀窥色，笑承意旨，是逊于汝志之言也。谐媚之言，易于听纳，当清心体察，思其言，恐卑顺以取容，恐逢迎以取悦。果其非道也，则不难正色以拒之，自是谗谄面谀，不至于前矣。听言之要道，无出于此者。人君临御天下，察邪正，决安危，辨是非，莫大于听言。一断之于道，则明镜在悬，妍媸立辨。善乎，伊尹之言。朱子以为治道，别无说，能此，则未有不治者。惟在人君，虚己以听之而已。

（元）陈师凯《书蔡传旁通》卷三《商书·太甲下》

以上五事，盖欲太甲矫乎情之偏也。

无轻民事，一也；无安厥位，二也；慎终于始，三也；必求诸道，四也；求诸非道，五也。

（元）陈悦道《书义断法》三《商书·太甲下》

若升高，必自下；若陟遐，必自迩。无轻民事，惟难；无安厥位，惟危，慎终于始。

行远自迩，升高自卑，此言进德之有序也。善始之意，可以占终，此言临政之有初也。进德有序，故必自其下者；迩者，临政之初，故必因其难者、危者。自"下"、"迩"者，非可一蹴而径造；思艰、危者，不可一日而不慎也。既往不咎，方来可追，故伊尹之于太甲，既告之以修己之远业，而复告之以治人之远功，其爱君之意，岂有已哉。

（归善斋按，另见"若升高，必自下；若陟遐，必自迩"）

（明）梅鷟《尚书考异》三《商书·太甲下》

无轻民事，惟难；无安厥位，惟危。慎终于始。

《孟子》曰，民事不可缓。荀子议兵及礼论，皆言慎终如始，终始如一。襄十年，魏绛曰，抑臣愿君安其乐，而思其终也。《周书·蔡仲之命》曰，皇天无亲，惟德是辅。民心无常，惟惠之怀。为善不同，同归于治；为恶不同，同归于乱，尔其戒哉。慎厥初，惟厥终，终以不困；不惟厥终，终以困穷。首四句，即《太甲下》篇首四句。"为善不同"四句，即"德惟治"六句。小出入，其下文初、终之戒，即"终始慎厥与"之意。此可见其出于一手一律之意。又下文"无作聪明乱旧章"，与"罔以辨言乱旧政"，"罔以侧言改厥度"，字样句法，虽闪避多方，而情状终不可掩也。襄二十五年，太叔文子曰，君子之行，思其终也，思其复也。《书》曰慎始而敬终，终以不困。杜注逸书正义曰，《蔡仲之命》云，慎厥初，惟厥终，终以不困，此所引者，盖是彼文，学者各传所闻，而字有改易，或引其意，而不全其文，故不同也。盖慎厥初，即慎始惟厥终，即上文思其终，故为缪乱，何不同之有。

无安厥位，惟危

1. （汉）孔氏传、（唐）陆德明音义、孔颖达疏《尚书注疏》卷七《太甲下》

无安厥位，惟危。

传，言当常自危惧，以保其位。

2. （宋）苏轼《书传》卷七《商书·太甲下第七》

(归善斋按，见"无轻民事，惟难")

3. （宋）林之奇《尚书全解》卷十六《商书·太甲下》

(归善斋按，见"无轻民事，惟难")

4. （宋）史浩《尚书讲义》卷八《商书·太甲下》

(归善斋按，见"先王惟时懋敬厥德，克配上帝")

5. （宋）夏僎《尚书详解》卷十二《商书·太甲下》

(归善斋按，见"先王惟时懋敬厥德，克配上帝")

6.（宋）时澜《增修东莱书说》卷九《商书·太甲下第七》

(归善斋按,见"无轻民事,惟难")

7.（宋）黄度《尚书说》卷三《商书·太甲下》

(归善斋按,见"无轻民事,惟难")

8.（宋）袁燮《絜斋家塾书钞》卷五《商书·太甲下》

(归善斋按,见"无轻民事,惟难")

9.（宋）蔡沈《书经集传》卷三《商书·太甲下》

(归善斋按,见"无轻民事,惟难")

10.（宋）黄伦《尚书精义》卷十八《商书·太甲下》

(归善斋按,见"终始慎厥与,惟明明后")

11.（宋）陈经《尚书详解》卷十四《商书·太甲下》

(归善斋按,见"若升高,必自下;若陟遐,必自迩")

12.（宋）钱时《融堂书解》卷六《商书·太甲下》

(归善斋按,见"伊尹申诰于王,曰,呜呼!惟天无亲,克敬惟亲")

13.（宋）魏了翁《尚书要义》

原阙。

14.（宋）陈大猷《书集传或问》卷上《商书·太甲下》

(归善斋按,未解)

15. （宋）胡士行《尚书详解》卷四《商书·太甲下第七》

（归善斋按，见"若升高，必自下；若陟遐，必自迩"）

16. （元）吴澄《书纂言》

（归善斋按，未解）

17. （元）陈栎《书集传纂疏》卷三《朱子订定蔡氏集传·太甲下》

（归善斋按，见"无轻民事，惟难"）

18. （元）许谦《读书丛说》卷五《商书·太甲》

（归善斋按，未解）

19. （元）董鼎《书传辑录纂注》卷三《商书·太甲下》

（归善斋按，见"无轻民事，惟难"）

20. （元）朱祖义《尚书句解》卷四《商书·太甲下第七》

无安厥位，惟危（无安处其位，必思其危）。

21. （明）王樵《尚书日记》卷七《商书·太甲下》

（归善斋按，见"无轻民事，惟难"）

22. （清）库勒纳等撰《日讲书经解义》卷四《商书·太甲下》

（归善斋按，见"无轻民事，惟难"）

（元）陈师凯《书蔡传旁通》卷三《商书·太甲下》

（归善斋按，见"无轻民事，惟难"）

（元）陈悦道《书义断法》三《商书·太甲下》

（归善斋按，见"无轻民事，惟难"）

（明）梅鷟《尚书考异》三《商书·太甲下》

（归善斋按，见"无轻民事，惟难"）

（元）陈悦道《书义断法》三《商书·太甲下》

（归善斋按，见"无轻民事，惟难"，另见"若升高，必自下；若陟遐，必自迩"）

慎终于始

1.（汉）孔氏传、（唐）陆德明音义、孔颖达疏《尚书注疏》卷七《太甲下》

慎终于始。

传，于始虑终，于终思始。

疏，正义曰，欲慎其终，于始即须慎之，故传云，于始虑终。传以将终戒惰，故又云于终思始，言终始皆当慎也。

2.（宋）苏轼《书传》卷七《商书·太甲下第七》

慎终于始。

虑终，必自其始慎之。

3.（宋）林之奇《尚书全解》卷十六《商书·太甲下》

（归善斋按，见"无轻民事，惟难"）

4. (宋)史浩《尚书讲义》卷八《商书·太甲下》

(归善斋按,见"先王惟时懋敬厥德,克配上帝")

5. (宋)夏僎《尚书详解》卷十二《商书·太甲下》

(归善斋按,见"先王惟时懋敬厥德,克配上帝")

6. (宋)时澜《增修东莱书说》卷九《商书·太甲下第七》

(归善斋按,见"无轻民事,惟难")

7. (宋)黄度《尚书说》卷三《商书·太甲下》

(归善斋按,见"无轻民事,惟难")

8. (宋)袁燮《絜斋家塾书钞》卷五《商书·太甲下》

慎终于始。
言慎厥终,当常如其始,又言欲终之谨,须自始而谨之,可也。大意彻头彻后,皆当致谨尔。

9. (宋)蔡沈《书经集传》卷三《商书·太甲下》

慎终于始。
人情孰不欲善终者,特安于纵欲,以为今日姑若是,而他日固改之也。然始而不善,而能善其终者,寡矣。桐宫之事往已,今其即政,临民亦事之一初也。

10. (宋)黄伦《尚书精义》卷十八《商书·太甲下》

(归善斋按,见"终始慎厥与,惟明明后")

11. (宋)陈经《尚书详解》卷十四《商书·太甲下》

(归善斋按,见"若升高,必自下;若陟遐,必自迩")

12.（宋）钱时《融堂书解》卷六《商书·太甲下》

(归善斋按,见"伊尹申诰于王,曰,呜呼！惟天无亲,克敬惟亲")

13.（宋）魏了翁《尚书要义》

原阙。

14.（宋）陈大猷《书集传或问》卷上《商书·太甲下》

(归善斋按,未解)

15.（宋）胡士行《尚书详解》卷四《商书·太甲下第七》

(归善斋按,见"若升高,必自下；若陟遐,必自迩")

16.（元）吴澄《书纂言》

(归善斋按,未解)

17.（元）陈栎《书集传纂疏》卷三《朱子订定蔡氏集传·太甲下》

慎终于始。

人情,孰不欲善终者,特安于纵、欲,以为今日姑若是,而他日固改之也。然始而不善,而能善其终者,寡矣。桐宫之事往已,今其即政,临民亦事之一初也。

18.（元）许谦《读书丛说》卷五《商书·太甲》

(归善斋按,未解)

19.（元）董鼎《书传辑录纂注》卷三《商书·太甲下》

慎终于始。

人情，孰不欲善终者，特安于纵、欲，以为今日姑若是，而他日固改之也。然始而不善，而能善其终者，寡矣。桐宫之事往已，今其即政临民，亦事之一初也。

20.（元）朱祖义《尚书句解》卷四《商书·太甲下第七》

慎终于始（谨终如始）。

21.（明）王樵《尚书日记》卷七《商书·太甲下》

慎终于始。

孔氏曰，于始虑终，于终思始。

正义曰，欲慎其终，于始即须慎之，故传云于始虑终，传以将终戒惰，故又云，于终思始，言终始皆当慎也。

按二孔兼终始两意，甚是。蔡传，今日始若是，而他日固改之，曲尽恒情之病。桐宫之事往已，今其即政临民，又事之一初，此意亦佳。

22.（清）库勒纳等撰《日讲书经解义》卷四《商书·太甲下》

（归善斋按，见"无轻民事，惟难"）

（元）陈师凯《书蔡传旁通》卷三《商书·太甲下》

（归善斋按，见"无轻民事，惟难"）

（元）陈悦道《书义断法》三《商书·太甲下》

（归善斋按，见"无轻民事，惟难"，另见"若升高，必自下；若陟遐，必自迩"）

（明）梅鹫《尚书考异》三《商书·太甲下》

（归善斋按，见"无轻民事，惟难"）

有言逆于汝心，必求诸道

1.（汉）孔氏传、（唐）陆德明音义、孔颖达疏《尚书注疏》卷七《太甲下》

有言逆于汝心，必求诸道。

传，人以言咈违汝心，必以道义求其意，勿拒逆之。

音义，咈，扶弗反。

2.（宋）苏轼《书传》卷七《商书·太甲下第七》

有言逆于汝心，必求诸道；有言逊于汝志，必求诸非道。呜呼！弗虑胡获？弗为胡成？一人元良，万邦以贞。

伊尹忧太甲之深，故所戒者，非一。有言合于道，则逆汝心；合于非道，则顺汝志，如此则是患不可胜，虑事不可胜为矣，故叹曰，"呜呼！弗虑胡获，弗为胡成，亦治其元良"而已。此所谓要道也。元，始也。良，其良心也。人君能治其始，有之良心，则万邦，不令而自正。前言皆籧篨矣。

3.（宋）林之奇《尚书全解》卷十六《商书·太甲下》

（归善斋按，见"无轻民事，惟难"）

4.（宋）史浩《尚书讲义》卷八《商书·太甲下》

有言逆于汝心，必求诸道；有言逊于汝志，必求诸非道。

道，本无形，视不可见，求之于事，当于理者是也。夫忠言逆耳，非逆耳也，逆予心也。阿谀顺旨，非顺旨也，逊予志也。诚能从其逆予心者求之，其背于理欤。苟不背理，虽吾心不悦，其益我之言也，何为而拒之？又从其逊予志者求之，其合于理欤。苟不合理，虽吾志所悦，其蛊我之言也，何为而受之？尧舜之命，纳言圣傅说，不过于此矣。伊尹告太甲，终于尧舜之道，岂非其本心乎。今夫，人臣食君之禄，享君之爵，非不知阿谀足以保富贵安荣也，诚以所学者，尧舜之道，苟其君不尧舜，吾不得为皋、夔、稷、契，死当与草木俱腐尔，何名于世哉。虽爵禄愈崇厚，而吾心益愧耻，是故拳拳然，责其所难，而势必至于犯颜逆耳也。人君于此，可不求诸道乎？彼不病狂，安肯舍富贵而就贫贱，舍安荣而就危辱耶？盖尝论之天下之善言，皆不悦于耳；天下之善事，皆不便于己。人君不欲为尧舜则已，如欲为之，从其不悦于耳者听之，从其不便于己者行之，则日加益而不自知，尧舜之道不难及也。伊尹以此授太甲，可谓学道之秘诀也。言虽拂意而合道，忠言也，当听之；言虽顺意而非道，甘言也，当察之。

5.（宋）夏僎《尚书详解》卷十二《商书·太甲下》

有言逆于汝心，必求诸道；有言逊于汝志，必求诸非道。呜呼！弗虑胡获，弗为胡成。一人元良，万邦以贞。君罔以辩言乱旧政，臣罔以宠利居成功。邦其永孚于休。

伊尹既言人君懋德，在慎民事，保厥位，又恐其惑于谄谀之言，而德或不终，故又言，有言逆于汝心，是拂耳之言也。拂耳之言，不可以逆己而遂怒之，必以其言而求诸道，使其言果合于道，则固忠直之言也，虽逆耳而当从之也。有言逊于汝志，是顺耳之言也。顺耳之言，不可以从己而遂喜之，必以其言而求诸非道，果非道，则固谄谀之言也。虽顺耳而当拒之也。逆顺之际，一断于道。今也，必欲知其道与非道之异，则不过慎思力行之而已。故伊尹于是又叹而言之曰，弗虑则不获，欲其深思也。弗为则不成，欲其力行也。慎思力行，则虑获矣，为成矣。此一人所以元良也。元，大也。良，善也，谓一人大善也。一人大善，则知道与非道之异，故言之逆耳者，不可以情拒；其顺耳者，不可以情受。君子在位，而小人不得容其间，此万邦所以莫不正也。万邦既正，则天下无可治之事。常人之情，必至于作聪明，而乱旧章，矜功能而败成效，故伊尹所以又戒之曰治功如此，则为之者，恪守常宪可也，岂可轻信辩口之言，而乱先王之旧政乎？为之臣者，见功成名遂，退其位可也，岂可要宠利以成功自居而不退哉？诚君尽君道，臣尽臣道，我商家可以信有休美于无穷，故终之曰"邦其永孚于休"。

6.（宋）时澜《增修东莱书说》卷九《商书·太甲下第七》

　　有言逆于汝心，必求诸道；有言逊于汝志，必求诸非道。

　　逆耳之言，不可谓其不顺，即以为非，必当求诸道。逊志之言，不可谓其逊顺，即以为是，必当求诸非道。太甲既有见之后，此理当晓然矣。而伊尹不忘戒者，盖人之血气，有时或蔽，如孔子言，六十而耳顺，意其前乎六十，于逆顺中，不能无蔽，故耳顺之年，方知逆顺之言，合道与否。求者，用力之地也。且逆耳之言，亦有不合理者，要之，合者多，不合者少，故于道之中求之。逊志之言，亦有合理者，要之，合者少，不合者多，故于非道之中求之。曰求者，逆耳多是，而未必俱是；逊志多非，而未必俱非，各于其多者求之。求之而后可决，不特执我之意也。

7.（宋）黄度《尚书说》卷三《商书·太甲下》

　　有言逆于汝心，必求诸道；有言逊于汝志，必求诸非道。

　　逆心之言，正使狂真妄发，苟求诸道，亦可容忍，况嘉言乎？逊志之言，正使同心协谋，犹当求诸非道，或恐未能尽理，况以邪佞投合乎？

8.（宋）袁燮《絜斋家塾书钞》卷五《商书·太甲下》

　　有言逆于汝心，必求诸道；有言逊于汝志，必求诸非道。

　　有言逆于汝心，亦有非道者，但大概合道理者多，故当求之道。有言逊于汝志，亦有合道者，但大概拂道理者多，故当求之非道。大凡人主，不与常人同。彼其操富贵生杀之柄，天下之人谁肯舍富贵，而就刑戮，以骨鲠之言，犯人主之怒者。所以言逊吾志者，常多。言逆吾志者，常少。人主听言之际，有逆吾耳者，其心必不悦。当其不悦之时，试反而以道观之，果合于道，岂可以其逆耳而不受也。有逊吾志者，其心必喜。当其喜时，试以非道观之，果不合于道，岂可以逊志而受也。伊尹之意，大概言，人主，不可一日听信逊志之言，一日疏远忠谠之论。谓之必求诸道，言其不可不求诸道也；谓之必求诸非道，言其不可不求诸非道也。当其闻逆耳之言，不暇思之，曰其亦有非道者乎？当便去道理中寻。当其闻逊志之言，亦不暇思之曰，其亦有合于道者乎？便当去非道中寻。须看两个"必"字甚有力。伊尹断而言之，欲使太甲知巽顺之言，决不可听，此最是听言之要法。

9. （宋）蔡沈《书经集传》卷三《商书·太甲下》

有言逆于汝心，必求诸道；有言逊于汝志，必求诸非道。

鲠直之言，人所难受；巽顺之言，人所易从。于其所难受者，必求诸道，不可遽以逆于心而拒之。于其所易从者，必求诸非道，不可遽以逊于志而听之。以上五事，盖欲太甲矫乎情之偏也。

10. （宋）黄伦《尚书精义》卷十八《商书·太甲下》

有言逆于汝心，必求诸道；有言逊于汝志，必求诸非道。呜呼！弗虑胡获？弗为胡成？一人元良，万邦以贞。

无垢曰，天下，莫易，革于有过之过；莫难，革于无过之过。有过之过，见于行事，可以指陈，若"三风十愆"是也。无过之过，着于性情，虽声色弗迩，货利弗殖，而自谓贤圣，不容开陈，便是过。惟恐己有过，则喜闻逆心之言，恶闻逊志之言。人之常情，逆则不喜，逊则乐闻。言逆于心，是正中吾之过也。必由其言，以求吾所以不喜者，是何物也？既得其病，格而去之。过去言行，则大道见矣。言逊于志，是乃长吾之过也，必由其言，以求吾所以乐闻者，是何物也？既得其病，亦格而去之。过去言止，则非道亡矣。于逆心处，必求诸道；于逊志处，必求非道，此乃痛自抑节，知吾心以为逆者，乃善道也；吾志以为逊者，乃非道也。

又曰，夫人可欺也，心不可欺也。一人之心，天下之心也。不喜逆心之言乐闻逊志之言，是自欺其心也。借是逆心之言，杳然不闻，而逊志之言，洋洋盈耳不知其于暗室之中，屋漏之下，端居之时，梦寐之内，其心安乎？倘有分毫之愧，则元良之性，为之障蔽矣。

李泰伯曰，谀者，沮善者也；谏者，抑恶者也。名之谏者，皆知好焉；名之谗者，皆知恶焉。然而人主不免于信谗者。谗似乎谏也。愎谏者，谏似乎谗也。君曰可用，臣曰不可用，不可之辞同，而情则异矣。用君子，而小人沮之，是为谗。用小人而君子抑之，则为谏。君子、小人之心恍惚，而不可用，是谗谏所以乱也。好谏而不慎，则奸臣进恶；谗而不察，则正人退世。有信谗，则众非之矣；愎谏，则众笑之矣。

温公曰，孔子曰"人之言曰，予无乐乎为君，惟其言而莫予违也。如其善，而莫之违也，不亦善乎。如不善，而莫之违也，不几乎一言，而丧邦乎"。是故，明君之于听纳，无彼我，无亲疏，无先后，惟其是而已矣。若重我所有，轻彼所陈；信其所亲，而疑其所贱；主先入之言，而拒后来之议，则虽有是者，亦不可得而见矣。夫人心之所好者，见丑而为美；所恶者，见善而为恶。苟能以平心察之，则是非易见矣。若必待合圣意，则悦而从之，不合则怒而弃之。吾恐，谗谄日进，方正日疏，殆非所以增社稷之福也。

张氏曰，言之逆于汝心，则苦言是也；言之逊于汝志，则甘言是也。苦言则讦直而逆耳；甘言则愉顺而可听。言之逆心者，不可以私恶而拒之也，当求之于道，恐有道之言，而反逆故也。言之逊志者，不可以私喜而从之也，当求之于非道，恐人亦非道而媚故也。心者，道之所寓。心之官不思，则或失其道。故有道之言，逆于汝心者，必当求之于道，然后知所从也。心之所之谓之志，心之本，未尝非道，其有所之，则或迷而失道，故非道之言，逊于汝志，必当求于非道，然后知所违也。

又曰，仁善，谓之元。甚善，谓之良。一人元良，则在我者，顺性命之理而无违矣，故万邦化之，莫不各正其性命，此之谓万邦以正。盖万邦之所以取正者，在于一人故也。

王氏曰，逊，顺也。有人之言，虽于汝心为逆，必于道理中求之，恐其合于道而有益也。有人之言虽于汝志为顺，必于非道理中求之，恐其不合于道，而有损也。

东莱曰，大抵逆、顺之言，须以理观，方知是非，且观逆耳之言，有不合理处，要知合处多，不合处少；逊志之言，有合理处，要知合处少，不合处多。求之于己，非说便以逆耳为是，逊志为非，但于逆、顺，求合于理，然后为当。伊尹之言，自有言外之意。如逆耳之言，但以理观，不可以一己之私，遂以为非。逊志之言，亦以理观，不可以一己之私，遂以为是。此伊尹所以言"其无我"之意也。

又曰，弗虑，则安能知理？弗为，则安能有成？太甲之自怨自艾，此虑而能获也。

11.（宋）陈经《尚书详解》卷十四《商书·太甲下》

（归善斋按，见"若升高，必自下；若陟遐，必自迩"）

12.（宋）钱时《融堂书解》卷六《商书·太甲下》

有言逆于汝心，必求诸道；有言逊于汝志，必求诸非道。

伊尹前面专说进德，此却教之以听言。舜告禹"惟精惟一允执厥中"，即继之以"无稽之言勿听"，正是此意。逆心、逊志之言，虑太甲就逆顺上，把捉未定，桐宫一悔，安可恃哉。伊尹此言，正是防有变动。两个"求"字提得极紧，两个"必"字斩然截然。

13.（宋）魏了翁《尚书要义》

原阙。

14.（宋）陈大猷《书集传或问》卷上《商书·太甲下》

林叔豹义曰，人情莫不好人之顺己，而恶人之逆己。君子直谅，每犯人之所恶；小人苟合，每逢人之所好。言逆乎心，虽未必尽君子之言，然验其所从来，彼何区区投吾以所恶哉，是必有公信之道，存乎其间也。惟忠言可以逆吾心，而吾不可以逆乎道，必反而以道求之。则苦口之药，不以逆我而拒也。言逊乎志，虽未必尽小人之言，然验其所从来，彼何区区投吾以所好哉，是必有私邪之道，存乎其间也。惟甘言可以逊吾志，而志不可以逊乎非道。必反而以非道求之，则甘言之疾，不以其逊我而受也。虽然，言之逆者，固欲求诸道，然外为讦直，而内怀奸诈者有之。言之逊者，固欲求诸非道，然比言无所排击，将顺无所拂辞者有之。听言之道，岂可以一律观也。夫惟以道求之，则君子小人之情，举无所逃矣，且居中虚者。心也有所向，则谓之志，心一而志百，故不若志之易惑。于求诸道，言逆汝心，所以明忠言入心之难；于求非道，言逊汝志，所以明谀言惑志之易。又况逆者，有对顺之名，不曰顺，而曰逊，所以明小人乘人之忽，若浸润肤受，其柔行巽入之道，不可不早辨也。

15.（宋）胡士行《尚书详解》卷四《商书·太甲下第七》

（归善斋按，见"若升高，必自下；若陟遐，必自迩"）

16.（元）吴澄《书纂言》

（归善斋按，未解）

17.（元）陈栎《书集传纂疏》卷三《朱子订定蔡氏集传·太甲下》

有言逆于汝心，必求诸道；有言逊于汝志，必求诸非道。

鲠直之言，人所难受；巽顺之言，人所易从。于其所难受者，必求诸道，不可遽以逆于心而拒之；于其所易从者，必求诸非道，不可遽以逊于志，而听之。以上五事，盖欲太甲矫乎情之偏也。

纂疏

林氏曰，欲谨其终，必于其始谨之。

愚谓，前言"终始慎厥与"，则慎终为重；此言"慎终于始"，则谨始为重，固当谨终，而常如其始，图终尤当先善其始也。

陈氏大猷曰，忘其言之逆顺，而揆诸道之当否，合道，则逆者，乃所以为逊；非道，则逊者，乃所以为逆。前日欲、纵之时，尹之言，固尝逆心，而臣下之言固尝有逊志者矣，故复以为戒。

18.（元）许谦《读书丛说》卷五《商书·太甲》

（归善斋按，未解）

19.（元）董鼎《书传辑录纂注》卷三《商书·太甲下》

有言逆于汝心，必求诸道；有言逊于汝志，必求诸非道。

鲠直之言，人所难受；巽顺之言，人所易从。于其所难受者，必求诸道，不可遽以逆于心而拒之；于其所易从者，必求诸非道，不可遽以逊于志，而听之。以上五事，盖欲太甲矫乎情之偏己。

辑录

治道，别无说，若使人主恭俭好善，有言逆于汝心，止必求诸非道，如何会不治，这别无说，从古来，都有见。成棣子直是如此。《格言》。

纂注

陈氏大猷曰，忘其言之逆顺，而揆诸道之当否，合道，则逆者乃所以为逊；非道，则逊者乃所以为逆。前日欲、纵之时，尹之言固尝逆心，而臣下之言固尝有逊志者矣，故复以为戒。

20.（元）朱祖义《尚书句解》卷四《商书·太甲下第七》

有言逆于汝心（有言拂逆汝心，不可遽怒），必求诸道（必以其言，而求诸道，果合于道，则固忠直之言也。虽逆心，则当从之）。

21.（明）王樵《尚书日记》卷七《商书·太甲下》

"有言逆于汝心"至"必求诸非道"。

真氏曰，听言之道，当求义理之当不当顺。意见之偏，苟合乎理，虽逆吾意，不可不从。苟咈乎理，虽顺吾意，不可不察。按逆心之言，亦未必皆是，但忠言多逆；逊志之言，亦未必皆非，然谀言多甘。惟一以道接之，逆者难入，而求诸道；逊者易入，而求诸非道。道，则从；非道，则舍。而言之顺逆，不与焉，则不堕乎己情之偏矣。前日欲、纵之时，尹之言固尝逆心，而臣下之言固有逊志者矣，故复以为戒听。德惟聪，最难，前既言之，此又申之。忠言不以逆耳而拒，甘言不以逊志而从，则听德惟聪矣。

22.（清）库勒纳等撰《日讲书经解义》卷四《商书·太甲下》

（归善斋按，见"无轻民事，惟难"）

（元）陈师凯《书蔡传旁通》卷三《商书·太甲下》

（归善斋按，见"无轻民事，惟难"）

（元）陈悦道《书义断法》三《商书·太甲下》

（归善斋按，见"无轻民事，惟难"）

（清）朱鹤龄《尚书埤传》卷八《商书·太甲》

"有言逆于汝心"至"必求诸非道"。

吕公着曰，人君虽有好贤之心，而贤犹或难进者，盖君子志在于道，小人志在于利。志在于道，则不为苟容；志在于利，则求为苟得。忠言正论，多拂乎上意，而佞辞曲说，多媚于君心，故君子常难进，而小人每易入，不可不察也。《书》曰，有言逆于汝心，必求诸道；有言逊于汝志，必求诸非道。人主诚操此说，以观臣下之情，则贤、不肖可得而知已。

（清）张英《书经衷论》卷二《商书·太甲上中下》

人君之大务，莫难于听言。凡天下是非邪正，爱憎毁誉，其交至于吾前者，皆言也。言本万端，而此心少有所蔽，则顺逆之见，横塞于中，益纷扰，而无可纪极矣。惟一准之以道，如镜之明，如衡之平，持之极定，守之极坚。凡谀言之至，非不足欣悦也，而揆之以非道，则如鸩酒毒脯，远之惟恐不速，况敢溺其甘与谀乎。凡正言之至，非不足畏惮也，揆之以道，则如良药砭石，非此不足以愈吾疾，则就之惟恐不亲，况肯惮其逆己乎。提一"道"字为主，如昏暗之室，一灯独照；沧海之舟，一车指南。任彼尝之者万端，而我应之者至简，心平气和，理明识定，而天下无不可听之言矣。人君能味此数语，以察天下之人，则亦庶几其不惑矣。

有言逊于汝志，必求诸非道

1.（汉）孔氏传、（唐）陆德明音义、孔颖达疏《尚书注疏》卷七《太甲下》

有言逊于汝志，必求诸非道。
传，逊，顺也，言顺汝心，必以非道察之，勿以自藏。

2.（宋）苏轼《书传》卷七《商书·太甲下第七》

(归善斋按，见"有言逆于汝心，必求诸道")

3.（宋）林之奇《尚书全解》卷十六《商书·太甲下》

(归善斋按，见"无轻民事，惟难")

4.（宋）史浩《尚书讲义》卷八《商书·太甲下》

(归善斋按，见"有言逆于汝心，必求诸道")

5.（宋）夏僎《尚书详解》卷十二《商书·太甲下》

(归善斋按，见"有言逆于汝心，必求诸道")

6.（宋）时澜《增修东莱书说》卷九《商书·太甲下第七》

(归善斋按，见"有言逆于汝心，必求诸道")

7.（宋）黄度《尚书说》卷三《商书·太甲下》

(归善斋按，见"有言逆于汝心，必求诸道")

8.（宋）袁燮《絜斋家塾书钞》卷五《商书·太甲下》

（归善斋按，见"有言逆于汝心，必求诸道"）

9.（宋）蔡沈《书经集传》卷三《商书·太甲下》

（归善斋按，见"有言逆于汝心，必求诸道"）

10.（宋）黄伦《尚书精义》卷十八《商书·太甲下》

（归善斋按，见"有言逆于汝心，必求诸道"）

11.（宋）陈经《尚书详解》卷十四《商书·太甲下》

（归善斋按，见"有言逆于汝心，必求诸道"）

12.（宋）钱时《融堂书解》卷六《商书·太甲下》

（归善斋按，见"有言逆于汝心，必求诸道"）

13.（宋）魏了翁《尚书要义》

原阙。

14.（宋）陈大猷《书集传或问》卷上《商书·太甲下》

（归善斋按，见"有言逆于汝心，必求诸道"）

15.（宋）胡士行《尚书详解》卷四《商书·太甲下第七》

（归善斋按，见"若升高，必自下；若陟遐，必自迩"）

16.（元）吴澄《书纂言》

（归善斋按，未解）

17. （元）陈栎《书集传纂疏》卷三《朱子订定蔡氏集传·太甲下》

（归善斋按，见"有言逆于汝心，必求诸道"）

18. （元）许谦《读书丛说》卷五《商书·太甲》

（归善斋按，未解）

19. （元）董鼎《书传辑录纂注》卷三《商书·太甲下》

（归善斋按，见"有言逆于汝心，必求诸道"）

20. （元）朱祖义《尚书句解》卷四《商书·太甲下第七》

有言逊于汝志（有言逊顺汝志，不可遽喜），必求诸非道（必以其言，求诸非道，果非道，则固馋谀之言也，虽顺志当拒之）。

21. （明）王樵《尚书日记》卷七《商书·太甲下》

（归善斋按，见"有言逆于汝心，必求诸道"）

22. （清）库勒纳等撰《日讲书经解义》卷四《商书·太甲下》

（归善斋按，见"无轻民事，惟难"）

（元）陈师凯《书蔡传旁通》卷三《商书·太甲下》

（归善斋按，见"无轻民事，惟难"）

（元）陈悦道《书义断法》三《商书·太甲下》

（归善斋按，见"无轻民事，惟难"）

（清）朱鹤龄《尚书埤传》卷八《商书·太甲》

（归善斋按，见"有言逆于汝心，必求诸道"）

（清）张英《书经衷论》卷二《商书·太甲上中下》

（归善斋按，见"有言逆于汝心，必求诸道"）

呜呼！弗虑胡获？弗为胡成，一人元良，万邦以贞

1. （汉）孔氏传、（唐）陆德明音义、孔颖达疏《尚书注疏》卷七《太甲下》

呜呼！弗虑胡获？弗为胡成，一人元良，万邦以贞。

传，胡，何；贞，正也，言常念虑道德，则得道德；念为善政，则成善政。一人天子，天子有大善，则天下得其正。

疏，传正义曰，"胡"之与"何"，方言之异耳。《易》象、象，皆以"贞"为"正"也。伊尹此言，劝王为善，弗虑弗为，必是善事。人君善事。惟有道德、政教。言不虑何获，是念虑有所得，知心所念虑，是道德也；不为何成，则为之有所成，则知心所念，是为善政也。谓天子为一人者。其义有二，一则天子自称一人。是为谦辞。言己是人中之一耳；一则臣下谓天子为一人，是为尊称，言天下惟一人而已。

2. （宋）苏轼《书传》卷七《商书·太甲下第七》

（归善斋按，见"有言逆于汝心，必求诸道"）

3. （宋）林之奇《尚书全解》卷十六《商书·太甲下》

（归善斋按，见"无轻民事，惟难"）

4.（宋）史浩《尚书讲义》卷八《商书·太甲下》

呜呼！弗虑胡获？弗为胡成，一人元良，万邦以贞。君罔以辩言乱旧政，臣罔以宠利居成功，邦其永孚于休。

伊尹既言求道之要，今复径指人心之所同然者，告太甲，太甲至是，即道愈深，可以语此矣。传曰，天下同，归而殊，途一致而百虑。夫"弗虑胡获"虑虽百，其致则一。"弗为胡成"，途虽殊，其归则同。人但见其有思而获，有为而成，不知本于无思、无为，寂然不动之时也，至于获也，成也，乃感而遂通天下之故尔。伊尹又恐太甲不悟其言，直曰"一人元良，万邦以正"。夫元者，始也。良者，其善心也。以谓一人能寂然不动，不失其始善之心，则虽曰从事于天下之务，有所不思，思无不获；有所不为，为无不成。一言以蔽之，曰当理而已。夫惟当理，则万邦安得不正乎。老子曰，我无为，而民自化。我好静，而民自正。夫无为而静，实寂然不动之时也。苟当时，自失其元良之心，安能至是哉。人君得是道，故能虚心以监先王之法，虚己以来天下之言，所谓"以辩言乱旧政"者，无有也。人臣得是道，故宠至而若惊，功成而不宰，所谓以宠利居成功者，无有也。盖君恃辩言以乱政，则臣下非引去以全身，必缄默以保位矣。臣恃宠利以矜功，则人君非疑其弄权，必恶其贪鄙矣。君臣之间，方且内怀疑惧如是，而欲为尧舜之治，是犹却行而求前也。其可得乎？舍是二者，则邦其永信其休德矣。呜呼！此伊尹所以致君于尧舜之极挚也。

5.（宋）夏僎《尚书详解》卷十二《商书·太甲下》

（归善斋按，见"有言逆于汝心，必求诸道"）

6.（宋）时澜《增修东莱书说》卷九《商书·太甲下第七》

呜呼！弗虑胡获？弗为胡成？一人元良，万邦以贞。

伊尹又叹而言，天下之事，不先思虑，何为而有所获。既虑之后，若不能为，又何由而有所成虑之说。太甲已悔而得者也，为之说，太甲其可不课日而用工乎？谓前日之克终允德，盖思虑而得之，今日不为，则复不成矣。"一人元良，万邦以贞"。元者，善之长，贞之意甚大，不止于正也。伊尹言元良，而未说所以元良，盖隐而未发，使之自觉耳。至是将告归，先露《咸有一德》一篇之意。

7. （宋）黄度《尚书说》卷三《商书·太甲下》

呜呼！弗虑胡获？弗为胡成？一人元良，万邦以贞。

元者，善之长也。君正，莫不正。

8. （宋）袁燮《絜斋家塾书钞》卷五《商书·太甲下》

呜呼！弗虑胡获，弗为胡成？

太甲今日悔过，思虑之功也。想其居于桐宫，日夜以思之，自知底于罪戾，而为伊尹所放；自知其不足以继成汤之德，反复思虑，以为此身，将如之何也。思之既切，所以能有所得。观其悔过之言，前日，骄矜虚大之气，一毫无有，而温恭谦抑之意，粹然可掬，非本心之复，卓然有所得者，岂能如是乎？然太甲之所得固深矣，前日因思虑之切，而得其本然之心，今日又须用力去做，方能有成。耻有其辞，而无其德；耻有其德，而无其行。躬行，君子则吾未之有得。知至，至之可与几也；知终，终之可与存义也，得之于心，须当体之于身。"为"者，朴实头去做这事，躬行践履之谓也。太甲前日非思虑之切，何以能获？今日非力行之功，何以有成。伊尹既美其能有所得，复勉其见于躬行也。人若欲有所得，须当致思。思曰睿，睿作圣。《管子》曰，思之又思，反复致思，自然是通。犹驾扁舟于江湖之间，鼓棹不已，终至于岸。念兹在兹，日夜思之，则吾之本心，昭乎其分明矣。虽然，躬行践履之功不加，虽有所得，何以有成。《孟子》曰，为长者折枝，是不为也，非不能也。又曰夫徐行者，岂人所不能哉，所不为也。何以异于是，亦为之而已矣。熟味《孟子》之所谓"为"者，则得伊尹之意矣。自古人主，有所见者，亦有之，然往往不见于有为。如汉武帝，嘉唐虞，乐商周，虽不如太甲所得之深，然亦岂无所见者，但却不曾真实做此事。所以董仲舒劝之以"尊所闻，行所知"，皆勉其有为也。

一人元良，万邦以贞。

元者，善之长也。是万善之宗。《春秋》谓一为元，人之首，亦谓之元首，皆取其第一之义也。人主之名与位，为天下之宗主，位与德，俱极其尊，是之谓元。召公告成王，其惟王位在德，元，《易》中亦多要说。这"元"字，其位至无敌于天下，其德亦足以先天下，此所以为"元"也。才是元，自是良。一人元良，则万邦以贞，所谓一正君而国定矣。

9. （宋）蔡沈《书经集传》卷三《商书·太甲下》

呜呼！弗虑胡获？弗为胡成？一人元良，万邦以贞。

胡，何也。弗虑，何得，欲其谨思之也。弗为，何成，欲其笃行之也。元，大；良，善；贞，正也。一人者，万邦之仪表。一人元良，则万邦以正矣。

10. （宋）黄伦《尚书精义》卷十八《商书·太甲下》

（归善斋按，见"有言逆于汝心，必求诸道"）

11. （宋）陈经《尚书详解》卷十四《商书·太甲下》

（归善斋按，见"有言逆于汝心，必求诸道"）

12. （宋）钱时《融堂书解》卷六《商书·太甲下》

呜呼！弗虑胡获？弗为胡成？一人元良，万邦以贞。君罔以辩言乱旧政，臣罔以宠利居成功，邦其永孚于休。

伊尹于此，复发呜呼之叹，埋头说起，都不言所虑所为者，何事，而其指归，乃在"元良"，至哉。斯言正所以启太甲，致知力行之机，而使之知所用力之地也。见有未明，识有未达，一触而悟，思之功也。为，即力行所以成也。思，而得之，不力行之，则是知及之仁，不能守之，虽得之必失之，何贵于得也。伊尹前面主德之一路，但说不可不谨，其所与及论敬德功夫，亦不过明自下、自迩之训，惟艰、惟危之训，求诸道、求诸非道之训，都只从头鞭辟向此。一路却未曾亲切提他如何用工，曰虑，曰为，方是发踪指示，的的之要旨也。伊尹至此，辞旨已尽，无复他说。但只要为君者，循守旧政，不使辩言乱之，为臣者虽已成功，不可以宠利居之。先儒谓此是伊尹告归张本，其实不然，此所谓"罔以宠利居成功"者，非必成功即去之谓也。皋、夔、稷、契，岂必皆奉身而退，而后为不居乎？盖微以成功为功，即是居成功。

13. （宋）魏了翁《尚书要义》

原阙。

14. （宋）陈大猷《书集传或问》卷上《商书·太甲下》

（归善斋按，未解）

15. （宋）胡士行《尚书详解》卷四《商书·太甲下第七》

呜呼！弗虑（谨思）胡获（何获得）？弗为（力行）胡成？一人元（善之长）良（善），万邦以贞（正）。君罔以辩言（言伪而辩者）乱旧政，臣罔以宠利（贪）居（自有）成功。邦其永（长）孚（信）于休（美）。

16. （元）吴澄《书纂言》

（归善斋按，未解）

17. （元）陈栎《书集传纂疏》卷三《朱子订定蔡氏集传·太甲下》

呜呼！弗虑胡获？弗为胡成？一人元良，万邦以贞。

胡，何也。弗虑，何得欲其谨思之也；弗为，何成欲其笃行之也。元，大；良，善；贞，正也。一人者，万邦之仪表，一人元良，则万邦以正矣。

18. （元）许谦《读书丛说》卷五《商书·太甲》

（归善斋按，未解）

19.（元）董鼎《书传辑录纂注》卷三《商书·太甲下》

呜呼！弗虑胡获？弗为胡成？一人元良，万邦以贞。

胡，何也。弗虑，何得？欲其谨思之也；弗为何成？欲其笃行之也。元，大；良，善；贞，正也。一人者，万邦之仪表，一人元良，则万邦以正矣。

20.（元）朱祖义《尚书句解》卷四《商书·太甲下第七》

呜呼（尹又叹言）！弗虑胡获（事而不思何所得）？弗为胡成（事而不为，何所成）？一人元良，万邦以贞（所以一人大善，则万邦以正）。

21.（明）王樵《尚书日记》卷七《商书·太甲下》

"呜呼弗虑胡获"至"万邦以贞"。

伊尹所陈已尽，此则欲太甲谨思而力行之尔。自敬、仁、诚，至矫乎情之偏，王须自入思虑始得。苟漫焉听之，未尝致思，而详绎之，则亦安知予微意之所在乎？故曰"弗虑胡获"。既入虑，始知其句句有益，然即须句句身体而力行之，若似做不做，岂能有成？故曰"弗为胡成"。太甲果能尽"思"、"为"之力，则德成于身，而所存者，皆先王懋敬之纯心；所行者，皆先王懋敬之纯行矣。一人元良，则万邦之所承听，而效法者，一人而已。

22.（清）库勒纳等撰《日讲书经解义》卷四《商书·太甲下》

呜呼！弗虑胡获？弗为胡成？一人元良，万邦以贞。

此一节书是，伊尹勉太甲以慎思笃行，而言其效之大也。虑，思虑也。胡，作"何"。一人，指君身也。元，大也。良，善也。贞，正也。伊尹之言曰，臣前所言者，皆进德保民，听言致治之要道，诚能不徒听其言，而实思其理，极深研几，穷微达变，始可以得其理之当。若弗能思虑，则亦泛听而已，何由而能得乎？诚能不徒思其理，而实为其事，勉强力行，精明果断，始可以望其功之成。若弗能有为，则亦徒思而已，何由而有成乎？为人君者，百辟奉为仪型，万民视为表帅。一身所系，至大也。能虑，则理无不当，而是非邪正，不能淆；能为，则功无不成，而艰巨险阻，不能惑。所存者，皆先王懋敬之心；所行者，皆先王懋敬之事。而一人有大善之德矣。由是，而显足以建极陈常，微足以潜移默化。百官正于朝，而在廷无佞谀；万民正于野，而四海有同风，岂非与治同道之极功哉。盖哲谋，为作圣之基，而行健，乃君德之大。虑，欲其周；为，欲其敏。保天位，以怀小民，莫切于此。

（元）陈悦道《书义断法》三《商书·太甲下》

弗虑胡获，弗为胡成？一人元良，万邦以贞。

人主一心、一身，至善之所止，而万邦所视，以为仪表也。非此心谨思，无以得其理；非此身笃行，无以成其事。一有不至，皆非所以为善之至，而为良之元者，则天下又何赖焉？《太甲下》篇，乃太甲迁善之一初，故伊尹深期以远大之规模，四方之标准，勉之以知行之并进。庶几，可以集万善，而立人极焉耳。

（明）陈泰交《尚书注考》

弗虑胡获，训胡，何也。小子胡，训胡，仲名。

一人元良，训一人者，万邦之仪表。能念予一人，训一人，武王也。

一人元良，训元，大；良，善；剥丧元良，训元良，微子也。

一人元良，训良善；惟良显哉，训良，以德言；进厥良，训良，谓其行义。

一人元良，训一人者，万邦之仪表，能万邦以贞。厥赋贞，百度惟贞，训贞，正也。曰贞训，内卦为贞。我二人共贞，训贞，犹当也。

君罔以辩言乱旧政

1.（汉）孔氏传、（唐）陆德明音义、孔颖达疏《尚书注疏》卷七《太甲下》

君罔以辩言乱旧政。
传，利口覆国家，故特慎焉。
音义，覆，芳服反。

2.（宋）苏轼《书传》卷七《商书·太甲下第七》

君罔以辩言乱旧政，臣罔以宠利居成功，邦其永孚于休。
天下之乱，必始于君臣携离，君以辩言乱旧政，则大臣惧；臣以宠利居成功，则人主疑，乱之始也。

3.（宋）林之奇《尚书全解》卷十六《商书·太甲下》

（归善斋按，见"无轻民事，惟难"）

4.（宋）史浩《尚书讲义》卷八《商书·太甲下》

（归善斋按，见"呜呼！弗虑胡获？弗为胡成，一人元良，万邦以贞"）

5.（宋）夏僎《尚书详解》卷十二《商书·太甲下》

（归善斋按，见"有言逆于汝心，必求诸道"）

6.（宋）时澜《增修东莱书说》卷九《商书·太甲下第七》

君罔以辩言乱旧政，臣罔以宠利居成功，邦其永孚于休。
人君，听言岂不欲远"辩言"，然伪言似正者，有不自觉，故深戒之。人臣，功盛岂不欲退，然为宠利所诱，有居之而不自知者。此告归之意也。上一句以戒太甲，下一句以自戒。"辩言"者，言伪而辩也。太甲既明，人已不可动摇，惟疑似之言，为可畏也。人臣本无功，皆人君之功。伊尹相汤，何敢有功其事。太甲以为仅可免罪耳，而可以宠利居之乎？虽然人君非不知先王之成法不可乱，惟辩言若可喜，所以虑其或蔽于所喜。人臣非不知成功之不可居。惟宠利，乃人情之所喜，所以虑其或安于所喜，亦总言君臣之大体也。

7. （宋）黄度《尚书说》卷三《商书·太甲下》

君罔以辩言乱旧政，臣罔以宠利居成功，邦其永孚于休。

伊尹将告归矣，故终篇陈君臣之戒。既曰辩言，必有新奇可喜之论，不必庸君甘心焉。袁盎一语，而绛侯礼貌遽衰，辩言之易惑也。霍光既立宣帝，犹秉政权，君臣之间，卒有遗憾，宠利之可戒也。辩言乱政，宠利居功，主意惑而国体亏，断非美事。商周盛际，安有斯事。伊尹推理势所至，故言之以为世戒。

8. （宋）袁燮《絜斋家塾书钞》卷五《商书·太甲下》

君，罔以辩言乱旧政；臣，罔以宠利居成功，邦其永孚于休。

利口覆邦家，古今之通患。盖利口辩舌，其言若有理，是以人主多为所惑，变乱旧章，常必由之。莫论其它，只如王荆公，当时谓之贤人君子。然亦只是口辩。前辈谓其议论人主之前，出入古今，贯穿经史，是以神宗听信之，卒至于尽改祖宗法度，可见辩言之足以乱政也。太甲今日悔过之后，不患其为淫辞邪说所汩乱，而所谓辩言，巧言之，若有理者，却恐为其所惑。伊尹虑之于未然，所以告之以此。

既言"君罔以辩言乱旧政"，继之以"臣罔以宠利居成功"，君臣之道也。伊尹将告归，是以有此语。大抵人臣功成之后，最不可贪宠利，而不知退，况是伊尹是做了甚么事，今既复辟，岂可一朝居，所以急用去。不特伊尹，人臣成功之后，自是不可居后世。如范蠡，平吴霸越之后，即泛舟五湖。张子房，佐汉高帝定天下之后，即从赤松子游。如李泌，当肃宗时才成功，便引身而退，陈五不可，而曰杀臣者，非陛下，乃五不可也。如此等人，皆是识道理者。盖以宠利居成功，非所以自全。不能自全，亦非所以全其君。韩信成功不退，既不能自保其首领，又使高帝有杀戮功臣之名。霍光功成不退，既自取赤族之祸，又使宣帝有少恩之失。所谓非所以自全，亦非所以全其君也。君既不以辩言乱旧政，臣又不以宠利居成功，邦家之休，信乎？其永久而无穷也。此皆伊尹虑太甲有许多病，故先以告之。

9.（宋）蔡沈《书经集传》卷三《商书·太甲下》

君罔以辩言乱旧政，臣罔以宠利居成功，邦其永孚于休。

弗思、弗为，安于纵弛，先王之法废矣。能思能为，作其聪明，先王之法，乱矣。乱之为害，甚于废也。成功，非宠利之所可居者。至是，太甲，德已进，伊尹有退休之志矣。此《咸有一德》之所以继作也。君臣各尽其道，邦家永信其休美也。

吴氏曰，上篇称"嗣王不惠于阿衡"，必其言有与伊尹背违者。辩言乱政，或太甲所失在此。"罔以宠利居成功"，己之所自处者，己素定矣。下语既非泛论，则上语必有为而发也。

10.（宋）黄伦《尚书精义》卷十八《商书·太甲下》

君，罔以辩言乱旧政；臣，罔以宠利居成功。邦其永孚于休。

无垢曰，君一失其道，则天下不安。宰相一失其道，则天下亦不安。今太甲所可忧者，矫激太过，将有辩言乱旧政之事，使天下不安。伊尹所自忧者，顾位不去，将有宠利居成功之事，使天下不安。使太甲知辩言之可戒，而一守先王之政；使伊尹知宠利之可畏，而致政以归，则太甲自此为商家为君之法，而伊尹自此为商家为臣之法，而天下自此将可永保，为太平之世矣。

张氏曰，旧政，可由也，以辩言而乱之，则失其政；成功可退也，贪宠利而居之，则丧厥功。

东莱曰，虽然人君，既知道，非不知先王之成法不可乱，惟辩言乃可喜处，所以虑其或蔽于可喜；人臣，非不知成功不可居，惟宠利，乃情之可喜，所以虑其或纵于可喜。此两句，虽是戒君，与伊尹自戒，亦是总言君、臣之大体。

11. （宋）陈经《尚书详解》卷十四《商书·太甲下》

君罔以辩言乱旧政，臣罔以宠利居成功，邦其永孚于休。

此伊尹不惟警太甲，又以自警也。不惟以自警，亦所以示万世。君臣之法，"一人元良，万邦以贞"矣。人君之心，可以已乎，曰未也。若斯须不谨，辩言一人，则先王之政，将纷更变乱，治俄而乱，安俄而危矣。辩言者，人君之所易喜也。诱其君以富强，而动其君于功利，则鲜有不听者。此帝舜命禹于允执厥中之后，必曰，无稽之言勿听。夫子告颜子以四代礼乐之后，必曰，远佞人也。

人臣之有功，孰非当为之事，若贪其宠利，则以成功自居，成功而不退，必有后患。伊尹至此，将有告归之意矣。圣贤之处斯，果何容心哉？当其以天下自任也，一出而相汤伐桀，再出而放太甲，今太甲已克终允德，功成当退。所过者化，岂复有所贪哉。周勃、霍光不知此意，所以不免有廷尉之系，赤族之诛。人之不可以不学也。如此君，不以辩言乱旧政，而全其所以为君之道；臣不以宠利居成功，而全人臣之节，邦之休美也，信乎其永也。

12. （宋）钱时《融堂书解》卷六《商书·太甲下》

（归善斋按，见"呜呼！弗虑胡获？弗为胡成"）

13. （宋）魏了翁《尚书要义》

原阙。

14. （宋）陈大猷《书集传或问》卷上《商书·太甲下》

（归善斋按，未解）

15. （宋）胡士行《尚书详解》卷四《商书·太甲下第七》

（归善斋按，见"呜呼！弗虑胡获？弗为胡成"）

16.（元）吴澄《书纂言》

（归善斋按，未解）

17.（元）陈栎《书集传纂疏》卷三《朱子订定蔡氏集传·太甲下》

君罔以辩言乱旧政，臣罔以宠利居成功，邦其永孚于休。

弗思、弗为，安于纵弛，先王之法废矣。能思、能为，作其聪明，先王之法乱矣。乱之为害，甚于废也。成功，非宠利之所可居者。至是，太甲德已进，伊尹有退休之志矣。此《咸有一德》之所以继作也。君、臣各尽其道，邦国永信其休美也。

吴氏曰，上篇称"嗣王不惠于阿衡"，必其言有与伊尹违背者，辩言乱政，或太甲所失在此。"罔以宠利居成功"己之所自处者，已素定矣。下语既非泛论，则上语必有为而发也。

纂疏

林氏曰，自古受托孤之寄者，进退之际，可谓至难为。幼主者，类多血气未定，志向未坚，苟未能离师傅而不返，则吾退，而小人乘间以进，必将以辩言乱旧政，而贻国家之祸矣。所以伊尹明告太甲，而遂示以引身求退之意焉。

愚案，老氏曰，功成而不居。蔡泽曰，四时之序，功成者去。伊尹，圣之任者也。耕莘之初，天下何与，于我自幡然从汤以后，则以身任责，不容释矣。不幸汤崩，主少不明，几覆商祚，身任托孤，愈不容释矣。大不得已，置君于桐，不容不犯臣子之至难，非可诿其责于他人也。观其告戒拳拳，言言忠爱，必以先王、尹躬对言。幸而，太甲悔过修德，遂亟复政于君，欲奉身而退，尹至是，上无负于先王，次无负于太甲，下无负于天下，以身任重，可以释矣。由其任重，恐恐不胜之身，而复还，其耕莘，器嚣自得之身，其欣幸，当如何哉？此而不退，宁无贪恋宠利之疑，置君于桐，大不获已之本心，谁白之者。尹，可谓自任之重，自处之审矣。使汤有太甲为之孙，而无伊尹为之佐，其不一再传，而覆者几希，尚何六百年之敢望哉。

董氏鼎曰，伊尹作书，以训太甲，方其未悟，惟恐无以善始；及其既悟，又恐无以善终，先忧而喜，后喜而忧，拳拳忠爱，言有尽，而意无穷也。

18.（元）许谦《读书丛说》卷五《商书·太甲》

（归善斋按，未解）

19.（元）董鼎《书传辑录纂注》卷三《商书·太甲下》

君罔以辩言乱旧政，臣罔以宠利居成功，邦其永孚于休。

弗思、弗为，安于纵弛，先王之法，废矣。能思、能为，作其聪明，先王之法，乱矣。乱之为害，甚于废也。成功非宠利之所可居者。至是，太甲德已进，伊尹有退休之志矣，此《咸有一德》之所以继作也。君、臣各尽其道，邦国永信其休美也。

吴氏曰，上篇称嗣王不惠于阿衡，必其言有与伊尹背违者。辩言乱政，或太甲所失在此。罔以宠利居成功，己之所自处者，已素定矣。下语既非泛论，则上语必有为而发也。

纂注

林氏曰，自古，受托孤之寄者，于进退之际，可谓至难。为幼主者，类多血气未定，趋舍未坚，苟未能离师辅而不反，则吾退而小人乘间以进，必将以辩言乱旧政，而贻国家之祸矣。所以，伊尹明告，以坚其心，而遂示以引身求退之意焉。

陈氏曰，伊尹为桐宫，不得已之举，必轻宠利，然后可绝天下之疑，而杜馋贼之口。使功成居之，有一毫利之之心，则好议论者，安知不以前日之事，为疑乎？所以作书未终，而归志已露也。

新安陈氏曰，老氏曰，功成而不居。

蔡泽曰，四时之序，功成者去。伊尹，圣之任者也，耕莘之初，天下何与于我，自幡然从汤以后，则以身任责，不容释矣。不幸汤崩，主少不明几覆商祚。身任此责，愈不容释矣。不得已，置君于桐，以身摄政。盖既以身任重，不容不犯臣子之大不得已，而非可诿其责于他人也。观其告戒拳拳，言言忠爱，必以先王、尹躬对言。幸而太甲悔过修德，遂亟复政于君，欲奉身以退。尹至是，上无负于先王，次无负于太甲，下无负于天下。以身任重，可以释矣。由其任重，恐恐不胜之心，而复还耕莘嚣嚣自得之身，其欣幸当何如哉？此而不退，则宁无贪恋宠利之疑。置君于桐，大不获已，至忠至公之本心，谁白之者。伊尹可谓自任之重，自处之审矣。使汤有太甲为之孙，而无伊尹为之佐，其不一再传而斩者几希，尚何六百年之敢望哉。

愚谓，《伊训》作于太甲嗣位之初，重在谨始，故曰"今王嗣厥德罔不在初"；《太甲》上篇作于"不惠阿衡"之时，重在谨习，故曰"习与性成予，弗狎于弗顺"；中篇作于"克终允德"之后，重在"懋德"，故曰"王懋乃德，无时豫怠"；下篇申言"懋德"之意，重在谨终，故曰"终始慎厥与"，又曰"慎终于始"，盖方其未悟也，惟恐无以善始，及其既悟也，又惟恐无以善终。伊尹之于太甲，先忧而喜，后喜而忧，拳拳忠爱，言有尽，而意无穷，盖如此。

20.（元）朱祖义《尚书句解》卷四《商书·太甲下第七》

君罔以辩言乱旧政（惟君不以人臣辩口之言，紊乱先王之旧政）。

21.（明）王樵《尚书日记》卷七《商书·太甲下》

"君罔以辩言乱旧政"至"邦其永孚于休"。

"君罔以辩言乱旧政"，岂太甲旧尝有是失与。"臣罔以宠利居成功"，则伊尹今日所以明去就之义也。以辩言乱旧政，以侧言改厥度，以利口乱厥官，古人之致戒者屡矣。如汉武帝用吾丘寿王、枚乘之徒，中外相应，以义理之文，折难公卿，所谓以辩言乱政者。又如王安石，于神宗前论事，上下古今，贯穿经史，人莫能难，真辩言也。神宗信用之，以改祖宗之法度。熙丰之兴创，哲徽之绍述，扰扰数世，至靖康之祸乱而后已。然后知"罔以辩言乱旧政"，则邦其永孚于休，岂不验哉。太甲允德，而伊尹告归；成王自服，而周公还政。自古功成而身不退，以至于君臣俱失，岂邦家之美哉，霍光是已。

22.（清）库勒纳等撰《日讲书经解义》卷四《商书·太甲下》

君罔以辩言乱旧政；臣罔以宠利居成功，邦其永孚于休。

此一节书是，伊尹将复政于太甲，戒其变乱先王之法度，且自言成功之宜退也。伊尹之言曰，为君者，有清净宁一之德，而不自骛于聪明；为臣者，有恬澹廉让之风，而不自苟于去就。然后政治以肃，而风俗以醇。盖祖宗旧章，昭垂已久，人君，但当恪守成宪，不可逞一己之臆见，听喋喋之利口，而紊乱先王之旧政；人臣事君，虽功盖天壤，不过自尽其职分，故匡君定辟，当毅然而有为，功成身退，宜澹然而不有。不可以己之事功已成，而贪恋宠利以居之。能如此，则朝无纷更，而有不愆不忘之美。臣无幸位，而鲜患得患失之风，邦家有不永信其休美者哉。人君之辨言乱政，大都成于宠利之臣。盖固宠之念深，必不能犯颜敢谏于前，且从而将顺逢迎于后。故人主贵"难进易退"之臣，而后收"纠缪绳愆"之益也。

（元）王充耘《读书管见》卷上《商书·太甲》

君罔以辩言乱旧政。

辩言乱政，吴氏谓，太甲所失者此，非也。太甲居桐三年，百官总己以听冢宰，政事皆出伊尹。今而后复政厥辟，伊尹将欲归休。伊尹深虑己既退休，则必有逸人交构长短以求媚其上，使太甲悉反其所为者。太甲若误信之，则国之祸必自此起，此君之所当戒者。若人臣则功成身退，以谦逊自处，庶几可以保全功业，不然则患失患得之心生，而祸亦由此起矣。此臣之所当戒者。如周公复政成王，有明农之志，亦不能无此虑，故一则曰"厥若彝及抚事如予"；一则曰"笃叙乃正父罔不若予"，皆惟恐己退，而君有变更于其间也。

（清）朱鹤龄《尚书埤传》卷八《商书·太甲》

君罔以辩言乱旧政，臣罔以宠利居成功。

王安石论事，上下古今，贯穿经史，人莫能难。神宗信用之，轻改祖宗法度，是辨言之易惑也。霍光既立宣帝，犹柄政权，卒之祸萌骖乘，君臣之谊不终，是宠利之难居也，此二者，岂中材以下，所能为哉。志锐于图治，功高于不赏，固伊尹之所宜进戒也。若啬夫之喋喋利口，鄙夫之患失容悦，又不必以之语太甲矣。

臣罔以宠利居成功

1. （汉）孔氏传、（唐）陆德明音义、孔颖达疏《尚书注疏》卷七《太甲下》

臣罔以宠利居成功。

传，成功不退，其志无限，故为之极以安之。

疏，传正义曰，四时之序，成功者退。臣既成功，不知退谢其志，贪欲无限，其君不堪所求，或有怨恨之心，君惧其谋，必生诛杀之计。自古以来，人臣有功不退者，皆丧家灭族者众矣。经称"臣无以宠利居成功"者，为之限极以安之也。伊尹告君而言及臣事者，虽复泛说大理，亦见已有退心也。

2. （宋）苏轼《书传》卷七《商书·太甲下第七》

（归善斋按，见"君罔以辩言乱旧政"）

3. （宋）林之奇《尚书全解》卷十六《商书·太甲下》

（归善斋按，见"无轻民事，惟难"）

4. （宋）史浩《尚书讲义》卷八《商书·太甲下》

（归善斋按，见"呜呼！弗虑胡获？弗为胡成，一人元良，万邦以贞"）

5. （宋）夏僎《尚书详解》卷十二《商书·太甲下》

（归善斋按，见"有言逆于汝心，必求诸道"）

6.（宋）时澜《增修东莱书说》卷九《商书·太甲下第七》

（归善斋按，见"君罔以辩言乱旧政"）

7.（宋）黄度《尚书说》卷三《商书·太甲下》

（归善斋按，见"君罔以辩言乱旧政"）

8.（宋）袁燮《絜斋家塾书钞》卷五《商书·太甲下》

（归善斋按，见"君罔以辩言乱旧政"）

9.（宋）蔡沈《书经集传》卷三《商书·太甲下》

（归善斋按，见"君罔以辩言乱旧政"）

10.（宋）黄伦《尚书精义》卷十八《商书·太甲下》

（归善斋按，见"君罔以辩言乱旧政"）

11.（宋）陈经《尚书详解》卷十四《商书·太甲下》

（归善斋按，见"君罔以辩言乱旧政"）

12.（宋）钱时《融堂书解》卷六《商书·太甲下》

（归善斋按，见"呜呼！弗虑胡获？弗为胡成"）

13.（宋）魏了翁《尚书要义》

原阙。

14.（宋）陈大猷《书集传或问》卷上《商书·太甲下》

（归善斋按，未解）

15. （宋）胡士行《尚书详解》卷四《商书·太甲下第七》

(归善斋按，见"呜呼！弗虑胡获？弗为胡成")

16. （元）吴澄《书纂言》

(归善斋按，未解)

17. （元）陈栎《书集传纂疏》卷三《朱子订定蔡氏集传·太甲下》

(归善斋按，见"君罔以辩言乱旧政")

18. （元）许谦《读书丛说》卷五《商书·太甲》

(归善斋按，未解)

19. （元）董鼎《书传辑录纂注》卷三《商书·太甲下》

(归善斋按，见"君罔以辩言乱旧政")

20. （元）朱祖义《尚书句解》卷四《商书·太甲下第七》

臣罔以宠利居成功（人臣不以宠禄为可贪，以成功自居而不知退）。

21. （明）王樵《尚书日记》卷七《商书·太甲下》

(归善斋按，见"君罔以辩言乱旧政")

22. （清）库勒纳等撰《日讲书经解义》卷四《商书·太甲下》

(归善斋按，见"君罔以辩言乱旧政")

（清）朱鹤龄《尚书埤传》卷八《商书·太甲》

(归善斋按，见"君罔以辩言乱旧政")

邦其永孚于休

1.（汉）孔氏传、（唐）陆德明音义、孔颖达疏《尚书注疏》卷七《太甲下》

邦其永孚于休。

传，言君臣各以其道，则国长信保于美。

2.（宋）苏轼《书传》卷七《商书·太甲下第七》

（归善斋按，见"君罔以辩言乱旧政"）

3.（宋）林之奇《尚书全解》卷十六《商书·太甲下》

（归善斋按，见"无轻民事，惟难"）

4.（宋）史浩《尚书讲义》卷八《商书·太甲下》

（归善斋按，见"呜呼！弗虑胡获？弗为胡成，一人元良，万邦以贞"）

5.（宋）夏僎《尚书详解》卷十二《商书·太甲下》

（归善斋按，见"有言逆于汝心，必求诸道"）

6.（宋）时澜《增修东莱书说》卷九《商书·太甲下第七》

（归善斋按，见"君罔以辩言乱旧政"）

7.（宋）黄度《尚书说》卷三《商书·太甲下》

（归善斋按，见"君罔以辩言乱旧政"）

8.（宋）袁燮《絜斋家塾书钞》卷五《商书·太甲下》

(归善斋按，见"君罔以辩言乱旧政")

9.（宋）蔡沈《书经集传》卷三《商书·太甲下》

(归善斋按，见"君罔以辩言乱旧政")

10.（宋）黄伦《尚书精义》卷十八《商书·太甲下》

(归善斋按，见"君罔以辩言乱旧政")

11.（宋）陈经《尚书详解》卷十四《商书·太甲下》

(归善斋按，见"君罔以辩言乱旧政")

12.（宋）钱时《融堂书解》卷六《商书·太甲下》

(归善斋按，见"呜呼！弗虑胡获？弗为胡成")

13.（宋）魏了翁《尚书要义》

原阙。

14.（宋）陈大猷《书集传或问》卷上《商书·太甲下》

(归善斋按，未解)

15.（宋）胡士行《尚书详解》卷四《商书·太甲下第七》

(归善斋按，见"呜呼！弗虑胡获？弗为胡成")

16.（元）吴澄《书纂言》

(归善斋按，未解)

17.（元）陈栎《书集传纂疏》卷三《朱子订定蔡氏集传·太甲下》

（归善斋按，见"君罔以辩言乱旧政"）

18.（元）许谦《读书丛说》卷五《商书·太甲》

（归善斋按，未解）

19.（元）董鼎《书传辑录纂注》卷三《商书·太甲下》

（归善斋按，见"君罔以辩言乱旧政"）

20.（元）朱祖义《尚书句解》卷四《商书·太甲下第七》

邦其永孚于休（则君尽君道，臣尽臣道。我商家可以信有休美于无穷矣）。

21.（明）王樵《尚书日记》卷七《商书·太甲下》

（归善斋按，见"君罔以辩言乱旧政"）

22.（清）库勒纳等撰《日讲书经解义》卷四《商书·太甲下》

（归善斋按，见"君罔以辩言乱旧政"）